*D*awno nie byliśmy tak wzruszeni! Przybliżyła nam pani na wyciągnięcie dłoni ojczysty kraj!

— Anna i Włodzimierz Klonowscy.

*P*rzeniosła nas Pani po prostu „na ojczyzny łono"

— Andrzej Pawlukiewicz.

*Ł*kałem i coś wyrwało mi się z samego serca – coś, co przynosi tęsknotę i radość, siłę i mądrość, chęć niesienia pomocy i trwania na warcie przy polskości

— Czesław Bołtryk.

*N*ikt nie posiada dziś tak sugestywnej mocy słowa, by sięgnąć do najdelikatniejszych strun wrażliwości Polaków. To niezwykły dar

— Helena Gawlak.

*P*owiało duchem spraw, które spełzły tu i spłowiały. Barbara Wachowicz nasyciła je treścią, pasją, entuzjazmem i wiarą. Pozwoliła nam przeżyć cud polskości, która łączy nas wspaniałą więzią. Ale do tego potrzebni są ludzie, którzy tym żyją i w to sami wierzą

— Aleksander Warne.

*J*a jestem urodzona w Chicago, a mój Dziadek był Powstańcem Śląskim. Chciałabym móc uczyć ludzi Polski, tak jak pani to robi

— Beata Wejdman.

*B*arbara Wachowicz opowiedziała młodzieży ze szkoły polskiej im. Tadeusza Kościuszki, wychowanej tu, na amerykańskiej ziemi, jak zaszczepiono jej podziw dla postaci Naczelnika. I choć w większości tu urodzeni, w świecie królestwa rzeczy i wartości wymiernych, dziewczęta i chłopcy z przejęciem chłonęli te obrazy malowane słowem, tę atmosferę gęstą od uczuć szlachetnych: przyjaźni, patriotyzmu, wierności nieprzemijającym wartościom."

Anna Drechsler, „Wiatr od Polski",
Dziennik Związkowy, Chicago.

*B*arbara Wachowicz ma dar zaklinania publiczności. To był koncert słowa polskiego. Przywróciła nam obraz Polski świetnej, znowu wielkiej...

Joanna Wielobradek,
Kalejdoskop tygodnia, Chicago.

Opowieści BARBARA
WACHOWICZ

„Nazwę Cię – Kościuszko!"

Książka ukazuje się na uroczysty jubileusz półwiecza Polskiej Szkoły imienia Tadeusza Kościuszki w Chicago oraz Diamentowych Godów – 75 – lecia Fundacji Kościuszkowskiej – The Kosciuszko Foundation w New Yorku

Opowieści BARBARA
WACHOWICZ
„Nazwę Cię –
Kościuszko!"

Szlakiem bitewnym
Naczelnika w Ameryce

rytm

OFICYNA WYDAWNICZA RYTM
WARSZAWA

Okładka i projekt graficzny:
Wiktor Jędrzejec

Na okładce:
Portret Tadeusza Kościuszki w mundurze amerykańskiego generała
pędzla Bolesława Jana Czedekowskiego.
Ze zbiorów (courtesy) The Kosciuszko Foundation
— Fundacji Kościuszkowskiej w New Yorku

Zdjęcia współczesne:
Barbara Wachowicz

Wybór ikonografii i zdjęć:
Barabara Wachowicz

Zdjęcia autorki na okładce i w książce:
Maciej Zamorski

Skład komputerowy:
Krzysztof Anuszewski i Małgorzata Radecka

Ikonografia ze zbiorów:
Muzeum Narodowego w Krakowie, Muzeum Narodowego w Warszawie,
Muzeum Wojska Polskiego w Warszawie, Muzeum Literatury im. Mickiewicza w Warszawie,
Instytutu Sztuki PAN w Warszawie, (courtesy) — Library of Congress w Waszyngtonie,
The Kosciuszko Foundation w New Yorku, Independence National Historical Park Collection
w Filadelfii, The National Historical Society w Harrisburgu,
Copernicus Society of America, National Geografic Society, Atlanta Historical Society,
New York Historical Society, Wilmington Society of The Fine Arts, Delaware Arts Centre,
Massachusetts Historical Society, United States Capitol Rotunda,
Kosciusko County Historical Society, American Institute of Polish Culture, Miami,
Polish Museum of America w Chicago, West Point United States Military Academy Museum,
The Fort Ticonderoga Museum, South Carolina State Museum,
Saratoga National Historical Park Museum

Korekta:
Antonina Wojnarowicz
Aleksandra Kantorowicz

ISBN 83-87893-83-8

Oficyna Wydawnicza RYTM prowadzi
sprzedaż wysyłkową książek z 25% rabatem od ceny detalicznej.
Koszty wysyłki pokrywa zamawiający.
Zamówienia można składać na adres: Oficyna Wydawnicza RYTM
ul. Górczewska 8, 01-180 Warszawa
tel./fax 631-77-92, tel. 632-02-21 w. 155

Boże Jagiellonów! Boże Sobieskich! Boże Kościuszków!
Zlituj się nad Ojczyzną naszą i nad nami.

O broń i orły narodowe,
Prosimy Cię, Panie.
O niepodległość, całość i wolność Ojczyzny naszej,
Prosimy Cię, Panie.

Adam Mickiewicz:
„Księgi narodu polskiego i pielgrzymstwa polskiego", 1832

To o Kościuszce powiedziano
– stał się kotwicą Polaków!

Ks. Janusz St. Pasierb, 1988

Ten generał polski ściągnął na siebie wzrok Europy przez męstwo, jakiego niewiele jest przykładów, przez wyższe zdolności wojskowe i przez daleko jeszcze większe przymioty, jedyne, które otwierają ludziom bramy do świątyni sławy: ludzkość, umiłowanie sprawiedliwości i bezinteresowność.

M.A. Gallet, historyk francuski, w dziele: „Galerie politique ou Tableau historique, philosophique et critique de la politique étrangère" Paryż 1805

Był to ostatni z dawnych rycerzy — był to pierwszy z obywateli Wschodniej Europy. Sztandar, wysoko podniesiony starego rycerstwa polskiego, szlachetność bez granic, serce czyste jak stal, dusza czuła /.../ W dniu, kiedy ten Człowiek Wiary stanął w szeregach polskich kosynierów, Polska stała się narodem innym, narodem wielkim...

Jules Michelet, profesor Sorbony i Collége de France:
„Kościuszko, legenda demokratyczna", Paryż 1851

Pułkownik Kościuszko miał w swych rękach naczelne dowództwo i nadzór dzieł w West Point i jest moim pragnieniem, by pozostał tam dla prowadzenia ich dalej...

George Washington, naczelny wódz wojny
o niepodległość Stanów Zjednoczonych, 1778

Między najużyteczniejszymi i najmilszymi z mych towarzyszy był pułkownik Kościuszko. Był jednym z tych, których ani przyjemność nie
może uwieść, ani praca znużyć, ani niebezpieczeństwo odstraszyć. Wielce go wyróżniała też niezrównana skromność...

General Nathanael Greene, dowódca Armii Południowej
w wojnie o niepodległość Stanów Zjednoczonych, 1783

Od jednego człowieka tylko jedno życie wziąć można, a Tyś nam dał
najcenniejszą i najczynniejszą część swojego i my teraz zbieramy owoce
i udoskonalamy je. Każdy prawy Amerykanin, każdy szczery stronnik wolności kocha Cię i czci...

Prezydent Stanów Zjednoczonych
Thomas Jefferson do Kościuszki, 1813

Idźcie z pełną szybkością wyznaczoną już drogą, a wówczas poznacie
z doświadczenia, że życie we własnym domu – w wolności jest najlepszym darem, jakiego natura udzieliła człowiekowi.

Tadeusz Kościuszko – żegnając przyjaciół amerykańskich
przed wyjazdem do Polski – po ośmiu latach walki
o wolność Stanów Zjednoczonych [lato 1776–lato 1784]

Kogo obchodzi dziś Kościuszko?

Jak mam tytułować Ciebie, który jesteś nam tak drogim i dobrze pamiętnym! Czy mam Cię nazwać obrońcą Twej Ojczyzny? Bohaterem Wolności? Szlachetnym Polakiem? Bohaterem Dwóch Światów?

Nazwę Cię – Kościuszko!

Inne imiona potrzebują może tytułów – ale Twoje wystarczy za najwyższy tytuł.

Amerykanka w liście do Kościuszki, 1797

„...wyciąga ramiona krzyż modrzewiowy z napisem:
NA CZEŚĆ BRACI POLEGŁYCH ZA OJCZYZNĘ
W DNIU 10 PAŹDZIERNIKA 1794"

Maciejowice. Miejsce, gdzie upadł z konia, rażony przez kozacką spisę Tadeusz Kościuszko. W takie zioła do dziś tam rosnące wsiąkała jego krew. Tę ziemię kazano nam
całować w mym podlaskim dzieciństwie.

Krew zawołała z ziemi!

Dzień październikowy. Piękny czas. Lasy lśnią w czerwieni i złocie. Babie lato płynie polami w słońcu. Kładą się dymy ognisk pastuszych.

Najwcześniejsze wspomnienie dzieciństwa. Strzelista aleja grabów. Krzyż drzewiany (tak do dziś mówią u nas, na Podlasiu), u jego stóp gęstwina ziół rześko pachnąca i cierpko. Kazano nam uklęknąć i ucałować ziemię. Była ciepła... Jak ręce tych, którzy nas tu przywiedli — naszych dziadów.

Maciejowice. W takie zioła, w tę ziemię wsiąkała krew Tadeusza Kościuszki.

„Gazeta Wolna Warszawska" — List zamykający niektóre szczegóły akcji pod Maciejowicami. Dan 20 października 1794: „Chcesz dowiedzieć się ode mnie obywatelu o nieszczęsnej akcji pod Maciejowicami. To ci donoszę, czego sam byłem świadkiem. (...)

Podlasie, kraj najwięcej zapomagający w żywność nie tylko wojsko, ale i stolicę, był powodem, iż Naczelnik Kościuszko przedsięwziął wszystkimi sposobami zapobiegać dalszemu rozszerzaniu się Moskalów. (...) Zaczęła się bitwa o godzinie piątej rano. Co tylko oznacza doskonałego wodza i wielkiego rycerza, to wszystko okazał nasz Naczelnik; wszędzie się znajdował, wszędzie zagrzewał, wszędzie dowodził...".

Julian Ursyn Niemcewicz, sekretarz obozowy Tadeusza Kościuszki: „...wynurzyliśmy się z lasów i stanęli na wzgórzu Podzamcza, naprzeciw Maciejowic. Naczelnik posunął się naprzód dla rozpoznania nieprzyjaciela. Odkryliśmy wkrótce gęste hufce... Ostatnie zachodzącego słońca promienie odbijały się o czystą stal szyków piechoty, dalekie rżenie koni, gwar przytłumiony miały w sobie coś przerażającego...

Dwór Maciejowicki, Podzamczem zwany, leży na wzgórku, z tyłu za nim wieś w dolinie, przed czołem grobla wiodąca ku miasteczku, po prawej ręce rzeczka Okrzejka, po lewej krzaki i trzęsawiska.

Miejsce to zdawało się nam trudnym do zdobycia (...). Całe więc nieliczne szyki nasze stały na jednym wzgórzu, oparte o rzekę i trudne do przebycia miejsca.

Stanęliśmy z Naczelnikiem w murowanym domu, zniszczonym jak wszystkie, które odwiedzali Moskale (...). Przebóg! A jaki widok ruiny i spustoszenia; wszystko, co można było złupić, złupione; portrety znakomitych właścicieli, hetmanów, biskupów, kanclerzy porąbane lub spisami pokłute...".

Zasnęli na rzuconych snopach słomy. „Dnia 10 października 1794 roku, w piątek, o samym świcie dano nam znać, iż Moskale w szyku bitwy postępują ku nam".

Józef Drzewiecki, wicebrygadier, z *Pamiętnika*: „Byłem z wielu przy Naczelniku do przenoszenia rozkazów jego, a on już lewego skrzydła pilnował, gdy z prawego Sierakowski przybiegł i o przedzieraniu się Rosjan przez błota, a o odcięciu od Wisły mówił. Te jego pamiętam słowa: Już mnie tam kula w grzbiet uderzyła, wszystko własnemi widziałem oczyma, zdaje mi się, że jeszcze czas do cofania się mamy. — Nie masz tu miejsca na rejterady, tu się zagrzebać albo zwyciężyć potrzeba! — odparł Naczelnik. Wtem nadbiegł Kopeć, schwycił go za nogi i ze łzami do cofania się wzywał, mówiąc, że od lewego skrzydła Kozacy i kawaleria następują. Naczelnik zbliżył się do linii bojowej; kula armatnia szła blisko jego boku i między nami, a on z zimną krwią do Niemcewicza powiedział: — Szczęściem, że nie bliżej, o mało nie zginąłem. Wtem mu donoszą, że pułk królewskich ułanów ruszył cały do Warszawy (...). Naczelnik obrócił się do nas: — Biegnijcie waćpanowie, zbierzcie tych tchórzów, bo to właśnie czas, gdzie kawaleria uderzyć może.

Puściliśmy się w tę stronę; Niemcewicz zaraz w rękę postrzelony (...)".

Niemcewicz: „Na widok krwi oblewającej obficie mnie i konia mego, nie chełpliwie, lecz szczerze wyznaję, iż pierwsze uczucie moje było nie bólu, lecz słodkiej — iż tak rzekę — chluby, że krew moja przelała się za Ojczyznę".

Cztery tysiące żołnierzy Powstania Kościuszkowskiego przelało na zielonych jeszcze łąkach nad Okrzejką krew tamtego październikowego dnia.

„Rosyjska piechota mordowała wszystkich tak, jak leżeli, z okrzykiem: to za Warszawę! (...) Wszyscy zabici, po godzinie obdarci do naga leżeli w linii. Po południu wszystkich spalono". Oto wiarygodna relacja kuriera pruskiej armii sprzymierzonej z Moskalami, huzara, który przekradł się pod Maciejowice w polskim płaszczu i czapce.

Onże porucznik von Heiligenstäd odnotował, iż głównodowodzący siłami rosyjskimi generał Iwan Fersen kroczył przez krwawe pole bitwy przyodziany w purpurowe futro, na którym pyszniły się migocące w słońcu ordery...

Kościuszko — wedle tejże relacji — „nie był w uniformie i jechał na bardzo złym koniu".

„Uniformem" Naczelnika była chłopska biała sukmana — taka, jaką narzucił na ramiona po kwietniowym zwycięstwie pod Racławicami i brawurowym ataku chłopskich kosynierów na moskiewskie armaty... Miał też pono fioletową jedwabną kamizelkę i szare spodnie... Jechał na złym koniu — bo dwa już pod nim zabito.

Pędził od Maciejowic w stronę folwarku Krępa.

„Kozak dogonił go wołając, by się zatrzymał i poddał, ponieważ ten nie posłuchał (...) tak mocno dźgnął jego konia, że ten z bólu uskoczył w bok wpadając w bagno aż po szyję" — opowiada naoczny świadek tej tragicznej chwili, pruski kurier. — „Kościuszko poleciał przez głowę konia i prawą ręką, w której trzymał szablę, aż po ramię wpadł w grzęzawisko. Kozak chciał go teraz zakłuć na śmierć...".

Ale ciężko ranny żołnierz — Polak, ryzykując, że sam zginie dając znak życia, krzyknął: — Nie zabijaj! To Kościuszko!

Zdarli z Naczelnika sukmanę, która od ran już biało-czerwoną się stała, zszarpali mu obrączki, które ofiarowywał najdzielniejszym, z napisem: „Ojczyzna obrońcy swemu". Rabowanego i bezbronnego ciął Moskal pałaszem w głowę...

Związanego Drzewieckiego powleczono pośród trupów, by szukał Kościuszki.

„Leżał człowiek z większego odzienia odarty, głowa na ręce oparta, krew nasączyła włosy jego długie, bo był w głowę ranny, kaftan jesienny ciemnego koloru był jeszcze na nim, buty nawet były zdjęte, tem bardziej zegarek, co go na złotym łańcuszku nosił, a na ręku miewał zawsze kilka pierścieni z napisami stosownemi, któremi jako jedyną nagrodą walecznych na placu boju obdarzał" — pisał Józef Drzewiecki w *Pamiętniku*. — „Uklękłem szukając w nim śladu życia (...) Wkrótce sprowadzono wóz paru wołami, aby go zabrać, gdy stary Kozak zawołał, że się tak jenerała, choć nieprzyjacielskiego

Wizerunek Kościuszki w momencie upadku pod Maciejowicami. Widoczne dwa ordery: Virtuti Militari – polski i Cyncynata (orzeł) – amerykański.

nie posyła". Powiązano piki pasami, rzucono stary płaszcz i na takich noszach unieśli Kozacy Najwyższego Naczelnika Siły Narodowej Zbrojnej z pola bitwy pod Maciejowicami.

Pruski huzar-kurier przekazał prasie, że Kościuszko padając z konia wykrzyknął: — Finis Poloniae! Koniec Polski! To niemieckie kłamstwo rozpowszechniono w całej Europie.

Po latach miłośnicy pamięci Naczelnika przypiszą mu słowa:

— Chociaż my, żołnierze Ojczyzny, ginąć możemy, to Polska zawsze jest nieśmiertelna...

Wiosną roku 1861, gdy szły już burzliwe czasy manifestacji przed wybuchem trzeciego — po Kościuszkowskim (1794) i Listopadowym (1830) — polskiego powstania przeciw Rosji — Styczniowego (1863), w Krępie na polanie, gdzie padł Kościuszko, rodacy Naczelnika usypali kopiec i wznieśli krzyż.

Październikowego dnia roku 1891 przyklęknął tu wysoki, czarnowłosy młodzieniec. W swym *Dzienniku* zapisał: „Pojechaliśmy do Maciejowic. Wiózł nas chłopak młody, w czamarce... Początkowo nie kapował dokąd chcemy jechać, aż wreszcie skapował: — Ehe, do Kościuska, na Krępe...

Przeskoczyliśmy przez płot, chłopak prowadził... Ścieżka zarosła pokrzywami, ostem, zielskiem... Tam to właśnie zleciał z konia Kościuszko. Stoi kopiec niewysoki śród kęp ostu, niskiej olszyny — porosła na nim paproć, pokrzywa, krwawnik i piołun... Obok kopca krzyż drewniany, modrzewiowy, a na nim napis:

NA CZEŚĆ BRACI POLEGŁYCH ZA OJCZYZNĘ
W DNIU 10 PAŹDZIERNIKA 1794 ROKU

Jest coś strasznie uciskającego w tym miejscu, w tym opuszczeniu, w tych chwastach... Oto wszystko, co nam pozostało z ojczyzny...

A przecież po 99 latach niewoli są na tej ziemi Kościuszkowskie dusze... I póki takie są — nie ma «Finis Poloniae». Przez ich dusze widzisz, że «Jeszcze Polska nie zginęła»".

Z tej chwili, przeżytej przez Stefana Żeromskiego na maciejowickim polu, zrodzi się jedna z jego najświetniejszych nowel, wydana w stulecie Insurekcji Kościuszkowskiej — 1894, zatytułowana — *Mogiła*.

Jej bohater — młody student warszawski, odbywający przymusową służbę w rosyjskim pułku piechoty, stacjonującym kędyś na Podlasiu, z gorzką ironią opisuje plac musztry: „Kiedy te wielkie drzewa sadzono, łąka niniejsza mówiąc stylem sentymentów, alias patriotycznym — była wolną i niepodległą. Pierwsze pędy topolowe, wybiegły na powietrze, stały naprzeciw słońca, upojone światłością (...). Dziś wydaje się, jak gdyby i topole na stare lata zruszczały... Zimne są, sztywne, poobłamywane i obdarte".

Nowela kończy się jesiennym dniem w obozie pod Krępą. Trwają manewry i błyskają groźbą tysiące moskiewskich bagnetów. Młody Polak w mundurze rosyjskiego junkra nagle staje przed kopcem, gdzie „wyciąga ramiona krzyż modrzewiowy z napisem:

NA CZEŚĆ BRACI POLEGŁYCH ZA OJCZYZNĘ

Odczytawszy te słowa, przypomniałem sobie dopiero, że stoję na miejscu maciejowickiego pogromu. Tędy nastąpiły na Europę i jej kulturę hordy Kałmuków, pojmawszy w tym bagnie najlepszego, najczcigodniejszego jej obywatela i obrońcę. Nieoceniona krew Tadeusza Kościuszki, którą na tym miejscu przelał, zawołała na mnie z ziemi.

Z ostrym bólem w sercu i z płaczem dotknąłem ustami piasku mogiły. Nareszcie poznałem ją, zrozumiałem, co ona jest, i uwielbiłem na zawsze — tę Ojczyznę".

Błąd nadziei

Kiedy Ojczyzny obrona
Wielkich mężów wymagała
Przybył uczeń Waszyngtona
A za nim szczęście i chwała.

Taki wierszowany podpis widniał pod świetną reprodukcją obrazu Juliusza Kossaka wiszącą w podlaskim domu mego dzieciństwa na honorowym miejscu. Naczelnik na lotnym koniu wiedzie kosynierów w racławicki bój. Recytowaliśmy strofę z przejęciem, zacinając się nieodmiennie na bardzo trudnym Waszyngtonie. Ale już w dłoniach dziada wirował globus i płynęliśmy palcem ku Stanom Zjednoczonym razem z Kościuszką bronić niepodległości. A w ozdobnej, grubej

Sławny portret Naczelnika z szablą – „Kościuszkówką" – wydrukowany na okładce „Gazety Powstania Polski", gdy Warszawa wiosną nadziei 1794 roku świętowała wypędzenie wojsk rosyjskich.

George Washington ściskający dłoń pułkownika Kościuszki w uznaniu jego zasług przy stworzeniu twierdzy West Point.
Ten obraz, zapamiętany z książki w domu dzieciństwa, powróci do mnie po latach dzięki darowi poznańskich harcerzy.

księdze z wytłoczonym na okładce krzyżem Virtuti Militari i tytułem *Tadeusz Kościuszko* — oglądaliśmy krzepki uścisk dłoni wymieniany przez siedzącego na białym koniu dżentelmena ze stojącym czołobitnie wojskowym. Podpis głosił: „Washington dziękuje Kościuszce za skuteczną obronę fortecy West-Point".

Koń nam się nie podobał (gdzie mu tam do Kossakowego karego!), Kościuszko nam się nie podobał — był w białej peruce ze zdjętym nakryciem głowy, gdy Waszyngton (który się zmienił w Washingtona) miał nasadzony kapelusz. Dziad był też dręczon pytaniami, dlaczego panowie ściskają sobie dłonie w rękawiczkach, skoro wiadomo, że dobre wychowanie nakazuje zawsze przy powitaniu takowe zdjąć. (Dopiero w sto lat po Kościuszce wędrując po Stanach będzie się Henryk Sienkiewicz dziwował obyczajom amerykańskim — zakładaniem nóg na stoły, żuciem tytoniu, pluciem, kiwaniem głową w kapeluszu z ledwo mruknięciem na powitanie...!)

Co to jest forteca — wiedzieliśmy z *Trylogii*. Zbaraż, którego bronił Jarema Wiśniowiecki, Kamieniec Podolski, gdzie zginął mały rycerz — Pan Wołodyjowski, Zamość, w którym wspaniały Zagłoba podszepnął Zamoyskiemu, by szwedzkim zadufkom na ich obietnice obdarowania go ziemiami Rzeczypospolitej — zrewanżował się ofiarując... Niderlandy, Częstochowa broniona przez Kmicica i cuda Jasnogórskiej Pani. To były fortece!

— West Point — objaśnił dziad — znaczy Zachodni Cypel — i jest to imię twierdzy nad wielką rzeką Hudson (upewniliśmy się od razu, czy większą jak nasz Bug?), którą zamierzały wpłynąć angielskie wojska, by osaczyć amerykańską Krainę Wyżyn. Potęga fortecy wzniesionej przez Kościuszkę udaremniła te zamiary. Jego pomysłem było też założenie w tym miejscu Akademii Wojskowej, która stała się najświetniejszą w Stanach.

To żywo zainteresowało mego braciszka — harcerza, który miał zamiar być ułanem, chociaż jego ulubiona wyrzeźbiona czwórka legionistów Piłsudskiego, stojąca na biurku ojca, wyraźnie wskazywała, że tylko „piechota, ta szara piechota"...

Nie ma naszego dworu na Podlasiu. Przepadły księgi, obrazy, legioniści...

Pozostała pamięć wierna i Kościuszko z owych Wielkich Umarłych, którzy byli i będą Wielkimi Żywymi.

Zbierając dokumenty do filmu biograficznego o Naczelniku, który chcieli realizować w koprodukcji z Polską nasi rodacy amerykańscy w dwóchsetlecie odzyskania przez USA niepodległości — czyli w roku 1976, gromadziłam ikonografię.

Gdy sława bohatera wojny o niepodległość Stanów Zjednoczonych i dowódcy polskiego powstania ogarnęła na przełomie XVIII i XIX wieku obie półkule — kto żyw władający pędzlem rzucił się do utrwalania rysów Kościuszki.

Spójrzmy na portrety. Ten w sukmanie i krakusce, rysy kanciaste, kości policzkowe wystające, nos zadarty. Ten ze wzniesioną szablą: „Pozwól jeszcze raz bić się za Ojczyznę". Ten pastelowy w lokach i żabotach. Ten w stalowej zbroi herosa, z obliczem wydelikaconym, ufryzowanymi włosami. Akwatinta w zbroi na tle szańców, z symbolem rewolucji francuskiej — czapką frygijską i podpisem: „Ramię jego nigdy nie podniosło się w obronie królów, on bowiem jest zwycięzcą despotyzmu na obu półkulach świata. Przez swoje cnoty, swój talent i zaufanie do ludu stał się naczelnikiem armii narodowej w Polsce przeciw zbrodniom ukoronowanych łotrów".

Miedzioryt wiedeński. W mundurze generała wojsk polskich z orderem Virtuti Militari — polskim i orderem Cyncynata — amerykańskim — i napisem: „On zerwał kajdany, w których jęczał naród".

Okładka „Gazety Powstania Polski" z 29 kwietnia roku 1794, gdy Warszawa już od dziesięciu dni świętowała zwycięstwo przepędzenia ze stolicy wojsk rosyjskich. Kościuszko z uniesioną szablą (którą nazwano „kościuszkówka" i konterfekt ten powielano w Holandii, Francji, Anglii) — i długim podpisem: „Oto jest żywy Portret Najwyższego Naczelnika Siły Zbrojnej Narodu Polskiego, który że jest prawdziwie trafiony nad wszystkie inne rysunki, tak powszechnie uznają, jakim Go widzieli w Oryginale (...) Oto jest wyobrażenie tego, który dał dowody i Zdatności i Męstwa swojego na Wojnie Amerykańskiej, o czym od całego świata niezaprzeczona dotąd stoi prawda. — Który potem powróciwszy do swej Ojczyzny, gdy się otworzyła pora ratowania Jej (...) czegóż nie dokazywał? mianowicie pod Dubienką, w kilka tysięcy wojska przeciwko kilkunastu tysięcy Moskwy (...) Który i teraz przy samym konaniu swej Ojczyzny, pierwszy porwał się Ją ratować w dniu 24 marca Roku teraźniejszego i gdyby był nie pospieszył, już by był dotąd Jej pogrzeb".

Widziałam już na ekranie oczyma duszy zawsze nas poruszający obraz, gdy w cywilnym ubraniu, z odkrytą głową stanął pod łopoczącą amarantową chorągwią z orłem białym na krakowskim rynku, marcowego dnia 1794 roku i uniósłszy dwa złożone palce powiedział: „Ja, Tadeusz Kościuszko, przysięgam w obliczu Boga całemu Narodowi Polskiemu"… Oryginał racławickiej akwareli Kossaka, która była pierwszym moim w dzieciństwie spotkaniem z Naczelnikiem — odnalazłam z radością, jak dobrego znajomego, w Pałacu w Łańcucie podczas jednego z niezapomnianych festiwali muzycznych Bogusława Kaczyńskiego.

Pisząc scenariusz filmu o Kościuszce (dzięki Krzysztofowi Zanussiemu, który polecił mnie rodakom w USA) tę właśnie chciałam wyeksponować scenę, gdy w mundurze amerykańskiego generała poprowadził wśród rozkwitających jabłoni kwietniową szarżę pod Racławicami, a za nim biegli chłopi w białych sukmanach, pokryci jak ruchomą falą maków czerwienią swych czapek — unosząc sine kosy — ku zwycięstwu!

Dzień 4 kwietnia roku 1794 był chyba najpiękniejszym w życiu Tadeusza Kościuszki… Pisał triumfalny raport:

„Batalia ta pod Racławicami trwała od godziny trzeciej po południu do godziny ósmej w wieczór. Skutek jej jest zupełne zwycięstwo. Otrzymaliśmy plac bitwy, wzięliśmy jedenaście armat (…) Zdobyto wiele orderów i znaków oficerskich i wojsko zwycięskie wykrzyknęło na placu bitwy: Wiwat Naród! Wiwat Wolność!

(…) Młodzież z ochotników pierwszy raz bitwę widząca w ogniu z trzech stron na nas sypanym pokazała się prawdziwymi obrońcami swobód narodowych, to jest ludźmi za nic życie własne dla Ojczyzny ważącymi.

Narodzie! To jest wierne dnia czwartego kwietnia pod Racławicami opisanie. Racz poczuć na koniec twą siłę, dobądź jej całkowitej, chciej być wolnym i niepodległym; jednością i odwagą dojdziesz tego szanownego celu! Umysł twój przygotuj do zwycięstw i do klęsk; duch prawdziwego patriotyzmu powinien w obydwóch zachować swą tęgość i energię. Mnie nic nie zostaje, tylko wielbić twoje powstanie i służyć ci, dopóki mi Nieba życia pozwolą.

Dan dnia 5 kwietnia w obozie pod Słomnikami 1794 r.
Tadeusz Kościuszko"

Wszyscy w duchu narodowym, obywatelskim i braterskim łączymy w jedno siły nasze. Wyrzekamy się wszelkich przesądów i opinii, które synów jednej Ojczyzny dzielić mogą...

Uwolnienie Polski od obcego żołnierza, przywrócenie i zabezpieczenie całości jej granic, ugruntowanie wolności narodowej i niepodległości Rzeczypospolitej – ten jest cel święty Powstania naszego!

Obieramy i uznajemy niniejszym aktem Tadeusza Kościuszkę za najwyższego i jedynego Naczelnika i rządcę całego zbrojnego Powstania naszego!

Z Aktu Powstania Kościuszkowskiego

Ja, Tadeusz Kościuszko, przysięgam w obliczu Boga całemu Narodowi Polskiemu, iż powierzonej mi władzy na niczyj prywatny ucisk nie użyję, lecz jedynie dla obrony całości granic, odzyskania samowładności Narodu i ugruntowania powszechnej wolności używać będę. Tak mi, Panie Boże, dopomóż i niewinna męka Syna Jego.

Przysięga Tadeusza Kościuszki złożona
na Krakowskim Rynku 24 marca 1794 roku

Bohater bitwy pod Racławicami – polski chłop, Wojciech Bartos (zwany też Bartosz) – który na okrzyk Kościuszki: „Zabrać mi chłopcy te armaty! Bóg i Ojczyzna! Naprzód wiara!" – rzucił się z kosynierami na baterie rosyjskie – „z niewiarygodnym męstwem" (jak ocenili sami nieprzyjaciele). Kościuszko przepasał go szarfą oficerską awansując na oficera i nadając nazwisko Głowacki.

„*Na polu bitwy ten mój raport piszę / I tobie ślę go, o wolny Narodzie! / Wiatr nad mą głową chorągwią kołysze / I orzeł na niej srebrzy się w zachodzie /.../ Polsko, Bóg Wolnych, gdy waży twe losy, / Na serca spiżu wyryj Racławice! / Nie purpurowy kontusz! Ale bosy Chłop twej swobody odwrócił stronice.*"

Artur Oppman (Or-Ot), Raport Kościuszki

Modlitwa chłopów przed bitwą pod Racławicami – obraz Józefa Chełmońskiego. „Cała Polska jest w tym jak w Panu Tadeuszu" – napisał Jan Lechoń, tęskniąc za Polską w New Yorku.

„Racławice" Jana Matejki. Tadeusz Kościuszko w amerykańskim mundurze przyjmuje zwycięskie wiwaty kosynierów. Ten dzień – 4 kwietnia 1794 roku – był najpiękniejszym w życiu Naczelnika.

„Poszedł nasz Kościuszko, jak wicher, jak grom / Kos i szabel błyskiem osłonił nasz dom" – powtarzaliśmy strofę wiersza Marii Konopnickiej patrząc na Naczelnika w dniu racławickiego zwycięstwa.

Gdy na rozmowy o polsko-amerykańskim filmie przyleciał z New Yorku do Warszawy przedstawiciel zainteresowanych producentów, George Suski, rozważaliśmy początek sceny racławickiej, jak na obrazie Józefa Chełmońskiego — modlący się chłopi w fiolecie brzasku. Daleko — w porannej mgle — Kościuszko ze sztabem... Wschodzi słońce...

„To wielki liryczny poemat, duszący za gardło. Cała Polska jest w tym jak w *Panu Tadeuszu*" — notował Jan Lechoń na kartach swego nowojorskiego dziennika wspomnienie tego obrazu.

George'a ogromnie ucieszył ten amerykański mundur pod Racławicami. Zastrzegłam się, że to malarska wizja Jana Matejki, której jakiś kostiumolog-skrupulant może nie uznać!

Machnął ręką. — Załatwimy! Musi być ten wspaniały symbol. Kościuszko w finale sceny na mundur amerykańskiego generała zarzuca sukmanę polskiego chłopa! Jak czytam książkę Haimana *Kosciuszko leader and exile* — podkreślam grubą krechą te wszystkie uwagi o doświadczeniach amerykańskich walk przeniesionych na grunt powstania w ojczyźnie...

Nie znałam jeszcze wówczas cytowanego przez George'a tomu Miecislausa Haimana, czyli znakomitego historyka polskiego Mieczysława Haimana, autora także fundamentalnej pracy *Kosciuszko in the American Revolution* (obydwie do dziś nie wydane po polsku)...

Ale znałam ów list Kościuszki z pierwszych miesięcy insurekcji, stwierdzający, że „jej pomyślność zasadza się najwięcej na upowszechnieniu zapału i na uzbrojeniu generalnym wszystkich ziemi naszej mieszkańców. Do tego wzbudzić potrzeba miłość kraju w tych, którzy dotąd nie wiedzieli nawet, że ojczyznę mają"... To zjawisko przeżył w Stanach. W raporcie z racławickiej bitwy zwycięskiej — przestrzegał, by i podczas klęsk zachował naród „energię i tęgość patriotycznego ducha"... Wojna o niepodległość Stanów zaczęła się przecie klęskami Washingtona... Uskrzydlony wielkim zwycięstwem armii traperów i myśliwych nad brytyjskimi mistrzami wojny, scaleniem się narodu, który jeszcze narodem nie był — popełnił Tadeusz Kościuszko „błąd nadziei", jak to celnie nazwie w swej świetnej książce o nim — *Z czym do nieśmiertelności* — Stefan Bratkowski.

Popełniliśmy takowy i my — marzyciele, planując film o Naczelniku. Jeszcze-śmy oglądali szczupłą niestety ikonografię do epoki amerykańskiej, rozbawieni Kościuszką jako inżynierem amerykańskim w oczach Anglików i Niemców: wąsy, strój kozacki, turban ze strusimi piórami i sznurami pereł! Muzeum Narodowe w Krakowie posiada natomiast litografię z XIX wieku podpisaną: „Tadeusz Kościuszko w latach pobytu w Ameryce", gdzie pyzaty Kościuszko w fantazyjnej czapie futrzanej z kokardą (!) dzierży pod pachą lunetę, a w tle widać rzekę. Ma to być zapewne w West Point...

Jeszcze-śmy się ponasładzali radością, któż to nie będzie grał w filmie bohaterów amerykańskich — onegoż Washingtona — naczelnego wodza; ukochanego dowódcę Kościuszki — generała Horatio Gatesa; dowódcę Armii Południowej (ocalonej przez Kościuszkę!) — generała Nathanaela Greene'a... A Kirk Douglas, a Clint Eastwood, a Gregory Peck, a... W sekwencji polskiej cichcem obsadzam samych przyjaciół z Markiem Perepeczko na czele...

Błąd nadziei, błąd nadziei.

Suski pojechał odwiedzić „ojcową chatę", jak rzekł pięknie swą już zatartą srodze na co dzień polszczyzną. A mnie Przedsiębiorstwo Państwowe Film Polski powiadomiło, że nie jest zainteresowane koprodukcją polsko-amerykańską przy filmie o Kościuszce, „który prawdopodobnie zrealizujemy własnymi siłami"...

— Saratogę sfilmujemy w Pieninach — zajadowiciłam...

Trzeźwi politycznie przyjaciele ręce załamali nad naszą naiwnością i z naciskiem orzekli: — Przypominamy, że Kościuszko nie walczył ze Szwedami...

Wprawdzie lata siedemdziesiąte XX wieku to nie były lata pięćdziesiąte, aleć i wówczas panował obowiązek osobliwego nazewnictwa pewnej narodowości. Pisano: „armia carska", „żołnierz carski" etc. Kiedy odrzucano moją propozycję serialu TV o młodości Stefana Żeromskiego — orzeczono, że „jest to zbyt anty-carskie"!

— Ach ty duro! — rozzłościł się porządny partyjny dyrektor teatru. — Jak mi taki osioł-cenzor powiedział, że nie puści mi w „Betlejem polskim" kostiumu Heroda jako cara, tom go zapytał, czy jest jakaś diametralna zmiana linii partii, bom nie był na ostatniej egzekutywie...

— Jak to towarzyszu? Co to ma wspólnego z Herodem? — zadźwągał.

— A ma! Bo dotąd obowiązywała linia Leninowska ergo anty-carska, a wy mi tu ją negujecie, towarzyszu... Znaczy, pro-carscy jesteście, towarzyszu. Znaczy, anty-leninowscy jesteście, towarzyszu...

25

ROCH III

Herb Kościuszków, zwany Roch trzeci – ma lilijki podobne do tych, jakie noszą na rogatywkach polscy harcerze. Gdy twórca harcerstwa polskiego, Andrzej Małkowski, ogłosił u zarania naszego skautingu konkurs na odznakę harcerską – wśród nadesłanych projektów był także kościuszkowski herb.

No i wyszedł Herod w koronacyjnym stroju cara, a w finale na szyję dyrektorowi partyjnemu w grottgerowskim kostiumie powstańca styczniowego rzucił się wpadłszy na scenę ksiądz proboszcz! Wszyscy ocierali łzy!

Ale rok był już 1979, szło ku przedwiośniu...

Żadna egzekutywa (która zawsze mi się kojarzyła z egzekucją) przy Kościuszce czy Żeromskim nam by nie pomogła wcześniej. Później także nie. Egzekutywy już nie ma. Filmu też.

Za to w Roku Pańskim 1990 — gdy już mogliśmy rzec, że ziściły się Hasła Insurekcji Kościuszkowskiej — „WOLNOŚĆ — CAŁOŚĆ — NIEPODLEGŁOŚĆ" — harcerze z poznańskiego Hufca Wilda imienia Jana Kasprowicza ofiarowali mi książkę. Virtuti Militari na okładce. Feliks Koneczny: *Tadeusz Kościuszko*. To była ta z Waszyngtonem ściskającym dłoń Kościuszki.

— Czy druhna zwróciła uwagę — zapytał mnie komendant hufca, harcmistrz Kazimierz Dyderski — że herb Kościuszki, zwany Roch trzeci, ma aż dwie lilijki — zupełnie takie jak nasze!

Chłopiec z Polesia

Kraj lat dziecinnych! On zawsze zostanie
Święty i czysty, jak pierwsze kochanie

Mickiewicz

„Każdy ma swoje miejsce ulubione w dzieciństwie i to jest ojczyzna duszy"

Żeromski

Polesie. Łąki soczyście zielone, lasy szumiące, błota i wody, wody rozlane szeroko. Kraj dzieciństwa i młodości, kraj powrotów Tadeusza Kościuszki.

Oto pierwszy rodzinny dom — dworek brązowy, przysadzisty, z łamanym dachem — w ciżbie kwiatów przysiadły i pod opieką szumiącego starodrzewiu...

Mereczowszczyzna na Polesiu — miejsce narodzin Tadeusza Kościuszki...

Chłopiec z Polesia. Młodzieńczy portrecik Tadeusza Kościuszki. Uczeń szkoły pijarów z Lubieszowa. Jego ulubioną lekturą były „Żywoty sławnych mężów" Korneliusza Neposa (czytane po łacinie!). Ulubionym bohaterem był grecki wódz Tymoleon z Koryntu „dlatego że odzyskaną narodowi wolność zwrócić mógł" (jak pisze wspomniawszy zwierzenia Kościuszki zaprzyjaźniony generał i biograf, Franciszek Paszkowski). Dodajmy, że Tymoleon oddał władzę w ręce ludu, a sam powrócił do swoich ukochanych ogrodów...

Tekla z Ratomskich Kościuszkowa – matka Naczelnika. Szczęśliwa żona „sercem ukochanego Ludwisieńka". Niestety – niezbyt sprawiedliwa w swych matczynych uczuciach, wyraźnie faworyzowała starszego syna – ladaco, z krzywdą dla Tadeusza.

Mereczowszczyzna – dwór Tekli i Ludwika Kościuszków, w którym urodził się przyszły bohater i dowódca Insurekcji Kościuszkowską nazwanej.

Siechnowicze na Polesiu – gniazdo rodu Kościuszków. Jedna z chat wieśniaczych (stan obecny).

W Siechnowiczach przed szkołą stojącą w miejscu dworu Kościuszków – pomnik Naczelnika. Kwiaty składają białoruskie dzieci. Może któraś ze szkół noszących imię Kościuszki nawiązałaby z tymi uczniami kontakt?

Dzień tych narodzin nie jest znany. Wiadomo tylko, iż ochrzczono go 12 lutego roku 1746 imionami Andrzej Tadeusz Bonawentura. Spod Kamieńca Litewskiego szedł Kościuszkowski ród... Po unii między Litwą a Koroną podśmiewali się koroniarze wymieniający nazwiska „Computu Woysk Litewskich": Szukszta, Pukszta, Dukszta, Fiedziuszko, Kościuszko...

Rodowym gniazdem Kościuszków, nadanym im w roku 1509 przez króla Zygmunta Starego, były włości Siechnowicze (które tak jak Mereczowszczyzna zostały po drugiej wojnie światowej poza granicami Polski, wcielone do Związku Radzieckiego, obecnie — Białorusi).

Pradziad Naczelnika, Aleksander Jan Kościuszko, wiosną 1647 słyszał na elekcyjnych polach Warszawy — jak „z tysiąca piersi zerwały się niby grom potężne wiwaty" — na cześć zwycięzcy spod Chocimia i Podhajec — hetmana Sobieskiego, którego obierano królem Polski.

Młodość synów Aleksandra Jana Kościuszki przypaść miała na ostatnie lata świetności Rzeczypospolitej, ostatnie jej wielkie zwycięstwa, ostatnie wielkie nadzieje i śmierć ostatniego wielkiego jej króla — Jana III Sobieskiego.

Gdy poseł cara Piotra I donosił usłużnie opasłemu Augustowi II Sasowi — że monarcha Rosji będzie bronił króla Polski przed zuchwalstwem tych barbarzyńców, czyli jego poddanych — Polaków i na zegarze losów Rzeczypospolitej biła pierwsza godzina zguby — gasł spokojnie w swych Siechnowiczach dobiegłszy osiemdziesiątki zacny pradziad Tadeusza Kościuszki — pisząc w testamencie: „Nie zostaje po mnie ani złota, ani srebra — ale też i długu przeze mnie winnego nikomu nie ostawuję"...

Z myślą o przyszłości westchnie: „Iżby wszystkim następującym z domu Kościuszków Pan Bóg błogosławić i szczęścić raczył"... Siechnowicze przejdą w dziedzictwie na Ambrożego — dziada Naczelnika... Ten-ci krewki rębajło, będzie prał na sejmikach, hulał, ojcowiznę trwonił...

Szczęściem, ani się weń wda syn-jedynak, Ludwik Tadeusz Kościuszko, pułkownik i miecznik brzeski — skrzętny, zapobiegliwy, rządny... Ojciec Naczelnika.

W dobie szalejących romansów i uczuć kruchych jak rokokowe cacka, mariaż Ludwika Kościuszki z czarnooką panną Teklą Ratomską wielce się okazuje trwały i udany. W brązowym dworze Mereczowszczyzny rodzi się czwórka dzieci — córki: Anna (1741) i Katarzyna (1744), synowie: Józef (1743) i Tadeusz (1746), który wpisze się w dzieje rodu jako „kapitan korpusu kadetów, pułkownik i generał lejtnant wojsk koronnych, pułkownik i generał wojsk amerykańskich, Najwyższy Naczelnik Siły Zbrojnej Narodowej".

Już jako matka całej czwórki pani Tekla pisywała do męża najczulsze listy, tytułując prześlicznie: „W sercu mem najukochańszy Ludwisieńku", a kończąc: „Całuję twoje nóżki, jestem twoja życzliwa żonka i u nóg sługa"... Bogać tam sługa! Powiadali co prawda XVIII-wieczni kronikarze, że „po kobietach polskich znać słabość ich płci i gwarantowaną prawem podległość mężowi", ale w małżeństwie państwa Kościuszków tej podległości nie uświadczysz... „U nóg sługa" orientuje się świetnie we wszystkich zawiłych interesach męża i jest mu pełnoprawną partnerką... Gdy „Ludwisieniek" odejdzie przedwcześnie w roku 1758, pani Tekla mimo żałoby mocną dłonią poprowadzi losy dzieci!

Córki wyda dobrze za mąż, posażąc sowicie i zgodnie z obyczajem pod ślubne korony z kwiatów, wieńczących ich głowy, wsuwając dukata i cukru kostkę — by się Anusi i Kasi żyło, i słodko, i bogato!

Synowie zaczerpnąwszy edukacji w kolegium ojców pijarów w Lubieszowie, gdzie wedle przykazań twórcy edukacji, księdza Stanisława Konarskiego, wpajano im „w młodociany umysł miłość Ojczyzny, cześć i najwyższe do niej przywiązanie" innymi pójdą drogami.

Józefek — przystojny, gadatliwy strojniś i rozrzutnik, istny sobowtór dziada Antoniego, będzie ganiał po sejmikach, gardłował, kumał ze zdrajcami, wdawał w ciemne interesa. Zakochana w nim macierz pośle bolesną skargę tuż przed swą śmiercią wiosną 1768 roku: „Sercem najukochańsze moje dziecię, Józefku... nie wiesz o mnie i nic nie piszesz"...

„Najukochańsze dziecię" nie pisało, jeno popijało i dziedzictwo młodszego brata w lwiej części przehulało, by gdzieś wreszcie przepaść — niesławnie, ścigane klątwami wierzycieli.

Syn mniej kochany, niepozorny — Tadeusz, odkąd familia przeniosła się na stałe do Siechnowicz — ciągle przepadał gdzieś w polu, borze, na rzece... Z chłopami.

Polesie. Kraina wód, błot i biedy. Śpiewano romantyczne tanga – „Polesia czar, to dzikie knieje, moczary..."
Kraina dzieciństwa Kościuszki i kraj lat dojrzałych...

Poleszuk „orze sochą drewnianą, młóci cepem, ubiera się w domowy len i wełnę, grosz chowa po dziuplach drzew...". Tak pisała o chłopach z Polesia Maria Rodziewiczówna w roku 1904. Jeżeli żyli w takiej biedzie w wieku XX, jak żyć musieli w XVIII?

Poleskie dzieci – grające na fujarkach. Jeśli tak wyglądały w latach trzydziestych XX wieku, wyobraźcie sobie, jaka była ich bieda w czasie dzieciństwa Kościuszki – w połowie wieku XVIII.

Stąpali ciężko i cicho. Ciemne twarze półokryte włosami długimi schylali nisko do pańskich stóp... Na stopy zrogowaciałe pletli łapcie z kory lipowej i łozy. Spali na słomie ze swym bydłem. Panowie mieli nad nimi prawo życia i śmierci.

Wśród haseł i odzewów Insurekcji Kościuszkowskiej znajdą się: Poddaństwo — Hańba, Lud — Władza.

W Uniwersale wydanym 7 maja 1794 w miasteczku Połaniec na Kielecczyźnie Naczelnik Kościuszko da chłopom wolność, gdyż — jak powie nauczony amerykańskim doświadczeniem — „Wolność nie może być obronioną jak tylko ręką ludzi wolnych albo doznających sprawiedliwości".

2 kwietnia roku 1817 w Szwajcarii siedemdziesięciojednoletni generał Tadeusz Kościuszko pisał testament „uwalniając włościan na wieczne czasy od pańszczyzny, robocizny i daniny" w swej wsi dziedzicznej Siechnowicze.

Kadet i Paryżanin

Opuścił gniazdo młodości po raz pierwszy zimą roku 1765 licząc lat dziewiętnaście. Pomknął poleskimi rozłogami, kierując się do Warszawy, by wstąpić do Szkoły Rycerskiej, inaczej Korpusem Kadetów zwanej, założonej przez króla Stanisława Augusta Poniatowskiego, a kierowanej przez jego brata ciotecznego, generała ziem podolskich, księcia Adama Kazimierza Czartoryskiego — erudytę, lingwistę, znawcę psychiki młodzieńczej.

„Kadeci życie by za niego oddali" — wspomina jeden z uczniów.

Książę Czartoryski był autorem *Katechizmu moralnego dla uczniów Korpusu Kadetów* — przykazań obywatelskiej wiedzy. Na pytanie: „Jaki powinien być kadet?" odpowiedź katechizmu brzmiała: „...powinien Ojczyznę swą kochać i jej dobro nade wszystko". Mówiono w Katechizmie o etyce postępowania — o wdzięczności, delikatności, dyskrecji, skromności. Dołączono „Definicje różne przez pytania i odpowiedzi", gdzie objaśniano istotę patriotyzmu prawdziwego („o dobro powszechne tylko dbałego") i fałszywego („pod ujmującym pozorem ukrywającego ambicję, miłość własną, własny interes"). Dołączono na finał wiersz Franciszka Karpińskiego, autora sławnej kolędy „Bóg się rodzi" z owym błaganiem: „Podnieś rączkę Boże Dziecię, błogosław Ojczyznę miłą!" Kadeci powtarzali jego strofę:

> Oto jest ziemia, która na twoją
> W życiu wygodę oddana.
> Zawsześ ją winien kochać jak swoją:
> Z krwią jest twych przodków zmięszana.
> Te rozrzucone po niej mogiły
> Są stare groby twych braci;
> Kto dla Ojczyzny tak poległ miłej,
> Życia swojego nie traci.
> Jam jest Ojczyzna! (...)
> A gdy nie można będzie wypłynąć
> W upadku mego godzinie,
> Jam aż na ten czas powinna ginąć,
> Kiedy ostatni z was zginie.

Pierwsze wielkie przeżycie to było — pasowanie na kadeta. Czworobok kolegów w błękitnych frakach z pąsowymi wyłogami, czarnych halsztukach, białych, obcisłych spodniach stał z dłońmi na pałaszach.

Radosny werbel. Stadko gołębi spłoszone jego dźwiękiem porywa się i zatacza kręgi nad podwórcem Kazimierzowskiego Pałacu, gdzie z łaski królewskiej rezydował Korpus Kadetów.

Pada pytanie:

— Czego waćpan żądasz?

— Stawam z prośbą, żebym był uzbrojony.

— Masz szczere życzenie tę broń zażywać zawsze na obronę Ojczyzny swojej i swego honoru?

— Nie inne jest przedsięwzięcie moje!

Bije werbel. Kadeci prezentują broń. Wibruje w powietrzu i leci daleko, aż ku Wiśle, ich pieśń, „Hymn do miłości Ojczyzny", pióra księdza biskupa Ignacego Krasickiego:

Ostatni król Rzeczypospolitej – Stanisław August Poniatowski, budzi do dziś wiele sprzecznych uczuć. Jedni historycy uważają go za człowieka słabego, zależnego całkowicie od rozkazów carycy Katarzyny II, inni rehabilitują króla doceniając jego wspaniały mecenat nad kulturą i sztuką.
Portret w stroju koronacyjnym pędzla nadwornego malarza Marcello Bacciarellego.

Warszawa XVIII wieku – róg Placu Zamkowego i Krakowskiego Przedmieścia. Taka jaką widział kadet Kościuszko. Zrujnowana przez Niemców w czasie Powstania Warszawskiego 1944 – wróciła odbudowana wysiłkiem całej Polski.
W tym domu mieści się dziś Biblioteka Domu Literatury, której wspaniałe bibliotekarki bardzo pomogły przy zbieraniu materiałów do książki o Naczelniku.

Warszawa kocha Łazienki Królewskie, a wielkim kontynuatorem opieki króla nad najpiękniejszym parkiem Warszawy jest nieoceniony profesor Marek Kwiatkowski.

Jeden z zeszytów pilnego kadeta Kościuszki. Notatki w formie pytań i odpowiedzi.
„– W czym największe zwycięstwo pokazać możemy i winniśmy?
– Siebie samego zwyciężaj!"

Kadeci Jego Królewskiej Mości – Stanisława Augusta, studenci Szkoły Rycerskiej w Warszawie, z której wyszło wielu sławnych Polaków walczących o wolność kraju.

Książę Adam Kazimierz Czartoryski – komendant Korpusu Kadetów, wybitny erudyta, władający siedmioma językami. Europejczyk, który był Polakiem w każdym calu i apelował do swoich wychowanków, by stali się obywatelami Ojczyzny „gorliwymi o jej sławę, o uwiększenie jej mocy wewnętrznej i poważania postronnego, o poprawę rządów".
„Rozległa pamięć, wytrawny sąd i przenikliwość...
Posiada wszystkie te zalety. Lubię go i podziwiam." – taka była opinia generała amerykańskiego Charlesa Lee – o księciu.
Tadeusz Kościuszko popłynął do Ameryki z listem polecającym Czartoryskiego do generała Lee.

Święta miłości kochanej Ojczyzny,
Czują cię tylko umysły poczciwe!

Polscy harcerze do dziś śpiewają swoją wersję tej pieśni:

Święta miłości kochanej Ojczyzny,
Oto w Twą służbę wchodzi hufiec nasz.
Od lat najmłodszych do późnej siwizny
Pragnie przy Tobie czujną trzymać straż!

„Tadeusz Siechnowicki Kościuszko, Chorąży od Kadetów Korpusu Królewskiego Rzeczypospolitej", wystawiając (niestety!) plenipotencję swemu hulaszczemu braciszkowi, Józefowi, oświadcza, iż nie może przyjeżdżać do Siechnowicz z Warszawy, dokąd „mnie chęć i ochota powabiła, dla wydoskonalenia się w różnych sciencyach".

Jakież to były „sciencyje", czyli nauki?

Otóż: historia Polski, historia starożytna i nowożytna, poezja polska, francuski, niemiecki, logika, kaligrafia, prawo, architektura cywilna i wojskowa.

Otóż: „konieczność doskonałej znajomości geografii praktycznej, trygonometrii i rysunku", kartografia — „dokładne opracowanie mapy Polski", zajęcia w terenie — „znajomość topografii i fortyfikacji pokojowej"…

Otóż: praktyczne wyszkolenie wojskowe — szermierka, musztra, marsze, strzelanie. Nazwisko Kościuszki figuruje w raporcie nauczyciela rysunków, złożonym królowi w roku 1768. Na liście najlepszych Kościuszko jest drugi. Pierwsze miejsce zajmuje kapitan Józef Orłowski, o cztery lata od Tadeusza starszy, „pod posępną postacią — wesoły, uczciwy, dobry"… Zapamiętajmy go. Będzie nie tylko towarzyszem Kościuszki w studiach paryskich, lecz także wiernym towarzyszem broni — generałem i dowódcą obrony Warszawy w Powstaniu Kościuszkowskim.

Wokół pobytu Kościuszki w Korpusie snują się legendy. A to, że zrywał się do nauki już o trzeciej rano, budzony przez stróża, który go ciągnął za sznurek, umyślnie uwiązany przy dłoni. A to, że siedział z nogami w zimnej wodzie, byle nie zasnąć. I wkuwał. A to, że koledzy przezywali go „Szwedem", przywołując na pamięć króla Szwecji Karola XII — twardego jak krzemień młodzika i dowódcę sławnego.

To legendy.

A rzeczywistość? Już po roku studiów Tadeusz otrzymał „patent oficerski" i rangę chorążego oraz został podbrygadierem. O funkcji tej powiadał regulamin: „to od nich zależy porządek, dokładność, pilność i dobre zachowanie, jakie powinny panować w brygadzie"...

Było to tedy pierwsze stanowisko dowódcze w życiu Naczelnika. Pełniąc je musiał być wzorem punktualności, obowiązkowości, stanowczości, pilności... On — niepozorny, zadartonosy Poleszuk, nieświetnego nazwiska i majątku, imponował wiedzą i postawą wspaniałym magnackim synkom, od których było w Korpusie rojno.

Niezależnie od książęcych tytułów — na wszelki wypadek — były też i zasady zachowania się przy stole uroczyście w jadalni wiszące:

1. łokci na stół nie kłaść, 2. w ustach widelcem nie przebierać, 3. łyżki z ust wyjętej nie kłaść na półmisek i drugich nią nie traktować! Etc.!

Po ostatnich egzaminach, złożonych w 1769 roku, Kościuszko otrzymał rangę kapitana jako uczeń celujący.

Wrześniowego dnia roku 1769 wyjechał z Orłowskim na studia do Francji, jako stypendysta króla i księcia Czartoryskiego. Obliczyli precyzyjnie koszta wyprawy, które król zaakceptował. Pozycję naczelną stanowili tam „metrowie", czyli profesorowie: „mathematyki, architektury militarnej, artyleryi, taktyki, architektury cywilnej, rysowania, malowania". Dalej: „książki, instrumenta, farby, stancyje dwie, fryzjer, stół, suknie, bielizna". Dalej: „droga do Paryża, zwiedzanie fortec, różnym architektury gustom, jako i innym ciekawościom przypatrzenie się".

Plan bogaty. Bogatym trzeba być, żeby go zrealizować. A królewskie stypendium wcale królewskim nie było. W liście Kościuszki do księcia Czartoryskiego czytamy oględne słowa: — „nie wiem dalej co mamy czynić, przyjdzie podobno się nam hartować". Co bez ogródek i Kościuszkowskiej delikatności dobitnie wyjaśnił drugi stypendysta — Orłowski: „dla niedostatku pieniędzy długów pełno mając najpotrzebniejszych rzeczy ująć czasem sobie musimy"...

XVIII-wieczny Paryż króla Ludwika XV, którego żoną była Maria Leszczyńska, córka mądrego, a niedoszłego króla Polski, Stanisława Leszczyńskiego.

Stolica frywolnych zabaw i świetnych intelektów. Tu przez lat prawie pięć (1769–1774) kapitan Kościuszko studiował w Królewskiej Akademii Malarstwa i Rzeźby i kształcił się w arkanach inżynierii, budowy twierdz i artylerii.

„Życie Francji za panowania Ludwika XV — piszą historycy — wydaje się nieustającą zabawą w takt lekkiej i czułej muzyki, zinstrumentowanej przez Rameau i Mozarta"...

Wśród kruchych mebelków o powyginanych nóżkach, w aromacie kawy i białych róż (ukochanych kwiatów madame de Pompadour), smakosze aksamitni, wonni, uśmiechnięci, upudrowani, wiodą wykwintne rozmowy, łowią lotne żarty, bawią wdzięcznym flirtem...

Mistrzem nad mistrze w słownej szermierce jest sam François Marie Arouet Voltaire, którego polonusy spolszczyły sobie na Woltera.

W sali bibliotecznej na zamku króla Stanisława Augusta Poniatowskiego stoi jego posąg opatrzony zdaniem ułożonym przez króla w pięknej francuszczyźnie: „Odkąd pisałem, ludzie więcej czytają, śmieją się więcej i więcej okazują tolerancji".

Na salonach kadet Kościuszko nie bywał. Nie tańcował też gawota na murawach w słońcu. Ale bywał w bibliotekach publicznych i czytelniach, gdzie wypożyczało się książki, a w specjalnych salach do rozmów, dyskutowano. Francja świetnego wieku Oświecenia — to przecież nie tylko Francja frywolnych igraszek dworu i genialnych paradoksów Woltera. To także Francja Monteskiusza, Jana Jakuba Rousseau i Encyklopedii wielkiego Diderota, pełnej wiary w człowieka... Dzieło Monteskiusza *O duchu praw* mówi o królu, który dzieli władzę z narodem.

Kościuszko czytał Rousseau. Rousseau powiada: „Bogaty czy biedny, możny czy słaby, każdy obywatel, który próżnuje, jest hultajem"... Rousseau, gdy słodka Francja tonie w zbytku, pisze gorzko: „...potrzeba na nasze peruki pudru — dlatego tylu biednych nie ma chleba".

„W latach 1770–1774 rozpoczęły się zamieszki w okolicach Paryża" — czytamy w *Historii Francji* — „Lud mówił głośno o «spisku głodowym»"...

I nasi stypendyści nie różowe mieli życie w różowej Francji. Kościuszko pisał z żalem do Czartoryskiego: „Co się tyczy wojażów, które mi zalecasz Jaśnie Oświecony Książę, dla przypatrzenia się robieniu mostów, śluz, dróg, grobel, kanałów etc., chętnie jestem gotów przedsięwziąć", ale za co? „Groble, tamy (...) chciałbym pojechać, widzieć (...) do Holandyi, ile że są potrzebne w Polsce dla błot, bagnisk, których pod dostatkiem mamy" — wzdycha Poleszuk. Ależ za co do tej „Holan-

Niezwykły Chrystus – symbol Polski ukrzyżowanej. Rysunek Tadeusza Kościuszki. Nie znali go niestety nasi romantycy, nie wiedzieli, że już przed nimi ktoś porównał Polskę do Chrystusa narodów!

Tadeusz Rejtan w wizji Jana Matejki. „Zabijcie mnie – ale nie zabijajcie Ojczyzny!” „Widział Kościuszko rzucającego się w progach Rejtana by zatrzymać wychodzących z praw świątyni posłów, widział jak deptał po nim Poniński /.../ widział to i podnosząc Rejtana rzekł: – Są jeszcze dusze cnotliwe i mężne!” – tak pisze towarzysz broni Naczelnika, Niemcewicz w „Pochwale Kościuszki”. Scena z Rejtanem odbyła się w kwietniu 1773 r. Kościuszko powrócił do Polski wiosną 1774. Dziś w Zuchwil pod Solurą w Szwajcarii, gdzie Naczelnik zmarł – Jego pomnik sąsiaduje z tablicą poświęconą pamięci Rejtana, ufundowaną przez żołnierzy polskiej Dywizji Strzelców Pieszych w czasie II wojny światowej.

dyi" jechać? Nareszcie uprasza, żeby chociaż „pensyja nasza mogła odtąd punktualnie wypłacana co rok", wtedy nie będą zmuszeni „rzucać naszych metrów, tak jak teraz dla niedostatku pieniędzy"...

W znakomicie udokumentowanej książce Stefana Bratkowskiego *Z czym do nieśmiertelności* znajdziemy pasjonujące sugestie odnośnie studiów paryskich Kościuszki, które ukształtowały jego rozległą wiedzę inżyniera wojskowego... Część poświęconą czasowi pięciu niezwykle ważnych lat Kościuszki nad Sekwaną kończy Bratkowski gorzką uwagą: „...wiele jest przynajmniej do przejrzenia, nie mówiąc o autentycznych poszukiwaniach archiwalnych (...). Kto wie, czy nie kryją się w nich skarby informacyjne i dla naszego tematu? (...)

W paryskiej Bibliotece Narodowej pietrzą się sterty ówczesnych pamiętników, wspomnień, rozpraw (...) Wiem, że trzeba na to czasu, ale jeśli nie poświęcić go Kościuszce, to komu?"

Z plonu studiów w Królewskiej Akademii Malarstwa i Rzeźby ostały się nieliczne rysunki przyszłego Naczelnika.

Wśród nich — przejmująca wizja Chrystusa na krzyżu — reprodukowana w owej starej, z dzieciństwa mi znajomej książki Konecznego...

Wiktor Gomulicki w swych *Pamiętnikach Kościuszkowskich* zwraca uwagę, że pośród tysięcy wizerunków Chrystusa cierpiącego z poddaniem, jeden Chrystus Kościuszki ma w sobie bunt. Głowa, cierniem ukoronowana nie zwisa bezwładnie, lecz odrywa się od krzyża i mierzy błyskawicą spojrzenia w niebiosa. „Ta postać to symbol — mówi Gomulicki. — Ten symbol to — ukrzyżowanie Polski".

We wrześniu roku 1773 przekupieni przez Rosjan posłowie ratyfikowali na sejmie pierwszy rozbiór Polski. Rzeczpospolita straciła na rzecz Rosji, Austrii i Prus 1/3 terytorium i 1/3 ludności.

Matejko w sto lat potem namalował obraz ukazując ów tragiczny moment, gdy jedyny, który protestował — poseł ziemi nowogródzkiej, Tadeusz Rejtan — pada, popchnięty na progu, z okrzykiem:

— „Zabijcie mnie! Zadepczcie! Ale nie zabijajcie Ojczyzny!"

Pośród historycznych postaci malarz umieścił chłopca, który tuż obok portretu grabarki Ojczyzny — carycy Katarzyny II — unosi do góry gestem zwycięskiej solidarności z Rejtanem — szablę i konfederatkę. Symbole Powstania Kościuszkowskiego.

W kolebce miłości

„Ożywia go tylko miłość Ojczyzny, inna namiętność nie ma władzy nad nim"... — stwierdzają autorytatywnie niektórzy dostojni biografowie Kościuszki.

A juści! Toć latami komentowano ów skandal, że z amorów potężnych eks-kadet królewski hetmanowi Sosnowskiemu córę porywał...

Jakże to było? Ba, „co źródło, to insze o tym szczegóły", ubolewa mniej pruderyjny biograf. Jedni powiadają, że się spotkali na balu dworskim w dzień urodzin miłościwego pana. Imć kadet Kościuszko miał lat 23, panna Ludwika Sosnowska ledwo ponad dwudziestkę. Wyglądali zapewne tak, jak na tych miniaturkach, które się zachowały. On „oczy miał duże, smętne, twarz bladą, gruby warkocz włosów naturalnych, czarną wstążką obwiązanych". Ona — „lica kształtne, kosy bujne, pozłociste, sentymenta bogate w duszy".

Gorzej było z sentymentami w duszy jej ojca — wojewody Józefa Sosnowskiego, który żywił takowe wyłącznie do suto nabitej kabzy — i od roku 1769 figurował na czołowej liście przekupywanych przez ambasadora rosyjskiego, od którego ciepłą rączką otrzymawszy kilka tysięcy dukatów i tytuł wojewody — złożył na piśmie solenne zobowiązanie, że „we wszyskim według jego żądania na sejmie będzie postępował" — i od wszystkich Czartoryskich, króla i ich marzeń o zniesieniu liberum veto (którym byle przekupiony łajdak mógł zerwać sejm) — tudzież wszelakich innych niedorzecznych pragnień o suwerenności Rzeczypospolitej — „szczerem sercem" odstępuje. Pyszny teść dla Tadeusza Kościuszki, który powróciwszy z Paryża w maju 1774 „wyperfekcjonowany w scjencjach militarnych", szukał szansy, „ażebym był użytecznym ojczyźnie naszej i wypłacił się jej z obowiązku obywatelstwa", jak sam napisze.

Aliści ojczyzna nasza — osaczona przez „trzy lwy" (jak nazwano groźną trójcę naszych sąsiadów), czyhających, by porwać następne potężne kęsy ziemi — miała wówczas ledwo 11 tysięcy wojska. I nie było w nim miejsca dla kapitana-inżyniera.

Nie może też znaleźć schronienia w rodzimych Siechnowiczach. Braciszek Józef pozwany przezeń do urzędowego rozrachunku spisuje „regestr" — z którego czarno na białym wynika Józefkowym piórem wypisane, że brat rodzony Tadeusz winien mu jest złotych polskich czterdzieści tysięcy groszy dziewięć, czyli dokładnie tyle, ile wynosi wartość przypadającego nań majątku! Cóż stąd, że biegli w prawie orzekają „regestr" — jako akt sporządzony „przeciw sumieniowi", „śmiechu a nie odpowiedzi godzien". Gościną bezdomnemu, a ukochanemu bratu służy najbliższa jego sercu siostra — Anna z Kościuszków Estkowa. (Zainteresowanym losami rodzeństwa, Mereczowszczyzny i Siechnowicz pozwalam sobie polecić przypisaną im część mej książki *Malwy na lewadach* — „Dęby co polskość stróżują".)

Kiedy naiwnym Polonusom zza oceanu śnił się w dobie PRL polsko-amerykański film o Kościuszce, wówczas ktoś, zdałoby się z historią obyczaju ojczystego obznajomiony świetnie, zapytał z troską:

— No dobrze, ale oni ci pewno każą wymyślać Kościuszce jakiś romans?!

Do Sosnowicy pojechać możemy. To na pograniczu Podlasia mego miłego i Lubelszczyzny. Jeszcze szumią stare drzewa, tam gdzie owinięta różami altana, zwana przez Ludwikę z Sosnowskich i Tadeusza Kościuszkę — kolebką. Kolebką ich miłości...

W tej to „kolebce" Kościuszko pierwej uczył pannę Ludwikę francuskiego, potem — miłości. Tak twierdzi Michelet, przyjaciel Mickiewicza, jeden z pierwszych biografów Naczelnika.

Dokumenty tej miłości mamy. List pisany przez księżnę Ludwikę do generała Kościuszki, w roku 1789, lat trzynaście od ich rozstania...

Czterdziestoletnia księżna z Sosnowskich Lubomirska usiadła znów na ławeczce w starej sosnowickiej altanie... Zapachniały róże. Jak wtedy...

„21 Maja

Spójrz, drogi mój Przyjacielu, na datę tego listu — a ujrzysz, że jestem w miejscu wspomnień...

Wśród wiosny rozkwitającej przebiegłam miejsca wspomnień — to przykrych... to lubych... Pierwszych więcej daleko — jak wiesz, mon cher Ami...

Pobyt tutaj zawsze mnie rozrzewnia i przepędzam całe godziny na rozpamiętywaniu przeszłości...

Piszę Ci to, drogi Przyjacielu w kolebce, którą znasz"...

(List jest pisany po francusku — kolebka dźwięcznie się zowie „le bercau".)

„Bądź przekonany — zapewnia Ludwika — że w nikim pod słońcem los Twój nie budzi żywszego i prawdziwszego zajęcia niż we mnie... Nie myślę nigdy o Tobie bez wzruszenia serca — Tyś rozwinął w nim pierwsze uczucie tkliwości... Nieszczęścia Twe zawsze mnie żywo obchodziły i chciałabym szczęściem swoim okupić szczęście Twoje"...

Pod wizerunkiem Kościuszki, skreślonym przez żonę Komendanta Korpusu Kadetów, generała Adama Czartoryskiego — księżnę Izabellę, czytamy: „Dzielny i waleczny, ale nieszczęśliwy". Pono — kiedy kapitan Kościuszko oświadczył się, świeżo z łaski carskiej we wrześniu 1775 mianowanemu hetmanowi polnemu litewskiemu, Józefowi Sosnowskiemu, o rękę jego córy — Sosnowski osłupiał, po czym miał zawrzasnąć: — Nie dla wróbla synogarlica, hetmanówna nie dla szlachcica! Naówczas nasz bohater — uchodzący za wzór skromności i pokory — pannę porwał! Tak niesie legenda i piszą wszyscy wcześni biografowie Naczelnika. Karol Falkenstein, Szwajcar z Solury, w książeczce wydanej zaledwie dziesięć lat po śmierci Naczelnika (1827): *Tadeusz Kościuszko, czyli dokładny rys życia jego, z popiersiem bohatera podług oryginału trafionym* opowiada z przejęciem: „...Już wszystko do ich ucieczki było gotowem, już pod cieniem nocy ukryci, znaydowali się o tysiąc kroków od zamku, gdy nagle otoczeni od zgrai wysłanych za niemi w pogoni ludzi, widzą swe naypiękniejsze nadzieje zniszczone (...) Kościuszko odpiera mężną ręką napad służalców usiłujących ich rozłączyć; powstaje zacięta walka, która się nie pierwey ukończyła, aż raniony ciężko i upływem krwi osłabiony, bezsilny na ziemię upada. Wydarta z rąk jego omdlała dziewica do domu rodzicielskiego odprowadzoną była. (...) W stanie rozpaczy i nieczułości, udaje się Kościuszko do bliskiey wioski... Nie odnosząc nic z sobą, jak tylko smutne wspomnienie i białą chustkę swej kochanki, która jey w tym momencie trwogi i przelęknienia z rąk wypadła. Ten drogi dla niego zabytek nosił na piersiach podczas bojów i walk za wolność odbytych, i tylko śmierć rozłączyć go od niego mogła"...

„Nie myślę o Tobie bez wzruszenia serca"... – pisała do Kościuszki po latach jego pierwsza wielka niespełniona miłość – Ludwika z Sosnowskich, księżna Lubomirska. Ten liryczny wizerunek pana Naczelnika świetnie pasuje do jej słów.

W spektaklu, który udało się przygotować Barbarze Wachowicz dzięki dyrektorce Krajowego Biura Koncertowego – Małgorzacie Błoch-Wiśniewskiej – na dwóchsetlecie Insurekcji w roku 1994 na scenie Teatru Stanisławowskiego w Łazienkach (gdzie na pewno bywał kadet Kościuszko) – pojawiła się zakochana para – Ludwika (Marta Klubowicz) i Tadeusz (Michał Bielawski). Ludwika-Marta napisała o ich miłości wiersz zaczynający się słowy: *„Wszystko jest tu podobnie / chociaż nie tak samo / altanka jeszcze stoi / zdaje się zmalała / róża pnie się uparcie / zasłania jej wnętrze / od wścibskich oczu / ale róża nie ta / bo tamta przecież / zdziczała i zeschła / Niewiele się zmieniło / ale jest inaczej / sprawdźmy czy świecą jeszcze/ tamte gwiazdy / czy nie zbladły / nie zgasły / i czy wciąż spadają / zakochanym do oczu / i ranią i tną / cienką nić przeznaczenia / na kawałki wspomnień..."*

Tak to się ongi o miłości pisywało!

Dodajmy od razu, że książęcego zięcia hetman Sosnowski wygrał... w karty. Upatrzywszy sobie młodego Józefa Lubomirskiego (określonego przez historyków krótko — „miernota"), obłupił dokumentnie w karty jego na wpół obłąkanego ojca — bezczelnie oświadczając, że wygrane dobra przeznacza na posag dla Ludwiki. Jak się młodzi pobiorą — dobra w rodzinie Lubomirskich ostaną.

W październiku roku 1775 Tadeusz Kościuszko opuścił ojczyznę. W roku 1776 Ludwika Sosnowska została księżną Lubomirską. Jak słusznie stwierdza Stefan Bratkowski: „konfrontacja faktów dowodzi, że wyjeżdżał z Polski nie tyle odtrącony przez kraj fachowiec, ile nieszczęśliwy kochanek, któremu groziło śmiertelne niebezpieczeństwo"... Sosnowski odgrażał się, że za próbę porwania — zamorduje zuchwalca. A byłby to mord w majestacie prawa.

Czy wybranka kochała go niezmiennie?

Prawdą jest, że gdy generał wojsk amerykańskich, Tadeusz Kościuszko, powrócił po wspaniałej epopei bitewnej zza oceanu na ojczyzny łono w roku 1784 i okazało się, że znowu w uszczuplonym po wtórym rozbiorze Polski wojsku miejsca dlań nie ma i bohater spod Saratogi, twórca West Point siedzi w Siechnowiczach robiąc sery — księżna Ludwika Lubomirska poważyła się jesienią 1788 roku napisać do króla otwarcie: „Znane są Waszej Królewskiej Mości dawne stosunki między mną i panem Kościuszką, które go na czas długi oddaliły z kraju i były źródłem jego nieszczęść...

Czuję się obowiązaną zająć jego losem...

Poważam się najusilniej prosić Waszą Królewską Mość o umieszczenie go w wojsku... W Ameryce służył on zaszczytnie, a jeżeli gorliwa była jego służba u cudzoziemców, to o ileż z większą gorliwością będzie się starał być użytecznym własnej Ojczyźnie"...

Odpowiedź króla nie jest znana. Wiadomo tylko, że Sejm, słusznie zwany Wielkim, uchwalił w październiku 1788 powołanie stutysięcznej armii — i 1 października roku 1789 król Stanisław August Poniatowski zatwierdził rangę generał-majora wojska polskiego Tadeuszowi Kościuszce. Legenda zaś powiada, że księżna Ludwika z Sosnowskich Lubomirska dożywszy sędziwego wieku każdego przedstawianego jej młodziana o błękitnych oczach brała za Tadeusza Kościuszkę.

Ziarenko szaleju

Siedzę na lotnisku Okęcie i świętym od podróży — Krzysztofowi i Rafałowi — duszę polecam, struchlały robaczek nadbużański, któremu przyjdzie się zmierzyć z groźną Ameryką.

Wszystko dla Kościuszki!

Osiem lat! Od letnich filadelfijskich dni w 1776 roku po letnie dni roku 1784. Amerykański bój o niepodległość USA pułkownika Tadeusza Kościuszki. Gdzież nie był! Czegoż nie dokonał! Fortyfikacje: Filadelfia, Saratoga — „zwrotny punkt w dziejach wojny", West Point — „najważniejszy posterunek Ameryki".

Południe. Badania żeglowności rzek, prądy, mielizny, wodospady. Organizacja przepraw. Wybór miejsca na obozy. Dowództwo ostrzału artylerii. Prace oblężnicze. Walki w polu...

Raz był ranny. Niepoetycznie. Po obleganiu Ninety Six musiał długo krzywo się trzymać w siodle. Jeźdźcem był świetnym. Pływał, kierował canoe, strzelał, znał arkana szermierki, jak przystało na absolwenta jednej z najświetniejszych uczelni wojskowych ówczesnej Europy — Warszawskiego Korpusu Kadetów. Dobry sprinter. To uratowało mu życie pod Ninety Six, kiedy w żmudnie drążonym tunelu zaskoczył go wypad Brytyjczyków z oblężonej twierdzy...

Miał szczęście. Pod Charlestonem, gdy ognie wojny już gasły, w brawurowym ataku czterokroć przestrzelono mu... płaszcz.

Soczyste, barwne, wspaniałe, głodne, chłodne, pracowite, brawurowe, bohaterskie dni. Minęło od tego czasu ponad dwieście lat. O dziwo — żaden dziennikarz polski nie przejechał dotychczas pełnej trasy walk Kościuszki w USA. Jakim jest dziś pejzaż tej ziemi, przez którą niosły pułkownika śmigłe konie, albo własne, rącze nogi, gdy znad rzeki Dan musiał dotrzeć do Halifaxu... Czy zalał ją asfalt highwayów, zarosły kamienne ściany wieżowców? Czy w miejscach, które wpisał na mapę swych najświetniejszych dokonań — ktokolwiek zna, pamięta jego imię?

Uparłam się, że tam dotrę.

Opisowi mych starań, by zdobyć szansę na dokumentację szlaku bojowego Kościuszki w USA — można by poświęcić osobną, pełną melancholii księgę. W tekach piętrzą się dziesiątki moich listów, podań, apeli. Z lat piętnastu!

Kwerenda, przeprowadzona na mą prośbę, w bibliotekach USA wykazała, że nie istnieje ż a d n a praca, która dokumentowałaby współcześnie amerykański szlak bojowy Tadeusza Kościuszki. Żaden przewodnik, NIC. Nikt tego szlaku nie opisał. Nie sfotografował.

Dręczę wytrwale The Kosciuszko Foundation, czyli Fundację Kościuszkowską w New Yorku, rozbestwiona przez prezydenta tejże, dr. Eugeniusza Kusielewicza, który ongi wynegocjował wsparcie mojej dokumentacji Kościuszkowskiej (a przy okazji Mickiewiczowsko--Słowacko-Krasińskiej) w Szwajcarii (efekta polecam nieskromnie w najnowszym wydaniu *Malw na lewadach*).

Gdy Fundację Kościuszkowską objął prezydent Joseph E. Gore, doktor praw i miłośnik twórczości Josepha Conrada, a moje podanie wsparły listami polecającymi prezeska Polish Arts and Culture Foundation w San Francisco — Wanda Tomczykowska i prezeska The American Institute of Polish Culture w Miami — Blanka Rosenstiel — „wreszcie wielka wygrana!" — jak zakrzyknęła Wanda w liście. Dostałam stypendium!

Prezydent Gore powiadomił mnie o tym fakcie eleganckim i bardzo życzliwym listem. W ramach stypendium mam nawet „medical insurance" — czyli ubezpieczenie zdrowotne i przede wszystkim formularze, by otrzymać wizę amerykańską! Czego nie mam? „You are responsible for all travel arrangements"! Czyli podróże — to już mój prywatny kłopot. A to ma być prawie dwadzieścia tysięcy kilometrów. (Mil stosownie mniej — czyli około tysięcy piętnastu!)

Teraz należało znaleźć zasobnych mecenasów (bo to słowo oznaczało w języku polskim jeszcze wtedy dość często używanym, nie tylko adwokatów — także, objaśniam w języku obowiązującym obecnie — sponsorów), którzy zapewniliby brakującą resztę na przebrnięcie tej trasy, na badania w bibliotekach Chicago, Charlottesville, Baltimore, Washingtonu. Wszyscy znawcy przedmiotu, wytrawni wojażerowie, wielokrotni stypendyści rozlicznych fundacji wskazywali nieomylnie jedyną możliwość — stypendium Departamentu Stanu, zapewniające transport.

Dla uściślenia dodaję, że finałowe boje toczą się w latach 1988--1990.

Ambasada USA w Warszawie.

Wizyta I. Zastępca attaché kulturalnego. Oko wigilijnego karpia tępo na mnie wypuczone. — Nie... Dokumentacja do amerykańskiego rozdziału biografii... hm... hm... Kasjuszko... nie mieści się w naszym programie. A po co ty chcesz jechać aż do North i South Caroline? On tam był? — Był. Był. Dwakroć uratował całą waszą Armię Południową, którą by zgnietli Brytyjczycy, gdyby nie zorganizował przeprawy przez rzeki Yadkin i Dan — odrzekę grzecznie. — Oh, really? — ucudował się zastępca. Kulturalny.

Wizyta II. — Zastępczyni attaché kulturalnego. Audiencji nie uzyskuję. Na list mam po dwóch miesiącach telefon: — Nie. Żadnej pomocy w tej sprawie udzielić nie możemy. Informacje? Proszę sobie iść do naszej biblioteki.

Idę sobie. — Czy jest lista miejscowości noszących w USA imię Tadeusza Kościuszki? — Zdumienie: — A w ogóle takie istnieją?

W encyklopedii z roku 1970, którą posiada Biblioteka Ambasady Amerykańskiej w Warszawie *The Columbia Lippincott Gazette of the World*, między Kościanem a Kościerzyną występują: Kosciusko County w stanie Indiana (podano jak wymawiać: Koseusko), Kosciusko City w Attala County, stanie Mississippi, góra Kościuszko w Australii i wyspa Kościuszko na Alasce. Nie przypominam sobie żadnego opisu tych miejsc.

Wizyta III. Pełna nadziei! Prof. Zbigniew Brzeziński — na prośbę tak mi życzliwych żołnierzy powstańczego Batalionu „Zośka", w którym walczył cioteczny brat profesora — był łaskaw wystosować list do ambasadora popierający kościuszkowską sprawę. Przyjmuje mnie sam radca kulturalny! Wyraźnie wspinam się coraz wyżej!

Rezultat? — To ja decyduję, kto dostaje stypendia, a nie Pan Brzeziński! — słyszę. Wstaję — a radca dodaje kordialnie i poufale: — A w ogóle, to kogo jeszcze dziś obchodzi Kościuszko?!

Amen.

Kierująca wydziałem stypendialnym Fundacji Kościuszkowskiej — świętej cierpliwości Maryla Janiak — alarmuje rozpaczliwie, że już po raz trzeci mi stypendium przedłużają, że oboje z nieocenionym i nieugiętym prezydentem Gore ledwo wybronili moją kandydaturę, wobec srogich argumentów poniektórych członków Scholarship Committee — że kogo obchodzi jeszcze dzisiaj Kościuszko? Fundacja owszem, nosi jego imię, ale stypendiuje przede wszystkim badania w zakresie ekologii, wynalazków i wszelkich nauk ścisłych. I one powinny mieć pierwszeństwo!

Przyjaciele nowojorscy nadsyłają listy fundacji, które mają w statucie stypendia indywidualne dla humanistów. Wszystkie Rockefellery, Carnegie, Fargo odpowiadają kategoryczną odmową ubraną w mniej lub bardziej eleganckie formy („Życzymy sukcesów w pięknym przedsięwzięciu, dokumentacja do książki o Kościuszce nie mieści się w naszych planach". Znamy, znamy!). Jeszcze błyska płomyk nadziei. Dostaję list od samego Jana Nowaka-Jeziorańskiego (którego *Kurierem z Warszawy* jako wierne dzieci żołnierzy Armii Krajowej, przemyconym oczywista, zaczytywaliśmy się z Markiem Perepeczko!). Po prostu oczom nie wierzę! Wielki Kurier otrzymał od prof. Brzezińskiego moją książkę o Sienkiewiczu i śle mi gratulacje! Wdajemy się w serdeczną korespondencję — pan Jan widzi szansę pomocy Kongresu Polonii... Posłałam dawno wszystkie papierzyska, ale Kongres Polonii to nie Watykan. Jakiejkolwiek odpowiedzi brak! No, ale skoro sam Nowak-Jeziorański!..

Lećmy!

Ale... Jeszcze drobiazg — kto zafunduje bilet lotniczy, którego koszta są równoważne z jedną trzecią mego stypendium? Nasze Ministerstwo Kultury — odmawia. I wtedy — zdarza się cud I. Dwie niewiasty — Jagoda Czarnecka z Polskiej Agencji Artystycznej i Maria Szumilin z onegoż Ministerstwa wykryły, że NIGDY owo Ministerstwo nie sfinansowało żadnej mej podróży dokumentacyjnej. Ani do Wilna (Mickiewicz), ani do Krzemieńca (Słowacki), ani do Narviku (saga Brygady Strzelców Podhalańskich), ani do Solury (Kościuszko), ani do Edynburga (Chopin), ani do Rapperswilu (Żeromski), ani do Bohatyrowicz, ani...

Przytłoczony wyliczanymi przez obie panie „aniami" Departament Książki wyasygnuje apanaże na bilet do USA! Osypane dziękczynieniami niewiasty bronią się: — My jesteśmy egoistkami! Chciałybyśmy, żeby nasze dorastające dzieci dowiedziały się co nieco o Kościuszce...

I siedzę na lotnisku Okęcie. Wizja osaczających zewsząd wieżowców, osamotnienia. Jakże sobie poradzę? Nieszczęsny robaczek nadbużański na Manhattanie, bez żadnych szans na księcia Lubomirskiego!

Nagle pochyla się nade mną srebrnowłosy uśmiechnięty dżentelman: — A ziarenko szaleju zabrała pani?

Tego mi jeszcze brakowało! Szaleniec przed startem!

— Pani Barbaro, własnych cytatów dobrodziejka nie pamięta! A kto przywołuje Żeromskiego w *Malwach na lewadach*: „Przebywam odległe światy, kraje słońca, róż i kamelii, których nie ma w moim świerkowym kraju. Niosę w mózgu ziarenko szaleju, myśl o tym kraju”.

To profesor chemii z Uniwersytetu Jagiellońskiego. Współstypendysta Kościuszkowski! W samolocie Polskich Linii Lotniczych LOT (dla mnie najlepsze na świecie!!!) śliczna stewardessa zaserwowawszy nieprawdopodobnej smakowitości lunch (indyk w brzoskwiniach! czerwone wino!) — pyta intymnym szeptem: — Tym razem szlakiem Mickiewicza czy Słowackiego? — Jeszcze tylko ich mi za oceanem brakowało — myślę oburkliwie, czyniąc promienną minę i obwieszczając, że tym razem Kościuszki.

— Ach, tak, bo właśnie w New Yorku jest most... — zaczyna wykład stewardesa.

Tu nam przerwał sąsiad huczący o dolewkę wina.

Pod nami błękit morza. Mignęły góry z ciemnymi pasmami lasów, przydymioną rozlewistością jezior i smugami rzek jak srebro. To Szkocja. Stąd pisał Chopin, wiedząc, że to jego podróż ostatnia: „Moje serce gdziem zmarnował... Ledwo że jeszcze pamiętam, jak w kraju śpiewają”...

Białe piany lodowców i wielkie kry... Lecimy nad Grenlandią, a ja się pocę nad deklaracją — tasiemcową!

Czy przywożę więcej jak 10 000 dolarów? Niestety nie. Czy wiozę pierze, broń, wydawnictwa pornograficzne, losy, słodycze z alkoholem albo też dzieła sztuki prekolumbijskiej? Nie wiozę. Czy mam więcej jak 200 papierosów? Nie palę. Jeśli ukończyłam 21 lat, mogę wwieźć tylko 1 litr alkoholu. Lata ukończyłam. Jako nałogowy abstynent nie wiozę żadnych wód ognistych. Poza „Anais” Cacharela. Czy wiozę owoce, zioła, mięso, ptaki i inne żywe zwierzęta? Nie wiozę. Marzę, żeby owoce wywozić. Pracy! Nie, nie dam rady wypełnić tych deklaracyjnych logarytmów! Szczęściem nasze czarujące stewardessy czynią to za nas w lot!

Pod nami ocean, plaże. Siadamy na legendarnym lotnisku Kennedy'ego. Szukam gmachu-rozmachu, a tu ci budyneczek przycupiony, urzędniczek jak budyneczek, niewielczutki, tylko włosem bujnym, na kołnierz spadającym okryty, gwiżdże na nas, regulując ruch. Imć officer studiuje moją deklarację dłużej niż deklarację niepodległości i cedzi — jakiż to mnie tu sprowadza business?

— Dokumentacja do książki o Kościuszce! — odpowiadam godnie. — Kosciusko! — powtarza w osłupieniu. — O moście będziesz książkę pisać? Dla kogo?

— Dla takich jak ty — odpalam — żeby wiedzieli, dlaczego Brooklyn z Qeensem łączy w New Yorku Kosciuszko Bridge.

Taka była moja pierwsza na amerykańskiej ziemi rozmowa.

Pokoik gościnny Fundacji przy 7th Street. Za oknem — zgodny, zawodzący litanijnie chór: — „Matko łaskawa — módl się za nami, Panno wierna — módl się za nami"… Maj pachnie na Podlasiu bzami i drży powietrze wzruszone modlitwą. To polski kościół św. Stanisława przy 7th Street odprawia solennie nabożeństwo majowe.

Taki był mój pierwszy wieczór na amerykańskiej ziemi.

America's National Anthem

The Star-Spangled Banner

Oh, say, can you see, by the dawn's early light,
What so proudly we hailed at the twilight's last gleaming?
Whose broad stripes and bright stars, thro' the perilous fight'
O'er the ramparts we watched, were so gallantly streaming.
And the rockets red glare, the bombs bursting in air,
Gave proof through the night that our flag was still there.
Oh, say, does that star-spangled banner yet wave
O'er the land of the free and the home of the brave?

On the shore dimly seen, thro' the mists of the deep,
Where the foe's haughty host in dread silence reposes,
What is that which the breeze, o'er the towering steep,
As it fitfully blows, half conceals, half discloses?
Now it catches the gleam of the morning's first beam,
In full glory reflected, now shines on the stream;
'Tis the star-spangled banner: oh, long may it wave
O'er the land of the free and the home of the brave.

And where is that band who so vauntingly swore
That the havoc of war and the battle's confusion
A home and a country should leave us no more?
Their blood has wash'd out their foul footstep's pollution.
No refuge could save the hireling and slave
From the terror of flight or the gloom of the grave,
And the star-spangled banner in triumph doth wave
O'er the land of the free and the home of the brave.

Oh, thus be it ever when free men shall stand,
Between their loved homes end the war's desolation;
Blest with vict'ry and peace, may the heav'n-rescued land
Praise the Power that has made end preserved us as a nation.
Then conquer we must, when our cause is just,
And this be our motto: "In God is our trust",
And the star-spangled banner in triumph shall wave
O'er the land of the free and the home of the brave.

Tune: Anacreon in Heaven

Written by Francis Scott Key on September 14th, 1814.

Back to Fred's Flag Page

Polski Hymn Narodowy

Mazurek Dąbrowskiego

Jeszcze Polska nie zginęła,
kiedy my żyjemy,
Co nam obca przemoc wzięła,
Szablą odbierzemy.
    Marsz, marsz Dąbrowski,
    Z ziemi włoskiej do Polski,
    Za twoim przewodem
    Złączym się z narodem.
Przejdziem Wisłę, przejdziem Wartę,
Będziem Polakami,
Dał nam przykład Bonaparte,
Jak zwyciężać mamy.
    Marsz, marsz, Dąbrowski...
Jak Czarniecki do Poznania
Po szwedzkim zaborze,
Dla ojczyzny ratowania
Wrócim się przez morze.
    Marsz, marsz, Dąbrowski...
Już tam ojciec do swej Basi
Mówi zapłakany:
Słuchaj jeno, pono nasi
Biją w tarabany.
    Marsz, marsz, Dąbrowski...
Na to wszystkich jedne głosy:
Dosyć tej niewoli.
Mamy Racławickie Kosy
Kościuszkę Bóg pozwoli.

Most pod orłami

Amerykański orzeł, symbol Stanów Zjednoczonych, od 20 czerwca 1782 umieszczony na wielkiej pieczęci Kongresu. Motto „E pluribus – unum" znaczy „z wielości – jedność".

Godłem Rzeczypospolitej Polskiej jest wizerunek orła białego w koronie w czerwonym polu.

Konstytucja Rzeczypospolitej Polskiej
z dn. 2 kwietnia 1997, art. 28

Jako godło królewskiego rodu polskich Piastów orzeł pojawił się po raz pierwszy na pieczęci w roku 1222.

„*Ojczyzno najmilsza, Polsko!*"

„Książę pewny, z zacnego a wielmożnie historycznego szczepu (bo hetmanów rycerskich między swymi dziady mający), był też od niejakiego czasu w Ameryce, obywatelem Rzeczypospolitej zostawszy, i na pięknym przedmieściu miasta New York, które to przedmieście zowie się Brooklyn, zamieszkiwał. (...)

Kiedy wielkim smutkiem dotknięty po onym wybrzeżu przechadzał się raz ze mną, a słońce właśnie ku zachodowi miało się, chmurą mocnymi promieniami przeszytą osłonięte, widać było opodal wzgórze małe, zielonym wówczas porosłe żytem, w kłosach właśnie będącym — dalej szeroka rzeka srebrzyła się pod słońca jasnością, fortecy małej mury na brzegu jej i okrętu już resztka czerniły się...

(...) mówiąc rzeczy rozmaite pamiętaliśmy, dokoła spozierając, że okręt ten zachowała do dziś Ameryka na pamiątkę męża, co na nim przypłynął z Europy...

Wzgórze zielone i forteczka pamiątkami są narodowymi, kędy mąż ów Anglików zbił, a cofających się żołnierzy swych utrzymał tam nieraz odwagą osobistą... I pamiętaliśmy jeszcze, że towarzysz przechadzki mej, z poważnie historycznego a książęcego rodu pochodząc, liczył pomiędzy żeńskimi przodki swymi właśnie, że onego wsławionego w Ameryce polskiego bohatyra najukochańszego ulubioną...

Bohatyr ów — łacno jest wiedzieć, że Kościuszko, a zaś książę — Marceli Lubomirski, powinowaty ulubionej wielkiego wygnańca tego (przez ród jej niegdyś wzgardzonego)... był właśnie ze mną tam wygnańcem i zamieszkałym nieledwie że na pobojowisku, które sławę Kościuszce zjednało!"

To Cyprian Kamil Norwid przechadzał się nowojorskimi obrzeżami z księciem Marcelim Lubomirskim, który był spokrewniony, nie tyle z „najukochańszego bohatyra ulubioną" — Ludwiką z Sosnowskich Lubomirską — ile z jej nieciekawym mężem. Dziad Marcelego był bratem księcia Józefa Lubomirskiego. Przyjaciel Norwida miał powody do smutku — zwiał bowiem z Europy aż za ocean przed wierzycielami...

Cyprian Kamil Norwid przybywszy do Ameryki 12 lutego 1853 roku pierwej zamieszkał na nowojorskim Manhattanie (adres był Nineth Street 367 na rogu Avenue D), gdzie miał „atelier z widokiem na cmentarz, a także mały ogródek" i cieszył się „że kiedy śnieg na dworze, ogień się czerwieni w kącie izdebki mojej". W maju 1854 przeniósł się do Brooklynu na serdeczne zaproszenie księcia Marcelego Lubomirskiego, którego był gościem przy Pacific Street – obecny numer 402. Dom ten jeszcze w 1971 roku istniał! (Może Staszek Gorący ze świetnego radia polskiego w New Yorku sprawdzi to i zrobi piękną Norwidową audycję nowojorską?)

Podróż Norwida do Ameryki w roku 1853 była nader burzliwa: „Płynąłem na okręcie żaglowym sześćdziesiąt dwa dni, w zimie, w jednym tużurku – widząc dwa okręty rozbite ze strzaskanym poprzecznikiem masztu naszego – z cztery razy zdartymi żaglami – ..." – wspominał. Rysunek Norwida – zatytułowany przez Poetę – „Na oceanie".
Podobnie niebezpieczną podróż miał Tadeusz Kościuszko – niestety nie zostawił jej opisu...

Ale myli się poeta opisując w *Białych kwiatach* rzekome pole no-wojorskiego triumfu Kościuszki, które z podniosłym oglądali wzru-szeniem. Nasz „bohatyr" nigdy w pobliżu Brooklynu nie walczył. Do New Yorku przybył dopiero w listopadzie 1783, by towarzyszyć Wa-shingtonowi w triumfalnym wjeździe po zakończeniu wojny o nie-podległość.

Wyjazd Norwida do New Yorku miał pono powód zbliżony do dramatu serca Kościuszki... Legenda powiada, że zakochany bez-wzajemnie w „białej damie" — alabastrowo-śnieżnej, przepięknej Marii Calergis, poróżniwszy się z nią na balu, poeta wypadł tak, jak stał — we fraku i lakierowanych ciżemkach — wskoczył na statek i odpłynął...

Legenda jest tylko legendą, prawdą jest, iż Norwid czuł się w Ameryce samotny i nieszczęśliwy: „Jestem w tym społeczeństwie najzupełniej mi przeciwnym i ze wszech miar obcym". Jedyne, co go pocieszało to fakt, iż „mogę tu żyć z pracy rąk moich, co jest prawdzi-wą poezją"...

Prawdziwą poezją jest Norwidowa modlitwa tęknoty — *Moja piosnka*, powstała w New Yorku i zaczynająca się strofami:

> **Do kraju tego, gdzie kruszynę chleba**
> **Podnoszą z ziemi przez uszanowanie**
> **Dla darów Nieba...**
> **Tęskno mi, Panie...**
>
> **Do kraju tego, gdzie winą jest dużą**
> **Popsować gniazdo na gruszy bocianie,**
> **Bo wszystkim służą...**
> **Tęskno mi, Panie...**
>
> **Do kraju tego, gdzie pierwsze ukłony**
> **Są, jak odwieczne Chrystusa wyznanie:**
> **„Bądź pochwalony!"**
> **Tęskno mi, Panie...**

Wstrząsającym uzupełnieniem tej „piosnki" są słowa z paryskie-go listu pisanego przed wyjazdem do Stanów:

„Boże — Boże! pono jednej chwili spoczynku na trawie polskiej mieć nie będę, ja c o w i ę c e j k o c h a m n i ż w y w s z y s c y". (podkreślenie Poety)

Kiedyż pierwsi Polonusi przybyli z kraju traw pachnących i gniazd bocianich do amerykańskiej ziemi obiecanej?

W roku 1607 na amerykańskim terytorium, nazwanym przez kolonizatorów angielskich Virginią (na cześć brytyjskiej królowej Elżbiety I — dziewicy) — powstało miasteczko Jamestown, ochrzczone tak dla odmiany na cześć panującego króla Jamesa I (Jakuba I — syna zamordowanej przez Elżbietę królowej Szkocji — Marii Stuart!).

W *Historii Stanów Zjednoczonych Ameryki* wydanej przez najczcigodniejsze Ossolineum (1971) Henryk Katz pisze, iż w roku 1608 „w rejestrze przybyszów jednego ze statków" przybyłych do Jamestown „znajdujemy nazwiska polskie". Wymienia je: Michał Lowicki (może Łowicki?), Zbigniew Stefański, Jan Mata, Jan Bogdan z Kołomyi, Stanisław Sadowski i Karol Źrenica. Badacz cytuje opinię o nich członka Rady Virginii — kapitana Johna Smitha (o nim za chwilę!) — iż byli odważni w boju i pierwsi do roboty. „Tylko oni i Holendrzy wiedzieli co to praca".

Bogdan Grzeloński w księdze *Polacy w Stanach Zjednoczonych Ameryki 1776–1865*, wydanej w roku 1976, stwierdza: „Nie wiemy jednak, ilu ich tam przypłynęło. Akta Kompanii z tych lat, jak stwierdza Susan M. Kingsbury, która zajmowała się dziejami tej kolonii, uległy zniszczeniu. Jedynie ówczesny przewodniczący Rady Kolonii, John Smith, żołnierz, podróżnik, utalentowany organizator, wzmiankuje w swojej wydanej w 1626 roku w Londynie *The Generall Historie of Virginia, New England and the Summer Isles with the names of the Adventurers, Planters and Governours...*, że przybyło ośmiu Polaków i Niemców. Zaznacza także, iż «tylko oni i Niemcy wiedzieli, co to praca». Albowiem polscy osadnicy byli jedynymi wśród nielicznych kolonistów posiadającymi kwalifikacje zawodowe — znali się na produkcji smoły, dziegciu, mydła i potasu".

Więc wiadomo, czy nie wiadomo, ilu było Polaków? I kto był pracowity — Holendrzy czy Niemcy? Bądźże tu mądry człecze nie kształcony w arkanach warsztatu historyka!

Sięgam po dzieło Wiesława Fijałkowskiego — *Polacy i ich potomkowie w historii Stanów Zjednoczonych*, wydane w roku 1978:

„Ekipa ta przybyła do Jamestown na pokładzie statku «Mary and Margaret» w dniu 1 października 1608 r. Składała się z ośmiu Holendrów i Polaków. Jest to pierwsza udokumentowana imigracja Polaków do Ameryki"...

Ach! Więc jednak udokumentowana. „Pierwsi Polacy, jacy się w Ameryce pojawili, nie byli zabiedzonymi wychodźcami, lecz zakontraktowanymi specjalistami, sprowadzonymi poprzez Gdańsk, Amsterdam i Londyn do Jamestown" — stwierdza Fijałkowski. Rośniemy, ale nie cieszmy się przedwcześnie. „Kim byli ci ludzie? Tablica pamiątkowa, umieszczona w Jamestown w 350-lecie ich przybycia przez Sokolstwo Polskie w Ameryce, wymienia nawet ich nazwiska, lecz nie znajdują one żadnego potwierdzenia w dotychczas odkrytych źródłach. (...) Zachowały się natomiast wzmianki samego Smitha, narzekającego na złą pracę kolonistów: «jedynie Holendrzy, Polacy i około tuzina innych, pracowali dobrze» — zapisał w swoim pamiętniku."

2:1 dla Holendrów. Ale co z naszymi? Skąd te nazwiska na tablicy uroczyście wmurowanej 13 maja 1958 roku podczas Jamestown Festival, a poświęconej przez biskupa Chicago na wielkiej gali we wrześniu 1958 przy dźwiękach hymnów narodowych Polski i USA w obecności sekretarzy stanu, admirałów, członków Kongresu Polonii, zasypanych telegramami od sławnych Polaków i Amerykanów z Prezydentem Stanów Zjednoczonych na czele.

Dwight D. Eisenhower depeszował z Białego Domu: „Od najwcześniejszych dni, Amerykanie pochodzenia polskiego wiele ofiarowali tej ziemi swą bogatą kulturą, historią i dziedzictwem duchowym. W rozwoju i nadziejach naszego kraju Polacy — Obywatele Ameryki grają żywotną rolę.

Najlepsze życzenia z okazji pięknego święta"...

Telegram Prezydenta poczerpnęłam z książki przesłanej mi przez lady Blankę Rosenstiel — twórczynię i Prezeskę American Institute of Polish Culture w Miami na Florydzie. Wydana przez ten Instytut w roku 1977 praca nosi tytuł *True heroes of Jamestown* (*Prawdziwi bohaterowie Jamestown*).

Autor, Arthur L. Waldo, dziennikarz polski, przed wojną redaktor pisma „Jaskółka" i współpracownik do dziś ukazującej się „Gwiazdy Polarnej", pasjonował się dziejami Polonii w USA (spotkamy go w rozdziale o dziejach miasta Kosciusko). Z czasów wspólnych działań w Drużynach Bojowych Sokolstwa Polskiego Waldo był zaprzyjaźniony z Mieczysławem Haimanem, kustoszem Muzeum Polskiego w Chicago, wybitnym historykiem, przywoływanym już na kartkach tej opowieści.

Tenże w roku 1947 otrzymał ofertę niezwykłej wagi. Oto przywieziono odnaleziony we Francji podczas wojny rewelacyjny pamiętnik — ni mniej ni więcej tylko Zbigniewa Stefańskiego — jednego z owych pięciu pierwszych Polaków, których nazwiska widnieją na tablicy w Jamestown. Zatytułowany po łacinie *Memorialium Commercatoris* był wydany w Amsterdamie w roku 1625 i Haiman poddał znalezisko wnikliwej ekspertyzie znawców sędziwych voluminów. Zbadawszy zżółkły pergamin, krój czcionek, oprawę — orzekli autentyczność starodruku!!! Właściciel, którego anonimowość jest zachowana, zażądał pięciu tysięcy dolarów, co dziś wydaje nam się sumą umiarkowaną wobec wartości edycji.

Haiman wiódł wszakże z właścicielem żmudne negocjacje, jednocześnie odmówiwszy prośbie Arthura Waldo o szansę skopiowania całości. Miał zamiar wykorzystać pamiętnik w swej pracy o Polonii amerykańskiej, a także wydać w oryginalnej staropolszczyźnie — z tłumaczeniem na współczesny angielski. Waldo wybłagał treść niewielu fragmentów, które mu Haiman nie wypuszczając oryginału z rąk... dyktował!

W 1949 roku zmarł i wówczas okazało się, że bezcenne *Memorialium* (opatrzone w XIX wieku podtytułem *Pamiętnik handlowca*) — zakupionym nie zostało i powróciło do jakiejś prywatnej kolekcji.

Tropiąc ślady, Waldo dociekł, iż — już w 1942 roku dotarły z Francji wycinki z XIX-wiecznej prasy, wydawanej przez polskich emigrantów — zawierające informacje o pamiętniku Stefańskiego i nazwiska pierwszych Polaków przybyłych na amerykański ląd, które opublikował jako pierwszy polski historyk i kolekcjoner poloników, dr Karol Wacht z Filadelfii — wydając w 1944 roku pracę *Polonia w Ameryce*.

Stąd zaczerpnęli je Polacy fundując tablicę w Jamestown.

Wróćmy do niezwykłych losów niezwykłego pamiętnika. *Memorialium* Zbigniewa Stefańskiego wydał sławny Holender — Andreas Bicker — którego można dziś jeszcze spotkać w... Kielcach!

Jeśli wybierzecie się do Pałacu Biskupiego w mieście Żeromskiego — na plafonie Thomasa Dolabelli ilustrującym rokowania polsko-

-szwedzkie A.D. 1635 zobaczycie imć Andreasa, szefa delegacji holenderskiej biorącej udział w mediacjach pod okiem króla Władysława IV.

Z tytułowej strony Pamiętnika Stefańskiego spisał Waldo: „Drukowane in privatum przez Andreasa Bickera Anno Domini MDCXXV". „In privatum" znaczy do prywatnego użytku — drukowane w bardzo niewielkiej liczbie egzemplarzy!

I taki rarytas umknął polskim zbiorom!

Co zeń się ostało w odpisach Arthura Waldo? Habent sua fata bezcenne starodruki!

W polskim posłowiu Waldo wspominając siebie w osobie trzeciej pisze: „Waldo skorzystał z wizyty takiego luminarza polskiej literatury jak Melchior Wańkowicz i ten podczas swego pobytu w Ameryce pomógł przygotować odpisy do tłumaczenia *Memorialium* na język angielski. Tu i ówdzie polskie słownictwo już wyszłe z obiegu zastąpił starymi, lecz dziś znanymi słowami, jak również tu i ówdzie coś zmienił"…

Tu historycy bledną i ręce łamią!

A co sam mistrz Wańkowicz?

W tomie *Atlantyk–Pacyfik* z trylogii *W ślady Kolumba* jest rozdział „Virginia — historią i tytoniem pachnąca", a w nim występuje z nazwiska cała szóstka „szerokobarych Polaków", którzy przybyli „z wysoko uprzemysłowionej Polski w tę dzicz amerykańską" (…) C.W. Sames w swym dziele *The Conquest of Virginia* nazywa Polaków „Fathers of the American Industry". (Ojcami przemysłu amerykańskiego) „Polacy pierwsi nauczyli niemrawych kolonistów, jak zrobić studnię i wreszcie mieć wodę zdatną do picia. «Wraz z ich przybyciem — pisał do Londynu jeden z leaderów, Anas Todkill — w ciągu trzech miesięcy osiągnęliśmy więcej niż przedtem przez trzy lata»" — cytuje Wańkowicz ze słuszną dumą. (O *Memorialium* Stefańskiego nie ma ani słowa!, ale cytowane zdanie jest widomym echem fragmentu Pamiętnika: „Nie często widamy takoż nieporadność jakochmy w ony Wirginiey naszli. Pospolity wody we forcie na łyżkę nie mieli (…), we cztery dni studnię wykopalim").

„Ale i tu, jak na Dzikich Polach w Polsce, człowiek orał mając miecz utkwiony na podoręrdziu na miedzy" — dodaje mistrz Melchior i opowiada tę piękną a znaną legendę: „Przywódca kolonistów, kapitan John Smith, śmiały awanturnik, który tu pierwszy wylądował,

Kapitan John Smith, po wielu niezwykłych przygodach wojennych, licząc lat zaledwie 26, dopłynął w roku 1606 do brzegów Virginii i założył miasto Jamestown. W roku 1608 przypłynęli doń pierwsi Polacy.

złapany przez Indian, miał już głowę położoną na pieńku, na którym miała być rozkruszona potężną maczugą. Wówczas ukochana córka wodza, Pocahontas, podbiegłszy, położyła podobno swoją głowę na głowie Smitha i wyrwała go śmierci". Jej imię znaczy — Jasny Strumyk Między Wzgórzami lub Ona Jest Swawolna. I ta jasna, swawolna księżniczka indiańska uratowała życie Johnowi Smithowi, który zresztą w swym pamiętniku oddał sprawiedliwość jej rodakom pisząc: „Dzięki Bogu Indianie przynieśli kukurydzę, by nas nakarmić. Spodziewaliśmy się raczej, że przybyli, aby nas wymordować".

Pocahontas stała się za naszych czasów bohaterką uroczego filmu rysunkowego z pięknymi balladami miłosnymi...

Autor książki *Wielcy Indianie* Zbigniew Teplicki tłumaczy jedną z autentycznych pieśni Indian:

Myślałem że to ptak
A to było
Mojej miłości
Muśnięcie skrzydeł...

Miłość nie rozwinęła jednak skrzydeł nad Pocahontas i kapitanem Smithem. Romantyczny i odważny gest indiańskiej księżniczki to tylko jedna z nieprawdopodobnych przygód tego kapitana, który sprowadził na amerykański ląd naszych pierwszych rodaków!

Wyobraźmy sobie, co by z jego życiorysu uczynił Henryk Sienkiewicz!

Biedny chłopaczyna z prostej rodziny angielskiej zaciągnąwszy się do wojska jako młodzieńczyk walczy: z katolickimi Hiszpanami w protestanckiej Holandii, z Turkami w katolickiej Republice Weneckiej i jako żołnierz księcia siedmiogrodzkiego Zygmunta Batorego, bratanka króla Polski — Stefana. Po zwycięskim pojedynku, w którym pokonał kolejno trzech oficerów tureckich — John Smith jest awansowany do rangi kapitana; raniony w boju, wzięty do niewoli zostaje sprzedany przez Turków — Tatarom! Z niewoli od brzegów Morza Azowskiego przy ujściu Donu — ucieka — przez Ukrainę i Polskę — „doznając ze strony Polaków wielkiej pomocy" — jak wspomni z wdzięcznością w swych pamiętnikach. Jeszcze tylko wpadnie do Hiszpanii, powalczy z Maurami w Maroku — i już go widzimy na pokładzie jednego z trzech statków („Sarah Constant", „Goodspeed", „Discovery"), które wypłynęły z Anglii ku brzegom Nowego Świata w grudniu 1606 roku, by ledwo po miesiącach pięciu — 13 maja 1607 roku zawinąć do miejsca nazywanego dziś kolebką Ameryki — Jamestown. (Dlatego tablicę naszą wmurowywano właśnie 13 maja!)

„Koloniści byli pełni nadziei tego dnia nad dniami. Wielkie drzewa ocieniły ich głęboką zielenią. Ziemia kwitła tęczowymi barwami wielu kwiatów. Powietrze pachniało słodko jak perfumy, a pieśni drozdów brzmiały delikatną muzyką" — taki wizerunek sielski kreśli amerykańska pisarka, Jane E. Davis, w książce *Jamestown and Her Neighbors*. Gdyby jeszcze w tym raju była woda do picia, nie szalała malaria, głód i śmierć, nie grozili Indianie...

Kapitan Smith ze zgrozą pisał o „gentlemenach" ze swej wyprawy: „nie znalazłszy tu angielskich miast i pięknych angielskich domostw ani obfitości smakołyków, do których przywykli, łóżek z puchowym posłaniem ani tawern i piwiarni na każdym kroku, ani wreszcie takiej obfitości złota i srebra, i rozwiązłych swobód, jakich się spodziewali, niewiele się o cokolwiek troszczyli, a pragnęli jedynie dogodzić własnym żołądkom, uciec na naszych statkach albo wyłudzić od nas sumy na powrót do Anglii". I wtedy ściągnięto Polaków — mistrzów w rzemiośle. A kim byli — o tym opowiadają owe fragmenty *Memorialium* Stefańskiego przez Arthura Waldo odpisane a Melchiora Wańkowicza skorygowane: „Jur Mata, co to i Jaśkiem go zwali, do mydła był obran, zasie Jan Bogdan co w Danzigu (Gdańsku) okręty budował, przyznan ostał do onego budowku. Stach Sadowski z Radomia, co domy budował i tarł drwa na dechy do tego też pobran. Ja zasie do sklarstwa (czyli szklarstwa — B.W.) powołan był"...

Opiekunem polskiej gromadki obwołano „Imć Pana Michała Łowickiego, człeka w Angliey zasiedziałego, rozumem ozdobnego, w iech mowie biegły jako Angliczyk, alić i w mowie naszej nie zastygły"... Imć Łowicki „ku opatrzeniu zdrowia" dobrał medyka Wawrzeńca Bohuna, takoż „w Angliey zrodzonego". Doktor o nazwisku bohatera *Trylogii* kształcony w Helwetii, czyli Szwajcarii, nie władał prawie polskim, ale „zawżdy o Białestoku wspominki poczynał i nas o ony gród dopytywał", bo stamtąd wiedli się jego „fami-

Imaginacyjne portrety naszych rodaków – pierwszych w Ameryce, zamieszczone w książce Arthura Waldo: „The true heroes of Jamestown": Stanisław Sadowski z Radomia – budowniczy pierwszych domów w Jamestown.

„W żywocie naszym Polskim nie zawżdy czas bywa po temu iżby we świat wielgi w skok pomykać, aby od inkszych zyszczeć informacji i nauk siła, od postronnych narodów stateczny przykład pobrawszy, u nas żyć takoż zacnie i zyszczeć posłuch i respektum od najmożniejszych krajów"

(z pierwszej strony pamiętnika Stefańskiego, pisownia zmodernizowana)

Jan vel Jur Mata z Krakowa – mistrz wyrabiania mydła.

Zbigniew Stefański, szklarz z Włocław-ka – autor rewelacyjnego pamiętnika, w którym pisał: „Świat mądrości pełen jest wszelakiej... Dobrze by Bogu i Narodowi posłużyć dla dobra takowego, wżdy nie łacno kraj ojczysty ostawić dla owych mądrości leżących za siedmiu górami a siedmiu morzami...".

Jan Bogdan z Kołomyi, budowniczy okrętów, żołnierz spod Kircholmu, „dziarski frant", który „czytał wiele".

lianty", którzy „za urobkiem" do Anglii „peregrynowali". Najczęściej o podlaskim „grodzie" Białystok konwersował z doktorem Bohunem dziarski żołnierz, Jan Bogdan, który w 1605 walczył bohatersko w bitwie ze Szwedami pod Kircholmem, gdzie szarża polskiej husarii rozniosła nieprzyjaciół w pył... Bogdan „wszędy bywał", „kurierował Fukierom we Warszawie", posłował im „do Francyey, do Niderlandów (...). Wszystko dobywał łacno", „mowy umiał wszystkie bez mało"...

Ten to Bogdan, „modziasty kompan" nie chciał początkowo „z morzem mieć sprawy", boć „jako wojskowy, jeno koni zakwalał do swego gustu", ale go Stefański przekonał — że przecie popłyną tam, gdzie rządzi kapitan „Szmyt" — dobrze mu znajomy jeszcze z Kołomyi! Tu wpadamy na trop. Jan Bogdan był zapewne jednym z tych Polaków, którzy pomagali kapitanowi Smithowi na drodze ucieczki z tatarskiej niewoli!

Z uznaniem pisze Stefański, że Bogdan „choć szlacheckiego stanu" nie bał się żadnych ciężkich prac. „U Angliczyków zasie za szlachcica nie uznawan był bo biedny".

W ostatniej chwili przed wypłynięciem lipcowego dnia roku 1608 — „czterech Niemczyków nam dorzucili" — pisze Stefański, bardzo nie lubiący „drapieżnych Germańców", „Niemiaszków", których widział w Gdańsku, jak „wrzask poczęli", by Najjaśniejszy Pan, król Polski poskromił dzielną armadę polskich kaprów, którzy bronili wód naszych „przed zagranicznymi rabuśnikami" i „czerstwą ochotą Polszcze na Bałtyku sługiwali"... Nie przepada też Zbigniew Stefański za „Angliczykami", którzy lekce sobie poważają i ludzi, i świat cały, „mędrek jeden z drugim"...

W drodze dopadły ich „szpetne chmury" i „srodze nieszlachetna burza", wszystkich powaliła morska choroba, na którą „żadna pilulka nie radzi". „Dopiero ziemia to lek naprawdziwszy". Toteż gdy wreszcie dosięgnął jej Stefański 1 października roku 1608 „na kolana padłszy Panu Bogu Najwyższemu modły oferował, ręce stuliwszy", za nim wszyscy Polacy powtarzając: „Dzięki Ci, Boże Wszechmogący, bądź błogosławion iże wedle woli Twojej Świętej szczęśliwie przestąpilim tę glebę nieogarnioną"...

Rzucili się do pracy, zbudowali błyskawicznie tartak i szklarnię... Wznosili chaty, robili szklanice, wazy, „butelice", konwie i paciorki, za które, jak pisze Stefański, „dzikusów naguśnice", czyli pół-nagie Indianki wirgińskie „ziarno a ryby nam w kobiałkach taskali".

I dziś — możecie się wybrać do Jamestown, by ujrzeć zrekon-struowane domy („...wiele naszy budowy" — cieszył się Stefański) i hutę szkła, którą stworzyli... Imali się też zasiewów (które prze-ważnie w wirgińskim raju „szczury zgryzły"), w niedziele zaś „w pa-lanta wdzięcznie gralim" ku podziwowi wszystkich zachwyconych tą „polską igraszką", która — wedle stwierdzeń nawet dostojnych histo-ryków — dała początek narodowemu sportowi Ameryki — base-ballowi!

Niestety, „zakałą onej Wirgniey wnet ostali się Niemiaszkowie. Leda wiatrom dawali się zwodzić". Konszachtowali z Indianami, „ar-senał Angliczyków łupili" i broń Indianom „wyhandlowawszy" chcieli kapitana Smitha zabić!

Toteż, gdy Polacy usłyszeli jego „zbolałe zawołanie — Polo-nians! Polonians!" — Bogdan ze Stefańskim — „chwycilim mieczy-ki" i ku rzece pognawszy ujrzali jak „wielgachny dzikusowy król Ocinpon" topił kapitana! Skoczyli na pomoc „aleć nie mielim serca rzezać jako barana", więc darowali Indianinowi życie... (Na margine-sie wspomnę, że ten sam król zowie się u Wańkowicza Pas-Pa-Hegh, u Fijałkowskiego — Wowinczopunk! No i bądź tu wierny historycz-nej prawdzie!)

W 1609 — Polacy odpłynęli z Virginii, by powrócić do niej z żo-nami, które to „jejmoście" — Berta Stefańska i Anna Bogdanowa „poćciwe, robotne, przymilne, rzekby dzieweczki od samego Boga nam dane" wybrały się radośnie do Virginii. Powracali w roku 1610 z wielką flotyllą lorda De La Warre, który „górno nazywał nas Pola-ków", znając już ich osiągnięcia...

Ale „Angliczyki jako to zbytne łgarze" — w oczy chwalili, a w roku 1619, gdy miały się odbyć wybory do pierwszego na ziemi amerykańskiej zgromadzenia ustawodawczego — The Virginia House of Burgesses (dosłownie — Dom Wyborów Virginii) — Polakom, ja-ko cudzoziemcom odmówiono prawa głosowania!

A była ich już liczna gromada, wymieniana przez Stefańskiego — z irytacją, że „Angliczyki" beznadziejnie przekręcają ich nazwiska: „Ze Zbychgniewa jam ostał Zig, Stefańskiego zaśrubować w pamięć nie mogli ani jak. Robert Nawrot ostał Polonian, Mateusz Gramza to

Mattew Polander, Jaśko, że utykał zowiony Kulawym, ostał się Culla-
way, Potocki wyszedł Puttocke"...

Gdy odmówiono im prawa głosu („a bez nas mnogich spraw los
by w niwecz obrócony został" — mówi gorzko Stefański) — wszyscy
Polacy porzucili pracę! Był to pierwszy w Ameryce strajk polityczny.
Wygrany!

W księdze sądowej zapisano uroczyście pod datą 21 lipca 1619
roku, iż Polacy „będą obdarzeni prawem głosu i uczynieni tak wolnymi jak każdy mieszkaniec. Aby zaś ich umiejętność wyrobu smoły,
dziegciu i mydła nie umarła wraz z nimi, ustala się, że pewna ilość
młodych ludzi będzie im przydana, aby wyuczyli się ich umiejętności
i wiedzy dla przyszłej kraju korzyści"...

Wielu Amerykanów pyszni się pochodzeniem od samej pięknej
księżniczki Pocahontas, która poślubiła już jako wierna chrześcijanka
pierwszego plantatora tytoniu — bogactwa Virginii — Johna Rolfe.
Czy też ktoś z Polonii odnalazłby swe korzenie wśród tych Polaków,
którzy w ślad za pierwszymi przybyli do Virginii i „Angliczyki"
żmudnie wpisywali w annały: „Eh-oosto-he Meetsecn-skee, Meek-o-
-loy Seeran-skee", czyli po prostu Eustachy Miciński i Mikołaj Sy-
rański.

Jak znam Zbigniewa K. Rogowskiego (kreatora m.in. ulicy Billy
Wildera w Suchej Beskidzkiej, gdzie się sławny reżyser urodził, co
Zbyszek stwierdził wbrew majestatowi rozlicznych encyklopedii!) —
to byłby w stanie wywalczyć dla swego imiennika „Zbychgniewa"
Stefańskiego ulicę w jego rodzinnym Włocławku, skąd autor *Memorialium* wyruszył w „Peregrynacye po Obciech Krayach" a swój Pamiętnik spisał nie tylko „dla Informacyey Pospolitey", lecz też
i „k Polszczy Gloryi", czyli dla chwały Polski i rodaków.

O nich mówi: „Polus zawdy siedział daleko od misy ze skarby
świata tego... Polakom z wyroków Boskich i ludzkich i wedle sumie-
nia drapieżyć po świecie się nie godziło... przedsie ludy świata tego
pospołu żyć powinność mają"...

Inwokacja otwierająca pamiętnik Zbigniewa Stefańskiego brzmi
w oryginale: „Oćczyzno, namilsza, Polszczo królewska, yako klenot
znamienity nosić cie trza w sercu"...

Ojczyzno najmilsza, Polsko Królewska, jako klejnot znamienity,
nosić Cię trzeba w sercu!

Statua Wolności – symbol Ameryki – to dar Francji ofiarowany w 110 rocznicę Deklaracji Niepodległości, czyli w roku 1886, znak braterstwa broni w wojnie o wolność Stanów Zjednoczonych, która toczyła się w latach 1776–1783.

Podlasiacy na Broadwayu

„Wyszedłem na Broadway i puściłem się na miasto. New York jednak nie tylko nie zachwycił mnie, ale rozczarował potężnie. Każde z europejskich miast ma jakąś swoją osobliwość (...): Rzym — papieża i Rzym starożytny, Kraków — Wawel i Matejkę, Warszawa — dobre chęci, którymi jest brukowaną, wielkich ludzi do małych interesów (i odwrotnie — B.W.), najdłuższe na świecie języki, Saski Ogród i dobro społeczne w kształcie dziurawego orzecha, na którym świszcze kto chce (...)

Wszędzie widzisz historię zakrzepłą w mur i kamień (...)

Historii Stanów Zjednoczonych szukaj w Waszyngtonie; w New Yorku masz tylko kupców (...), business i business, oto co widzisz od rana do wieczora (...), wszędzie ruch, gwar i ścisk; wystawy sklepowe nad podziw świetne i bogate (...). Niedaleko City Hall (...) mieszczą się redakcje takich potężnych dzienników jak «Herald», «Tribune», «Times» (...). Całe armie reporterów opłacanych na wagę złota czuwają, żeby nic godnego uwagi nie uszło ich wiadomości (...).

Wall Street. Jest to ulica bankierów. Tu mieszczą się skarby, za które można by zakupić całe kraje. (...) Tu także mieści się giełda (...). Gwar tu, wrzask i wrzawa taka, jakby za chwilę miało przyjść do bitwy (...).

Amerykanki stroją się więcej jak wszystkie kobiety na świecie. Stojąc na Broadway w New Yorku więcej widziałem sukien jedwabnych i kaszmirowych, czarnych, żółtych, zielonych, pstrych i czerwonych, niżbym mógł zobaczyć na bulwarach w Paryżu. Niewiele w tym smaku, ale wiele przepychu. (...) Powożące ladies jeżdżą jak szalone (...).

Amerykanie uważają się za pierwszy naród na świecie (...) i w oddziaływaniu przeciw rozpowszechnionemu w Ameryce mniemaniu, że pieniądz tylko stanowi wartość człowieka, a korzyści materialne i użycie — jedyny cel — należy oddać im sprawiedliwość — wychowanie powierzyli w ręce kobiet, które z natury bardziej idealne, oddziaływują też w tym duchu i na młodzież".

Tyle wybrałam z nowojorskich impresji pewnego dziennikarza rodem z Podlasia, niejakiego Litwosa, bardziej znanego jako Henryk Sienkiewicz.

Ponieważ z tysięcy filmów amerykańskich zalewających wszystkie programy naszej telewizji Polacy znają New York lepiej niźli ktoś, kto ledwo przezeń przemknął, sami możecie Państwo zadecydować, co się od tamtych lat zmieniło... Dodam tylko do wrażeń mistrza ojczyzny-polszczyzny — Statuę Wolności, która przybyła w dziesięć lat po wyprawie Sienkiewiczowskiej i sto dziesięć od Deklaracji Niepodległości — w roku 1886, by wysoko dzierżąc pochodnię, stać się symbolem Ameryki. A przybyła z Francji, jako dar pamięci i braterstwa broni w wojnie o niepodległość. Wspomnijmy, że pewien zadartonosy inżynier z Polski miał swój wielki wkład w zwycięstwo pod Saratogą, które zadecydowało o tym braterstwie!

Jeśli już odstoicie kolejkę w Parku Wolności (Liberty Park), by się wdrapać aż do korony wieńczącej Statue of Liberty — otworzy się przed wami panorama drapaczy chmur na Manhattanie — ta osobliwość New Yorku, której zabrakło Litwosowi w pejzażu miasta... Le Corbusier — największy architekt świata — nazwał je celnie „maszynami do robienia pieniędzy", wobec astronomicznych cen działek na Manhattanie... I pomyśleć, że Holendrzy kupili od Indian wyspę Manhattan, w 1624 roku za jakąś garstkę nic-wartych błyskotek. Miejscowość Nowy Amsterdam, licząca w owym czasie 1500 mieszkańców, odebrana Holendrom przez Anglików w 1673 roku, otrzymała imię New York — na cześć księcia angielskiego hrabstwa Yorku — Jakuba, który stał się panem tego terytorium — a od roku 1685 — królem Anglii, Szkocji, Irlandii — Jakubem II... Prawnuk Marii Stuart był ostatnim Szkotem na brytyjskim tronie.

Ciekawe, ilu spośród 8 milionów mieszkańców New Yorku wie, od kogo imię tego — jak reklamują przewodniki „najbardziej fascynującego miasta na świecie" — pochodzi?

(Przy okazji wyjaśnijmy, że New York nie jest stolicą stanu o tejże nazwie. Tę godność piastuje miasto Albany liczące zaledwie 120 tysięcy mieszkańców. Spotkamy je na trasie Naczelnika Kościuszki).

Dewizą stanu New York jest — Excelsior! Zawsze wzwyż!

Wielki, fascynujący świat New Yorku, daleki od nabożeństw majowych w kościele św. Stanisława, chciała koniecznie mi pokazać piękna Ewa Pape — Polka, którą „Newsweek" nazywa „niestrudzoną polsko-amerykańską patronką sztuki", a United Press International

Jak sobie da radę robaczek nadbużański...

...na Manhattanie! ...ze skrzywioną miną.

Drapacze chmur na Manhattanie najpiękniej wyglądają nocą i z samolotu. Widać wówczas tylko miriady migocących świateł...

...a nie kamienne „maszyny do robienia pieniędzy".

rozesłał do 300 pism na świecie materiał o niej zatytułowany: „Sztuka Polski stała się jej misją". Kreatorka dziesiątków wystaw, pierwsza pokazała Ameryce Nikifora, a ekspozycję „Fotografia polska" zobaczyły dzięki niej: Paryż, Londyn i USA. Obrzucona orderami i zaszczytami, od medalu — Zasłużona dla Kultury Polskiej — po honorowe obywatelstwo Nowego Orleanu, porwała mnie na wernisaż wystawy złota i biżuterii, prezentowanej przez najpiękniejsze modelki w sławnym sklepie jubilerskim o swojskiej nazwie „Fortunoff", oczywiście na Fifth Avenue, czyli legendarnej Piątej Alei... Tak cóż zrobić — prostak z Podlasia, niewdzięcznica, zamiast napawać się urokami naszyjników i pierścieni, bawiłam się widokiem maluśkiego, w bransolety ustrojonego dżentelmena, który usiłował doskoczyć do tac z kanapkami, którymi wywijali wysocy kelnerzy, nieczuły jako głaz wobec dramatycznych wysiłków smukłonogiej i wysokiej jak Empire State Building towarzyszki, próżno wskazującej lśniące złotem gabloty.

Nie zniechęcona moim brakiem entuzjazmu dla karatów Ewa zabrała mnie na premierę do teatru, bij, zabij — nie pamiętam którego, przypomnę tylko, że Sienkiewicz fatalnie się omylił w swym proroctwie, pisząc: „Teatru narodowego nie ma wcale ani w New Yorku, ani w całej Ameryce (...) sztuki przedstawiane są pióra europejskich pisarzy, a jeżeli czasem trafiają się i oryginalne amerykańskie sztuki, stoją one niżej wszelakiej krytyki i na przyszłość nie rokują nic wielkiego"...

Otóż sztuka była tym razem też europejska — o Tamarze Lempickiej — „La belle polonaise" — ekstrawaganckiej malarce o urodzie Grety Garbo. Rudowłosa panna Górska z Warszawy jako Madame de Lempicka, ocalawszy cudem po pogromie bolszewickim arystokracji w Sankt Petersburgu, zamienia się w faworytę paryskich i florenckich salonów. Szaleje za nią D'Annunzio, włoski demon zmysłowej literatury, węgierscy baronowie i nowojorscy milionerzy. Jest wyrocznią mody i wróżebnym geniuszem — jak uwieść mężczyznę. Muza sztuki art déco szalonych lat dwudziestych umiera jako sędziwa starowina we wspaniałej meksykańskiej rezydencji, a jej prochy rozsypują nad wulkanem.

I wszystko to (z wyjątkiem wulkanu!) kazano nam solennie przeżywać, ganiając po piętrach wielu, gdzie toczyło się ileś-tam akcji jednocześnie, ekstrawagancko i oryginalnie, pomnę łoże z baldachimem, na którym figlowała zdrożnie z jakimś pięknisiem bohaterka jako naguśnica (jak by rzekł nasz Stefański). Gdy już wyciśnięto z publiczności dziesiąte poty, pozwolono opaść przy gargantuicznie zastawionym stole... Ujrzawszy tace z upieczonymi na apetyczny złotobrąz prosiakami, znów, niegodnie przypomniałam sobie Sienkiewiczowskie westchnienie z Broadwayu: „Między pysznymi powozami, omnibusami przechadzają się świnie z powystrzępianymi przez psy uszami. Świń tu mnóstwo”. Zataiłam oczywiście to wspomnienie — tak kontrastujące z przepychem Fifth Avenue — ale niebacznie wspomniałam, że na tej nowojorskiej gali pod wezwaniem Tamary Lempickiej prosiak upieczony był tak smakowicie jak ongi na święconym wielkanocnym u mych dziadów w Suchej, na Podlasiu.

Zasłyszawszy owo porównanie Ewa zniechęciła się dokumentnie do wprowadzania prowincjusza w nowojorskie wspaniałości i ograniczyła do uroczych kameralnych posiadów przy kurczaku po chińsku (tego w Suchej nie bywało!) w jej gościnnym i zawsze dla Polaków otwartym domu... Symbolicznym okoliczności zbiegiem spotkałyśmy się ponownie już w Polsce na wystawie poświęconej Ewie, a prezentowanej w Kordegardzie Łazienek Królewskich przez profesora Marka Kwiatkowskiego, który dwór w Suchej ocalił od unicestwienia wraz z sentencją-przesłaniem na frontonie: SUB VETERI TECTU SED PARENTALI — „Pod starym, lecz ojczystym dachem”.

Pora powrócić pod ten dach — do Naczelnika, który mnie tu przywiódł.

Orły nad mostem

Na zwieńczeniu mostu noszącego imię Kościuszki w New Yorku widnieją godła naszych państw. Ich kształt jest odmienny, ale znak ten sam. Orzeł. Amerykański i polski.

W pięciotomowej *Historii Stanów Zjednoczonych Ameryki* z 1995 roku, która jest plonem współdziałania naukowców uniwersytetów amerykańskich i polskich, rozdział — „Rewolucja amerykańska" zajmuje zaledwie 28 stron i nie ma ani słowa o godle narodowym.

Szczęściem w ambasadzie amerykańskiej działa już Centrum Informacji i na jeden telefon z prośbą pani Blanka Dębska nadsyła potrzebne informacje.

20 czerwca roku 1782, gdy gorzała jeszcze wojna o niepodległość, sekretarz Kongresu Kontynentalnego, reprezentującego solidarnie 13 stanów, które stanęły do boju, Charles Thompson, przedstawił projekt godła. Kongres tegoż dnia — pomysł zaakceptował.

Był to orzeł bielik — z rozłożonymi skrzydłami, dzierżący w szponach 13 strzał wojennych i oliwną gałązkę pokoju. Na szarfie motto: „E pluribus — unum" — „Z wielości — jedność". Kolory — te same, które ozdobią flagę USA. Biel — oznaczająca niewinność, czerwień — wytrwałość i śmiałość, błękit — czujność i sprawiedliwość!

Podobno jedynym, który miał do orła zastrzeżenia, był sam... Beniamin Franklin, jeden z czołowych „ojców niepodległości". Twierdził, że ten ptak ma zły charakter i jest drapieżnym łupieżcą. Proponował... indyka, który wprawdzie próżny i głupawy, ale odważny w obronie. (Życzenie Franklina stało się w pewnym sensie także ziszczone — indyk jest symbolem każdego amerykańskiego stołu w Thanksgiving day — w Święto Dziękczynienia — i na Boże Narodzenie!).

Według nieocenionego prof. Władysława Kopalińskiego — orzeł — król ptaków — jest symbolem słońca, powietrza, błyskawicy, odrodzenia, nieśmiertelności, bohaterstwa, najwyższej władzy, majestatu, chwały, wysokiego lotu, szczodrości, sprawiedliwości, geniuszu...

Orzeł bielik żyje także w Polsce. Ma swoje czatownie i gniazda solidne, które trwają latami. Nawet bardzo młody wzięty do niewoli — szuka dramatycznie wyjścia i zdradza objawy choroby więziennej... Nieugięcie walczy o wolność.

Orzeł biały istnieje tylko na godle Polski. Jego nieskazitelny kolor wiążą historycy z wierzeniami Słowian, dla których biel była zawsze kolorem dobra. Piękna legenda, zanotowana przez najstarszego naszego kronikarza, Galla Anonima, powiada, że władca państwa Piastów — Lestek czyli Lech — ujrzał orła białego w gnieździe i założył tam, „w mieście Gnieźnie, co się po słowiańsku wykłada gniazdo" — pierwszą naszą stolicę. Była to połowa wieku IX. Najświetniejszy kronikarz dziejów Polski — Jan Długosz — pochodzenie orła wiedzie od sławnego zjazdu w Gnieźnie, gdy w roku 1000 wielki król Polski — Bolesław Chrobry — „z chwałą, potęgą i bogactwem" podejmował młodziutkiego cesarza rzymskiego i niemieckiego — Ottona III, który „Orła Białego nadał całemu Królestwu Polskiemu jako wieczysty znak, aby podobnie jak cesarstwo rzymskie, które mając takiż znak, tylko w kolorze czarnym, podbiło wszystkie ludy germańskie"...

Godłem naszego kraju stał się orzeł biały na czerwonym polu ze złotą koroną od czasów króla Władysława Łokietka, ukoronowanego w Katedrze na Wawelu 20 stycznia 1320 roku, słynącego z małego wzrostu, skromności, dobroci, wzorowego małżeństwa i talentów militarnych, którymi poskramiał niemiecki niszczycielski Zakon Krzyżowy. Wielka chorągiew Królestwa Polskiego z orłem powiewała zwycięsko nad hufcami rycerstwa, które rozgromiły Krzyżaków w bitwie pod Grunwaldem 15 lipca roku 1410 pod dowództwem imiennika Łokietka — króla Władysława Jagiełły...

Kiedy mnie zapytano w telewizji polskiej w Chicago o największe przeżycia z amerykańskich wędrówek — odpowiedziałam, że jest wśród nich moment, gdy w nowojorskim Central Parku zobaczyłam pomnik króla Władysława Jagiełły — uosobienie majestatu Rzeczypospolitej.

Pod rycerzem unoszącym skrzyżowane miecze wyryto wielki podpis:

Pomnik króla Władysława Jagiełły w nowojorskim Central Parku. Na postumencie wyryto ogromnymi słowy: KING OF POLAND i po angielsku objaśnienie: „Władysław Jagiełło, Król Polski i Wielki Książę Litewski (1386–1434). Twórca Wolnego Związku Ludzi Europy Środkowo-Wschodniej. Zwycięzca krzyżackich agresorów pod Grunwaldem, 15 lipca 1410".

W rocznicę Konstytucji 3 Maja studenci z Klubu Polskiego w Hunter College zbierają się o zachodzie słońca pod pomnikiem króla z kwiatami, pieśniami, poezją, wspomnieniami bitwy pod Grunwaldem i ideałów Konstytucji 3 Maja, która była drugą na świecie po Konstytucji Stanów Zjednoczonych.

WLADYSLAW JAGIELLO
KING OF POLAND
GRAND DUKE OF LITHUANIA
1386–1434
FOUNDER OF A FREE UNION
OF THE PEOPLES OF EAST CENTRAL EUROPE
VICTOR OVER THE TEUTONIC AGRESSOR
AT GRUNWALD JULY 15, 1410

Znak orła białego patronował Racławicom. Powstańcy z Listopada 1830 roku śpiewali słynną *Warszawiankę*:

Leć nasz orle w górnym pędzie
Polsce, sławie, światu służ.

Niemcy, napadłszy na Polskę we wrześniu 1939 roku, z wyjątkową zaciekłością niszczyli wszystkie znaki orła...

Nigdy nie zapomnę, jak pierwszy raz w życiu zobaczyłam ten znak na furażerce mego ojczyma — porucznika Armii Krajowej. Wspomniałam tę chwilę z dzieciństwa — w New Yorku.

Leje deszcz. Ściskając w garści chudą kiesę pozwalam sobie na szaleńczą rozrzutność — biorę taksówkę. Mijamy zielony Kościuszko Bridge, rzucony nad odnogę East River, zdobiony dwoma orłami. Polacy żartowali: „A bridge so near and dear to the ear..." („Most tak bliski i drogi dla ucha!")... Łączący Queens z Brooklynem, huczący setkami samochodów drogi jest nam dziś raczej dla oka... Mój taksówkarz jest stary, zbrużdżony jak zaorane pole. Rdzenny nowojorczyk. Mathew Snow. Mateusz Śnieg. Kiedy na sakramentalne pytanie — Where are you from? — odpowiadam — From Poland — przekrzykuje huk: — „Jeszcze Polska nie zginula!"

Pisał Tadeusz Kościuszko do Józefa Wybickiego, dzielnego żołnierza Powstania Kościuszkowskiego, na wieść radosną, że we Włoszech powstały Legiony Polskie: „Obywatelu! Miło mi jest słyszeć, iż człowiek, który w ciągu rewolucji dał dowody prawego obywatelstwa, znajduje się przy zbiorze Legijów Polskich. Nie wątpię, że taż sama miłość ojczyzny, też same sentymenta dla niej jednostajnie i dziś tkwią w twem sercu. (...)

Użyj Twego światła do utrzymania jej w Tobie podobnych. W tym celu pozwól, bym Cię prosił, ażebyś dla ugruntowania w oby-

watelach żołnierzach Legije składających świętego zapału miłości Ojczyzny i cnoty (…) ożywiał nadzieję widzenia jeszcze Polski krajem
niepodległym i prawdziwie wolną Rzecząpospolitą.

Znasz, ile pieśni entuzjazmu wpajają w dusze ludzi, co dyszą za
wolnością. Chciej to pomiędzy współziomkami pomnażać".

W lipcu 1797 roku Józef Wybicki pomnożył entuzjazm pisząc we
włoskim miasteczku Reggio pieśń, która zaczynała się wówczas słowy:

Jeszcze Polska nie umarła
Kiedy my żyjemy.

A kończyła się strofą:

Na to wszystkich jedne głosy:
Dosyć tej niewoli.
Mamy racławickie kosy,
Kościuszkę Bóg pozwoli.

KOSCIUSZKO BRIDGE w NEW YORKU – most imienia Tadeusza Kościuszki łączący Queens z Brooklynem ozdobiony tablicą z polskim i amerykańskim orłem.

Kosciusko

Złoty klucz do miasta
Kosciusko

Kosciusko the man the town

„Nazwaliśmy miasto nasze jego imieniem, by udowodnić jego rodakom, że oceniliśmy należycie zasługi Kościuszki oddane Stanom Zjednoczonym."

Z listu władz miasta Kosciusko wysłanego do

Krakowa wraz z ziemią na kopiec Marszałka Piłsudskiego – w 1934 roku

„Z uznaniem pozdrawiam obywateli miasta Kosciusko, którzy zaszczyciwszy swój gród nazwiskiem Tego niezwykłego patrioty, zachowali w ciągu stuletniej czci pamięć wzniosłego ducha, którego praca i walka na rzecz wolności Ameryki zdobyła dla niego trwałe miejsce nie tylko w historii naszego Kraju, ale i w naszych sercach."

Z listu prezydenta USA, Franklina Delano

Roosevelta, do burmistrza miasta Kosciusko, 1934

„Serdeczna i gościnna ludność miasta Kościuszko zna wybornie dzieje Polski i tradycje polskiego narodu. Dumna czuje się z tego, że nazwisko Kościuszko scementowało ją z narodem polskim i gotowa jest zawsze stawać w obronie polskiego honoru. Miasto Kościuszko staje się polską warownią na Południu."

Z książki Artura Waldo: „Czar miasta Kościuszko", 1936

„Niechaj każdy powie – brat, gdy będzie mówił o Tobie... Bóg z wami!"

Błogosławieństwo Papieża Polaka, Jana Pawła II

dla mieszkańców miasta Kosciusko, 1981

„Każda wystawa poświęcona Kościuszce winna budzić refleksje o bogactwie historii, kultury i dziedzictwa duchowego Polski! Powinna pokazywać ich barwę, żar, godność, patriotyzm i wielkość"...

Ze scenariusza wystawy przygotowanej przez miasto

Kosciusko w Tadeusz Kosciusko Museum and Information Centre 1990

„.... w zapadłym kącie biednego Missisippi, w miejscowości... Kosciusko mieszkańcy, łamiąc język, wymawiają tę nazwę „kosajesko" i pojęcia nie mają, że to nazwisko amerykańsko-polskiego bohatera."

Z prasy polskiej, 1999

Kwiaty i całuny

Wyjeżdżamy z Chicago Pulaski Rd. — ulicą Kazimierza Pułaskiego — w stronę jedynego miasta na świecie noszącego imię Kościuszki. Legenda i fałszywe pamiętniki opowiadają wzruszająco o spotkaniu obu bohaterów w wigilijną amerykańską noc...

Za przedmieściami unosi się nagle nad nami klangor dzikich gęsi. Płyną tak jak my — na Południe. My — to znaczy niżej podpisana i dwoje dzielnych asystentów: Iwonka Wantuchówna, studentka filologii angielskiej Portland University, łącząca harmonijnie wrażliwość, operatywność, precyzję, oraz Maciek Zamorski, żwawy fotografik i flegmatyczny mistrz kierownicy.

Jak to się stało, że jedziemy?

Wertuję u Marylki Janiak w Fundacji Kościuszkowskiej stos listów z odmowami fundacji wszelakich. Niektóre epistoły są od zaprzyjaźnionych a od lat tu osiadłych Polaków. Rozrzewniające: „Najlepiej i najwygodniej, żebyś odbyła tę podróż samochodem. Poproś kogoś! Amerykanie są tacy uczynni"... Hej! — myślę radośnie — to jest myśl!!! Widziałam na 5th Avenue w słodki majowy upał panienki w futrach z napisem od tyłu wielkim: „Sale". Lecę pożyczyć kostium kosyniera racławickiego i ze dwie kosy. Rozpinam napis: „Poszukuję uczynnego Amerykanina, który by mnie podrzucił 15 tysięcy mil szlakiem Tadeusza Kościuszki"! Niestety — Prezydent Gore skrywszy uśmiech pod sarmackim wąsem nie akceptuje pomysłu. Z powagą wypisuje mi hojnie dodatkowy czek na przeloty. Ba! Ale czym przelecieć ku łąkom nabrzeży rzeki Dan? Jak wylądować na polanach zaszytej śród lasów Ninety Six? Gdzie szukać lotniczej linii nad potok Hicks Creek? Biedzę się smętnie, kogo by tu omotać ze szczęśliwych posiadaczy samochodu! Nawet bohater Akcji pod Arsenałem, druh z Szarych Szeregów, kapitan AK, imiennik Naczelnika — Tadeusz Chojko-Bolec, bohater powstańczy Batalionu „Parasol", wydzwania z Kanady do przyjaciół możnych, aktualnie świetnie prosperujących w Washingtonie. I jego i mnie traktują lodowato. Wszakże właśnie Szarym Szeregom zawdzięczam telefon nagły do siedziby Fundacji w New Yorku. Niezamożni rodacy (a wśród nich matka Iwonki), którzy przeżyli nasz kominek na półwiecze Sza-

Kazimierz Pułaski (urodzony 4 marca 1747 w dniu świętego Kazimierza w majątku Winiary na Mazowszu – śmiertelnie ranny w bitwie pod Savannah 9 października 1779 umarł 11 października 1779 roku na statku płynącym do Charlestonu). Ojciec Kazimierza – Józef Pułaski, rodem z Podlasia był właścicielem 14 miasteczek i 108 wsi. Cały majątek skonfiskowali Rosjanie za udział Pułaskich w bitwach przeciw Moskalom. Jako dowódca wojsk konfederacji barskiej Pułaski, według świadectwa towarzyszy broni, „dowiódł jawnie prawdziwie patriotycznych sentymentów, nie zmierzających do żadnej prywaty"... Rodacy śpiewali o nim: „Powstań Pułaski, przetrzyj swe powieki, / Bo jak nie wstaniesz, zginiemy na wieki!"

Z Chicago do jedynego miasta w Stanach Zjednoczonych noszącego imię Kościuszki jedzie się przez powiat noszący imię Pułaskiego, zielony, łąkowy.

rych Szeregów w Zamku Królewskim, odnajdują mnie i deklarują pomoc! Informując rzeczowo: ofiarowują samochód na całą trasę Kościuszkowską, opłacają kierowcę, przydają studentkę do pomocy asystenckiej. Dyrektorka szkoły im. Tadeusza Kościuszki — Urszula Kraśniewska, Koło Rodzicielskie i Zrzeszenie Nauczycieli Polskich w Chicago — fundują mi koszta kwerendy w archiwach z Library of Congress w Washingtonie na czele!

Tak zdarza się cud!

Jedziemy! Przed nami — tysiące kilometrów, setki przygód, sporo trudów — i ani jednego napięcia, cienia konfliktu! Wszystkim ekipom polskim, w imię ojczystej pracującym sprawy, życzyłabym takiej prawdziwej, codziennej solidarności!

Długo toczymy się stanem Illinois. Czarne pola, drewniane, szarobrązowe farmy. Płasko. Gdyby nie sznury samochodów, można by myśleć, że jesteśmy gdzieś na Mazowszu. Słońce zachodzi złotawo. Na pogodę. Dopiero nazajutrz — u krańców stanu uczyni się zielono i pagórzasto, z gęstwy dzikich róż wypłynie ku nam tablica „Pulaski County".

Znów barwista postać bohatera spod Savannah zabiega nam drogę.

Legendarne spotkanie Tadeusza Kościuszki z Kazimierzem Pułaskim zimą 1777 opisał tak obrazowo w swym pamiętniku niejaki Mikołaj Rogowski — rzekomo towarzysz broni pana Kazimierza, iż prawdziwości opisu uwierzył nawet tak rzetelny i wybitny historyk jak Tadeusz Korzon, autor monumentalnej biografii Naczelnika. „Na święta Bożego Narodzenia zdarzyła się nam pociecha — czytamy w pamiętniku. — Tadeusz Kościuszko, będący w obowiązkach inżyniera przy północnej armii na granicach Kanady, dowiedziawszy się, że Pułaski konsystuje (stacjonuje — B.W.) w Trenton, przyjechał do nas za urlopem w gościnę. Kościuszko nie miał miny zawiesistej jak pan Kazimierz, ale widać było na jego twarzy poczciwość i otwartość szlachecką, a przy tem był człowiek niezmiernie słodki i pełen wiadomości, kompania więc jego i dyskursa wielką nam przyjemność sprawiły. Choć równego wieku z Pułaskim, nie znali się ze sobą w kraju (bo pierwszy jeszcze ślęczał nad książką, kiedy już drugi rossyanom pensa zadawał), ale tu oto na cudzoziemskiej ziemi spotkawszy się, pokochali się mocno, przyjaźń dozgonną sobie obiecując. Po dziesięciu dniach zabaw, podczas których, mimo biesiady, wysadziliśmy się na traktament staropolski, odjechał Kościuszko do swego korpusu"…

Dwóch bohaterów walk o wolność Polski i Stanów Zjednoczonych – Tadeusz Kościuszko i Kazimierz Pułaski w pełnym rynsztunku bojowym. Kościuszko nosi czapkę-krakuskę, taką jaką nosili chłopi polscy, którzy zasłynęli męstwem pod Racławicami.

Kiedy i czy się spotkali w Ameryce Kościuszko i Pułaski – nie wiemy. Być może było to po zwycięstwie pod Saratogą, wiosną 1778 roku.

Bardzo różniąc się urodą i temperamentem – jedną cechę mieli wspólną. Sławny polski pamiętnikarz, Jędrzej Kitowicz, określił Pułaskiego słowy, które można odnieść i do Kościuszki: „Był wielce wstrzemięźliwy, tak od pijaństwa, jak od kobiet".

Bardzo to ładne, ale nieprawdziwe.

Na Boże Narodzenie roku 1777 — „hrabia na Pułaziu" Pułaski był w obozie George'a Washingtona w Valley Forge, a nasz skromny pułkownik Kościuszko już po zwycięstwie pod Saratogą — w kwaterze generała Gatesa w Albany.

Autorem zawiesistą polszczyzną kreślonych *Reszty pamiętników Macieja Rogowskiego, rotmistrza konfederacji barskiej* (wydanych w Paryżu, 1847) był Konstanty Gaszyński, przyjaciel Zygmunta Krasińskiego, poeta i powstaniec listopadowy. Syn majora Insurekcji Kościuszkowskiej był jednak przede wszystkim żarliwym wielbicielem brawurowego partyzanta konfederacji zawiązanej przez szlachtę polską przeciw Moskalom 29 lutego 1763 w mieście Bar — i stąd nazwanej w historii konfederacją barską. „Od dawna ty już marzysz o Kazimierzu Pułaskim. Pamiętam, ukochany to był zawżdy bohatyr Twego serca (...)" — pisał w 1843 roku do Gaszyńskiego Krasiński i znając jego plany dzieła o Pułaskim, jak zawsze z przenikliwą mądrością zalecał: „Koniecznie trzeba by naszej epoki myśli i przeświadczenia wetknąć mu w serce (...) Przeszłość albowiem tym żyje, rośnie, nie umiera, że od każdej teraźniejszości nowej krwi do żył zastygłych dostaje. To jest, co stanowi wskrzeszenie umarłych przez żywych, zmartwychwstanie tych, którzy przeminęli".

Sam Gaszyński nazwał fikcyjne pamiętniki — „pastiche ułożony stylem kontuszowym", ale zastrzegł, iż jest to pastisz „podług źródeł historycznych (...) o wojnie amerykańskiej".

Wyznam — i mnie tak urzekła scena spotkania obu bohaterów, że włączyłam ją do scenariusza niedoszłego filmu o Kościuszce... Spójrzmy na nich — istny Wołodyjowski i Kmicic. Skromny pułkownik Kościuszko niknie wobec dorodnej postaci generała Pułaskiego, w iskrzącym się od srebra i złota kontuszu, bijącego blaskiem karabeli rubinami obsadzonej... To nie tylko różnica zewnętrzna. To dwa odmienne światy, dwa rodzaje bohaterstwa. Brawura kontra myśl.

Nawet śmierć dostosuje się do konwencji postaci. Pułaski zginie — młody i piękny — w lotnej szarży pod Savannah. Kościuszko zemrze jako samotny starzec w cichym miasteczku u stóp Alp.

Byli rówieśnikami, Kościuszko starszy ledwo o rok. Ale gdy przybył do Ameryki, nie miał za sobą ani jednej stoczonej bitwy! Pułaski ma za sobą cztery lata (1768–1772) wojny partyzanckiej

Symboliczne spotkanie Pułaskiego i Kościuszki. Na tej rycinie z XIX wieku zaprezentowano czołowych bohaterów walki o niepodległość Stanów. Od lewej: Wódz Naczelny – generał George Washington; generał-major i baron Johann de Kalb, żołnierz Francji, uczestnik wojny siedmioletniej, od 1763 – ambasador Francji w Ameryce, zginął w bitwie pod Camden brocząc z 11 ran; generał-major i baron Frederic von Steuben, Niemiec, żołnierz armii króla Prus Fryderyka Wielkiego, instruktor taktyki wojskowej w armii amerykańskiej; generał – tytułowany hrabią – Kazimierz Pułaski; pułkownik Tadeusz Kościuszko; markiz-generał Marie, sześciorga imion Gilbert La Fayette, Francuz, zwany Żołnierzem Wolności; generał-major Peter Mühlenberg, pastor luterański, walczył u boku Washingtona, najemnicy niemieccy nazywali go „Teufel Piet!" – Diabeł Pete! Po wojnie kongresmen i senator Pennsylvanii.

W zespole brak niestety dwóch znamienitych dowódców, pod rozkazami których walczył Kościuszko: gen. Horatio Gatesa i gen. Nathanaela Greene'a.

Sławna szarża kawalerii Kazimierza Pułaskiego – obrońcy Częstochowy w latach 1770–1772. Malował sam mistrz Józef Chełmoński.

z Rosjanami, dziesiątki potyczek, w których walczą także — jego ojciec, Józef (rodem z Podlasia!), jeden z dowódców konfederacji i dwaj bracia. Najstarszy — 23-letni Franciszek — ginie. Najmłodszy — 16-letni Antoni pójdzie na lata do rosyjskiej niewoli.

Gloria zwycięzcy opromieni Kazimierza po sławnej obronie Częstochowy (zimą 1770–1771), gdy w szaleńczym wypadzie za mury twierdzy zniszczy trzy wielkie działa nieprzyjaciół (no i czyż nie Kmicic?). W skarbcu Jasnej Góry i dziś można ujrzeć Krzyż Pułaskiego — odznaczenie wręczone mu w klasztorze 2 lutego roku 1771 po zwycięstwie. Krzyż ma dewizę — „Pro Fide et Maria, pro Lege et Patria" — „Za Wiarę i Marię, Za Prawo i Ojczyznę". O panu Kościuszce gdy przybył do Ameryki — nikt nie słyszał. O panu Pułaskim pisały gazety całej Europy (angielskie też) i opowiadano na dworach królewskich... List gratulacyjny przysłał mu Jan Jakub Rousseau. Do Ameryki przybywa Pułaski w lipcu 1777 r. z listem polecającym samego Beniamina Franklina (naówczas reprezentanta Stanów w Paryżu) do Washingtona: „Hrabia Pułaski z Polski, oficer słynny w całej Europie z odwagi (...) może być wysoce użyteczny w naszej służbie".

Do słów tych zaszczytnych dodał Pułaski żołnierski meldunek Naczelnemu Wodzowi: „Przybyłem właśnie tutaj, gdzie broni się wolności, aby jej służyć, dla niej żyć lub umrzeć"... 15 września 1777 roku otrzymuje nominację na generała kawalerii. Tworzy swój Legion, który dotuje z własnych funduszy ogromną na owe czasy sumą 50 tysięcy dolarów. Kongresowi rzuci dumnie: „Musicie wiedzieć, że nie przybyłem do Ameryki bez środków, aby być Wam ciężarem".

Żołnierze go uwielbiają. „Nowo zorganizowani są pod urokiem swego 30-letniego generała, który galopując z pełną szybkością, strzela z pistoletu, rzuca pistolet nad końską głowę i zsuwa się z siodła, by złapać pistolet zanim upadnie on na ziemię" — pisze gazeta „Sun". We wspomnieniach towarzyszy bitewnych zmagań czytamy: „Pułaski ze zwykłą sobie odwagą i przenikliwością uderzył na nieprzyjaciela" (pierwsza bitwa z awangardą armii brytyjskiej, pod dowództwem gen. Cornwallisa, wrzesień 1777). „Atak nielicznej naszej kawalerii pod Pułaskim powiększył ich strach i najszczęśliwszymi z tych purytanów byli ci, co mieli długie nogi i żwawe pięty. (...) szarżował Pułaski w najgęstsze ich masy" (walki w New Jersey, marzec 1778).

Dynamiczny, czasem niecierpliwy (nie znał angielskiego, ale pierwsze słowo, jakie zapamiętał, brzmiało: — Forward! — Naprzód!), dumny i dzielny miał jednak przeczucie swego losu... Walcząc w Polsce pisał: „nie spodziewam się zysku innego, jak śmierć jedną, za honor Boga i Ojczyzny". Wsiadając na statek płynący do Stanów żegnał ukochaną siostrę, Annę: „Proszę, miej na moje intencje nabożeństwo za dusze zmarłych".

Ciężko ranny w szturmie na fortecę Savannah w Południowej Karolinie 9 października 1779 roku, umiera na statku w drodze do szpitala w Charlestonie. Spoczął w morzu.

Do dziś muzeum w Bałtimore — gdzie Pułaski tworzył swój Legion — przechowuje jego sztandar z trzynastoma gwiazdami i łacińskimi napisy: „Non alius regit" („Niechaj obcy nie rządzi") i „Unita Virtus — fortior" („Męstwo zjednoczone — silniejsze").

Henry W. Longfellow — wielki amerykański poeta romantycznej doby — napisał po śmierci Pułaskiego:

Niech proporzec ten otuli
Twoje zwłoki swym szkarłatem
Jak całunem i jak kwiatem.

Pomnik Tadeusza Kościuszki w Chicago ma krótki napis: „Son of Poland". Syn Polski.

Pomnik Kazimierza Pułaskiego w Washingtonie, odsłonięty 11 maja 1910 roku w obecności prezydenta Stanów Zjednoczonych Williama Tafta, który powiedział: „Był to rycerz z krwi i kości, syn rycerskiego narodu, mężny, nieustraszony, odważny, śmiały"... Od roku 1969 dzień śmierci Pułaskiego – 11 października – obchodzi wiele stanów jako Pulaski Day.

Błękitny księżyc nad Mississippi

Kiedym dobrnęła z nielada trudem, okrężną drogą przez Grodno do Kościuszkowskiej wsi Siechnowicze, leżącej dziś na Białorusi, acz zaledwie 25 kilometrów od granicy Polski, w małej szkole, stojącej tam, gdzie ongi dwór — gniazdo Kościuszków — na pytanie o wolność jakiego kraju walczył Tadeusz Kościuszko, młodzież odpowiedziała mi chóralnie i po rosyjsku: — Amieriki!

Na ścianie wisiało kilka pocztówek z Panoramy Racławickiej. — A ta wieś, gdzie była ta sławna bitwa pod dowództwem Kościuszki, to jak się zowie? — dociekam. — Racławice! — odhuczał zgodnie chór. — I gdzie ona się znajduje? — W Amierikie! — odrzekły z przekonaniem dzieci białoruskie z Kościuszkowskich Siechnowicz.

Coś podobnego! Racławice w Ameryce!

No i cóż powiecie? Po moim spotkaniu z Polakami w Chicago znajduję wśród mnóstwa pięknych listów karteczkę (nie podpisaną — niestety!): „W USA znam dwa Racławice (Raclavice), ok. 10 mil na zachód od Chatanooga, Tennesee oraz w powiecie Pulaski".

Telefonujemy do biura gubernatora stanu Illinois — znajdują telefon do — jakby tu rzec po polsku? — chyba starosty county Pulaski (czyli elegancko mówiąc hrabstwa, a prościej okręgu, czyli powiatu Pułaski). Boży się, że Raclavic nie ma. Wertujemy gigantyczny *Commercial Atlas* — nie ma. Dzwonimy do informacji pocztowej stanów Illinois i Tennessee — nie ma. Jest tylko miejscowość Pulaski. Iwonka konwersująca najpiękniej „w amerykańskim języku" (jak mawiają teraz nasze dzieci nad Wisłą) — wychodzi z budki cała roześmiana. — Wiecie, co mi poradzili? Żeby się zwrócić do ambasady polskiej, bo to ani chybi „Polish name"… Tam na pewno mają spis wszystkich takich miejscowości… A juści!

Zawadzamy rąbeczkiem o stany Missouri i Arkansas… Iwonka trzyma nos w mapie i nie widzi stada czapli brodzących po polach zalanych wodą wśród kwitnących złotawo kaczeńców, smutnego cmentarzyka bez krzyży, małej chatyny (tak!) przycupniętej przy potężnych silosach, pasącego się spokojnie konia…

— O jest! — okrzyk znad mapy łudzi nas nadzieją na odkryte Racławice w Amerikie. Niestety — Jeszcze jedno Pulaski county w Arkansas, nawet stolica stanu — Little Rock do niego należy. — Little Rock — to Mała Skała! — objaśnia Iwonka. — A może Mała Kądziel? — pytam podchwytliwie. Iwonka patrzy na mnie chwilę spojrzeniem à la ambasadzki attaché: — A co to takiego? — „U prząśniczki siedzą jak anioł dzieweczki!" — zanucił Maciek.

— Ja miałam cztery miesiące, jak mnie przywieźli do Ameryki — rozżaliła się Iwonka — to skąd mam znać takie archiwalne słowa!

— Archaiczne! — poprawił machinalnie Maciek. (A „rock" naprawdę znaczy nie tylko skała czy opoka, lecz także prześlica i kądziel!)

— Uwaga! Za chwilę dotrzemy do Mississippi! — porzuciła Iwonka dywagacje lingwistyczne.

„Ojciec Wód" — Missi Sipi — tak nazwali Indianie tę szeroko rozlaną, błękitno-perłową rzekę, która przecina w poprzek całe Stany Zjednoczone. „Wielka Mississippi, majestatyczna, wspaniała Mississippi niesie swe wody na milę szeroko rozlane i połyskujące w słońcu" — pisze o niej, nazywając „zwierciadło wody" „cudowną księgą", która „ujawniała najskrytsze tajemnice" młody pilot rzeczny z czasów, gdy parowce — złote i purpurowe — królowały na rzece, były głównym środkiem transportu i wspaniałej rozrywki. Balowano na nich i odprawiano wesela. Młody pilot, którego cytuję, nazywał się Samuel Clemens. Swych kolegów nazywa on „królami i bogami rzeki", oddaje im hołd: „nie ma takiego przykładu, żeby pilot opuścił swoje stanowisko dla ratowania własnego życia, jeśli przez pozostanie mógł ocalić życie innych". Nad wodami Mississippi niosły się okrzyki marynarzy badających poziom wody: „Mark three! Marka trzy... Mark twain! Marka dwa..." Od tego okrzyku Samuel Clemens wziął swój pseudonim, pod którym miał przejść do historii wielkości literatury światowej — Mark Twain.

— Czy dzisiaj jeszcze dzieci czytają o przygodach Tomka Sawyera i Hucka? — zwątpił Maciek. — Dzisiaj nic nie czytają, tylko gapieją w telewizor i kompiuter — rozstrzygnęła Iwonka. — Uważaj na zjazd do Memphis! Jak miniesz — nie zdążymy do Gracelandu!

„Zbliżaliśmy się do Memphis, przed którym to miastem została stoczona najsławniejsza z bitew rzecznych w czasie Wojny Domowej — wspominał Mark Twain. — Dwóch ludzi, pod którymi służyłem w czasach, gdy byłem na rzece, brało w niej udział: pan Bixby, główny pilot floty Unionistów, i Montgomery, komandor floty Konfederatów. Obaj byli długo w czynnej służbie podczas wojny, a odwagą i zdolnościami

Mississippi River

Memphis nad „Ojcem Wód" – rzeką Mississippi. Na jednej pocztówce – Mark Twain z fajką wspominający swoje żeglugi, pomnik Presleya i Murzyn z trąbką – symbol bluesa, który królował tu w latach dwudziestych XX wieku.

zdobyli sławę. (…) Memphis jest to piękne miasto, dostojnie rozłożone na wysokim wzniesieniu nad rzeką (…). Jeździliśmy po mieście, zwiedziliśmy park z całą hordą towarzyskich wiewiórek, oglądaliśmy piękne, oplecione różami rezydencje i dostaliśmy dobre śniadanie w hotelu. Zasobne jest teraz to dobre samarytańskie miasto nad Mississippi".

W roku 1879 przybyła do tego miasta wielka gwiazda amerykańskiej sceny — Helena Modrzejewska, Modjeską nazwana. Zaledwie dwa lata minęło od chwili, gdy w sierpniu 1877 roku po raz pierwszy ukazała się amerykańskiej publiczności w San Francisco… Omotany jej „czarem niepojętym" — „teatr wył, ryczał, klaskał, tupał", jak doniósł do kraju Litwos, czyli serdecznie zakochany w czarodziejce Henryk Sienkiewicz.

A ona pisała do Polski: „…otrzymałam chorągiew z portretem Kościuszki… Ach, żebym mogła wszędzie, po całym świecie roznosić wiadomości o naszej nieszczęśliwej Matce, opowiadać ludziom o Jej cierpieniach i wszędzie wołać na całe gardło: Jeszcze nie zginęła! (…) Moje triumfy cieszą mnie bardziej dlatego, że jestem Polką, niż dlatego żem artystką".

Modrzejewska wspomina z wdzięcznością:

„Na Południu spędziliśmy kilka bardzo przyjemnych tygodni i poznaliśmy wielu potomków arystokratycznych rodzin Virginii. Wszyscy odznaczali się czarującą gościnnością. W Memphis w stanie Tennessee (…) zostaliśmy serdecznie przyjęci.

W wielu starych domach, w przeszłości znanych z bogactwa, zauważyliśmy niedostatek graniczący z ubóstwem, ale znoszony z godnością ludzi wysoko urodzonych. Serce wyrywało mi się do nich z sympatii i podziwu".

Ukoronowaniem pobytu było przyjęcie wydane na statku przez córkę admirała, która zaprezentowała pani hrabinie Modrzejewskiej-Chłapowskiej „faworytkę całej załogi" — jak wspomina z rozbawieniem artystka i objaśnia „ że świnka była tak mądra i tyle umiała sztuczek, że nazwano ją «Modjeska». Byłam bardzo dumna z mojej imienniczki, zwłaszcza gdy zobaczyłam, jak tańczy hornippe (taniec marynarzy), który przypomniał mi mego niefortunnego dżiga w Peg Woffington. Musiałam uznać wyższość świnki, jeżeli chodzi o talent do tańca, którego mi tak bardzo brakowało".

Tańcząca dżiga ku zazdrości naszej gwiazdy świnka staje się swoistym symbolem. „Romantyzm żeglugi rzecznej zniknł — martwił

Graceland – rezydencja Elvisa w Memphis kupiona w darze dla matki. Dziś – cel pielgrzymek tysięcy turystów z całego świata. Elvis Presley Enterprises Incorporation nadal zarabia miliony, a miłośnicy „biednego chłopca z Tennessee" (jak lubił mówić o sobie) zamienionego w króla śpiewają „Elvis forever"...

Dwuletni Elvis z rodzicami – ojcem, Vernonem (który przeżyje syna tylko o dwa lata i umrze tak jak żona na atak serca) i matką – Gladys Love, która była największą miłością życia sławnego piosenkarza.

się Mark Twain. — Świat, jaki znałem w jego kwitnącej młodości, jest teraz stary, zgarbiony i melancholijny"...

Stan Tennessee — obok przydomka Stan Wielkiego Zakrętu (oczywiście rzeki Mississippi nazwanej przez Twaina „najbardziej krętą rzeką świata"), otrzymał niepoetyczny — Stan Świń i Mamały-gi, a jego dewizą zamiast rycerskiego „Rządź ludu!" — jak ma Arkansas, czy „Stanowa niezależność, narodowa jedność", jak ma Illinois, stało się: „Agriculture and Commerce" — Rolnictwo i Handel.

Wszakże tańcząca świnka była symbolem nie tylko „Stanu świń".

W latach dwudziestych XX stulecia w tymże leżącym nad rzeką Mississippi mieście Memphis, od narodzin w 1819 roku noszącym dostojne imię starożytnej stolicy Egiptu nad Nilem — zakróluje blues i narodzi się rock'n'roll!

Kiedy w licznym gronie chicagowskiej młodzieży śledziliśmy na mapie trasę, która miała nas doprowadzić do miasta Kosciusko — odezwał się chór pełen nietajonej zazdrości: — To będziecie w Grace-landzie!!!

Nie zdradziłam mojej ignorancji. Dopieroż Iwonka i Maciek objaśnili, że jest to Rezydencja Króla rock'n'rolla — Elvisa Presleya w jego rodzinnym Memphis! Im było doń bliżej — tym bardziej mnożyły się pełne nadziei sugestie mej załogi, że nawet kadet Kościuszko, który menueta tańczył na pewno pięknie, a lirycznych piosenek słuchać — jak każda romantyczna dusza — lubił, nie miałby za złe przerwy w podróży poświęconej odwiedzinom domostwa mistrza miłosno-śpiewaczych wyznań „Love me tender"...

Skapitulowałam. Nawet tak dalece, że pozowałam na tle różowego presleyowskiego Mercedesa...

— Pewnego dnia taki ci kupię! — obiecał ukochanej matce, Gladys, kiedy wracała pieszo ze szpitala, jej syn-jedynak, Elvis. Właśnie przenieśli się z nędznego baraku w miasteczku Tupelo w stanie Mississippi (gdzie 8 stycznia 1935 roku Gladys z domu Love Smith urodziła bliźniaki, jednego natychmiast trzeba było pochować) do Memphis w stanie Tennessee, na skraj dzielnicy murzyńskiej. Słychać było stamtąd niepowtarzalne w swym gardłowym brzmieniu tony murzyńskich pieśni... Niosły gorzko-słodki zapach pól bawełny i wiciokrzewu, a wciągały jak opary znad wód Mississippi.

Elvis Presley, wielka gwiazda muzyki rozrywkowej USA, król rock'n'rolla. Kiedy umarł na serce zatruty narkotykami, więcej mówiono o Memphis niż wówczas, gdy zginął w tym mieście, zastrzelony przez rasistę, bohater walki o prawa Murzynów, pastor Martin Luther King, którego widzimy na zdjęciu poniżej z prezydentem Lyndonem B. Johnsonem.

Elvis, w chwile wolne od najmowania się do prac fizycznych, wystrojony w purpurowe spodnie, wiewając długimi włosami, szedł śpiewać do remizy strażackiej. Latem 1953 roku nagrał swoją pierwszą piosenkę, płacąc za to w studiu 4 dolary. Była darem na urodziny dla matki. Nosiła tytuł „My happiness" — Moje Szczęście. Latem 1957 kupił dla niej Graceland.

Z międzystanowej szosy numer 55 zjeżdżamy w Elvis Presley Boulevard, na Graceland Plaza płacimy 8 dolarów, wybierając uboższą turę, bez muzeum samolotów, samochodów, motocykli i go-kartów Elvisa, przekraczamy Bramę Muzyki w „Wall of Love" (Ścianie Miłości), na której tysiące miłośników wyryło słowa adoracji i tęsknoty.

Dom z frontonem o białych kolumnach w otoczeniu potężnych dębów ma wdzięk i lekkość typowe dla architektury rezydencji Południa, tak przypominających pałacyki polskie.

Zewsząd sączy się miodowa słodycz głosu Elvisa. Jego największe przeboje — „Crying in the chapel" („Płacząc w kaplicy"), „Blue moon" („Błękitny księżyc"), „Such a night" („Taka noc"), „When my blue moon turns to gold again" („Kiedy mój błękitny księżyc stanie się złotym znów"), „True love" („Miłość prawdziwa") — towarzyszą nam w wędrówce wzdłuż gablot ze złotymi i platynowymi płytami Elvisa. Iwonka — ekspert Presleyowski — orzeka, że „True love" była przedtem przebojem duetu Grace Kelly (potem księżna Monaco) i Binga Crosby. A tenże Bing, sława muzyki rozrywkowej USA, gdy Elvisa nazwano „wrzaskliwym beztalenciem", orzekł: — Ten chłopak jest talentem!

W sypialni czarny sufit jarzy się światełkami na kształt konstelacji gwiazd, błękitne draperie osłaniają okna. W łóżko wmontowano kolekcję telewizorów. Na stoliku stoi w ramie srebrnej zdjęcie ciemnowłosej piękności. To miłość prawdziwa — matka.

Spoczywają wszyscy razem w Meditation Garden — Ogrodzie Rozmyślań, ulubionym zakątku Elvisa. Tu cichnie jego głos. Słychać tylko ptaki i szmer wody.

Grace, która miałą na drugie imię — Love, miłość, odeszła na atak serca w roku 1958.

— Odeszła. Moja mama odeszła. To tak jakby słońce zagasło — rozpaczał. Była jego przyjacielem i przewodnikiem. Jaką wartość miała sława i pieniądze, gdy już nie mógł ich jej ofiarować? Jeszcze widziała jego film *King Creole*, od czasu którego zaczęto nazywać Elvisa — King. Król.

Nie doczekała chwili, gdy gubernator stanu Tennessee ogłosił w 1961 roku Dzień Elvisa Presleya, który tak lubił mówić o sobie „biedny chłopiec z Tennessee"...

Leży między rodzicami i obok symbolicznej płyty brata bliźniaka. Ojciec — jasnowłosy farmer, Vernon Elvis, (potomek żołnierza, który walczył o niepodległość Stanów!) wyrył sławnemu synowi epitafium:

Bóg wiedział, że potrzebował odpoczynku i powołał Go do siebie!
Dziękuję Bogu, że to właśnie jego dał mi za syna...

Ostatniej nocy z 15 na 16 sierpnia 1977 roku Elvis siedział w ciemnościach, chociaż bał się mroku i matka zawsze paliła mu światło. Przeżył tyle lat co ona — 42.

Nigdy nie podano prawdziwej przyczyny zgonu biednego chłopca, który stał się Królem, zabitym przez narkotyki.

Na Beale Street w Memphis, odrestaurowanej w stylu lat dwudziestych, gdy słynęła z teatrzyków i barów jako główna ulica murzyńska — stoi trzymetrowej wysokości pomnik Elvisa.

— Ameryka kocha umarłych bohaterów — mówi Iwonka.

Za szybą w muzeum Memphis można zobaczyć pokój, w którym przeżył ostatnią noc walczący o prawa Murzynów pastor, Martin Luther King. I balkon, na którym — tu w Memphis — został zastrzelony 4 kwietnia 1968 roku.

Głosił bierny opór wobec dyskryminacji rasowej i chrześcijańską „miłość wroga". Wieczorem poprzedzającym śmierć mówił do tłumu czarnych mieszkańców Memphis: „Bóg zabrał mnie na wierzchołek góry i gdy spojrzałem w dół dostrzegłem Ziemię Obiecaną. Może nie dojdę tam z wami... Ale wy — naród — na pewno tę ziemię odnajdziecie"...

Pierwszym krokiem do sławy Elvisa było nagranie piosenki „That's all right, mama" („Wszystko w porządku, mamo"), przeboju czarnego piosenkarza, zwanego Arthur Big Boy.

Był rok 1954. Nikt dotąd nie odważył się wydać na Południu płyty z piosenką murzyńską śpiewaną przez białego.

Po nadaniu jej przez radio tłum szalejących z zachwytu entuzjastów zażądał pokazania się piosenkarza. Kiedy Elvis wyszedł, pośród wiwatów odezwał się męski pomruk: — Brzmiało, jakby to śpiewał jakiś przeklęty czarnuch!

Jak liście, jak chmury...

> „Tak ulegli, tak spokojni są ci ludzie, iż nie ma lep-
> szych na świecie. Ich mowa śpiewna i grzeczna, wciąż
> obecny uśmiech na twarzach, a mimo iż chodzą bez od-
> zienia, ich przyzwoitym, chwalebnym obyczajom nie
> można niczego zarzucić".
>
> Krzysztof Kolumb w 1492 o mieszkańcach
> odkrytego kraju, którym nadał imię Indios.

Wtaczamy się do stanu Mississippi. Jak zielono. Jak leśno. Jak swojsko. Jest pierwszy znak: „Kosciusko — next right". Łąki. Wysokie trawy i fioletowe wyki. Gdyby nie Murzyn, który przemknął wielką ciężarówką wyładowaną drzewem — bogactwem stanu, można by myśleć, żeśmy gdzieś na moim rodzinnym Podlasiu. Sielsko. I wiejsko.

Gapię się z lubością na białe domki ze smukłymi kolumienkami, obrośnięte dzikim winem. Ileż było takich dworków w Polsce! Sterczą z nich teraz kominy, czasem z bocianim gniazdem. Iwonka z nosem w mapie stanu tropi historyczne imiona hrabstw-powiatów.

— Franklin — to od Beniamina, jednego z „ojców niepodległości"...

— ...i wynalazcy piorunochronu... — wtrąca Maciek.

— ...i autora listu polecającego dla Pułaskiego do Washingtona — kontynuuje Iwonka. — O! Dwóch Jeffersonów. Jedno county nazywa się Jefferson — to od prezydenta, przyjaciela Kościuszki, a drugie Jefferson Davies — to od prezydenta Konfederacji w wojnie Północy z Południem. Jest jeszcze Lafayette. — To od tego pięknego i dzielnego markiza francuskiego, którego tak lubił Washington...

— ...i któremu Pułaski przywiózł listy od żony z Paryża, a markiz wystosował pismo do Kongresu, zalecające pana Kazimierza, który „zdobył wielką sławę odwagą i szlachetnym zapałem po rozbiorze nieszczęśliwej Polski"... — uzupełnia Maciek, zerknąwszy do notesu, wbrew swej przezorności kierowcy.

Zaprawdę moja ekipa „odrobiła pracę domową" (jakbyśmy powiedzieli „po amerykańsku"), gotowiąc się do Kościuszkowskich tropów.

Załomotał pod nami mały mostek na Big Black River — Wielkiej Czarnej Rzece, która jest mała, brązowa i czysta.

„Kosciusko — next right". To już Attala county. Smak poetyckiej, indiańskiej legendy. Tędy biegł Natchez Trace — indiański trakt, wiodący od Nashville w Tennessee do Natchez — miasteczka leżącego nad południową granicą stanu Mississippi i noszącego imię indiańskiego plemienia.

Tędy szły wojska amerykańskie podczas wojny o niepodległość.

Attala — to imię księżniczki indiańskiej ochrzczonej przez matkę, miłującą pięknego Hiszpana. Attala przysięgła jej na łożu śmierci, że będzie wierna Bogu i nie pokocha nikogo. Lecz, gdy ujrzała syna wodza plemienia Natchez — serce jej zapłonęło. Nie chcąc łamać przysięgi, zażyła truciznę niczym romeowska Julia, a wręczając ukochanemu złoty krzyż, zdołała wyszeptać: — Zachowaj go, byśmy się mogli spotkać na tamtym świecie, gdzie już kochać nam będzie wolno… Gdy w roku 1833 powiat otrzymywał imię Attala, indiańscy bracia księżniczki, plemię Choctaw, zniknęło już z tych rodzimych ziem…

Panowali tu niepodzielnie, zwani dziećmi lasów, na wiele lat przed najazdem białych. Łatwy język plemienia Choctaw służył Indianom z wielu innych plemion zasiedlających wschodni brzeg Mississippi do porozumiewania się we wszelkich kontaktach handlowych. Teraz ja się popisałam przed moją obkutą ekipą.

Na leśnej drodze przemknął pierwszy wytworny samochód.

— Pontiac! — orzekł Maciek. — Ciekawe, czy właściciele tego krążownika szos wiedzą, że imię to oznacza Ten Który Uśmierza Ból i należało do wodza plemienia Ottawów, dowódcy powstania w roku (tu zerknięcie do notesu!) — …1763, przeciw Anglikom, których nazwał „psami ubranymi na czerwono"… A zabił go Indianin z innego plemienia… Nigdy nie było w nich solidarności, mimo tylu wodzów, którzy nawoływali do stworzenia Federacji Indiańskiej… No ale, jak tu pogodzić sześćset plemion, z których każde mówiło innym językiem, skoro dzisiaj paru polityków nie umie się dogadać we własnym…

Chyba od wyjazdu z Chicago nie wygłosił Maciek aż tylu słów!

— A Federacja Pięciu Narodów, czyli Liga Irokezów, która przetrwała prawie dwa stulecia — od końca XVI wieku do roku 1783 — czyli końca wojny Stanów o niepodległość — oponuje Iwonka, świeżo po egzaminach z historii. — Miałam pracę o poemie Long-fellowa *Hajawata*. Bohaterem miał być wielki szaman o tym imieniu, jeden z twórców Ligi. Niestety, wielki poeta strasznie nabłędował historycznie...

— Zrobił błędy — koryguje Maciek.

— Nie przerywaj mądralo! Nabłędował, ale ta scena, kiedy bojownicy wszystkich plemion idą bratnio, patrząc w przewodni dym Fajki Zgody i Pokoju — jest wspaniała! Excellent! — jakbyś nie zrozumiał!

I może nie byłoby United States bez Ligi Irokezów! Sam Kennedy powiedział, że to zjednoczenie Indian dało ślad Beniaminowi Franklinowi — żeby robić plan federacji stanów...

Po powrocie do Polski sięgnę po *Hajawatę* Longfellowa, dzięki Iwonce. Tragiczne „błędowanie" — jest w słowach radości powitania białych „gdy nas goście mili z tak daleka nawiedzili"...

W roku 1811 wołał do rady plemienia Choctaw wódz plemienia Shawnee, Tecumseh, największy przywódca indiański początków XIX stulecia, którego imię oznacza Lecący Żbik Który Czyha Na Łup: „Biali są dla nas już prawie tak słabi, jak patyczek, jeśli się zjednoczymy, ale zbyt silni dla każdego plemienia w pojedynkę, aby mogło się im przeciwstawić. Jeśli nie będziemy się wzajemnie wspierać w naszych wspólnych i zjednoczonych siłach, jeśli wszystkie plemiona jednomyślnie nie połączą się, aby dać odpór ambicjom i zachłanności białych, wkrótce nas podbiją podzielonych i rozbitych, a wtedy zostaniemy przepędzeni z naszego rodzinnego kraju i rozproszeni jak jesienne liście przez wiatr.

Czyż nie pozostało nam jednak dość odwagi, aby obronić swój kraj i zachować naszą dawną niezależność? Czy będziemy spokojnie znosili białych najeźdźców i tyranów, którzy robią z nas niewolników?"

Tecumseh, „wielki Szaunis", stracił ojca i braci zabitych przez białych, widział wodzów odurzonych alkoholem i sprzedających ziemię za kawałek perkalu... Walczył o wielką, zjednoczoną federację indiańską. Genialny samouk (czytał nawet Shakespeare'a!) — usiłował obudzić w Indianach niezłomną wiarę w konieczność obrony ojcowizny: „Spójrzcie poza granice naszego pięknego niegdyś kraju i co widzicie obecnie? Naszym oczom ukazują się tylko spustoszenia

„Przyjdzie dzień wielki. Na niebie pojawią się kłęby czarny chmur, układających się na kształt gigantycznych grzybów. Zerwie się wichura. I nagle jasność porazi wszystkie oczy. Potem nastąpi cisza, w której nawet ptak nie zakwili. A po ciszy bardzo długiej usłyszeć będzie można szmer rosnącej trawy. Ale potem ziemia się obudzi. Białych już nie będzie. Odejdą tam skąd przyszli. A przyszli z innego świata"...

(z legendy Indiańskiej)

Wielki wódz Indian – Tecumseh, wygłosił w 1811 roku dramatyczny apel o ratunek tożsamości narodowej do plemienia Choctaw, które miało swe siedziby w stanie Mississippi, tam gdzie dziś miasto Kosciusko.

„Ci biali Amerykanie kupują nasze skóry, naszą kukurydzę, naszą bawełnę, nadwyżkę naszej zwierzyny łownej, nasze kosze i inne towary, i dają nam w uczciwej wymianie swoje ubrania, strzelby, narzędzia, sprzęty i inne rzeczy, których Choctaw potrzebują. Jest prawdą, że zaprzyjaźniliśmy się z nimi" – odpowiedział wódz plemienia, zachęcany do zjednoczenia się przeciw białym.

dokonane przez niszczycieli o bladych twarzach. Tak samo będzie z wami, Indianie Choctaw! Chickasaw! — przestrzegał w swej świetnej mowie. — Wkrótce wasze potężne leśne drzewa o rozłożystych gałęziach, w cieniu których bawiliście się w dzieciństwie, jako chłopcy, a teraz układacie się na odpoczynek po trudach polowania, będą ścięte na parkany ogradzające ziemię, którą biali najeźdźcy ośmielają się nazwać swoją. Wkrótce ich szerokie drogi przejdą przez groby waszych ojców i miejsce ich spoczynku będzie na zawsze splamione. Unicestwienie naszej rasy jest bliskie, jeśli się nie zjednoczymy w jednej wspólnej sprawie przeciwko wspólnemu wrogowi. Wasi ludzie będą wkrótce jak rozpierzchające się chmury. Wy także zostaniecie wypędzeni z waszej rodzinnej ziemi i starodawnych siedzib, jak liście gonione przez wichrowe burze"... Przepowiadał swoim biernym pobratymcom los niewolników-Murzynów: „Czyż biali nie dopuszczają się nawet kopania i bicia nas tak, jak to robią ze swoimi Czarnymi Twarzami? Ile jeszcze czasu brakuje do chwili, kiedy nas przywiążą do słupa i będą biczowali i każą nam pracować na swoich polach kukurydzy, jak to zrobili z nimi? Czy mamy czekać na tę chwilę, czy mamy umrzeć w walce, zanim nas spotka ta hańba?

Czyż mamy porzucić bez walki nasze domy, nasz kraj przekazany przez Wielkiego Ducha, groby naszych zmarłych i wszystko, co jest drogie i święte dla nas? Wiem, że krzykniecie razem ze mną: Nigdy! Nigdy! Wojna albo wyniszczenie to nasz jedyny wybór w chwili obecnej! Co wybieracie? Znam waszą odpowiedź, dlatego wzywam was, dzielni Choctaw i Chickasaw, do pomocy w słusznej sprawie wyzwolenia naszej rasy. Słuchajcie głosu obowiązku, honoru, natury i waszej zagrożonej krainy. Stwórzmy jedno ciało, jedno serce i brońmy do ostatniego wojownika naszego kraju, naszych domów, naszej wolności i grobów naszych ojców!"

Ale rozsądny wódz plemienia Choctaw — Pushmatah nie tylko nie krzyknął: — Nigdy!, lecz w swej rozważnej odpowiedzi udowadniał, że „doświadczenia Indian Shawnee z białymi są inne niż doświadczenia Choctaw", że biali Amerykanie kupują od nich zwierzynę, kukurydzę, bawełnę za uczciwą wymianę na ubrania, strzelby i narzędzia, że uczą ich kobiety i dzieci pożytecznych umiejętności, że zachęcają do uprawy zbóż, a gdy przyszła epidemia „ci sąsiedzi, do zaatakowania których jesteśmy teraz popychani, leczyli naszych chorych, przeciwdziałali naszym cierpieniom; karmili głodnych". Przyznając, że Indianie Choctaw zaprzyjaźnili się z białymi, wódz przestrzegał przed złamaniem świętego traktatu pokojowego „z wielkim Białym Ojcem w Washingtonie" — gdyż „Wielki Duch ukarze tych, którzy złamią swoje słowo"... „Jesteśmy sprawiedliwymi ludźmi. Nie wejdziemy na ścieżkę wojenną bez sprawiedliwej przyczyny i uczciwego celu — oświadczył Pushmatah stanowczo. — My, Choctaw i Chickasaw, jesteśmy ludem pokojowym, utrzymującym się z wysiłku naszych rąk. Boimy się wojny. Słuchajcie mnie, o Choctaw i Chickasaw, bo naprawdę mówię dla waszego dobra. I nie pozwólcie, aby wami kierowały szalone słowa tego wspaniałego mówcy Shawnee. (…) Skończyłem. Wzywam wszystkich Choctaw i Chickasaw, aby wsparli moje przekonania i aby rzucili swoje tomahawki po tej stronie ogniska rady, po której stoję". Rzucili.

Jesienią 1813 zginął Tecumseh, którego imię można przełożyć także na — Spadająca Gwiazda.

28 maja roku 1830 Kongres Stanów Zjednoczonych uchwalił akt upoważniający „Wielkiego Białego Ojca" — Prezydenta USA, do usunięcia Indian z żyznych stanów południowych na nieurodzajne prerie zachodniego brzegu Mississippi.

Plemię Choctaw było pierwszym z Południa, które pod wodzą Pushmataha zdecydowało się opuścić swe ziemie. 15 września 1830 roku podpisali traktat w Dancing Rabitt Creek (Stąd nazwa „traktat Tańczącego Królika").

Artykuł 2 traktatu wieczystego zapewniał, że ziemia na zachód od Mississippi „tak długo będzie pozostawała w ręku Narodu Choctaw, jak długo Naród będzie istniał i żył na tym obszarze"...

Niedługo. Zanim dotarli tam przez śniegi szlakiem chorób i głodu — nazwanym Szlakiem Łez — wymarły ich dziesiątki. W roku 1886 resztki plemion zapędzono do rezerwatów, łamiąc wszystkie „wieczyste" i „święte" traktaty. Wielki Duch nie pokarał białych.

W 1934 roku, gdy miasto Kosciusko obchodziło stulecie istnienia, wielką osobliwością była dwójka Indian Choctaw jeszcze żyjąca na tym terytorium. Dziś ślad po spokojnych plemionach, które nie chciały wojny z białymi sąsiadami, pozostał tylko w nazwach dwóch hrabstw sąsiadujących z Attala county — Choctaw i Chickasaw. Przeminęli. Jak liście i chmury.

Rój Pszczół Wśród Wzgórz

Zanurzona w wysokie trawy, grające świerszczami pod lasem, drewniana tablica woła: „Welcome to Kosciusko. Beehive of the Heels".

Rój Pszczół Wśród Wzgórz. Jedno z przepięknych indiańskich, poetyckich imion tego miejsca. Było też — Źródłami Purpurowego Pączka. Red Bud Springs.

Biali zmienili nazwy Indian. Mała wioszczyna otrzymała kolejno imiona dwóch dumnych stolic. Pekin i Paris. Pierwszą złośliwcy trawestowali na „Peeked-end" — czyli dziura zabita deskami. Drugą na — „Perish" — zagłada.

Właśnie, gdy w roku 1833 powiat otrzymał imię indiańskiej księżniczki Attala, spływał tratwą wodami Mississippi z bratem Allenem dziarski młodzieniec — William Dodd. Szukał swojego miejsca na ziemi. Zazieleniło się, zapachniały łąki. Odnalazł prześliczne tereny nad Big Black River. Osiedli w wiosce Paris. Dwudziestosiedmioletni William rozejrzawszy się po tym „Paryżu" stwierdził, że jest tam jedna kuźnia, kościoła brak, sądu i więzienia brak, kwitną za to dwie gorzelnie i samosądy.

Postanowił stworzyć tu godne i godnie się zwące miasteczko. Wspomniał, że jego dziad, podkomendny generała Nathanaela Greene'a w Armii Południowej, mówił mu o wspaniałym Polaku, któremu w morderczym wyścigu do rzeki Dan, ścigani przez doborowe oddziały brytyjskie i niemieckie, zawdzięczali swe ocalenie. Jego imię (acz bardzo trudne!) powinno nosić to urocze miejsce, zwane przez Indian Rojem Pszczół Wśród Wzgórz. Zostawszy pierwszym posłem Attali do legislatury w stolicy stanu — Jackson, William Dodd wywalczył wiosce nadanie imienia i rangi miasta. Stało się to w roku 1834. Ostatecznej akceptacji władze stanu dokonały w roku 1838.

Było to podwójne zwycięstwo Williama. W 1838 roku poślubił piękną pannę Martę (rezultat — sześciu synów i siedem córek), a Paris zamienił na Kosciusko.

Tu spotykamy znów naszego starego znajomego z rozdziału „Ojczyzno najmilsza, Polsko!" — dziennikarza „Gazety Polarnej", Arthura Waldo, któremu zawdzięczamy dokumenty do dziejów pierwszych osadników polskich. On jest także autorem książki *Czar miasta Kościuszko*, zawierającej cenne wypisy z archiwum miasta.

Oto nota z roku 1838: „Należało wybrać dla stolicy powiatu Attala jakąś odpowiednią i godną nazwę. Zasługi Tadeusza Kościuszki, bohatera Ameryki i Polski, który brał wieloletni udział w Wojnie Rewolucyjnej, i który zakończył niedawno swój szlachetny żywot w Szwajcarii, były jeszcze świeże w umysłach wszystkich mieszkańców kraju. Tedy poseł Dodd zaproponował, ażeby uczcić pamięć tego wybitnego męża, nadając chlubne jego nazwisko miastu naszemu. Wieś odtąd nazywa się Kościuszko, zaliczona została w poczet miast, otrzymała zarząd miejski i pierwszym burmistrzem wybrano Burtona Evansa". W tymże roku 1838 ukończono budowę ratusza za całe 15 tysięcy dolarów, zaczęły się odbywać sądy dwa razy do roku i rzadziej już strzelano na ulicach, nad czym czuwał szeryf Thomas Rogers i Rada Policyjna z Allenem Doddem, bratem Williama...

Kosciusko (bo tak uproszczono imię naszego bohatera) mieni się najstarszym miastem o nazwie polskiej w Ameryce. Prawda-li to?

Marzy mi się, by któraś z poczytnych gazet Polonii — sławny nowojorski „Nowy Dziennik — Polish Daily News", którego redaktorem tyle lat był wielki działacz i członek Fundacji Kościuszkowskiej, pan Bolesław Wierzbiański, „Dziennik Związkowy" w Chicago, Telewizja Polvision, Bob Lewandowski i jego świetne wywiady telewizyjne z Polakami, liczne radiostacje w Chicago i New Yorku — rzuciły hasło: — Napiszcie o polskich nazwach, pomnikach, które znajdują się w Waszych stanach i miejscowościach. Może uda nam się wspólnymi siłami sporządzić pierwszą tego typu mapę polską w USA? A może ktoś dotarł do amerykańskich Racławic? Czekamy!

Wjeżdżamy do miasta Kosciusko. Ach, jak wszyscy krakali. Jakie przepowiadali rozczarowania. Jak wydziwiali — a po cóż ty się tam tłuczesz — przecież nikt nie będzie miał pojęcia, co oznacza nazwa miasteczka. Czegoż to oczekiwać, skoro pono niektórzy generałowie wykładający w West Point z trudem kojarzą — kto to był Kościuszko? Itede, brekekeks, jakby rzekł Wańkowicz (który zresztą o dziwo w swych peregrynacjach Kolumbowych zupełnie szlak Kościuszki pominął!). Wjeżdżamy. Białe domki, fotele wystawione na przyzbach. Pusto. Pierwsze skrzyżowanie. Love Street — Pilsudski Street.

Miasto Kosciusko w Attala County, stanie Mississippi nosiło indiańskie imiona Beehive of the Hills (Rój Pszczół Wśród Wzgórz) i Red Bud Springs (Źródła Purpurowego Pączka). Od 1838 roku staraniem posła Williama Dodda, którego dziadek walczył u boku Kościuszki w Armii Południowej, nosi imię Kosciusko.

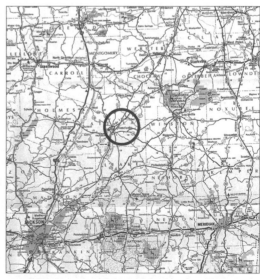

Do miasteczka wjeżdżamy ulicą Marszałka Piłsudskiego. Na zdjęciu – wskazują napis moi dzielni asystenci – Iwonka Wantuchówna i Maciek Zamorski.

Ulica Piłsudskiego. Więc była tu wówczas, gdy w Polsce wszystkie znikły!

Wszak prawda! Czytałam w książeczce Artura Waldo, że gdy sypano w Krakowie Kopiec Marszałka — w 1934 roku z Ogrodu Róż w Kosciusko przysłano ziemię... I list: „nazwaliśmy miasto nasze Jego imieniem, by udowodnić Jego rodakom, że oceniliśmy należycie zasługi Kościuszki oddane Stanom Zjednoczonym.

Często żałowaliśmy, że hołdu tego nie zdążyliśmy złożyć dzielnemu generałowi polskiemu za Jego życia.

Dążeniem całego życia Kościuszki było odzyskanie wolności Ojczyzny, czego niestety nie zdołał dokonać. Dziś jednakże ukochany Jego kraj zdobył niezawisłość, dzięki szczęśliwej walce podjętej przez Marszałka Piłsudskiego. Pojmujemy, jak bardzo fakt ten dziejowy uszczęśliwiłby wielkiego generała. Dlatego my, obywatele jedynego miasta, noszącego nazwisko Kościuszki w całych Stanach Zjednoczonych, przesyłamy ziemię z miasta Kościuszko na Kopiec Marszałka Piłsudskiego, jako dowód naszej przyjaźni, żywionej dla mieszkańców Polski i zarazem ku czci męża, który żywił te same nadzieje, ambicje i ideały, jakie wypełniały serce i umysł Kościuszki". Przecie tylko oni dwaj w historii naszej nosili tytuł Naczelnika...

Centrum miasteczka. Placyk. Sklepy. Iwonka wyskakuje nieomal w biegu. Są pierwsze mieszkanki Kosciusko. Dwie młode Murzynki. I po raz pierwszy rzucam pytanie: — Co oznacza nazwa miasteczka — Kosciusko? — Kosjesko! — poprawiają. — Niech będzie. Ale co to jest — jakiś ptak, rzeka, kwiat? Patrzą zdziwione: — Where are you from? — From Europe — odpowiadam wykrętnie. — It's Polish name — objaśniają cierpliwie europejskiego przygłupa... — He was a great Polish Patriot... Walczył o wolność Stanów tu, na Południu pod dowództwem generała Nathanaela Greene'a...

Iwonka nagrywa. Ja podpytuję, skądże to wszystko wiedzą. Wzruszenie ramion: — Z książki telefonicznej!

Ot, co! Książka telefoniczna Kosciusko zawiera złocistostronicowy aneks z historią miasta i biografią patrona!

Kim były te „pierwsze spotkane mieszkańce", jak zanotowała starannie Iwonka pod tekstem spisanym ze ścieżki magnetofonowej. Kim były dziewczęta? Crystal Wiley jest urzędniczką w fabryce papieru, żoną policjanta. Katrina Myrics pracuje jako przedstawicielka

Pierwsze spotkane na ryneczku mieszkanki Kosciusko – Crystel Wiley i Katrina Myrics, zapytane co oznacza imię miasteczka – odpowiadają: – It's Polish Name!! To
imię polskiego bohatera, który walczył pod rozkazami Washingtona! Przeczytałyśmy
o tym w książce telefonicznej!

„Kościuszkowianie" z Mississippi żartują, że kredyt dla generała Kościuszki podpisu-
je u nich sam generał Washington!

Thaddeus Kosciuszko
1746 - 1817
Polish Patriot
„The Hero of Two Worlds"

Ten portret Kościuszki w mundurze amerykańskiego generała pędzla B. J. Czedekoeskiego ze zbiorów Fundacji Kościuszkowskiej wisi w Kosciusko wszędy: w City Hallu, bibliotece, banku, szkole, nawet restauracji... Tę pocztówkę wydało miasto z komentarzem: „Thaddeus Kosciuszko był jednym z pierwszych oficerów-cudzoziemców, którzy przybyli, by pomóc koloniom w ich walce o niepodległość. Kosciusko w stanie Mississippi to jedyne miasto Stanów Zjednoczonych noszące imię bohatera Wojny Rewolucyjnej, przyjęło je już w 1834 roku. I ma honor mieć za patrona człowieka, którego Thomas Jefferson nazwał «najczystszym synem Wolności, jakiego kiedykolwiek znałem»".

Podpis głosi: Polski Patriota. Bohater Dwóch Światów.

Lord Mayor Kosciusko, Cleton Pope, wręczył nam Złoty Klucz do miasta, a my – miniaturę orła w koronie.

uczelni Holmes Junior College, mąż jest urzędnikiem pocztowym, teść — członkiem rady miejskiej. W jej siedzibie wisi oczywiście na miejscu honorowym portret Kościuszki. Który? Ten sam widniejący na okładce naszej książki, pędzla Bolesława Jana Czedekowskiego. Oryginał artysta ofiarował Fundacji Kościuszkowskiej w New Yorku, o czym opowiadam w rozdziale *Żywy pomnik Kościuszki...*

Takim wspaniale żywym pomnikiem Naczelnika jest też miasteczko jego imienia.

Ten portret będzie nas już w mieście Kosciusko witał co krok...

Zajeżdżamy do uroczego moteliku Best Western przy ulicy Natchez Trace (tak!), gdzie mamy zarezerwowane pokoje, a właściciel — Ted Jordan, przyjmuje nas z rewerencją i zniżką!

W każdym leży pocztówka wydana w Kosciusko z wizerunkiem Naczelnika jako generała amerykańskiego z podpisem: „Thaddeus Kosciuszko. 1746–1817. Polish Patriot. Heroe of Two Worlds". Polski Patriota. Bohater Dwóch Światów. Tenże portret Kościuszki wita nas w City Hall, kiedy odświeżeni i raźni, pilotowani przez wytworną, elegancką i niezwykle przystojną Willę Sanders — Executive Director Kosciusko Chamber of Commerce (co sędziwi Polacy tłumaczą — Izba Handlowa) — wkraczamy do gabinetu Lorda Mayora, zwanego w Polsce burmistrzem.

Clifton Charles Pope, tytułowany poufale zdrobniałym imieniem „Cleton", opalony, o włosach barwy miodu (Rój Pszczół!) — przyjmuje od nas statuetkę orła w koronie i ustawia ją na honorowym miejscu obok zdjęcia Papieża Jana Pawła II. Piękną dedykację po angielsku zamyka polskie zdanie: „Bóg z Wami". Tak oto w tym dalekim zakąciu świata noszącym imię polskiego bohatera, przyszło ku nam błogosławieństwo Ojca.

„Każdy z nas marzy czasem, by pomieszkać tam, gdzie można znać imiona sąsiadów, a oni twoje. Gdzie powietrze jest czyste, strumienie pełne ryb, a dzieci mogą się bawić w cieniu drzew... Kosciusko jest właśnie takim miejscem. Miasteczkiem na wsi, które można pokochać i chętnie nazwać domem"... To nie jest fragment poematu prozą. To informacja z biuletynu Chamber of Commerce.

— Południowa gościnność i ciepło, dziedzictwo naszych stron — powiedział Mayor „Cleton" zapytany o charakterystyczne cechy mieszkańców Kosciusko. — Jesteśmy uważani za jeden z najbiedniejszych stanów. Oczywiście przez tych, dla których bogactwo mierzy się w dolarach... Małe miasteczko w małym, rolniczym powiecie. Dziesięć tysięcy mieszkańców. Rój Pszczół wśród Wzgórz. Pracowitych. Pogodnych. Upartych. Mamy nadzieję zrobić wiele — nie prosząc od nikogo pomocy... Czyż to nie bogactwo? Wydaliśmy ten folder: „The man — The town". Z Kościuszką na okładce. Człowiek. Miasto... Podobno dzieci dziedziczą charakter rodziców chrzestnych. Myślę, że Kosciusko ma wiele cech swego patrona...

Jego życzliwość dla ludzi. Skromność. Ale też niewątpliwą wolę walki. O dobro... O wartość pracy. O swój dom...

Cleton ofiarowuje nam folder w pięknej sepii (na okładce oczywiście Kościuszko Czedekowskiego), z rzetelną biografią Naczelnika i historią miasta...

Jest tam też objaśnienie, jak wymawiać nazwisko: „Tad-da-us Kos-choo-sko".

— Kiedy miasto obchodziło w 1934 roku stulecie istnienia — opowiada nam burmistrz — zwrócono się z prośbą do ambasady polskiej o przepis na poprawną interpretację imienia naszego bohatera. Przepis brzmiał: „Tod-eh-oosh Cush-chew-shko", ale w charakterystycznej wymowie naszego Południa brzmi to jak — Kosy-esko!... (Południowcy mówią z miękkim zaśpiewem. Tak jak Polacy na Kresach! — B.W.)

— Stulecie było wielkim świętem miasta. Przyjechała ogromna polska delegacja — kontynuuje burmistrz relację. — Mój dostojny poprzednik, L. Stokes Sanders (Willa z tejże rodziny!), otrzymał wówczas list od prezydenta Franklina Delano Roosevelta, który przechowujemy wśród najcenniejszych pamiątek...

List, datowany „The White House. Washington D.C. September 11, 1934", brzmi: „My Dear Mr. Mayor. Czcząc wielkich mężów przeszłości podtrzymujemy i przekazujemy potomnym tradycje szlachetnych czynów, które składają się na wszystko, co jest najlepsze w historii naszego kraju.

Z uznaniem pozdrawiam obywateli miasta Kościuszko, którzy zaszczyciwszy swój gród nazwiskiem tego niezwykłego patrioty, zachowali w ciągu stuletniej czci pamięć wzniosłego ducha, którego praca i walka na rzecz wolności Ameryki zdobyła dla niego trwałe miejsce nie tylko w historii naszego kraju, ale i w naszych sercach.

Wierzę, iż natchniona służba Kościuszki dla sprawy wolności może ożywić nie tylko zgromadzoną publiczność na uroczystości ku czci jego imienia, nie tylko może ożywić wielkie masy jego rodaków, którzy podążyli za nim z Polski do tego kraju, ale i obywateli wszelakiego pochodzenia, którzy złączeni stanowią dziś tę nierozerwalną całość Stanów Zjednoczonych Ameryki Północnej.

Szczerze Panu oddany, Franklin D. Roosevelt".

— Kiedy budowaliśmy Tadeusz Kosciuszko Museum and Information Center — całe miasto złożyło się na tę budowę i postać Kościuszki z wosku, która tam króluje... — mówi Cleton. — Z jego życiorysu wiem, że generał-inżynier pasjonował się rolnictwem i kiedy powróciwszy do Polski z Ameryki nie znalazł dla siebie miejsca w armii waszego kraju, już rozdzieranego przez Rosję, Niemców i Austriaków — wrócił do rodzimej wioski i zaczął gospodarować na roli...

Od lat jesteśmy w Attala County rolnikami. Bawełna, soja, kukurydza, pszenica, produkty mleczarskie — to owoce naszych licznych farm...

Niestety — młodzież nam odpływa do większych miast, gdzie kwitnie przemysł... To nasz największy problem!

Chciałbym, żeby Kosciusko rosło! Aby nikt nie mówił, że Mississippi to najbiedniejszy stan, w którym przybywa rocznie 0,3 procent ludności, a ubywa 40 tysięcy ludzi... Że śpimy błogo wśród naszych lasów, łąk i pól bawełny... Ale nie chciałbym, żeby Kosciusko utraciło urok małej miejscowości, pielęgnującej swe dziedzictwo... Przestało być Rojem Pszczół.

Chciałbym, by zostało zawsze przyjacielskim, szczęśliwym miasteczkiem...

Cleton Pope tu się urodził, tu mieszka z dziada pradziada. Tu chce zostać. I chce, by tu zostały jego dzieci — Clifton, Christopher, Catherina...

Żegnając nas pod herbem miasta, gdzie twarz Kościuszki sąsiaduje z ulami i białym traktem, Natchez wręczył mi uroczyście ciężki, złoty klucz: — Drzwi do miasta Kosciusko są dla Polaków zawsze otwarte szeroko!

Magnolia jest symbolicznym kwiatem stanu Mississippi...
...pierwszym jaki ofiarowano autorce książki w mieście Kosciusko.

W białych domkach mieszka się wygodnie i pogodnie. Kosciusko jest jeszcze takim miasteczkiem, gdzie czasem mieszkańcy nie zamykają drzwi...

Męstwem i bronią

Można pokochać to miasteczko. Sędziwe, jak na Amerykę, bo z lat 1874–1890 domy, olśniewające bielą, urodziwe jak polskie dworki, z łamanym dachem, czasem facjatkami, czasem wieżyczkami, toną w zieleni... Właśnie kwitnie kwiat stanu Mississippi — magnolia. Olbrzymie, biało-żółtawe kwiaty wśród twardych, ciemnozielonych liści. Kościoły ze strzelistymi wieżyczkami. Jest ich dwadzieścia różnych wyznań. Wśród prezbiteriańskich, baptystów, metodystów utaił się jeden rzymskokatolicki pod wezwaniem świętej Teresy. Attala County Library. Biblioteka — nowoczesna i świetnie wyposażona (czynna codziennie od 9 do 18. Nawet w soboty!). Na honorowej ścianie — oczywiście portret Kościuszki (Czedekowski!). W katalogu — kilkadziesiąt książek o nim i Polsce. Opasłe teki z wycinkami dotyczącymi uroczystego stulecia Kosciusko w 1934 roku. Huragan entuzjazmu wokół tej rocznicy rozpętał Arthur vel Artur Waldo, który w piśmie „Jaskółka" opublikował cykl artykułów o historii miasta i drukował wszystko, co napływało z Kosciusko. Redakcja do dziś wychodzącego „Star--Herald" przesłała do „Jaskółki" i „Gwiazdy Polarnej" zaproszenie dla „wszystkich Polaków — przyjaciół naszego miasta, którzy powitani będą radośnie i serdecznie".

„Historia przepełniona jest dowodami znamiennej roli, jaką wielokrotnie Polska odegrała we wschodniej Europie w ciągu wielu, wielu wieków, dzierżąc w swem ręku kaganek cywilizacji wyżej niż którekolwiek z innych państw Europy; a mieszkańcy Polski zawsze zaliczali się do ludów kochających ponad wszystko wolność i pokój — pisał redaktor „Star-Herald", Wiley Sanders, ojciec burmistrza Kosciusko. — Z radością przeto notujemy, że Polska dziś należy znów do wolnych narodów. Terytoria wydarte jej przez zarozumiałych i zaborczych tyranów zostały Polakom urzędowo na zasadzie traktatu wersalskiego zwrócone i Polska nowoczesna zajęła miejsce jednego z najśmielej i najdalej naprzód patrzących krajów Europy"...

Radca prawny Departamentu Sprawiedliwości w Washingtonie, Charlton Clark, rodem z Kosciusko, na uroczystym posiedzeniu

Chamber of Commerce przygotowującym plan święta stulecia wygłosił płomienne przemówienie: „Pierwsi bohaterowie w służbie dla naszego kraju, jak Kościuszko, przypominają nam o cierpieniach narodu swego w niewoli pozostającego. Polacy przypominają nam znów o bohaterskiej służbie Polaków dla Ameryki oddanej. Polacy walczyli i ginęli podczas wojny domowej, Polacy w liczbie kilkuset tysięcy walczyli w naszych szeregach podczas wojny światowej. Jest ich dziś ogółem w Ameryce przeszło 5 000 000 i służą krajowi dzielnie. Prezydent Woodrow Wilson, czytając w latach młodości piękną powieść amerykańską pt. *Thaddeus of Warsaw*, nie spodziewał się zapewne, że w jego to ręce odda Opatrzność obowiązek spłacenia Kościuszce długu wdzięczności przez zażądanie od mocarstw europejskich w okresie wojny przyznania Polsce niepodległości odebranej jej przemocą przez zaborcze podstępne narody. Wilson dołożył starań, ażeby tę krzyczącą krzywdę wyrządzoną dzielnemu polskiemu narodowi wynagrodzić. Lubię myśleć o tem, jak duch Tadeusza Kościuszki patrzył z uznaniem na młodzież z miasta Kosciusko, gdy ta poszła w wir bitew wojny światowej, aby dorzucić własną cegiełkę z krwi i życia do odrodzenia Polski"...

3 października roku 1934 przybyli Polacy do Kosciusko. Na stacji czekały tłumy, a Kapela Miasta Kosciusko w mundurach z epoki wojny o niepodległość grzmiałą nutą *Jeszcze Polska nie zginęła*...

— Uległem czarowi tego miasta — powiedział radca Ambasady Polskiej w Waszyngtonie, Władysław Sokołowski.

Dwa wielkie spektakle przygotowało Kosciusko dla gości. „Polskie Dożynki" i „Fantazja Południa".

Pojawił się sam dziedzic polski w kontuszu i swarne dziewojki--żniwiarki, były wieńce, chleb i miód, a na finał — dziarski krakowiak... Wreszcie „Kościuszkowianie" (jak ich konsekwentnie zowie w swej książce *Czar miasta Kościuszko* Artur Waldo) udelektowali polonusów chóralnym odśpiewaniem czołowej pieśni Kosynierów Powstania Kościuszkowskiego:

> **Dalej chłopcy, dalej żywo**
> **Zaczyna się dla nas żniwo**
> **Rzućwa pługi, rzućwa radła**
> **Trza wojować, kiej tak padło!**

Jesce i nam Bóg poscęści
Nie żałujwa swoich pięści
Poprzedajmy i poduski
A przystańmy do Kościuski...

Niestety nikt nie nagrał tej interpretacji, ale imię bohatera w polskiej wersji chłopskiej identyczne z imieniem miasta brzmiało jakby śpiewał sam Bartos Głowacki...

Drugi spektakl — „Fantazja Starego Południa" — mówił o dawnych, dobrych czasach sprzed wojny domowej. Panie w krynolinach prababek i panowie we frakach zatańczyli kadryla, śpiewano murzyńskie pieśni religijne i oczywiście Dixie — czyli Dixieland o miłości do kraju puszystych pól bawełny, smaku gorących dni w cieniu dębów, uroku życia bez trosk...

Siedzimy w Attala Library wierną trójką. Iwonka i Maciek też wertują teki dokumentów. Iwonka znajduje wspomnienia bratanka Williama Dodda — jednego z trzynaściorga dzieci Allena: „Urodziłem się i wychowałem w Kosciusko. Żyliśmy szczęśliwi, lubiliśmy swych sąsiadów, kto był zasobniejszy — pomagał biedniejszym. Ojciec mój traktował zawsze dobrze niewolników i służyli mu wiernie. Gdy wybuchła wojna domowa, całe Południe ogarnęła furia wojenna. W każdej rodzinie panował i entuzjazm i żal. Doskonale pamiętam dzień, kiedy moi bracia szli na krwawy bój, ratować honor Południa... Kiedy mnie — małego chłopaka — pytano — czy wygramy? — krzyczałem, że możemy wybić wszystkich Jankesów na świecie...

I śpiewaliśmy z entuzjazmem na cześć Błękitnego Sztandaru Południa — «Bonnie Blue Flag»...

Z grozy wojny nie zdawałem sobie sprawy"...

Iwonka odnajduje listy pisane do matki przez młodego żołnierza z Attali, walczącego w 13 Regimencie Mississippi. W grudniu 1862 roku z obozu pod Fredericksburgiem w Virginii chłopak pisze, kto zginął z przyjaciół, kto jest ranny: „Modlę się do Boga, by dał nam pokój, wierzę, że to uczyni i powrócimy do domu żyć w spokoju i szczęściu przez resztę naszych dni"...

W czerwcu 1863, kilka dni przed bitwą pod Gettysburgiem syn pisze matce: „Jestem w Pensylwanii. Jest tu wiele urodziwych dam,

Na głównym placu króluje pomnik konfederata zwrócony ku Północy... Amerykańskie Południe do dziś nie przepada za Jankesami...

Żołnierze Konfederacji w filmie „Przeminęło z wiatrem". Dni klęski, żałoby, śmierci.

ale Południe bije każde z widzianych przeze mnie miejsc — gdy idzie o piękne dziewczęta!

Zresztą niektóre damy patrzą tu na nas wrogo...

Kiedy wrócimy do domu?"

9 lipca 1863 przyjaciel autora listu doniósł matce: „Z bólem zawiadamiam o śmierci Clena. Zginął na miejscu od strzału w serce. Pochowaliśmy go w ogrodzie z innymi poległymi w tej strasznej bitwie pod Gettysburgiem... Mam jego pierścionek i Biblię. I myślę — jakież muszą być uczucia matki, gdy traci jedynego syna"...

Na centralnym placu Kosciusko stoi pomnik Konfederata zwróconego twarzą ku Północy pod łopocącym sztandarem. Epitafium: „Szarym chłopcom. Naszym BOHATEROM. Przegraliśmy, ale nie ulegliśmy". Stan Mississippi ma motto: „VIRTUTE et ARMIS" — „Męstwem i bronią".

Maciek zagrzebany w archiwach przerywa nam dygresje spod znaku „Przeminęło z wiatrem" okrzykiem, że ulica, która krzyżuje się z Pilsudski Street — Love Street wcale nie pochodzi od miłości, ale Johna Drapera Love, bogatego farmera, który wędrował Natchez Trace przez Attalę do Nowego Orleanu, wioząc dorodne indyki ze swej farmy w Tennessee... Zachwycony urodą powiatu Attala nabył połacie dziewiczej ziemi i osadził tam swe dzieci... Jeden był sławnym szeryfem, który ukrócił strzelaniny na ulicach miasteczka.

Iwonka już wertuje książki telefoniczne — stare i nową. Biografia Kościuszki jest wszędy. A poza tym nazwiska sięgające tradycji dziesiątków lat. Samych Doddów jest dziś w Kosciusko rodzin dwadzieścia. Są Sandersowie. Jest potomek pana Love.

Wszystkie te nazwiska występują też w obchodach stulecia miasta.

Prawnuczka w prostej linii Williama Dodda — piękna Nina — została wicekrólową stulecia na Balu Kwiatów, jakim uczczono polskich gości...

Senator stanu Mississippi — Pat Harrison — u finału uroczystości wygłosił przemówienie na cześć ich Ojczyzny: „Swej odwadze i bohaterstwu, swej kulturze i szczytnym aspiracjom, swemu wrodzonemu wstrętowi do tyranii i prześladowania, swemu umiłowaniu wolności — odwiecznym wartościom cywilizacji — Polska zawdzięcza swoje istnienie dzisiaj.

Ze świętej ziemi Krakowa i Warszawy, z krwią uświęconych pól bitewnych, patrzy dziś Polska odważnie w przyszłość pewnym i jasnym wzrokiem. Dziś salutujemy, składamy hołd i cześć szlachetnej Matce wielkiego i w dziejach świata zasłużonego narodu. Od czasu Kazimierza Wielkiego i Sobieskiego, który pod murami Wiednia ocalił Europę od zagłady tureckiej, od czasów Tadeusza Kościuszki, prześladowana Polska należała zawsze do najwybitniejszych obrońców wolności i swobody ludów świata. Takiego to narodu jesteśmy przyjaciółmi i nimi pozostaniemy na zawsze.

Długa niewola nie zdołała narodu tego zgnębić ani zniweczyć. Odrodzony powstał jeszcze silniejszy, wspanialszy. Przekazuję słowa mego uwielbienia dla geniuszu takiego narodu".

Polacy wręczyli „Kościuszkowianom" dwa sztandary: amerykański w imieniu stolicy Polonii amerykańskiej — Chicago i polski, jako symbol walki „o wolność naszą i waszą" oraz pergaminowy dokument podpisany przez reprezentantów wszystkich organizacji polonijnych, dziennikarzy, dyplomatów, artystów obecnych na uroczystości z konstatacją, iż: „Wartościom, w uznaniu których założyciele nadali Waszemu pięknemu miastu nazwisko znakomitego człowieka, Amerykanina z racji swej służby, a Polaka z racji swego pochodzenia — TADEUSZA KOŚCIUSZKI — czas z biegiem lat nadał tylko jeszcze większego blasku". Są to: „Szlachetność charakteru, wierność wzniosłym ideałom i ukochanie wolności".

Artur Waldo odwiedził wnuka Williama Dodda. 80-letni Ephraim Dodd, olbrzym „opalony, smagły i krzepki", pykaniem wielkiej fajki maskujący wzruszenie, powiedział polskiemu dziennikarzowi:
— Ojciec zawsze wierzył, że ojczyzna Kościuszki odzyska wolność. To był dobry człowiek i taki szanowany w Kosciusko... Byłby szczęśliwy widząc tu tylu Polaków. Bo przecież żadnego nie znał. Poza pułkownikiem Kosjesko... Opowiadał mu o nim i o generale Greene dziadek (a mój pradziad) — John Dodd, który miał zaszczyt walczyć pod ich rozkazami... Ojciec nie cierpiał jak ktoś używał słów „wojna kolonii z koroną brytyjską". I zawsze poprawiał — Nie chodziło o wolność kilkunastu „kolonii", lecz wolność narodu! Nigdy się nie spodziewaliśmy, ani on — ani my, że zostanie tak uczczony. Że ziemia z jego mogiły spocznie zmieszana z ziemią z kopca Kościuszki w Krakowie u stóp symbolicznego kopczyka,

jaki dzieci Kosciusko (a wśród nich tylu małych Doddów!) usypały na stulecie miasta...

— Naród polski jest wdzięczny ojcu pańskiemu za ten niezwykły hołd, jakim był wybór naszego bohatera na patrona miasta... — powiedział Waldo.

— „Naród polski jest wdzięczny" — powtórzył Ephraim Dodd, syn Williama.

Po wyjeździe Polaków w „Star-Herald" ukazał się list „R.J. Turnera z Kosh-chew-schko" (tak podpisany), którego autor pytał z żalem: „Czyżby mieli przyjeżdżać do nas tylko na stuletnie obchody?"

Pomylił się tylko o pół wieku.

„Niechaj każdy powie: — brat!"

W Gaf's Restaurant wita nas ogromny portret Kościuszki (oczywiście Czedekowski, w banku też wisi, tylko w kościołach nie widziałam!). Pod portretem zamiast menu — kwiaty i... książki! „Thaddeus Kosciuszko, son of liberty", „Kosciuszko in the American Revolution", „Kosciuszko letters" — monumentalna edycja listów Naczelnika z kolekcji The Polish Museum of America w Chicago.

Właściciel restauracji, Freddie George, był 10 lat burmistrzem Kosciusko. — Nie, nie jestem z tych starych, dostojnych rodzin miasta, których protoplaści jeszcze sześcioma mułami wyciągali wóz, jak im tu ugrzązł na centralnej ulicy, mieli niewolników, a kwestie sporne rozstrzygali strzałem.

Mój ojciec był Syryjczykiem, matka Szkotką. Urodziłem się tu w 1945 roku, kiedy na świecie kończyła się wojna, całe życie — poza studiami — tu mieszkam i nigdy stąd nie odjadę...

Staram się wiedzieć wszystko o generale Kościuszko! (Freddie wymawia prawidłowo!). To mój ulubiony bohater. Książki leżą w mojej restauracji niczym w bibliotece, bo mamy przecież setki turystów, każdy prawie pyta o pochodzenie niezwykłej nazwy miasta... Wtedy opowiadam... I daję lektury do lunchu! W styczniu 1981 roku, kiedy u was

W tej restauracji leżą książki o Kościuszce. Freddie George, właściciel
i wieloletni burmistrz Kosciusko,
mówi: „To mój ulubiony bohater.
Mamy tysiące turystów pytających
o pochodzenie nazwy miasta".

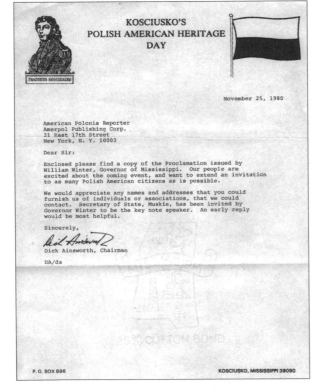

Winieta uroczystego Dnia Polsko-
Amerykańskiego Dziedzictwa w Kosciusko. Styczeń 1980. Pod biało-
czerwonym sztandarem podpis: „Ten
list został wysłany z jedynego miasta
na świecie, które ma honor nosić imię
Polsko-Amerykańskiego Generała".

W styczniu 1981 roku w mieście
Kosciusko odbył się uroczysty
DZIEŃ DZIEDZICTWA POLSKO –
AMERYKAŃSKIEGO.
Przybyła oficjalna delegacja Pola-
ków – pierwsza od 1934 roku.
Ile lat minie zanim zaszczyci to mia-
sto – delegacja III Rzeczpolpolitej?

rodziła się „Solidarność", mieliśmy Kosciusko's Polish-American Heritage Day. „Dzień Dziedzictwa Polsko-Amerykańskiego".

Marzyły mi się uroczystości takie, jak na stulecie miasta.

Dostałem, po ogłoszeniu w prasie polonijnej, wzruszający list od 89-letniej Mary Piatkiewicz z Cicero w stanie Illinois, uczestniczki tamtych dni i przechowuję go z pietyzmem.

„Setka Polaków przyjechała wtedy do Kosciusko" — pisze Mary. — „Posyłam zdjęcie, na którym stoję w mundurze Leage of America, obok doktora Sokołowskiego z Ambasady Polskiej. Mam prawie dziewięćdziesiąt lat, ale ciągle żyje we mnie pamięć tamtych wspaniałych dni. Tak bardzo chciałabym do Was wrócić — ale to za daleka droga dla samotnej staruszki.

Niech Was Bóg błogosławi w tej pięknej pracy"...

— Bóg błogosławił — mówi Freddie George. — 17 stycznia 1981 msze święte celebrowali — ksiądz biskup Alfred Abramowicz z Chicago w kościele św. Teresy i polski pastor — John Kasa z Ohio w kościele metodystów... Przybyli notable z Polish American Congress, Polish Roman Catholic Union of America, The Kosciuszko Foundation, Polish Museum of Chicago, gubernatorzy stanów — Mississippi i Pennsylwania...

Gubernator naszego stanu, William Winter, historyk, ogłosił 17 stycznia 1981 jako Polish Heritage Day (Dzień Dziedzictwa Polskiego) w Mississippi.

Pianista polskiego pochodzenia, Paweł Chęciński, doktorant Juillard School of Music w New Yorku, dał Koncert Chopinowski. Honory domu pełnił ze mną sławny baseballista — Stan Musial. Tańczył polski zespół z Chicago „Wesoly Lud Dance Group". Najpiękniejszej ulicy w Red Bud Springs Park (Parku Źródeł Purpurowego Pączka) — nadaliśmy imię Tadeusza Kościuszki...

Lecz najpełniej spełniły się życzenia starej Polki, gdy w odpowiedzi na nasze zaproszenie przyszedł list od Polaka wieku XX — Papieża Jana Pawła II z ewangelicznym przesłaniem — „Niechaj każdy powie: «brat», gdy będzie mówił o tobie"...

To słowa w klimacie naszego miasteczka... Życie płynie tu powoli, ludzie cenią tradycję, wierzą w Boga, rodziny, przyjaźń, lojalność. Jeśli coś obiecam — moje słowo jest święte. Przyroda jest nam życzliwa. Zimy przychodzą łagodne i krótkie. Babie lato trwa do połowy listopada... Szkoda, że takie miasteczka jak nasze pozostają nie-

Ona nie „chodzi
do pracy".
Uważa, że ma
do spełnienia misję
poprawienia
samopoczucia
rodaków.
Dlatego nie wpada
w cynizm i rutynę.
Publicznie mówi to,
co naprawdę myśli.

Wielka gwiazda amerykańskiego filmu i telewizji – Oprah Winfrey, kreatorka najsław-
niejszego na świecie talk – show (wyznaczam nagrodę za najpiękniejszą polską nazwę!) – urodziła się w mieście Kosciusko.
Zdjęcie z polskiego pisma „URODA", którym to darem Oprah Winfrey także los obdarzył.

znane. Nie ma tu zbrodni, defraudacji, przestępstw, przemytu, narkomanów. Cóż pokazywać w telewizji, nawet jeśli sławna Oprah Winfrey urodziła się w Kosciusko...

Tu czynimy dygresję. Oprah Winfrey — jak zachłystują się popularne pisma kobiece w Polsce — jest „najsławniejszą i najbogatszą gwiazdą amerykańskich mediów" pełniącą rząd dusz, serc i — co najważniejsze — portfeli.

Prowadzi z Chicago swój talk-show codziennie od poniedziałku do piątku (ciekawe, jaką by tu nazwę wymyślić po polsku, dotąd jedynie strawestowali go dowcipnie na talk-szok nasi świetni Jacek Żukowski i Piotr Najsztub, szkoda że przeminęli z wiatrem Polsatu!). Powróciwszy z Kościuszkowskiej wędrówki kilka z nich obejrzałam. Cóż to za fascynujące zjawisko — ta drobna, czarnoskóra kobieta! Wszystkie bzdury wypisywane w gazetkach (ile kilo straciła, jak kocha swego psa, którym pudrem wizażysta pudruje jej nos) — nic warte, ukształtowały wizerunek jakiejś czarnej kapryśnicy à la Marylin Monroe, jeno bez jej talentu, za to z głową do interesów („Oprah umie dobrze liczyć"). To, że za swoją rolę w „Kolorze purpury" miała nominację do Oskara i zagrała ją naprawdę genialnie, pozwala dziennikarce polskiej napisać, że „w aktorstwie nie zabłysła".

Oprah Winfrey jest fenomenem. Wytrawni aktorzy (z naszą wielką Modrzejewską na czele) wiedzą, że wzruszenia muszą być zagrane, by wzruszyć, autentyczne pozostawiają widownię bez wrażenia. Pani Modjeska codziennie rozpłakiwała widzów grając płacz skrzywdzonej kobiety. Raz — udręczona i zmęczona — rozpłakała się naprawdę. Widownia pozostała zimna.

Oprah umie zapłakać — i razem z nią płaczą miliony. Jej talk-show otwiera najintymniejsze kręgi przeżyć — ale nie jest to czynione dla epatowania drastycznościami, lecz by pomóc ludziom przezwyciężyć ból, strach, obcość, poczucie krzywdy.

Oprah wyzwoliła szczerość za cenę szczerości. Odważyła się powiedzieć o swym dzieciństwie — mrocznym i pełnym okrucieństwa, sierocym.

Wpływ, inspiracja programów Oprah Winfrey obejmują życie polityczne i etyczne USA, ewokują dyskusje na najpoważniejsze tematy z rasizmem, aborcją, ostracyzmem, dotykającym chorych na AIDS, włącznie...

Farmerzy z Kosciusko mówią: – Amerykanie i Polacy mają wiele cech wspólnych: – Wierzymy w wolność i jesteśmy gotowi za nią umrzeć!

Jedna ze szkół w mieście Kosciusko, gdzie młodzież obok pracowni komputerowej ma także wystawę dziejów miasta z portretem Patrona.

Za swą nieprawdopodobną popularność i napięcie, z którym realizuje program, płaci Oprah wielką cenę, ale dla dziennikarzy ważne jest, że ma pół miliarda dolarów majątku...

W polskim piśmie „Uroda" z roku 1999 czytamy: „Pastor baptystów popełnił błąd: w parafialnej księdze przestawił literki w bibilijnym imieniu Orpha i tak już zostało. Działo się to czterdzieści siedem lat temu w zapadłym kącie biednego Mississippi, w miejscowości... Kosciusko. Mieszkańcy, łamiąc język, wymawiają tę nazwę «kosajesko» i pojęcia nie mają, że to nazwisko amerykańsko-polskiego bohatera".

Powróćmy tam. Jesteśmy w Gaf's Restaurant i moi podopieczni zajadają się smakołykami kuchni Południa, przepysznej zaiste.

A Freddie George kończy naszą rozmowę: — Właściwie, to ja powinienem przeprowadzić wywiad z tobą... Czyż my wiemy, co przeszli ludzie w waszym kraju? Stękamy tu, narzekamy, a nigdy nie musieliśmy stawić czoła takim problemom jak wy. Myślę, że jednak mamy pewną cechę wspólną — Mississippi jest biedne, ale dumne!

Do Gaf's Restaurant farmerzy wpadają na szybkie śniadania. Iwonka szepce: — Ten wygląda zupełnie jak polski dziedzic!

Sarmacka twarz. Wąs. Richard Burdine. Spieszy w pole, ale dla Polaków odłoży jeszcze na moment pracę...

— Południe jest ogrodem USA... Mamy wspaniałe brzoskwinie, figi, orzechy... Dziesiątki warzyw, słodkie kartofle, kukurydzę i oczywiście bawełnę. Grunty są świetne, pastwiska zielone od lutego do listopada... Lasy bogate. Sosny, platany, heban virginijski, wiązy, klony, topole i setki dzikich drzew owocowych... Siedemdziesiąt siedem lat przeżytych wśród kwiatów i cierni tego ogrodu nauczyło mnie paru prawd. Oto one: • traktuj swych rodaków bez względu na kolor skóry, wyznanie, narodowość tak, jak byś chciał być sam traktowany, • rób dla innych to, co chciałbyś, by inni robili dla ciebie, • pieniądze nie są skarbem, • dziecko jest jak drzewo, jeśli je zniekształcisz za młodu — w dojrzałości będzie brzydkie, • kochaj ziemię, na której wyrosłeś i którą uprawiasz, • jeśli chcesz walki z sąsiadem, spróbuj przesunąć granicę swej ziemi choćby o dwadzieścia centymetrów, • Amerykanie i Polacy mają wiele cech wspólnych, a te są najważniejsze: umiemy wytrwać, nigdy nie dajemy za wygraną i nie przestajemy walczyć o swoje. Wierzymy w wolność i jesteśmy gotowi za nią umrzeć! Ale życzymy Wam, żebyście przede wszystkim mogli dla niej żyć!

Śliczne dziewczęta – Allison, Joy, Lisa, Kim, Paula, a wśród nich – Miss Mississippi,
Darbie Pope, dzierży symboliczny kwiat stanu – magnolię.

Hallo, Tadek!

Grupę prześlicznych dziewcząt, roześmianych i rozgadanych na-dybała Iwonka w onejż restauracyjce Gaf's, sąsiadującej z naszym hotelikiem Best Western.

— Basia, Basia, jest sześć studentków z Mississippi State Universi-ty! — wpadła z wieścią. Witają nas owacyjnie! Jestem pierwszą Polką, z którą rozmawiają. Sięgam teraz po precyzyjnie przez Iwonkę sporzą-dzone spisy nazwisk z adresami. Uzupełniła dokładnie, co nasze ślicz-notki studiowały na Mississippi University w Jackson. Joy Buford — so-cjologię, Lisa Atwood — bankowość i finanse, Darbie Pope — muzykę, Kim Holmes — business, Paula Haley — pielęgniarstwo, Allison Autry — historię i literaturę. Śliczna Darby ma już tytuł Miss Kosciusko.

Co lubią najbardziej — pytam. Świergocą: — Czytanie, pływanie, jazdę konną, robótki ręczne — i nowych ludzi! Nowy ludź — niewdzięcz-nica ukatuje biedaczki poprawną wymową nazwiska Kościuszki. Bo wszystkie mówią „Kazjesko", „Kozjesko", „Kosjesko"… Lekcja idzie świetnie. Po powrocie do ojczyzny Naczelnika „Kozjesko" Lucyna Smolińska w swym bezcennym „Skarbcu" (jedynym tego typu progra-mie TVP!) zaproponuje mi cykl relacji z podróży i zaczniemy od miasta Kosciusko, obydwie ubolewając nad moją mizerią, brakiem kamery i nad tym, że nasze ekipy telewizyjne latają po USA filmując lot motylka nad zatoką Los Angeles…

Chórek dziewcząt ćwiczących zgrabnie słowo „Koś-ciusz-ko" da-jemy z taśmy pod ich zdjęcia. Dalszy ciąg nie nastąpi, bo nowy prezes TVP zlikwiduje „Skarbiec", który odrodzi się dopiero po latach w Te-lewizji Polonia, gdy po prezesie śladu już nie będzie!

Z dziewczętami obiegnę magnoliowe uliczki Kosciusko. Wręczą mi ogromną, przepiękną magnolię i maleńką, uroczą książeczkę „Sou-thern Words and Sayings", gdzie znajdę przepowiednie pogody, jakby żywcem z kalendarza naszych babuń wyjęte: „Pierwszych dni 12 po Bo-żym Narodzeniu mówi, jaka będzie pogoda przez 12 miesięcy… Jeśli jest pierścień mgły wokół księżyca — będzie padało tyle dni, ile jest gwiazd wewnątrz pierścienia"… — Ale u nas tak rzadko pada — za-śmieje się Darbie. — Nawet na Boże Narodzenie bywa upał… Przyjedź!

Uczennice High School w Kosciusko – Larry, Shandaria i Stephanie – wymawiają imię patrona szkoły – „Kozjesko".

Duży Tom i mały Tomek...

...i Charlie z braciszkiem dowiedzieli się od nas, że Poland, kraj generała Kościuszko nazywa się – Polska.

Trzy czarne panny w krótkich spodenkach niosą książki w garści. Wypadły z Kosciusko High School. Są tu 3 szkoły podstawowe, dwie zawodowe — z zespołem przedmiotów dotyczących przede wszystkim mechanizacji rolnictwa i druga — kształcąca w dziale elektrycznym, papierniczym, a także pielęgniarskim.

Trzy dziewczynki z High School. Dobiegam z magnetofonem i pytaniem (Iwonka ma wychodne i pluszcze się w basenie): — Gdzie mieszkają? Oczywiście — w „Kazjesko"! Czy coś o nim wiecie?

Laroye Brown: — Był polsko-amerykańskim bohaterem walki o niepodległość i zginął!

Shandaria Kern: — Nie, nie zginął! To Pulaski zginął!

Stephanie Cotton: — A Kosciusko zrobił fortyfikacje West Point, pomagał Washingtonowi i walczył u nas, na Południu też.

— Co to za księgę dźwigasz Stephanie?

— *Ludzie i narody* — historia świata.

— A czego się uczycie?

— Literatury, algebry, geometrii, historii, hiszpańskiego, łaciny, fizyki, chemii, biologii, historii muzyki, ekonomii, wymowy, stenotypii. Mamy też komputery, kurs samochodowy, a jak kto zdolny, może rzeźbić, malować, śpiewać, grać w koszykówkę albo tenisa...

— A co będziecie studiowały?

Loraye — psychologię. Shandaria — medycynę. Stephanie — biologię.

— Czy wiecie coś o historii swych rodzin?

Loraye: — Moi prapradziadowie byli jeszcze niewolnikami. Tu żyli, w Mississippi, a w Kazjesko od 1880 roku...

Shandaria: — A moja praprababka była Indianką i pokochała czarnego mężczyznę... Oboje pochodzili ze skrzywdzonych w rodzinie narodów...

— Krzywda? Czy ty, żyjąca w tym pięknym, słonecznym, bezkonfliktowym miasteczku wiesz — co to znaczy?

Shandaria chwilę milczy. Gaśnie jej uśmiech: — Wiem. Tylko nie znam jej smaku.

Odbiegają. W słońce.

Dzikie wybuchy śmiechu płoszą Willę Sanders, która jak zawsze nieskazitelnie przyodziana gości nas w swym biurze. Dała nam do przeczytania scenariusz filmowy o Kościuszce wysmażony przez jakiegoś „znawcę" z Florydy! Zaniepokoiły ją nasze ryki. — Nie sądziłam, że to komedia? — zapytała pełna wahania... A w tym gniocie wielkim koronnym księżna Ludwika z Sosnowskich Lubomirska zwraca się do generała wojsk amerykańskich i koronnych, Tadeusza Kościuszki:

— Hallo! Tadek!... Tyle uciechy, że wreszcie ochrzciliśmy uroczyście wodą ze Źródeł Purpurowego Pączka nasz mały, szary samochodzik. Otrzymał imię — Tadek. Dzielnie przebrnie z nami tysiące mil i dróg. Ukradną go dopiero po powrocie ze strzeżonego parkingu w Chicago. Obok rozkosznego cimelium scenariuszowego z Florydy Willa pokazuje nam dziesiątki prezentów nadsyłanych przez Polaków. Samymi obrazami Jasnogórskiej Pani mogłaby ukrasić kilkanaście kościołów.

— Myślę, że powinna powstać ciekawa praca jakiegoś stypendysty The Kosciuszko Foundation na temat tych darów i listów, swoisty przyczynek na temat legendy Kościuszkowskiej — mówi Willa. — Mam tu na przykład całą tekę dramatycznej korespondencji z lat 1965–1966 od Polki, Janiny Dąbrowskiej-Newlin, pisanej z Casablanki w Maroku do ówczesnego burmistrza Kosciusko. Wasza rodaczka, twierdząc, iż jest potomkinią Kościuszki, błaga o pomoc. Jest uciekinierką z Polski. Ma chorego męża i syna, wymagających operacji.

W tym liście — są już słowa dziękczynne, bo dzięki interwencji Czerwonego Krzyża z miasta Kosciusko była zaproszona do konsulatu amerykańskiego na rozmowę. „Akcja Pana była pierwszym promieniem w ciemności" pisze z wdzięcznością do naszego burmistrza, odwołując się do rzekomej niestety genealogii rodu Kościuszków, wedle której siostra generała — Anna — miała poślubić niejakiego Jakuba Dąbrowskiego. Mieli to być pra-pradziadowie autorki listu. Na prośbę władz miasta — wspaniały twórca i prezydent The Kosciuszko Foundation — Stephen P. Mizwa, który gościł w naszym mieście, nadesłał całą genealogię Tadeusza Kościuszki, wykluczającą jakiekolwiek relacje z Jadwigą Dąbrowską. Siostry Tadeusza — Anna Kościuszko wyszła za mąż za Piotra Estko, Katarzyna za Żółkowskiego.

(Szkoda, że nie słyszycie, jak Willa Sanders stara się bezbłędnie interpretować te trudne nazwiska...)

— Ciekawe, czy ktoś ustalił los potomstwa obu sióstr? — zastanawia się Willa.

Willa Sanders – Executive Director Kosciusko-Attala Chamber of Commerce – jest inicjatorką powołania Muzeum Kościuszki. Gościła nas z ogromną serdecznością...

Marsz miasta Kosciusko ze słowami i muzyką Lilly Reynolds Brown, śpiewany na uroczystych obchodach podczas festiwali, także w szkołach. Prawykonanie w Polsce odbyło się na scenie Teatru Stanisławowskiego w Łazienkach w dwóchsetletnią rocznicę Insurekcji Kościuszkowskiej. W maju 1994 Zespół Pieśni i Tańca Politechniki Warszawskiej zaśpiewał marsza w sekwencji amerykańskiej widowiska Barbary Wachowicz poświęconego Kościuszce.

Kosciusko, Kosciusko, Polish Hero brave and true
Kosciusko, Kosciusko, all our children will honor you.
when our country was in need
then you were the friend indeed
for you came a cross the sea
to fight to make us free.
Kosciusko, Kosciusko, Polish Hero ...

Kosciusko, Kosciusko, Southern School with Ideals true
Kosciusko, Kosciusko, we're proud of you.
Your illustrious History fills our hearts
with loyalty we will pledge
to keep you great
your past to emulate.
Kosciusko, Kosciusko, Polish Hero ... etc.

Kosciusko, Kosciusko
Polski wierny bohaterze
Nasze dzieci czczą Cię...

(Zainteresowanych pozwalam sobie odesłać do wydania mojej książki *Malwy na lewadach* z 2000 roku, gdzie są losy synów Anusi.)

— Pokazuję wam ten pakiet, bo zawiera wiele ludzkiej niedoli i jest dowodem magii nazwiska Kościuszki, a na pewno nie cwaniackiej chęci wyłudzenia pieniędzy... Jak ta oto oferta nadesłana na stulecie miasta przez „grafa" Swinarskiego z Poznania, który proponował sprzedaż portretu Kościuszki, ofiarowanego osobiście przez Kościuszkę jego dziadowi (!), za jedne 2000 dolarów, co na owe czasy było sumą olbrzymią... Adresaci listu nie odcyfrowali. Polski „Hrabia" pisał po niemiecku!

Willa Sanders ma jedną wielką pasję, marzenie i dumę — wystawę w Tadeusz Kosciuszko Museum and Information Centre. Otwarte od listopada 1984 roku jest odwiedzane przez tysiące turystów mknących tędy na Florydę. Rekordy bije sierpień, statystyki podają gości reprezentujących 49 stanów i 21 krajów!

Ekspozycja poświęcona jest historii powiatu Attala, miastu Kosciusko i jego patronowi. Króluje woskowy Tadeusz Kościuszko wielkości naturalnej, a chyba nawet nadnaturalnej, bo nie był aż tak wysoki. Jest w mundurze amerykańskim. Oczywiście wedle portretu Czedekowskiego. Złożyło się na tę figurę całe miasto. Bardzo wspomogła przedsięwzięcie sowitą donacją Fundacja Kościuszkowska.

W postaci Naczelnika jest tylko jedna pomyłka. Nasz bohater ma oczy piwne. Podczas gdy wiadomo, że miał błękitne jak niebo nad Polesiem, bo przecież każdego młodziana o takich oczach księżna Ludwika z Sosnowskich Lubomirska jako staruszeńka brała za Kościuszkę...

Willa Sanders zaplanowała wielką, stałą ekspozycję poświęconą Kościuszce, składającą się z trzech części: „Ziemia ojczysta", „Kościuszko walczy za Amerykę, 1776–1783", „Za wolność wszystkich". Poszczególne części miały ilustrować ikonografią przede wszystkim, ale także kopiami rekwizytów (np. ubiory kosynierów i mundury żołnierzy Powstania Kościuszkowskiego, replika pistoletów ofiarowanych Kościuszce przez Washingtona) — wszystkie węzłowe momenty biografii Naczelnika. Nie tylko. Willa chciała, by była to także wystawa mówiąca jak najwięcej o Polsce. Jej historii, współczesności, nadziejach na przyszłość.

W scenariuszu napisała pięknie: „Każda wystawa poświęcona Kościuszce winna budzić refleksje o bogactwie historii, kultury i dziedzictwa duchowego Polski! Powinna pokazywać ich barwę, żar, godność, patriotyzm i wielkość"...

Drodzy Rodacy! Wystosowałam memoriał w sprawie pomocy dla miasta Kosciusko w przygotowaniu takiej wystawy do: 1) ambasadora III Rzeczypospolitej w Waszyngtonie, 2) attaché kulturalnego w tejże, 3) Ministra Spraw Zagranicznych.

Odpowiedział tylko ten ostatni listem eleganckim i pełnym nadziei na działania naszych dyplomatów.

Uparta, jak każdy Podlasiak, po roku ponowiłam apele i dotarłszy osobiście do Waszyngtonu, wymogłam na radcy osobistą audiencję. Musiałam poczekać, bo radca się co prawda umówił, ale właśnie miał tłumny lunch dla ludzi kultury! Siedziałabym zapewne pod drzwiami, gdyby nie zajął się mną — jak zawsze niezawodny Bogusław Majewski, jedyny pracownik ambasady, który niezwykle mi dopomógł — rozpisując z własnej inicjatywy listy polecające do archiwów i bibliotek.

Kiedy już radca z zastępczynią zakończyli lunch dla ludzi kultury i zostałam dopuszczona przed ich oblicza, okazało się, że nic z mych memoriałów nie pamiętają „bo Amerykanie tyle przysyłają listów i pism". Przedłożyłam tedy kopie i cierpliwie usiłowałam wyjaśnić, jak wielką wartość miałaby dla nas taka wystawa, którą obejrzałoby tysiące Amerykanów i przybyszów ze świata.

Nadto ponowiłam apel, by jakiś przedstawiciel ambasady Wolnej Polski złożył kurtuazyjną wizytę w mieście, które jest prawdziwym sanktuarium pamięci Tadeusza Kościuszki.

Kątem oka ułowiłam, że zastępczyni radcy puka się w czoło i wznosi oczy do góry, aż onże radca nie zdzierżył, parsknął śmiechem i rzekł: — Ewa, uspokój się!... A do mnie, okrutnie znudzony: — Niech pani się tym zajmie i zorganizuje w Polsce jakie sister-city dla tego miasteczka, albo co...

I tyle.

No cóż. Niech podumają Racławice. Niech pomyślą Maciejowice.

Cała nasza nadzieja, że może nowy (już trzeci z wolnej Polski) ambasador Rzeczypospolitej w USA — Ekselencja Przemysław Grudziński — wysłucha modlitwy naszej. Odwiedzi miasto Kosciusko.

Gdy piszę ten tekst — przyszedł liścik z Kosciusko, od Allison Autry: „Może zainteresuje Cię fakt, że objęłam posadę jako manager

Kosciusko Museum, a jestem jedną z tych dziewcząt, z którymi wędrowałaś przez nasze miasto... Kalendarz z portretem Kościuszki od Ciebie wisi nad moim łóżkiem.

Przygotowujemy wielką wystawę biograficzną poświęconą generałowi Kościuszko. Będą ją odwiedzały tysiące Amerykanów jadących przez Mississippi. To okazja, by im powiedzieć prawdę o wielkości dokonań Waszego Rodaka na kontynencie amerykańskim i pokazać wiele rozdziałów z historii Jego Ojczyzny... Kto nam pomoże?"

Co za szczęście, że powrócił do ambasady Bogusław Majewski. Zaczniemy od nowa walkę o materiały na wystawę Kościuszkowską dla Kosciusko. Z nim pewne Racławice.

„Gdzie Cię tu zaniosło?"

— Adams, Adcock, Alderman, Allen, Anderson, Armstrong, Atwood, Bailey, Ballard, Barras, Bell, Bentley, Black, Brown, Brunt, Burrell, Clark, Coleman, Culpeper, Cummins, Davis, Dodd, Edwards, Ellington, Evans, Fleming, Foster, Frazier, Glodney — Iwonka studiuje Książkę Telefoniczną Kosciusko wyłuskując nazwiska, które powtarzają się po kilkanaście razy, całe klany, i szuka pilnie Polaków.

— Greenwood, Griffin, Hamilton, Harmon, Hughes, Hutchison, Jamison, Jenkins, Johnson, Jones, Kern, Lawrence, Lee, Love, Mallett, Martin, McCrory, McDanrel, McMillan, Miller, Mitchell, Moore, Nash, Nowell, Oliver, Overstreet, Palmetree...

— No nie, czyżby w tym mieście Kościuszki nie było Polaków — dojechałam już do P! — mruczy...

— Patterson, Payne, Philips, o nawet jest jeden Presley! — Ramage, Riley, Robinson, Russell, Sallis, ale dużo Sandersów, Simmons, Smith (rekordowa ilość!), Stewart, Summers, Taylor, Terry, Thompson, Wallace, Wasson, White, Williams, Winters, Woods, Wright, Young, Zollicoffer...

— Nie ma!

— Daj mi tę książkę! — mówi Maciek — Niemożliwe!

Studiuje długo, uważnie jak mapy. Czy naprawdę nie ma ani jednego Polaka w mieście noszącym imię Kościuszki?

Teraz ja sięgam po spis od Arthura Ablesa po Billy Zubera.

I po Doddach oraz panu Dollar znajduję — Ignacy Donat.

Jaki Amerykanin może nazywać się Ignacy?

Dzwonię. Kobiecy głos woła: — Ignacy! Ignacy! For Goodness Sake! Somebody from Poland to you!

I słyszę: — O Jezu! Z Polski!

Ignacy Donat — jedyny Polak w Kosciusko mieszka z amerykańską żoną Mary już na obrzeżach miasteczka, pod lasem, przy drodze, którą pomkniemy dalej, ku Georgii i South Caroline...

Mary — do której mąż mówi — Marysia — podaje pyszny, gorący kukurydziany chleb i mleko, mój ulubiony trunek. Ogród roztęczony kwiatami...

— Kocham kwiaty — mówi „Marysia" niskim, mocnym głosem. — A on — nie. Pyta — Co ci z kwiatów? Nie możesz ich jeść! A jak go spotkałam w fabryce w Connecticut, pomyślałam: — Polak! Polacy są tacy romantyczni.

— Wolałabyś, żebym kochał kwiaty zamiast ciebie? — pyta Ignacy. Ma 70 lat. Urodził się w Zduńskiej Woli, w rodzinie robotniczej. Miał 17, gdy go Niemcy wywieźli na roboty. Po wojnie — kilka lat w armii amerykańskiej, praca w Connecticut, zamknięcie fabryki...

— Ja przyjechał tu, do Kosciusko w 1972. Myślałem — w takim miejscu to Polaków będzie pełno. Ani jednego nie mogłem znaleźć! Matka uczyła takiej pieśniczki: „Na krakowskim rynku grają na bębenku"... Byłem. Wszystko inaczej... Braci bym nigdy na ulicy nie poznał... Toż 50 lat jakem wyszedł z Polski. Tu — jak w raju. Drzwi nie muszę zamykać. Ludzie dobre... Mówią jak śpiewają.

Festiwale mamy i wiosną, i jesienią, uroczystości — zawsze mnie proszą, bom jeden Polak tu. To muzeum, gdzie stoi Kościuszko — budowałem swoimi rękami. Nieraz pójdę, popatrzę na niego i powiem, co myślę — Tadziu, gdzie cię tu zaniosło?

Oboje żegnają nas w progu. Zapadła noc ciepła i gwiaździsta. Mary całuje nas: — Wracajcie! Nie mówcie — farewell. — Żegnaj! So long! Do zobaczenia!

Od lasu i łąk niesie się kojące cykanie. — Świerszcze grają! — mówi Ignacy. — Jak w Polsce.

Jedyny Polak w Kosciusko – Ignacy Donat z żoną Mary – do której mówi – „Marysia". Pani Donatowa haftuje na artystycznych makatkach przesłania z Biblii: „Boże, daj mi spokój duszy, abym mógł przyjąć to, czego zmienić nie mogę, daj mi odwagę i mądrość... Niechaj przejdę drogą życia czyniąc dobro, które uczynić mogę. Człowiek śni, że idzie z Bogiem".

Oboje z Ignacym przeszli drogę życia czyniąc dobro.

Ignacy Donat: – Patrzę na figurę Kościuszki w naszym Muzeum i pytam – Gdzie nas tu zaniosło Naczelniku?

Dzwon wolności

The
American
Revolution

„*Aby chronić dobra, które zawdzięczamy pracy naszych przodków i nas samych, przeciw przemocy, która nas dotknęła, bierzemy w ręce broń*".

Thomas Jefferson, autor Deklaracji Niepodległości, czerwiec 1775, Filadelfia

„*Przy nas jest wojny sprawiedliwość, więc i Bóg. Przy nas jedyna chęć dobra powszechnego, więc i jedność. Przy nas prawdziwy szacunek wolności, więc i odwaga, i męstwo. Przy nas szczera miłość ojczyzny, więc i hojne szafowanie tak własnego majątku, jako i zdrowia. Przy nas na ostatek wieczny i nieprzebłagany wstręt do poddaństwa i brzydkiej niewoli, więc i wzgarda nawet samejże śmierci*".

List amerykańskiego żołnierza z Bostonu, wydrukowany w „Gazecie Warszawskiej" 21 maja roku 1777

„Bierzemy w ręce broń!"

„Losy szczęścia dziwnej Opatrzności boskiej zrządziły, że uwolniwszy od nurtów morskich przez rozbity okręt W. Imci pana Kościuszkę, obywatela kraju naszego W.X. Litewskiego, będącego przedtem u kadetów, (...) z pięcioma innymi Polakami przy życiu zakonserwowały przez chwycenie się masztu i do wyspy zapłynienie; który potem dostawszy się do Ameryki przez dane dowody doskonałości swojej w sztuce wojennej, rangi pułkownikowskiej w wojsku amerykańskim dostąpił".

Tak z relacji naszego pra-dziennikarza, zamieszczonej w gazecie Ojców Pijarów 16 kwietnia roku 1777, dowiadujemy się o przygodach Pana Tadeusza, zanim dotarł do Ziemi Obiecanej w ogniach walki o niepodległość.

Nie wiemy ani jak wyruszył, ani skąd, ani kiedy.

Ojczyznę pożegnał w październiku 1775 roku. Pożegnał ukochaną i utraconą Ludwikę, pożegnał siostrę Anusię, która zastępowała mu cały rodzinny dom. Pożegnał nadzieje na twórczą pracę i ofiarę krwi wśród towarzyszy broni w armii polskiej.

W grudniu 1775 był w Paryżu, który tak niedawno, bo ledwo wiosną 1774 — pełen takich nadziei — opuszczał...

Co wiedziano w Polsce o burzeniu się amerykańskich kolonii przeciw dyktaturze brytyjskiego rządu i krzywdzących ustawach Parlamentu angielskiego, ograniczających wolność i godzących w najżywotniejsze sfery życia Amerykanów?

Wiedziano zaskakująco wiele. Prof. Zofia Libiszowska, znakomita znawczyni XVIII-wiecznych dziejów, w swej bogato udokumentowanej pracy *Opinia polska wobec rewolucji amerykańskiej* przytacza wiele pasjonujących cytatów z prasy polskiej.

„Wiadomości Uprzywilejowane Warszawskie" w kwietniu roku 1763 opublikowały traktaty kończące tzw. wojnę siedmioletnią (1756–1763) między Anglią, która w sojuszu z Prusami pokonała Francję odbierając jej terytorium w Ameryce, zwane dotąd Nową Francją, a odtąd — Kanadą.

W tej wojnie dzielnie stawał przeciw Francuzom na czele swego oddziału dwudziestodwuletni major z Virginii, niejaki George Washington, który wsławił się żelazną wytrzymałością na trudy pokonywania górskich terenów wojennych zimą...

W tym czasie dziesięcioletni Kościuszko płynął rozlewiskami poleskich rzek, by zacząć naukę w Lubieszowie, w szkole ojców pijarów.

Nie było go jeszcze w Warszawie, gdy jesienią 1765 roku „Wiadomości Warszawskie", „Kurier Warszawski" drukowały w formie listów z Ameryki alarmujące korespondencje na temat burzliwych protestów Amerykanów przeciw nakładaniu przez Koronę Brytyjską rozlicznych podatków i ceł, czyli „kajdanów na naród".

W liście z Filadelfii Warszawiacy czytali: „Wzgarda i cenzura od braci naszych w Anglii (...) nas trapi. Oni nam przypisują duch buntowniczy", ale owe „pomnażania taks" — „rozjątrzają serca i umysły nasze powszechnie (...) Za cóż albowiem poddani królewscy w tutejszych krajach mają mieć mniej wolności niż w Anglii"...

W Bostonie portret poborcy ceł najpierw powieszono na drzewie, a potem ułożono na marach i przeniesiono przez miasto z okrzykami: „Wolność i własność, żadnego cła".

W innych miastach portrety poborców bito kijami i palono. Powstawały tajne organizacje „Synów Wolności", organizujące bojkot towarów angielskich.

Wiosną 1766 roku kadet Kościuszko gotował się do egzaminu z matematyki i fortyfikacji, gdy „Gazeta Warszawska" drukowała cykl anonimowego autora „Rozstrząsanie szczere krzywd osad amerykańskich", mówiący o gwałceniu przez parlament brytyjski praw osadników amerykańskich, udowadnianiu ich zależności i niższości...

Adiutant króla Stanisława Augusta Poniatowskiego i przyjaciel księcia Adama Czartoryskiego, brytyjski pułkownik, Charles, czyli Karol, Lee pisał do siostry: „Oby Bóg poparł, aby zachował przynajmniej to jedno schronienie dla ludzi, którzy wyżej cenią swoje prawa niż fantastyczne przywileje przewrotnej głowy, oparte tylko na tym, że nosi koronę!"

I wkrótce — w 1774 roku — pomknął do Anglii już z myślą przedarcia się ku Ameryce. W Londynie dogonił byłego adiutanta list polskiego króla: „Czemu koloniom waszym nie chcą przyznać prawa posiadania przedstawicieli w brytyjskim Parlamencie. (...) Łączność między macierzą a córkami byłaby nienaruszalną, tymczasem bez tego przewiduję tylko alternatywę: ucisk albo całkowita niepodległość".

„Córki", czyli trzynaście stanów amerykańskich, wybrały niepodległość...

Gdy w roku 1770 Tadeusz Kościuszko zgłębiał już arkana militarnych i artystycznych „sciencji" w Paryżu, w Ameryce padły pierwsze strzały. Znienawidzone „czerwone kurty" (red coats — jak nazywano żołnierzy brytyjskich, umundurowanych w purpurowe mundury) otworzyły ogień do tłumu demonstrantów w Bostonie i Nowym Jorku...

Parlament brytyjski wprowadził prawa, na mocy których Amerykanie mogli być sądzeni w Anglii, a gubernatorzy kolonii pobierać pensję ze skarbu Korony. Był to cios w autonomię kolonii.

Niepokorny Boston w grudniu 1773 roku wydał „bitwę herbacianą". Przebrani za Indian Bostończycy wywalili cały potężny ładunek herbaty angielskiej do morza, gdy zażądano od nich opłacenia cła... W odwecie Anglicy zamknęli port w Bostonie. Na tę wieść Virginia solidarnie z kolonią Massachusetts ogłosiła „dzień postu i modlitwy", a Thomas Jefferson wspomni, że pragnęli „ubłagać Najwyższego, by odwrócił klęski grożące nam i dał nam jedno serce i jedną myśl, by przeciwstawić się zamachowi na nasze wolności". Modły nie pomogły. Parlament brytyjski wprowadził drakońskie ograniczenia praw Izb Reprezentantów Kolonii, uniemożliwił radykalne działania ogólnych zgromadzeń obywateli, które decydowały dotychczas o wielu ważkich prawach życia kolonii, uzależnił mianowanych przedstawicieli sądownictwa od króla i gubernatorów. Pogrożono buntownikom ustawą zezwalającą na kwaterowanie wojsk w każdym budynku!

Amerykanie odpowiedzieli zwołaniem kongresu w Filadelfii, który zebrał się 5 września 1774 roku. Utworzył „Association" — Stowarzyszenie Kolonii i podjął decyzję, że z dniem 1 grudnia 1774 roku mają ustać wszystkie związki ekonomiczne z Wielką Brytanią, dopóki parlament brytyjski nie unieważni ustaw godzących w prawa Amerykanów.

Deklarację jawnie wołającą o suwerenność przygotował młody prawnik z Virginii — Thomas Jefferson: „Mieszkańcy stanów podlegają prawom, które przyjęli na początku swego osiedlenia, które zostały uchwalone przez ich własne ciała prawodawcze. Żadne inne ciało prawodawcze nie może sprawować nad nimi władzy."

Na kongres przybył George Washington i jeden z wybitnych działaczy „Synów wolności" z Massachusetts, Paul Revere. Wzywali do wyboru własnego rządu i powołania wojska!

19 kwietnia 1775 roku, w dzień chłodny, ale pogodny, wpadł jak wicher Paul Revere do miasteczka Lexington, nieopodal Bostonu, z wiadomością, że Brytyjczycy nadchodzą, by zająć magazyny wojskowe w sąsiednim mieście zwącym się — o ironio! — Zgoda, czyli Concord.

W bitwie pod Lexington padł „pierwszy strzał, którego echo usłyszał cały świat".

Wojna o niepodległość, zwana amerykańską rewolucją, wybuchła.

16 czerwca 1775 naczelnym wodzem Kongres mianował George'a Washingtona. Odczytano Deklarację Potrzeby Chwycenia za Broń — A Declaration on the Necessity of Taking up Arms — pióra Jeffersona: „Na ziemi, która nas zrodziła, aby bronić wolności, która wraz z życiem była nam dana i którą do niedawna cieszyliśmy się, starano się nas jej pozbawić. Aby chronić dobra, które zawdzięczamy pracy naszych przodków i nas samych, przeciw przemocy, która nas dotknęła, bierzemy w ręce broń. Złożymy ją, gdy napastnicy zaprzestaną wrogości i gdy zniknie niebezpieczeństwo, że mogą się one powtórzyć. Nie przedtem". Autorowi tych słów, 33-letniemu Thomasowi Jeffersonowi, powierzył Kongres autorstwo najcenniejszego aktu, który miał przejść do historii pod mianem — Deklaracja Niepodległości.

Zachował się roboczy rękopis zaczynający się tytułem „A Declaration by the Representatives of the UNITED STATES OF AMERICA"... Stany Zjednoczone Ameryki — ta nazwa państwa użyta przez Jeffersona już w czerwcowe dni, gdy w skromnym filadelfijskim domku rzemieślnika — gęsim piórem przy przenośnym pulpicie pisał Deklarację Niepodległości, miała zostać ustalona ostatecznie przez Kongres dopiero 1 marca 1781 w pierwszej Konstytucji Stanów.

4 lipca 1776 roku II Kongres Kontynentalny, zebrany w Filadelfii, ogłosił „Jednogłośną Deklarację Trzynastu Stanów Zjednoczonych Ameryki", która przeszła do historii jako Deklaracja Niepodległości.

Liberty Bell — potężny Dzwon Wolności uderzył, gdy 8 lipca 1776 roku na placu, który miał otrzymać miano Plac Niepodległości — odczytano mieszkańcom Filadelfii te słowa: „Uważamy następujące prawdy za oczywiste: że wszyscy ludzie rodzą się równi, że Stwórca obdarzył ich pewnymi nienaruszalnymi Prawami, do Życia, Wolności, Szczęścia. Celem zabezpieczenia tych praw wyłonione zostały spośród ludzi rządy, których sprawiedliwa władza wywodzi się ze zgody rzą-

„Jednogłośna Deklaracja Trzynastu Stanów Zjednoczonych Ameryki" przeszła do historii jako Deklaracja Niepodległości. Wielki akt narodzin USA z przesłaniem o prawie każdego człowieka do Życia, Wolności i Szczęścia.

Thomas Jefferson podaje Deklarację Niepodległości do podpisu Przewodniczącemu Kongresu – Johnowi Hancockowi.

dzonych. Jeśli kiedykolwiek jakakolwiek forma rządu uniemożliwiałaby osiągnięcie tych celów, to naród ma prawo taki rząd zmienić lub obalić i powołać nowy, którego podwalinami będą takie zasady i taka organizacja władzy, jakie wydadzą się narodowi najbardziej sprzyjające dla jego szczęścia i bezpieczeństwa (…) Historia rządów obecnego króla Wielkiej Brytanii to historia stale powtarzających się krzywd i uzurpacji, które wszystkie miały na celu ustanowienie absolutnej tyranii nad tymi Stanami." Wśród przeniewierstw króla Wielkiej Brytanii Jerzego III Deklaracja wylicza: „(…) ciągle rozwiązywał izby przedstawicielskie za to, iż przeciwstawiały się z męską stanowczością jego zakusom na prawa ludu; (…) starał się nie dopuścić do zaludnienia Stanów i w tym celu przeciwstawił się naturalizacji cudzoziemców, (…) utrudniał wykonywanie sprawiedliwości, odmawiając swej zgody na prawa ustanawiające władze sądowe; uzależnił naszych sędziów wyłącznie od swej woli, (…) utworzył całą masę nowych urzędów i nasłał tutaj szarańczę nowych urzędników, aby nękali nasz lud i zjadali jego zasoby; utrzymywał wśród nas w czasie pokoju stałe wojska, bez zgody naszej władzy ustawodawczej; (…) wyraził swą zgodę na bezprawną ustawę o przecięciu naszego handlu ze wszystkimi częściami świata; o narzucaniu na nas podatków bez naszej zgody; (…) o wywożeniu nas za morza celem sądzenia tam za rzekome przestępstwa (…); o odbieraniu nam naszych swobód, znoszeniu najbardziej cennych dla nas praw i zmienianiu w sposób zasadniczy formy naszych rządów; o zawieszaniu naszych własnych ciał ustawodawczych i o tym, że obce sądy posiadają prawo wydawania ustaw dla nas we wszelkich wypadkach. Zrzekł się rządów tutaj, ogłaszając, iż jesteśmy wyjęci spod jego opieki i rozpoczął wojnę przeciwko nam; splądrował nasze morza, zniszczył nasze wybrzeża, spalił miasta i zgładził wielu ludzi; równocześnie przerzucił tutaj wielkie armie obcych najmitów, aby dokończyły dzieła śmierci, spustoszenia i tyranii już rozpoczętego wśród okrucieństw i perfidii, które ledwie dadzą się porównać z najbardziej barbarzyńskimi czasami, a które całkowicie niegodne są głowy cywilizowanego narodu; (…)

W każdej fazie naszego uciemiężenia składaliśmy w jak najpokorniejszy sposób prośby o naprawienie krzywd naszych. Jedyną odpowiedzią na nasze petycje były zwykle ponowne krzywdy. Król, którego tyrański charakter ujawnił się wyraźnie poprzez każdy z tych aktów, nie godzien jest, aby być władcą wolnego narodu.

Brytyjscy nasi bracia nie mogą skarżyć się, iż nie zwracaliśmy się do nich. (...) odwoływaliśmy się do ich wrodzonej sprawiedliwości i wielkoduszności, i zaklinaliśmy ich na węzły naszego pokrewieństwa, aby potępili te nieprawości (...). Jednakże oni również głusi byli na głos sprawiedliwości i pobratymstwa. (...)

Dlatego my, przedstawiciele Stanów Zjednoczonych Ameryki zebrani na Kongresie Ogólnym, odwołując się do Najwyższego Sędziego Świata, uroczyście ogłaszamy i oświadczamy w imieniu wszystkich ludzi dobrej woli tych Kolonii, że połączone Kolonie są i mają słuszne prawo być wolnymi i niepodległymi państwami; że zwolnione są one z wszelkich zobowiązań w stosunku do Korony Brytyjskiej i że wszelkie powiązania polityczne między nimi a państwem Wielkiej Brytanii są i powinny być całkowicie zniesione oraz że jako wolne i niepodległe kraje mają one pełne prawo wypowiadania wojny, zawierania pokoju, wstępowania w sojusze, nawiązywania stosunków handlowych i czynienia wszystkiego, do czego mają prawo państwa niezależne. Zobowiązujemy się jeden przed drugim naszym życiem, naszymi posiadłościami i świętym naszym honorem do podtrzymania niniejszej Deklaracji, mając niezłomną wiarę w pomoc boskiej Opatrzności".

Na Dzwonie Wolności, który bił rozgłośnie nad Filadelfią, gdy trwało trzykrotne „Hurra", są wyryte słowa „Proclaim Liberty Trought all the Land all the Inhabitants there of" — „GŁOŚ WOLNOŚĆ CAŁEMU KRAJOWI I JEGO MIESZKAŃCOM".

„Pozdrawiam cię, szlachetny wygnańcze!"

„Zgaszona wolność na tym zestarzałym i zepsutym świecie, na nowo odkrytej ziemi sponad czystych wód morskich kryształów podnosi pałające swe strzały i nowe te kraje, odwiecznymi zacienione lasami, dobroczynnym rozwesela blaskiem. Idźmy tę jasną zorzę uwielbiać, idźmy za nią walczyć, idźmy czcicieli jej wspierać!" Tak miał zawołać Tadeusz Kościuszko podejmując decyzję wyjazdu do Ameryki, gdy wieść o wojnie „o święte swobody, o niepodległość rozpędziła posępne chmury, którymi zniewaga własnej Ojczyzny otoczyła czoło jego". Te słowa, wyszukanie rozpoetyzowane, włożył w usta swemu dowódcy po latach Julian Ursyn Niemcewicz, pisząc w roku 1820 swą *Pochwałę Kościuszki* nie wydaną, niestety, lecz zachowaną w zbiorach naszej Biblioteki Narodowej, przebadaną i w cennych zacytowaną fragmentach przez Jana Dihma w tomie *Kościuszko nieznany.*

"Wszystkie zdrowe umysły, wszystkie nieskażone serca oświadczyły się z Amerykanami" — stwierdza Niemcewicz. Prawdziwość tych słów potwierdzają pełne niepokoju listy samego księdza biskupa Ignacego Krasickiego, autora sławnego hymnu, jaki śpiewą w Korpusie Kadetów Tadeusz Kościuszko — "Święta miłości kochanej Ojczyzny"...

"A cóż robią zacni nasi Amerykanie, powiedz mi cokolwiek przez litość, nasze gazety milczą" — alarmował zagranicznych przyjaciół ksiądz biskup w sierpniu 1777 roku.

W tym czasie Tadeusz Kościuszko, ochroniwszy zaporami odwrót armii amerykańskiej spod Ticonderogi, zaczyna swój zwycięski marsz po zwycięstwo pod Saratogą.

Wiadomość, jak dopłynął do ziemi, gdzie panowała "miłość, sprawiedliwość, wstręt do jarzma", wiemy dzięki Niemcewiczowi. W jego *Pochwale* pośród "pałających strzał" i "jasnych zórz" znajdujemy wiadomość rzetelną i kapitalną: "Anglia, pogardzając prawami narodów, mieniąca się być wyłączną oceanu panią, chwytała wszystkie okręta wprost do osad amerykańskich idące. Dla uniknięcia ciężkich zawodów udał się Kościuszko do Martyniki" — informuje Niemcewicz. Martynika należała do Francji. Być może to właśnie niedaleko jej brzegów rozbił się statek, a Kościuszko ocalał "przez chwycenie się masztu i do wyspy zapłynienie", jak to obrazowo opowiada cytowana na wstępie relacja w gazetce Ojców Pijarów. Przez Martynikę i San Domingo szedł jeden z traktów przerzutowych, którymi zdążali oficerowie z Europy, by wstąpić w szeregi armii amerykańskiej. Dodajmy informację (specjalnie dla Bogusława Kaczyńskiego!), że jednym z czołowych agentów organizujących te przeprawy był czarujący pan Pierre Augustine de Beaumarchais. Właśnie w 1775 roku zdążył ukończyć *Cyrulika Sewilskiego* (od razu pomyślany przezeń jako tekst do opery), ale premiera się nie odbyła, bo sprał podczas próby pewnego księcia, umizgującego się do aktorki, z którą pan Pierre romansował. W 1778 napisał ciąg dalszy — *Wesele Figara.*

Takim żaglowcem płynął z Francji do Ameryki latem 1776 roku Tadeusz Kościuszko. Rysunek Henryka Archackiego z New Yorku ofiarowany przez autora do tej książki.

Tomasz Kajetan Węgierski (ur. w 1756 roku na Podlasiu – zmarł 11 kwietnia 1787 w Marsylii), poeta, pierwszy literat polski, który odbył podróż do Ameryki i opisał ją w ciekawych dziennikach, których karty będziemy przywoływać. Płynął z Francji taką samą trasą jak Kościuszko, przez Martynikę. Dzięki niemu możemy sobie wy-obrazić podróż naszego bohatera. Węgierski był także w Saratodze i West Point. Umierając na obczyźnie odszedł tak, jak to przepowiedział, nie budząc „w nikim łzy żalu, będąc zapomnianym"..

A w międzyczasie pod firmą fikcyjnego „Hiszpańskiego Domu Hand-lowego" ekspediował do armii Washingtona broń, amunicję i żołnie-rzy. Miło byłoby pomyśleć, że ten który stał się natchnieniem Mozar-ta i Rossiniego wysyłał za ocean Tadeusza Kościuszkę. I Stefan Bratkowski czyni w tej mierze budzące nadzieje sugestie... Ale histo-rykom daty się nie zgadzają.

Kościuszko wypłynął z Francji już w czerwcu 1776. A król Ludwik XVI dopiero w maju aprobował projekt organizacji pomocy Ameryce świetnie przygotowany przez Pierre'a Baumarchais, który nie tylko w komediopisarstwie jak widzimy celował... Projekt był przygotowany już w grudniu — stąd sugestie Bratkowskiego, że autor *Cyrulika* mógł wspierać wyjazd pierwszych ochotników, ale zanim pomysły Baumar-chais zrealizowano — upłynęły miesiące. Pierwszy statek z Francuzami przybił do brzegów Ameryki dopiero w roku 1777, gdy nasz pułkownik Kościuszko kończył już fortyfikacje Filadelfii...

Nie wiemy, jak przeżył pierwszą swą przeprawę morską, ani jakie wrażenie wywarła na nim przepiękna, podzwrotnikowa Martynika. Ale mamy pamiętnik i listy jego rodaka, który przepłynął tą samą tra-są lat kilka później — w maju–czerwcu 1783 roku. To pierwszy literat polski, który dotarł do Ameryki Północnej, gdy jeszcze nie zgasły og-nie wojny i pozostawił dziennik — który, jak twierdzi jeden z naj-większych znawców historii literatury polskiej, prof. Julian Krzyża-nowski, „przypisywano pióru... Kościuszki".

Tomasz Kajetan Węgierski, dokładnie o dziesięć lat młodszy od Kościuszki (a na moim Podlasiu, we wsi Śliwno koło Białej Podla-skiej urodzony), niezwykle utalentowany absolwent Collegium Nobi-lium, złośliwiec, autor ciętych paszkwili na „jaśnie oświecone", ro-mansowiczki od łoża ambasadora moskiewskiego nie stroniące (tak je rozwścieczył, że chciały go publicznie oćwiczyć), naraził się samemu Stanisławowi Augustowi Poniatowskiemu, wzdychając:

Gdybym był kiedy królem, nie byłbym tak słaby,
Nie rządziłby mną Moskal, faworyt, ni baby...

I gdy właśnie pewien faworyt królewski (zresztą w randze senato-ra) uczynił „zajazd", czyli po prostu napad, na dom ojca poety, Wę-gierski wypalił taki memoriał oskarżający złoczyńcę, magnatów-war-chołów i cały rząd z królem, że wpakowano go do więzienia!

Odsiedziawszy wyrok — wyjechał. Urzeczony książką autorstwa Amerykanina, pochodzenia francuskiego, Hectora de Crevecoeura *Letters from an American Farmer*, którą zaczytywano się w paryskich salonach, Węgierski postanawia zobaczyć na własne oczy ten „zachwycający obraz szczęśliwego życia mieszkańców Ameryki angielskiej, a szczególnie rolników Pensylwanii"... I wyrusza do Ameryki.

Podróż jest straszna. „Wymiotowałem podczas pięciu dni... Nie mogę ustać na nogach"... Dni są „tak nudne, tak monotonne"... Widział, co prawda, „kilka wielorybów, które ciskały nam wodę do ócz, ale one nie miały ochoty wejść na pokład. To prawda, że życie, które tu pędzimy, nie jest wcale pociągające". 24 czerwca, w sam dzień świętojański dopływają wreszcie do Martyniki. Możemy domniemywać, że tak ją mógł zobaczyć także Kościuszko. Kaskady, amfiteatry plantacji, palmy. „Gęsta i majestatyczna głowa kołysze się na ciele prostym i wysmukłym". Upał. Kolacje w pomarańczowych gajach, wśród cytryn, granatów, ananasów i kwitnących jaśminów... Kąpiel w chłodnej, szmaragdowej wodzie...

„Moja miłości! A cóż znaczą wszystkie rozkosze ziemi, w porównaniu ze szczęściem leżenia przy Tobie na tym trawniku, który tyle razy był świadkiem mego szczęścia" — pisze Węgierski z Martyniki do swej ukochanej Julii w Paryżu. „Czy czujesz ogień moich uścisków? Całe moje szczęście jest w Tobie. Jak my będziemy szczęśliwi! I jak bardzo będziemy wynagrodzeni za przykrości, jakie musieliśmy wycierpieć? Przysięgam Ci, że wolę Cię nad miliony — i nad piękność Wenery, że serce i dusza mojej drogiej Julii są większymi skarbami mojej duszy, niż dochody obu Indyi. Chcę być ostatnim z ludzi, jeżeli kiedy zmienię ten sposób myślenia. Bądź więc spokojną, moja droga miłości, i bądź przekonaną, że nigdy nie wzbudziłaś uczucia prawdziwszego i czulszego, niż jest moje i że niepodobnem mi jest żyć bez Ciebie"...

Może tak napisałby też Kościuszko do swej ukochanej Ludwiki. Gdyby mu pisać do niej było wolno!

Sielanka Węgierskiego na Martynice kończy się smutno. Przypływa statek z Senegalu wiozący pół tysiąca murzyńskich niewolników. „Wysadzono tych nieszczęśliwych w naszej obecności. Wszyscy są ludźmi bardzo pięknymi i w kwiecie wieku"... Być może i Kościuszko widział taki tragiczny transport...

Faktem jest, iż opuścił Martynikę co rychlej. „Nowe niebiosa, odmienna postać natury całej, inne płody ziemi i morza nie potrafiły zatrzymać młodzieńca, pałającego widzieć się co prędzej na polu sławy” — opisywał Niemcewicz uczucia Kościuszki, jakie przeżywał na Martynice latem 1776 roku. „Niepomny na niebezpieczeństwa, w małej łodzi rybackiej puścił się na bezdenne morza, lecz czuwała Opatrzność nad szlachetnym rycerzem. Ona to usłała burzące się oceanu wały, ona to popędliwe uskromiła wichry, by ten, co na dwóch osiach świata walczyć miał za prawa ludów, dla ludów tych zachowanym został. Stanął Kościuszko szczęśliwie na brzegach Zjednoczonych już Stanów Ameryki”.

Powitanie miało się odbyć — wedle relacji Niemcewicza — niezwykle obrazowo: „co za widok uderzył oczy młodzieńca: stały nad morzem w wesołej równinie gęste hufce uzbrojonego ludu. Nie były to szyki foremne, gdzie lśkniący się oręż, jednakowość ubiorów skrępowana, martwa i tysiąców postawa, przepych w ozdobach wodzów, wśród trwożliwego tłumów milczenia (…); były to hufce w niejednostajnym rolniczym ubiorze z rozmaitą bronią; spojrzenie ich wesołe i śmiałe; niezręczne w obrotach, lecz już pełne wojennej ochoty, we wszystkich duch jeden, we wszystkich ta ufność, to przekonanie, że lud (…) który postanowił być wolnym, wolnym być musi”. Pamiętajmy, że Niemcewicz towarzysząc Kościuszce w czasie Insurekcji, a potem w wielkiej podróży z moskiewskiej niewoli do Stanów — słuchał wspomnień Naczelnika. I zapewne takie wrażenie musiało wywrzeć wojsko amerykańskie — traperów, myśliwych, ochotników wszystkich zawodów — na młodym kapitanie (No, już miał trzydziestkę, wiek na owe czasy podtatusiały, ale wyglądał tak młodo, że w jakiejś biografii amerykańskiej dano mu lat — 21!)…

Oczywiście, te „hufce” nie stały na brzegach rzeki Delaware, gdy latem 1776 dotarł do Filadelfii. To wrażenie późniejsze.

Ale jest i dalszy ciąg niezwykłej sceny powitania w opowiadaniu Niemcewicza.

„Opodal pod rozłożystym dębem ujrzał Kościuszko męża wyniosłej postaci z poważnym i słodkim spojrzeniem; godność jego w prostocie, władza w udziale od prawa, powaga w szacunku i ufności współziomków. Mąż ten był to Jerzy Washington, jeden z zamożnych w Wirginii rolników, dziś wódz najwyższy dobijającego się o swobo-

George Washington (ur. 11 lutego 1732 r. – zm. 14 grudnia 1799 r.), plantator z Virginii, którego spolszczyliśmy na Jerzego Waszyngtona, Naczelny Wódz „amerykańskiej rewolucji", dwukrotny prezydent USA (1789–1796). Mówiono o jego imponującym wyglądzie: „Każdy europejski król wyglądałby u jego boku jak lokaj".

O swym dowództwie w wojnie o niepodległość powiedział: „Nikomu chyba nie przyszło dowodzić armią w bardziej niesprzyjających warunkach jak mnie".

Późnym latem 1776 roku przypłynął do Filadelfii kapitan Tadeusz Kościuszko. Legenda powiada, że zobaczył „gęste hufce uzbrojonego ludu" i samego Washingtona, który miał mu rzec: „Pozdrawiam cię szlachetny wygnańcze". W rzeczywistości spotkali się dopiero za dwa lata. Pierwsza wzmianka o Kościuszce w listach Washingtona dotyczy braku dobrych inżynierów w armii, „mówiono mi, że w Filadelfii jest jeden zdolny"...

dy narodu. Rozmawiał on spokojnie z otaczającym go gronem star-
szyzny, gdy młody nasz ziomek stanął przed nim. „Któż jesteś młodzieńcze? — zapytał Washington — jaka twoja Ojczyzna, jakie zamiary?" „Jestem Polakiem — odpowiedział Kościuszko — zrodzony
do wolności, straciłem ją w kraju moim, u was chcę jej szukać, z wami walczyć za nią". „Pozdrawiam cię, szlachetny wygnańcze — rzekł
Washington — Godzien jesteś walczyć za sprawę tak świętą"; tu wy-
ciągnął mu rękę, ściśnienie dłoni tych obrońców wolności dwóch
światów trwałej do śmierci przyjaźni stało się hasłem".

Głęboko się wzruszał młody Żeromski tą sceną spotkania Kościuszki z Washingtonem. Całkowicie nieprawdziwą!

Naczelny Wódz stał latem roku 1776 nie pod dębem w Filadelfii,
lecz na czele swej dwudziestotrzytysięcznej armii ochotników w New
Yorku — mając przed sobą gotujący się do ataku największy korpus
ekspedycyjny XVIII wieku — trzydzieści tysięcy wyborowych żołnierzy Wielkiej Brytanii z najemnikami niemieckimi i olbrzymią flotę
— dziesięć okrętów wojennych i dwadzieścia fregat...

„Gdybym miał życzyć przeciwnikowi najgorszego losu za życia,
chciałbym, by znalazł się w mojej skórze..." — westchnął Washington w jednym z listów.

Wersją o jego spotkaniu z Kościuszką (znana Żeromskiemu) powtarza się w obu najwcześniejszych biografiach Naczelnika.

Legendy, legendy...

Francuz, Marc Jullien, w *Notice biografique sur Thadée Kosciuszko* wydanej w Paryżu ledwo rok po śmierci Naczelnika (i zaraz-że
przetłumaczonej w Polsce) opowiada, jak to Kościuszko ledwo dopłynął do Ameryki „stawa przed Washingtonem, żadnego, oprócz własnej osoby nie mając zalecenia.

— W jakim przybywasz zamiarze? — wódz go pyta. — Pragnę
bronić sprawy niepodległości amerykańskiej.

— Jakie masz do tego zdatności? — Chciej ich doświadczyć —
odpowie Kościuszko ze szlachetną otwartością. Stało się zadość jego
życzeniu."

Legendy, legendy...

„Ze szczupłą kasą puścił się w tak daleką drogę, która ledwie koszty podróży okryć mogła, nie mając prócz tego nic więcej, jak tylko
podwójne odzienie, pałasz i swe wiadomości" — rozrzewnia się jeden

z dwóch pierwszych biografów Kościuszki, Karol Falkenstein, Szwaj- car z Solury, który znał osobiście Naczelnika u schyłku jego dnia.

Prawda jest zaś taka, że nasz skromny kapitan wyruszył z Polski sowicie zaopatrzony. Zadłużony, co prawda, po uszy u sióstr, obdaro- wany przez księcia Adama Czartoryskiego — wywiózł sumę 1070 du- katów, która to „szczupła kasa" stanowiła równowartość około 2500 dolarów, a całoroczna pensja kapitana w wojsku amerykańskim wy- nosiła dolarów 320!

Znakomity historyk amerykański, Jared Sparks, dotarł do wielce już sędziwego generała Johna Armstronga, przyjaciela Kościuszki i to- warzysza broni. Armstrong wzruszył ramionami orzekając: „To niepra- wda, że przybył do naszego kraju bez grosza. W takim przypadku po- bierałby, jak inni, miesięczną gażę, a tymczasem wiem, że odmawiał przyjmowania czegokolwiek więcej ponad należne przydziały chleba, mięsa i obroku dla konia. Wszystkie wydatki, na które był narażony, po- dobnie jak inni oficerowie, musiał pokrywać z własnych funduszy"...

Armstrong neguje też legendarną scenę pierwszego spotkania Ko- ściuszki z Washingtonem: „Podobnie jest z prezentacją Washingtono- wi i rozmową, jaka niby miała między nimi miejsce. Któż znający wielką dbałość o formy, cechującą Naczelnego Wodza, może uwie- rzyć w owe bezceremonialne pytania, jakie miał stawiać Kościuszce? I kto znając skromność Kościuszki, może dać wiarę w owe odpowie- dzi mu przypisane — chłopięce i aroganckie?

A prawda jest taka, że pierwsza rozmowa między tymi wybitnymi postaciami miała miejsce (...) we wrześniu 1778 roku"...

Czyli ponad dwa lata od przybycia Tadeusza Kościuszki do Fila- delfii.

A jak się ma do prawdy wersja, że kapitan polski przybył do Ameryki „bez żadnego zalecenia"?

„(...) cóż może być bardziej nieprawdopodobnego, jak historyjka o jego przybyciu nie tylko bez pieniędzy, lecz bez jakichkolwiek świadectw czy listów (...)" — pisał generał Armstrong. „Jak to moż- na pogodzić z faktem, że już na początku października, zanim prze- służył choćby godzinę w szeregach (...) Kongres dał mu nominację na pułkownika inżyniera?"

Wszyscy historycy — począwszy od Władysława Kozłowskiego, który pierwszy w roku 1907 opublikował cykl artykułów o służbie amerykańskiej Kościuszki „według dokumentów niewydanych", poprzez Mieczysława Haimana — po Wiktora Malskiego, autora jedynej pracy w całości poświęconej „Amerykańskiej wojnie pułkownika Kościuszki", są zgodni co do tego, kto i do kogo adresował listy polecające dla Kościuszki. Nadawcą był książę Adam Czartoryski, dowódca Szkoły Rycerskiej, tak dobrze znający i ceniący Kościuszkę z Korpusu Kadetów. Adresatem — generał Charles, czyli Karol, Lee, były adiutant króla polskiego i serdeczny przyjaciel księcia Adama, a obecnie generał armii amerykańskiej o wielkim znaczeniu. Pamiętano o jego brawurowych działaniach w wojnie z Francją, gdy Indianie z racji temperamentu dali mu przezwisko „Wrząca Woda"... Był wówczas towarzyszem broni młodego Washingtona. Razem przeżywali straszliwą masakrę, jaką zgotowali brytyjskim wojskom Indianie, wciągnąwszy je w puszczańską zasadzkę...

Teraz znów spotkali się po jednej stronie barykady, ale nie z tym samym sukcesem. We wrześniu 1776 roku Washington przegrał bitwę o New York, zajęty przez Brytyjczyków. W październiku 1776 do Filadelfii przybył generał Charles Lee, witany jako zwycięzca, który obronił Charleston.

Jego interwencja w sprawie polskiego kapitana przyniosła natychmiastowy rezultat.

30 sierpnia 1776 roku kapitan-inżynier Kościuszko przedłożył Wydziałowi Wojny memoriał-plan fortyfikacji osłaniających Filadelfię (niestety — zaginął). I czekał na odpowiedź cierpliwie i na próżno. Gdy tylko pojawił się generał Lee i poparł polskiego inżyniera — tenże błyskawicznie otrzymał ów cenny dokument, szczęśliwie wydrukowany przez Tadeusza Korzona w drugim wydaniu jego biografii Naczelnika „z dokumentów wysnutej":

„Delegaci Stanów Zjednoczonych z New-Hamsphire, Massachusetts-Bay, Rhode Island, Connecticut, New York, New Jersey, Pennsylvania, Delaware, Maryland, Virginia, North-Carolina, South-Carolina i Georgia do

Tadeusza Kościuszki Esquire

Pokładając szczególną wiarę i ufność w Pański patriotyzm, cnoty, zachowanie i wierność, czynimy niniejszym, ustanawiamy i mianujemy Pana inżynierem w randze pułkownika w armii Stanów Zjednoczonych utworzonej dla obrony amerykańskiej wolności i odparcia każdej wrogiej napaści skądkolwiek. Ma Pan zatem troskliwie i sumiennie wypełniać powinność inżyniera czyniąc i wypełniając wszelkie rzeczy do niej należące. A my ściśle zobowiązujemy i wymagamy od wszystkich oficerów i żołnierzy pod Pańskim dowództwem posłuszeństwa Pańskim rozkazom jako inżyniera. Pan zaś ma przestrzegać i wypełniać takie rozkazy i polecenia, jakie otrzymywać Pan będzie od tego lub przyszłego Kongresu Stanów Zjednoczonych, albo Komitetu Kongresowego w tym celu naznaczonego, albo Naczelnego Wodza w tym czasie Armii Stanów Zjednoczonych lub też od każdego innego z Pańskich przełożonych, zgodnie z zasadami i wojenną dyscypliną, stosownie do położonego w Panu zaufania. Ta nominacja ma być w mocy aż do odwołania przez ten lub przyszły Kongres".

Tę nominację wydaną w imieniu Kongresu trzynastu stanów, które stanęły do walki o wolność, podpisali — Charles Thompson, sekretarz Kongresu, ten sam, który zasugerował kształt godła narodowego — orła. I John Hancock, Przewodniczący II Kongresu, który jako pierwszy podpisał Deklarację Niepodległości.

Miasto braterskiej miłości

Miasto Niepodległości. Miasto Miłości Braterskiej — bo po grecku „philadelphia" — to uczucie oznacza. Stolica stanu Pennsylvania od 1681 roku, stolica podczas wojny o niepodległość, stolica USA do roku 1800.

Dewizą stanu Pennsylvania jest — Virtue, Liberty and Independence — Cnota, Wolność i Niepodległość. Nazwa wywodzi się od łacińskiego — „Leśny kraj Penna", założycielem Pennsylvanii był bowiem William Penn, syn admirała floty brytyjskiej, wobec którego Korona miała ogromne długi. Król Karol II spłacił je oddając Williamowi Pennowi potężne terytorium w Ameryce, bogate w lasy. Nad rzeką Delaware powstało miasto Philadelphia, którą to nazwę spolszczyliśmy na Filadelfia. Skąd jej imię? William Penn był kwakrem. Tak przezwali tę sektę niechętni od słowa „quake" — trząść się.

Dzwon Wolności – Liberty Bell wieścił wielki dzień Deklaracji Niepodległości i każde zwycięstwo „amerykańskiej rewolucji".

Filadelfia. Miasto Braterskiej Miłości. Kolebka niepodległości Stanów Zjednoczonych. Independence Hall – gdzie podpisano Deklarację Niepodległości (1776) i pierwszą Konstytucję (1787).

Carpenters Hall w Filadelfii – Izba Ciesielska, siedziba mistrzów stolarzy. Tu odbył się I Kongres Kontynentalny Kolonii jesienią 1774 roku, czyniąc pierwszy krok do suwerenności narodu amerykańskiego.

Drżeć w obliczu Stwórcy. Trząść się ekstatycznie śpiewając psalmy podczas nabożeństwa. Sami kwakrowie nazywają się do dziś prosto i pięknie — Friends. Przyjaciele. Połączeni miłością braterską.

Skromność, dobroć dla bliźnich, tolerancja, uczciwość — oto ich główne cechy. Sprzeciwiali się wojnom i rozlewowi krwi. Ale jednym z najwybitniejszych wojny o niepodległość dowódców jest „The fighting Quaker" — Walczący Kwakier — generał Nathanael Greene, pod rozkazami którego Tadeusz Kościuszko odbędzie całą kampanię na Południu.

Filadelfia tonie w słońcu i majowej zieleni. Independence National Historic Park (Narodowy Historyczny Park Niepodległości) nazwano najbardziej zabytkową milą kwadratową Ameryki. Tylko tu można zobaczyć jeszcze brukowane, wąskie uliczki i domostwa, które owiewa majestat historii. Pod szklaną kopułą chroni się Liberty Bell — Dzwon Wolności. Pęknięty. Przybył tu z Londynu, by uczcić półwiecze konstytucji, jaką w roku 1701 nadał Pennsylvanii William Penn — demokratyczną i pełną tolerancji.

Przy pierwszych próbach — pękł. Ale dwaj ludwisarze filadelfijscy, dwaj Johnowie — Pass i Stow (których nazwiska z pietyzmem przechowano w archiwach Filadelfii) — uratowali go. Zawieszony na wieży State House (czyli dzisiejszego Independence Hall) — miał zaszczyt obwieścić zwycięstwo Deklaracji Niepodległości. Bił — jak nasz Zygmunt — tylko przy wielkich uroczystościach i głosił każdy triumf wojsk w Wojnie o Niepodległość. Pękł ponownie w roku 1835, gdy grzebano przewodniczącego Sądu Najwyższego — symbolu sprawiedliwości.

Poczytano to za groźne ostrzeżenie.

Ostatni raz uderzył 11 lutego roku 1846 — czcząc sto czternastą rocznicę urodzin George'a Washingtona. I zamilkł.

Sterczymy pokornie w długaśnej kolejce do Independence Hall. Krzyżuje się kilkanaście języków świata, w podnieceniu. Przecież zaraz staniemy w miejscu świętym świętych — Assembly Room (Pokoju Zgromadzeń), gdzie podpisano Deklarację Niepodległości 4 lipca 1776, a pierwszą konstytucję USA we wrześniu 1787.

Sala we wszystkich odcieniach zieleni, z meblami włącznie — zgodnie z historycznym pierwowzorem — jest częściową rekonstrukcją. Brytyjczycy, okupując Filadelfię kilka miesięcy na przełomie 1777 i 1778 roku — zniszczyli bestialsko wszystko, co przypominało

Thomas Jefferson (ur. 13 czerwca 1743 r. – zm. 4 lipca 1826 r.) – trzydziestotrzyletni prawnik z Virginii, autor Deklaracji Niepodległości, którą napisał w ciągu dwóch tygodni w izdebce rzemieślnika w Filadelfii. Gubernator Virginii, poseł USA w Paryżu, twórca wizji architektonicznej Waszyngtonu, dwukrotny prezydent USA (1801–1809). Wierny przyjaciel Tadeusza Kościuszki.

Deklarację Niepodległości odczytano uroczyście przed frontem armii George'a Washingtona w New Yorku 9 lipca 1776. Żołnierze rekrutujący się ze wszystkich warstw społecznych i zawodów przyjęł ją owacyjnie.

Assembly Room w filadelfijskim Independence Hall. Tu debatowano nad Deklaracją Niepodległości i pierwszą Konstytucją Stanów. Tu je podpisano. Srebrny kałamarz, w którym maczano gęsie pióra, ocalał.

żywo „bunt rebeliantów" amerykańskich. Na szczęście ocalał srebrny kałamarz, w którym maczali gęsie pióro sygnatariusze Deklaracji Niepodległości...

Ocalał też fotel ze złocistą tarczą słońca, na którym George Washington prezydował obradom Konwencji Konstytucyjnej od maja do września 1787. Na tę tarczę i grę prawdziwych promieni słońca na rzeźbionych popatrywał w czasie obrad niespokojnie — starający się odgadnąć, czy słońce wzejdzie nad krajem, czy zajdzie — siwowłosy, osiemdziesięcioletni starzec — Beniamin Franklin.

„On wydarł piorun niebu, a berło tyranom" — wybito na medalu za żywota tego sławnego uczonego i jednego z „ojców niepodległości".

Jeden z dziesięciorga dzieci niezamożnego rzemieślnika produkującego świece i mydło, jako siedemnastolatek przybył z Bostonu do Filadelfii, gdzie jął się wydawania gazet. Genialny samouk (edukację zakończył w wieku lat dziesięciu!) — zdobywa sławę znakomitego fizyka, wynalazcy piorunochronu. Jednocześnie jest kreatorem akademii (1751), która uzyska statut Uniwersytetu Pennsylvanii (1779) i Amerykańskiego Towarzystwa Filozoficznego — najwybitniejszej organizacji naukowej ówczesnej Ameryki.

Gdy przybył jako agent wolnych Stanów Zjednoczonych do Paryża, zwany jeszcze wówczas nad Sekwaną lekceważąco — „drukarczyk Franklin" — błyskawicznie wyrasta na wielką postać dyplomacji i wszystko, co światowe, ubiega się o znajomość z „małym Franklinem".

W Polsce jest popularny na równi z Washingtonem, podziwiany za „szczerość, ludzkość i godność". On rzuca myśl utworzenia związku Kolonii już na I Kongresie w czerwcu 1754 roku...

Miał godnego prekursora. To William Penn przedstawił plan unii już w 1697 roku...

To wszystko opowiada naszej grupce młoda i smukła Maria Schaller, w szarej bluzie, która jest typowym mundurem przewodnika Parku Narodowego.

Iwonka dorzuca w swej pięknej angielszczyźnie, że tutaj, w Assembly Hall, imć pan John Hancock, ówczesny przewodniczący Kongresu w imieniu 13 stanów podsygnował dnia 18 października 1776 roku nominację — na pułkownika-inżyniera Tadeuszowi Kościuszce, sławnemu Polakowi... A ja (z akcentem, który w Londynie uznano za

18 października 1776 roku John Hancock – prezydent Kongresu podpisał nominację Tadeusza Kościuszki: „...pokładając szczególną wiarę i ufność w Pański patriotyzm, cnoty, zachowanie i wierność, mianujemy Pana inżynierem w randze pułkownika w armii Stanów Zjednoczonych...”

Tak zaczęło się osiem amerykańskich lat. Soczyste, barwne, wspaniałe, głodne, chłodne, pracowite, brawurowe, bohaterskie... I tak mało znane przez rodaków!

Benjamin Franklin, jeden z „ojców niepodległości”, przybył do Filadelfii jako młody chłopiec bez grosza przy duszy. Był fenomenem. Wspaniałym fizykiem, wytrawnym dyplomatą i politykiem. Warszawska prasa pisała o nim podniośle, że jest to „mąż, na którego Europa z podziwem i ukochaniem obraca oczy”.

Spoczął w Filadelfii. W Independence National Park jest wiele miejsc mu poświęconych. Ten portret ukradli Anglicy podczas okupowania Filadelfii. Powrócił dopiero w 1906 roku i dziś wisi w Białym Domu.

Król Wielkiej Brytanii – Jerzy III, Wilhelm Fryderyk z niemieckiej dynastii hanowerskiej, z żoną Zofią, księżniczką meklemburską i liczną progeniturą (miał siedmiu synów). Jego posągi obalano w Ameryce, by je przetopić na kule.

Thomas Paine – rodowity Anglik, wydał w Filadelfii w znamiennym roku niepodległości 1776 broszurę „Common Sense” – „Zdrowy rozsądek”, w której stwierdzał, że jeden uczciwy zwykły człowiek wart jest więcej niż wszyscy złoczyńcy na tronach. Jerzego III nazwał „królewskim brutalem”.

szkocki, a onże po prostu podlaski), wskazawszy na flagę z kotwicą i napisem „NADZIEJA", objaśniam, czym jest dla Polaków ów znak, który harcerze Szarych Szeregów malowali na ulicach Warszawy podczas okupacji niemieckiej, splatając w znak kotwicy pierwsze litery słów Polska Walczy!

— Polacy — uradowała się Maria. — Nieczęsto was tu witam! — ogarnia wzrokiem przeczekujących ze stoicką cierpliwością nasze polonofilskie dygresje Japończyków, Hindusów, Francuzów, Belgów i kogo tam jeszcze nie było w tej międzynarodowej zbieraninie...

I opowiada, jak w 205 rocznicę podpisania Deklaracji Niepodległości — 4 lipca 1981 roku — burmistrz Filadelfii, William J. Green, ogłosił na dziedzińcu Independence Hall przyznanie filadelfijskiego Medalu Wolności (Freedom Medal) — „to Lech Walesa". W japońsko-hindusko-belgijskiej grupie ożywienie. Nikt nie wiedział, kim był ten jakiś Kościuszko. Wszyscy wiedzą, kto to „Walesa"! — To był pierwszy wypadek w dziejach zwieńczenia tym medalem cudzoziemca — oświadcza Maria. — Mówił wtedy Mr. Green, że można zabić tych, którzy kochają wolność, ale nie ich ducha... I żeby zrozumieć to, co dzieje się w Polsce, trzeba uczyć się waszej historii i czytać waszych poetów... Cytował ich! Nazwisk nie potrafię powtórzyć. Ale Mr. Pisek w Kosciuszko National Memorial na pewno ma kopię...

„Mr. Pisek" to Edward J. Piszek, znany polski przemysłowiec i prezes Copernicus Society of America, wierny wielbiciel Kościuszki. To on był jednym z walczących, by powstał polsko-amerykański film o Naczelniku na dwóchsetlecie USA. Jesteśmy z nim umówieni w Thaddeus Kosciuszko National Memorial, czyli w Muzeum Narodowym Tadeusza Kościuszki, tym jedynym domu w Ameryce, w którym mieszkał przez kilka miesięcy zimą 1797, wiosną 1798 powróciwszy do Stanów...

Edward Piszek był największym rzecznikiem odrestaurowania siedziby i stworzenia tam muzeum pamięci Naczelnika... Był też hojnym przedsięwzięcia mecenasem.

Wpadłszy w locie między ważką naradą w banku a spotkaniem z burmistrzem Filadelfii (tymże samym, który cytuje poetów polskich), prezes Piszek wręcza nam ozdobnie wydane przemówienie Williama J. Greena, który w rocznicę Deklaracji Niepodległości —

4 lipca 1981 roku cytował na dziedzińcu Independence Hall Mickiewicza:

But when the sunshine of freedom will throw its rays,
What will happen to the waterfall of tyranny?

To z wiersza *Pomnik Piotra Wielkiego* — cara Rosji, który poeta włączył do III części *Dziadów*:

Lecz skoro słońce swobody zabłyśnie
I wiatr zachodni ogrzeje te państwa,
I cóż się stanie z kaskadą tyraństwa!

Burmistrz Filadelfii przywołał i słowa Juliusza Słowackiego — „O duchu — wiecznym rewolucjoniście"...

I przeprowadził w swej oracji-laudacji porównania między wydarzeniami w Polsce (przypominam — był to rok 1981!) a tym, co działo się tu — w Filadelfii — 205 lat temu...

— To, co wydarzyło się tu — zmieniło świat. Sądzę, że to, co dzieje się teraz w Polsce — odmieni go także — mówił burmistrz Miasta Braterskiej Miłości.

— Polacy — przez wieki niewoli zachowali miłość wolności i wiarę, jak nikt w historii świata.

Walka w Polsce nie jest wojną, jak u nas 205 lat temu — z bronią w ręku. Bronią Polaków jest potęga ich idei. To jest duchowa Deklaracja Niepodległości!!!...

Patrzę, jak moi asystenci puchną z dumy czytając te słowa. Ale nagle mierzchną! Jakże to! Burmistrz ani razu nie wspomniał Kościuszki!

Piszek się śmieje.

— Jak objedziecie już miejsca fortyfikacji — wracajcie do Muzeum — tutaj znajdziecie wszelkie hołdy i dowody pamięci...

Pochylamy się nad mapami. Żeby dotrzeć do miejsc nad Delaware, gdzie Kościuszko wznosił swe pierwsze fortyfikacje, trzeba przeciąć most Walta Whitmana (kto śmie twierdzić, że Amerykanie nie cenią poetów?) — jechać autostradą nr 130 aż do Paulsboro. Tam skręcić w Billingsport Rd — ku rzece... I już jesteśmy w miejscu pierwszym... Nie dajcie się zwieść! Plączemy się wzdłuż brzegów Delaware, wśród prywatnych posiadłości z zakazem wjazdu i potwornych błot, zanim dopadniemy zardzewiałej tabliczki: „Billingsport Rd."...

Filadelfii groził desant brytyjski. Tadeuszowi Kościuszce powierzono opracowanie planu fortyfikacji na północnym brzegu rzeki Delaware – pod Billingsport. Tu Kościuszko budował pierwsze umocnienia w styczniu 1777.
Miejsce Kościuszkowskich fortyfikacji nad rzeką Delaware objęte ochroną Parku Narodowego jest ulubionym zakątkiem odpoczynku sędziwych mieszkańców Filadelfii.

Red Bank – tu stanęły zapory z ostrych pali wbite w dno Delaware, wsparte redutami. Tablicę pamiątkową, poświęconą pracy Kościuszki, wmurował w 1978 roku Prezes Fundacji Kopernikańskiej – Edward J. Piszek.

— Dobrze, że nie musieliśmy forsować tych swampów! — oddycha Iwonka wystrojona w jakieś zwiewne klapki zamiast naszych solidnych adidasów.

— Na razie! — mruknął pesymistycznie Maciek. — I nie żadnych „swampów" tylko błot, trzęsawisk, mokradeł... — wykorzystał od razu okazję lekcji polskiego.

— Jak jesteś taki sophisticated — nie daje za wygraną Iwona — to mi powiedz, od czego wywodzi się nazwa rzeki Delaware?

— Jako uczony mógłbym poczuć się dotknięty pytaniem z cyklu zagadek idiot-tele! Było plemię indiańskie, bardzo sławne, od którego imię nosi też stan... Zresztą pierwszy z trzynastu, który ratyfikował — ku radości Washingtona — Konstytucję Unii z 1787 roku. Ma dewizę — Wolność i Niepodległość.

— No i właśnie — oto jest pytanie! Bo może jednak stan nosi imię na cześć lorda De La War, który był gubernatorem Virginii i z nim wrócili tam pierwsi Polacy, których bardzo (o! Tu Iwonka się zacięła)... tcił...

— Czcił!

— Doceniał! — wybrnęła — A rzeka może też od niego ma imię...

Przed nami przedmiot nierozstrzygniętego sporu. Delaware z białymi skrzydełkami żaglówek srebrzy się w słońcu.

Kościuszko pracował tu nad fortyfikacjami gdy płynęła gęsta kra. Filadelfia żyła pod groźbą ataku brytyjskiej floty. Dwie zapory z ostrych pali wbite w dno Delaware, wsparte redutami — wedle planu Kościuszki — miały ją ochronić... Mozolił się nad nimi całą zimę 1776–1777... Przedtem próbowali tu działać inżynierowie Francuzi. Pisał z irytacją Washington: „Żaden z francuskich dżentelmenów, których tu widziałem z nominacjami — nie miał jakiegokolwiek pojęcia o sprawie... Natomiast w Filadelfii jest jeden, o którym mi mówiono, że zdolny — ale go nigdy nie widziałem"...

W referacie *Sztuka obronna Kościuszki* wygłoszonym na sesji Warszawskiego oddziału Stowarzyszenia Historyków Sztuki w kwietniu 1994 — mówił o tym „zdolnym inżynierze" znawca zagadnień „architectura militaris", Jan Bogdanowski: „... wraz z wyjazdem do Ameryki następuje cała seria realizacji, która zdumiewa eksperiencją, pomysłowością, a nade wszystko skutecznością rozwiązań (...) Tak więc w Filadelfii przy umiejętnie zablokowanym kobylicami nurcie rzeki Delaware, wznosi Kościuszko Redutę Billingsport, fort wysunięty na dalekie przedpole Filadelfii, włączając się w nowy nurt koncepcji aktywnej obrony za pomocą fortów i baterii. Śmiałe to rozwiązanie"...

Fortunniej i bliżej trafić do drugiej śmiałej reduty — Red Bank. Zielone płaty trawników spadają ku ogromnej rzece, którą burzą fale jak na morzu. Sielankowo piknikujący filadelfijczycy wystawiają z samochodów twarze do słońca nawet nie odpinając pasów. National Park objął w posiadanie terytorium Kościuszkowskiej fortyfikacji. O działalności polskiego inżyniera przypomina pomnik ustawiony tu w roku 1978 przez niestrudzonego Prezesa Edwarda Piszka...

Dojeżdżamy Hessian Avenue. Tędy szły znienawidzone najemne oddziały niemieckich żołdaków z księstwa Hesji, by napaść na amerykański garnizonik stacjonujący jesienią 1777 w forcie noszącym imię Mercer, na cześć generała brygady Hugha Mercera, który został śmiertelnie ranny w brawurowym ataku Washingtona na Princeton 3 stycznia 1777. Wiosną nazwano fort obok fortyfikacji rzecznych Kościuszki — Fort Mercer. 22 października 1777 Amerykanie odparli tu zwycięsko atak heskich najmitów. Na pomniku wyryto: „wszystkim, którzy ocalili naród z honorem".

„Jednym sercem objąć dwa narody"

„Mam nadzieję, że Kongres uhonoruje Tadeusza Kościuszkę przekształcając jego ostatnie mieszkanie w Ameryce w narodowy obiekt historyczny. Kościuszko poprzedził miliony Amerykanów polskiego pochodzenia, którzy swymi kwalifikacjami i ciężką pracą wnieśli swój wkład do rozwoju tego kraju. Powinniśmy przy tej okazji uznać ich wkład w budowę wielkiej Ameryki" — to fragment jednego z dziesiątków przemówień na sesji Kongresu Stanów Zjednoczonych w roku 1972. Kongresmeni, senatorzy, kierownicy Parków Narodowych mieli rozstrzygnąć, czy dom w Filadelfii przy 172 South Third Str. róg Pine Street, w którym Kościuszko mieszkał po powrocie do Stanów, ma być wciągnięty na listę zabytków filadelfijskich Inde-

173

pendence National Park, odrestaurowany — ze zrekonstruowanym wnętrzem — i udostępniony publiczności jako Muzeum Kościuszki.

Edward Piszek ofiarował mi potężną edycję, zawierającą materiały z tej sesji, godne by je przełożyć w całości i wydać w Polsce, jako bardzo cenny przyczynek do portretu naszego bohatera w oczach wybitnych działaczy amerykańskich — ludzi polityki, kultury, gospodarki... Zdumiewające, jaki stopień emocji zawierają te wypowiedzi.

Honorowy Senator, reprezentant stanu Pennsylvania — James A. Byrne — wyraża nadzieję, że dom Kościuszkowski „będzie gemmą w diademie historycznych budynków Filadelfii" i przypomina, że to właśnie w Mieście Miłości Braterskiej — są pierwsze i ostatnie ślady bohatera walki o wolność Ameryki i Polski... Wszyscy mówcy wykazują znakomitą znajomość całego życiorysu Kościuszki i wręcz imponujące rozeznanie w jego osiągnięciach inżynieryjnych i militarnych na terenie amerykańskim...

Edward Piszek, inicjator całego przedsięwzięcia, stawił się na sesji z silną gwardią. Wspierał go prezes Kongresu Polonii, Aloysius Mazewski, oficer armii amerykańskiej. Wyraziwszy nadzieję, że będzie to jeszcze jedno zwycięstwo Kościuszki — „intelektualna Saratoga", przypomniał, że pierwsi Polacy budowali Jamestown i zakładali tam warsztaty produkujące szkło na dwanaście lat przedtem, nim przybyli na Mayflower „Ojcowie Pielgrzymi"... (Przewodniczący sesji, senator Frank Church żwawo zainteresował się wieścią o szkle, pochwaliwszy się, że przywiózł z Jamestown replikę butelki i zaprasza na oględziny!) Drugim adiutantem Piszka był także wojskowy — major marynarki, historyk i analityk wojskowości, prawnik i dziennikarz — Ernest L. Cuneo, który jako skaut wędrował polami, wzgórzami Saratogi i Ticonderogi, śledząc tropy Kościuszki. Swe błyskotliwe wystąpienie zaczął słowy: „Jest to jedna z ironii historii, że gen. Thaddeus Kosciuszko nie urodził się z nazwiskiem tak łatwym do wymówienia jak generałowie — Jackson, Lee, Grant, Pershing czy Eisenhower.

Gdyby tak było — jego imię byłoby głośne jako jednego z niezwykłych geniuszy militarnych wszystkich czasów i oczywiście wielkiego żołnierza Historii Ameryki"...

Przypomniał, że groźna Royal Navy nie mogła dotrzeć do Filadelfii, dzięki fortyfikacjom Kościuszki na rzece Delaware...

4 lutego 1976 roku – w 230 rocznicę urodzin Tadeusza Kościuszki – otwarto w Filadelfii Thaddeus Kosciuszko National Memorial. Dom, w którym mieszkał po powrocie do Ameryki, mieszczący się dziś przy 301 Pine Street, wykupiony i odrestaurowany przez Edwarda J. Piszka, stał się Muzeum Narodowym Tadeusza Kościuszki, oficjalnie wpisanym w zespół zabytków Independence National Historical Park.

– Taki mały pokój dla takiego wielkiego człowieka! – dziwią się młodzi Amerykanie
oglądając skromny wystrój pokoju Kościuszki.

Prezes Fundacji Kościuszkowskiej, historyk, doktor Eugeniusz Kusielewicz, przypomniał słowa George'a Washingtona przesłane Kościuszce w 1797 roku do Filadelfii, by go „powitać w tym kraju, któremu tak pomagał do ustalenia wolności":

„Nikt nie żywi większego szacunku i większej czci dla Pańskiego charakteru, niż ja i nikt szczerzej nie pragnął podczas trudnej walki o wolność Ojczyzny Pańskiej, aby została uwieńczona powodzeniem"...

Wśród aliantów Edwarda Piszka był także egzotyczny, Libańczyk z pochodzenia, David J. Abodaher, któremu prezes Copernicus Society of America powierzył napisanie popularnej biografii Kościuszki dla młodzieży pod tytułem wziętym ze słów Jeffersona — *Son of Liberty — Syn Wolności*.

David Abodaher apelując do Kongresu o uznanie historycznej rangi domu, w którym twórca West Point przemieszkiwał — powiedział, że „stanie się on symbolem prawdziwego bastionu wolności i bastionu miłości braterskiej dwóch krajów, o wolność których Kościuszko walczył".

Batalia zakończyła się zwycięstwem. 4 lutego 1976 roku w 230 rocznicę urodzin Kościuszki i dwóchsetlecie USA odrestaurowany, z odtworzonym wnętrzem, dom zaczął przyjmować gości ze świata...

W księdze pamiątkowej znajdują się wpisy z Seulu, Los Angeles, Lublina, Nowego Orleanu, Pulaski, Białegostoku, Izraela, Leżajska, Arizony i miasta Kosciusko. Marek Kaciński z Polski: „Dzisiaj starałem się jednym sercem objąć oba narody!", Malcolm Kineas ze Szkocji: „Kościuszko! Twój kraj cię potrzebuje!", Naoki Yamanaka z Tokio: „Tu zaczynam rozumieć początek amerykańskiej wolności...", Aleksander Opaliński z Kanady: „Jaka to przyjemność spotkać się z historią!", U.M. Rotunno z Florydy: „TK był żołnierzem mego przodka — generała Greene. Odszedł, nie został zapomniany...", Thomas i Jennifer Stadnik z Brooklynu: „Jeszcze Polska nie zginena".

Pierwszy sztandar, jaki nas wita, to chłopski ze znamiennym napisem: „Żywią y bronią".

— Taki mały pokój dla takiego wielkiego człowieka! — komentuje dziewczyna w krótkich porciętach, oglądając ascetyczne wnętrze.

Przewodniczką naszą jest potężna, młoda Murzynka. Renee Black (czarna!).

- Kocham tę pracę! Jestem z kimś, kto nie tylko tworzył historię, ale pomyślał o nas! – Renee Black i Jonathan Miller, – przewodnicy po Muzeum Kościuszki w Filadelfii znają jego testament, spisany tutaj wiosną 1798, a przeznaczający cały majątek „na wykup Murzynów, na obdarzenie ich wolnością".

Gdy Kościuszko powrócił do Filadelfii w roku 1797, otoczony glorią sławy i męczeństwa niewoli, biło na jego powitanie 13 salw – przynależnych tylko głowom koronowanym... Dwa różne wizerunki Naczelnika skreślone przez młode Amerykanki z Filadelfii, które miały dostąpić zaszczytu ujrzenia generała: „Moja młoda wyobraźnia ubrała tego <<apostoła wolności>> w kształty wspaniałe, imponujące i wzbudzające zachwyt, z postawą tak wyniosłą jak nasz Washington. Fantazja moja przedstawiała mi go o szlachetnych rysach, dużych, przenikliwych oczach i o powierzchowności wzniosłej i wspaniałej. Kiedy zaprowadzono mnie do jego sofy i zobaczyłam małego i słabego starca o bladej twarzy, o zadartym nosie, małych niebieskich oczach i rzadkich jasnych włosach, nie mogłam z początku uwierzyć, że jest to naprawdę sławny Kościuszko".

„Widziałam go wówczas, bladego, wychudłego, rannego; jego słaba postać spoczywała na sofie. Widzę jego zranioną głowę, dookoła której nosił bandaż z czarnej wstążki, zamiast wieńca laurowego, ale gojąca się blizna, którą ten bandaż okrywał, była pieczęcią sławy".

— Kocham tę pracę — mówi. — Jestem nie tylko z kimś, kto tworzył historię — ale pomyślał o nas! Znam jego testament. Zostawił pieniądze na wyzwolenie i naukę Murzynów pozwalając, aby uczyli się wolności. Po prostu wierzył w nas.

„Niech żyją skromnie, a dzieci swe dobrze wychowują, ucząc je dobroci serca i obowiązków względem Ojczyzny"...

Testament Tadeusza Kościuszki z tymi słowy pod adresem Murzynów, spisany w Filadelfii wiosną 1798, miałam w ręku. Oryginał znajduje się w zbiorach Uniwersytetu w Charlottesville, stanu Virginia. Założonego przez Thomasa Jeffersona, któremu Kościuszko powierzył wykonanie testamentu.

Z Deklaracji Niepodległości usunięto Jeffersonowi następujące słowa o królu Jerzym III: „prowadził okrutną wojnę przeciwko samej naturze ludzkiej, gwałcąc jej najświętsze prawa do życia i wolności w odniesieniu do członków odległego narodu, który nigdy go nie obraził, porywając ich i oddając w niewolę na drugą półkulę lub narażając na nędzną śmierć w czasie transportu. Ten piracki proceder, hańba potęg niewiernych, oto sposób walki chrześcijańskiego króla Wielkiej Brytanii".

Renee z Filadelfii robi wykład o Kościuszce Dianie Hewitt z Los Angeles (...to ta w krótkich portkach), pokazuje sztandary, ekspozycję zdjęć — i stara się wymówić: Maciejowice, Racławice...

— Podczas Kosciuszko's Insurection w Filadelfii wznoszono w klubach oficerskich toasty „Oby Polacy znaleźli w Kościuszce swego Washingtona, który poprowadzi ich do zwycięstwa i niepodległości". A w kościołach modlono się za niego i za Polskę.

Renee sekunduje Jonathan Miller: — Szkoda, że nie ma dziś akurat nikogo z naszych ochotników. Mamy ich dwudziestu, spędzają tu całe dni i opowiadają o Tadeuszu...

Nie biorą żadnego wynagrodzenia. Oni tylko kochają Polskę i Kościuszkę. Są już Amerykanami. Ale ich historia zaczęła się w Polsce...

Oboje — Renee i Jonathan — są nadzwyczaj gościnni i serdeczni. Przybiega Edward Piszek. Chce nas zabrać na kolację i fuka, że nie mamy czasu, bo trzeba dalej w drogę...

„Pożegnawszy się z naszymi przyjaciółmi, opuściliśmy Filadelfię. Porzuciłem to miasto z żalem; dzięki gościnności, uprzejmości i grzeczności, z jaką zostałem tam przyjęty, polubiłem je nieskończenie. W żadnej stronie nie znalazłem takiej swobody, szczerości, z jaką najprzedniejsze osobistości tutaj postępują; te zalety, cenna pozostałość po dawnych obyczajach kwakrów, wyróżniają Pensylwanię. Istnieją — sądzę — jakieś stosunki tajemne między ludźmi, którzy miłują wolność; ich serce i umysł przemawiają jednym językiem" — tak pisał Tomasz Kajetan Węgierski, który właśnie tu spotkał latem 1783 roku generała Tadeusza Kościuszkę w nimbie chwały bohatera wojny o niepodległość.

Gdy po latach moskiewskiej niewoli, ciągle cierpiąc od ran zadanych pod Maciejowicami, Tadeusz Kościuszko powracał z Niemcewiczem do Stanów — na oceanie znowu złapała go burza, a jeden ze statków kupieckich z pijanym sternikiem trzasnął w okręt „Adriana", na którym płynął... Cudem ocaleli.

18 sierpnia 1787 roku „Adriana" weszła do portu w Filadelfii witana salutem armatnim przynależnym tylko głowom koronowanym. Wiwatujący tłum wyprzągł konie z powozu Kościuszki i ciągnął karetę z okrzykami: „Niech żyje Kościuszko!".

„Kentucky Gazette" z 6 grudnia drukowała anonimowy wiersz „Lines on the Arrival of General Kosciusko at Philadelphia":

> Welcome great Kosciusko to our shores
> Welcome, then advocate of freedom here,
> Banish the griefs — exult midst plenty stores —
> And friends who know the worth revere.
>
> Na naszych brzegach witaj, o Kościuszko wielki,
> Witaj dawny obrońco praw naszej wolności,
> Odrzuć troski i ciesz się wśród zasobów wszelkich
> I przyjaciół, co znają się na twej wartości.

Czy przeżywając ten triumfalny powrót, myślał wówczas o tej chwili, gdy jako nikomu nieznany młody oficerek stawiał tu swe pierwsze kroki?

Portret Kościuszki pędzla Juliana Rysa, powielony na pocztówkach w Filadelfii z komentarzem: „Jego miłość ku wolności łączy dwa światy".

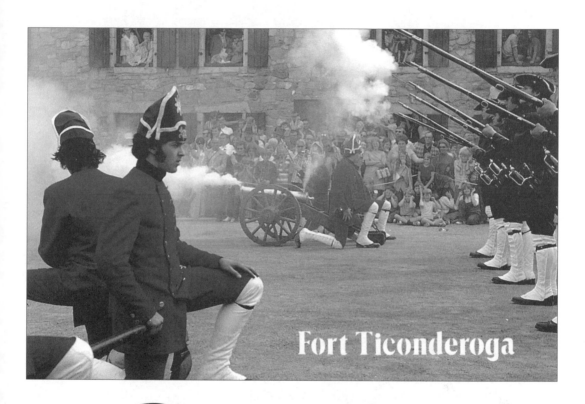

Fort Ticonderoga

Bój o Głowę Cukru

It was called Ticonderoga
In the days of the great dead

R. L. Stevenson — poemat „Ticonderoga —
a legend of the west highlands"

Ticonderoga to klucz do kolonii...

George Washington

Kościuszko wyróżniał się aktywnością i odwagą...

John Armstrong

Rebelianci mają mądrych inżynierów...

Oficerowie brytyjscy oceniając
fortyfikacje Kościuszki

Przyjaciel — na zawsze!

Autostradą — o, przepraszam — High-wayem nr 87, nudnym i monotonnym, jak wszystkie, mkniemy przez stan New York ku jego stolicy — Albany.

Tu była latem 1777 roku siedziba sztabu generała Horatio Gatesa, do którego podkomendny, Tadeusz Kościuszko, pisał: „Wierz mi, że nie możesz znaleźć lepszego przyjaciela i człowieka bardziej do Ciebie przywiązanego. (...) Czy pamiętasz, że chcę być w armii pod Twoją komendą? (...) Pamiętaj o mnie, kochany Generale!"

Kim był ten kochany dowódca naszego bohatera?

Moje spotkanie z generałem Gatesem zaczęło się w New York Historical Society, rezydującym przy 170 Central Park West w Nowym Yorku.

W Manuscript Division, przeklinając tępe ołówki (tylko nimi wolno robić notatki!), godzinami mozoliłam się, ofukiwana przez niesympatycznych dyżurnych, nad mikrofilmami potężnego zespołu epistolarnego Horatio Gatesa. „Gates Papers" zawierają listy Kościuszki do generała z lat 1777–1781 i 1797–1798.

Od tego pierwszego z 18 maja 1777, pisanego jeszcze po francusku z Ticonderogi: „...twierdzę, że nieprzyjaciel nie będzie w stanie nic nam zrobić" — po ten ostatni z listopada 1798, pisany po bohaterskiej epopei insurekcji, mroku moskiewskiej niewoli i dniach pogodnych spędzonych w gościnnym domu generała Gatesa — Rose Hill w Nowym Yorku — „z podzięką najgorętszą za przyjaźń okazaną pod twym dachem", podpisany: „your friend forever"... Twój przyjaciel na zawsze.

Kim był człowiek, którego nasz bohater obdarzył wierną przyjaźnią i admiracją?

Wśród historyków amerykańskich generał Horatio Gates niewielu ma po dziś dzień życzliwych! Edycja *Heroes of the American Revolution* z 1987 roku nazywa go bezceremonialnie „good houskeeper" — „dobra gospodyni" i podaje, że przezywano generała „Granny Gates" — Babunia Gates, wyśmiewając jego „krzątaninę wokół drobiazgów"... Przezywano go partaczem i słabeuszem, a w znakomitym

Generał Horatio Gates (ur. 26 lipca 1727 r. w Anglii, hrabstwo Kent – zm. 10 kwietnia 1806 r. na swej farmie, Rose Hill – dziś część New Yorku). Zwycięzca spod Saratogi. Ukochany dowódca Tadeusza Kościuszki, który pisał doń: „... czułbym się szczęśliwy będąc z Tobą gdziekolwiek".

Samuel Adams, jeden z „ojców niepodległości", członek II Kongresu, pisał: „Gates jest człowiekiem, którego wybieram. Uczciwy, pracowity i ma mistrzowską umiejętność w zdobywaniu miłości żołnierzy – zawsze jest z nimi w trudach i niebezpieczeństwach".

skądinąd współczesnym nam filmie *The Patriot* pada o Gatesie tylko jedno zdanie: — To dureń!

Głęboka niesprawiedliwość wobec zwycięzcy spod Saratogi, świetnego administratora i dobrego stratega, oburzała już do głębi polskiego historyka, Władysława M. Kozłowskiego, który pierwszy dotarł do materiałów ukrytych w amerykańskich archiwach i w latach 1907–1911 opublikował cykl rozpraw na temat udziału Kościuszki w wojnie o niepodległość Stanów, do dziś stanowiących cenny materiał dla naszych historyków.

Kozłowski zgromił nawet zazwyczaj rzetelnego Sparksa, który tendencyjnie pominął materiały broniące Gatesa, pióra znanego nam generała Johna Armstronga, „które nie tylko, iż logicznością dowodów i ścisłością faktów przemawiają same za sobą, ale poparte są listami innych osób współczesnych" — oburza się Kozłowski, dodając z goryczą: „Rehabilitacja Gatesa jest kwestią na czasie, ale tak wielkie jest uprzedzenie, zasiane przez popularną literaturę gawędziarzy historycznych w Ameryce, że nikt dotąd nie podjął się nawet napisania życiorysu tego generała, który tak wielkie usługi oddał krajowi podczas wojny o niepodległość, pomimo bogatego materiału, jaki zawiera zbiór jego listów (22 tomy) w Towarzystwie Historycznym w New Yorku".

(I pomyśleć, że mogliby je studiować w oryginale, a nie na przeklętych mikrofilmach!).

Pierwszy historyk, który napisał wreszcie rzetelną biografię generała (w roku 1941, gdy szalała wojna światowa, co nadało wyjątkowe znaczenie przypomnieniu dziejów walki o niepodległość!) — Samuel Patterson — dał potężnemu tomowi tytuł wymowny: *Horatio Gates — Defender of American Liberties*. Obrońca amerykańskich wolności.

I opatrzył książkę mottami — słowami Gatesa:

„Jestem gotów zaryzykować życie, by ocalić Wolność w Zachodnim Świecie" — 1773. „Zaczęliśmy tę wojnę, by ocalić Wolność i ustalić Republikańską Równość, bez nich Wolność jest tylko nazwą"... — 1778.

Kim był autor tych przysiąg?

Rodowity Anglik o dość niejasnym pochodzeniu, nieślubny syn lorda Roberta Gatesa, z familii notowanej już w XIV wieku. Służył w armii brytyjskiej na kontynencie amerykańskim i walczył w wojnie

Tak wyglądała skromna siedziba generała Gatesa w Virginii, ładnie zwana Traveller's Rest – Odpoczynek Podróżnika.

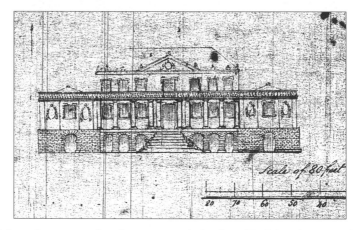

...a tak jej projekt pałacowy, nakreślony przez inżyniera Kościuszkę, przechowany w zbiorach New York Historical Society.

Rensselaer – to nazwisko holenderskiej familii z Albany. Dziś także możemy je spotkać w tej stolicy stanu New York. Kościuszko miał wśród nich serdecznych przyjaciół.

z Indianami i Francuzami w 1755 roku u boku dwóch młodych oficerów — George'a Washingtona i Charlesa Lee. 5 lipca 1755 ranny w straszliwej masakrze, gdy Indianie zmietli oddział brytyjski w lasach nad rzeką Monongaheli, widział jak Washington pada wraz z koniem. „Wbrew wszelkim oczekiwaniom ocalałem (...) Trupy, ranni, jęk i lament wołających o pomoc żołnierzy leżących na drodze, skruszyłyby serce nawet z kamienia" — wspominał pułkownik Washington. Pełzli w ciemnościach... Takie przeżycia wiążą.

Gdy Gates powrócił do Anglii — utrzymywał kontakt z towarzyszami broni i właśnie od Washingtona otrzymał naglące zaproszenie — by stał się jego sąsiadem i osiadł w Virginii. Tak się stało. Z uroczą żoną Elizabeth, córką oddanego bezgranicznie królowi oficera, ale wierną przysiędze — „gdziekolwiek ty pójdziesz — tam pójdę i ja" — Horatio Gates kupił w 1773 posiadłość w Zachodniej Virginii (dziś County Jefferson), którą nazwie pięknie Traveller's Rest — Odpoczynek Podróżnika.

Będzie tu odpoczywał i Tadeusz Kościuszko w sierpniu 1780 roku, po trudach Saratogi i West Point. Dzięki temu mamy jeden z nielicznych zachowanych architektonicznych projektów Naczelnika, który wymarzył ukochanemu dowódcy piękną rezydencję...

A w Mount Vernon — rezydencji George'a Washingtona dawni towarzysze broni snuli nowe plany bitewne w maju 1775 — wiosną nadziei.

15 czerwca czterdziestotrzyletni Washington zostaje Naczelnym Wodzem Armii, czterdziestopięcioletni Gates — jego adiutantem i generalnym sekretarzem. Patterson nazywa go „prawą ręką Washingtona", chwali jego zdolności, rozsądek, doświadczenie, prostotę, optymizm i niezwykłą umiejętność postępowania z młodymi żołnierzami, której armia ochotników — rybaków, rzemieślników, traperów, sklepikarzy zawdzięcza poprawę dyscypliny, zmniejszenie dezercji.

Gates troszczy się o ludzi, z pasją wojuje o warunki ich bytu.

W lutym 1777 roku zostaje komendantem wojskowym Filadelfii i tam poznaje „handsome young Pole", jak pisze Patterson. Tym „przystojnym młodym Polakiem" jest „dwudziestojednoletni (!) Thaddeus Kościuszko" (jedyny wypadek prawidłowego zapisu nazwiska, przy jednoczesnym odmłodzeniu Naczelnika o 11 lat!). „Zanim opuścił Amerykę, by walczyć za swą ukochaną Ojczyznę, Kościuszko był jednym z najbliższych i najwierniejszych przyjaciół Gatesa" — stwierdza Patterson. Gdy 25 marca 1777 Kongres mianował Gatesa dowódcą wojsk osłaniających fort Ticonderoga na Północy, wśród wybranych przez generała oficerów znalazł się Tadeusz Kościuszko.

Sztab Gatesa rozłożył się w Albany — jednym z najstarszych miast w Stanach (dokąd pierwsi dotarli osadnicy holenderscy już w 1624 roku), stolicy stanu New York od roku 1797.

„Daj buzi w Albany!"

Nad Hudsonem kwitną akacje, z wyżyn high-wayowych widzimy doliny zielone, zupełnie pienińskie...

Przy wjeździe do Albany wielka tablica wskazująca dzielnicę Rensselaer.

— O, patrzcie! To ten, co posłał Kościuszce łóżko! — entuzjazmuje się Iwonka.

— Wysłał! — prostuje flegmatycznie, jak zawsze, Maciek.

Iwonka patrzy na mnie, uważając za eksperta od ojczyzny-polszczyzny, która dopiero objawia nam swe pułapki!

I jak tu wytłumaczyć temu dziewczęciu, że posłać znaczy to samo, co pościelić i wysłać?!

A prawda jest taka, że stacjonując zimą 1777/1778 w Albany Polonus podbił serca nobliwej, holenderskiej familii van Rensselaer (wiodącej się od pierwszych osadników!) tak dalece, że pułkownik Philip van Rensselaer wyekspediował potem, jesienią 1779, do West Point, gdzie warunki były spartańskie, jakieś nieopisanej wygody łoże, za które pan „Thaddeus" dziękował mu w swej mocno jeszcze kulejącej angielszczyźnie: „I am very moch (!) oblige you for Betts(!)" i zapewniał, że gdy przybędzie znów do Albany, okaże „my thanfulness (!) and my Sentyments".

Potomkowie rodziny ofiarodawcy żyją do dziś w Albany i można zwiedzić ich domostwo, czyli Cherry Hill, które zamieszkiwało pięć generacji! Z umeblowaniem z trzech wieków! Można przejechać się aleją van Rensselaer, zrobić zakupy w Rensselaer City Center, zwiedzić ogromne zakłady Rensselaer Electronics i popływać na jeziorze van Rensselaer... Ale nie dla nas te uciechy. Musimy chyżo przemknąć ku Ticonderodze...

Stare centrum Albany przypomina urodą Zurych. Długo się miotamy, by znaleźć Visitors Center, gdzie siwiuteńka staruszka usłyszawszy, żem „from Poland" wypali: — Jak się macie panienki! Daj buzi!

Mrs. Frances Salwiński ma 82 lata, mąż był oficerem polskim, walczył pod Monte Cassino.

— Mówił, że znał tylko jednego wojskowego Anglika, który potrafił docenić Polaków — Horatio Gatesa! — oświadcza.

Mignął nam w locie majestatyczny pomnik na głównym placu przed City Hall. Byłżeby to dowódca, tak sercu Kościuszki bliski, człowiek, którego sztab nazywano „rodziną", wielki i tragiczny generał Gates?

— Skądże! — Mrs. Salwiński fulminuje oburzeniem. — Tam stoi to beztalencie Schuyler!

Generał Philip Schuyler, bogacz z Albany, właściciel farm, lasów, tartaków i młynów, elegant, pasjonat i babiarz, niemrawo prowadzący działania wojenne jako dowódca Armii Północy na granicy z Kanadą.

Stan tej armii określi Gates krótko: „Death, Defeat, Desertion, Diseas". Śmierć, klęska, dezercja, choroba. Ale generał Schuyler ma dalekosiężne wpływy w Kongresie. Bardzo się skrzywił na wieść o mianowaniu Gatesa... I fatalnie się wpisze w kroniki Ticonderogi.

— A może jest w Albany jakaś ulica generała Gatesa? — docieka Iwonka.

— Nie ma. Jest za to ulica Schuylera i Aleja Schuylera i Muzeum „Schuyler Mansion" — wylicza Mrs. Salwiński. — Możecie zobaczyć ten dom razem z rezydencją van Rensselaerów, bo to obok tylko dwa bloki na zachód od South Pearl Street. Schuyler ożenił się z Catheriną van Rensselaer, jej rodzinny dom jest po drugiej stronie Hudsonu, przy Riverside Avenue, też piękne muzeum, meble, portrety — wszystko XVIII wiek. Czasy naszego-waszego Kościuszki...

A teraz coś dla was mam!

„To beztalencie Schuyler". Generał Philip Schuyler (ur. w Albany w 1833 r. – zm. w 1801). Dowódca Armii Północy, intrygami pozbawił gen. Gatesa dowództwa armii Ticonderogi, odrzucił znakomity projekt Kościuszki, by obsadzić artylerią wzgórze zwane Sugar Loaf (Głowa Cukru), panujące nad fortem. Słuszności strategii Polaka dowiedli Brytyjczycy – umieszczając tam w dwa lipcowe dni swe armaty i zyskując panowanie nad Ticonderogą! Po sromotnej klęsce i utracie fortu groził Schuylerowi sąd wojenny. Ten imponujący pomnik stoi w centrum Albany. Myśleliśmy, że to Gates... Ale jego pomnika nie mogliśmy znaleźć nigdzie...

Sielski pejzaż Adirondack, gdzie jest rezerwat przyrody. Dojeżdżając do Ticonderogi wysłuchaliśmy koncertu żab.

Mrs. Salwiński rozkłada mapę Albany County i jedzie palcem autostradą 87 ku górze do błękitnego pasma rzeki Mohawk, którą przecina brązowa linia tej drogi z napisem: Kosciuszko Bridge!

— Od połowy rzeki już się zaczyna Saratoga County. 3 maja 1982 roku most spinający te dwa okręgi otrzymał imię inżyniera Kościuszki, któremu tyle zawdzięcza zwycięstwo pod Saratogą... Wy prosto tam?

— Nie. Jeszcze przedtem, zgodnie z chronologią do Ticonderogi. Ale przez Kosciuszko Bridge!

— Innej drogi nie ma!

W Ticonderodze — gust soplicowski!

Wjazd sielski. Wieczór gwiaździsty. Od „Eagle lake" — Orlego jeziora echo niesie ostry, mocny skrzek...

Maciek zatrzymuje „Tadka" na poboczu. Słuchamy...

— ...piały żab niczliczone hordy/ Oba chóry zgodnie w dwa wielkie akordy! — wydeklamował Maciek.

— ...zachwycony wdziękiem nocy tak pogodnej/ I harmoniją cudną orkiestry podwodnej/ Owych chórów, co brzmią jak harfy eolskie/ Żadne żaby nie grają tak pięknie jak polskie! — nie dałam się zdystansować...

— Ciekawe, czy on jadąc tu o tej samej porze — w maju — też żabów słyszał? — zadumała się Iwonka.

— Kto — on? — prowokuje Maciek.

— Pan Tadeusz! Myślicie, że jak jestem niby Amerykanka, to już tylko wiem, kto jest Stallone? I Mickiewicza nie znam, i nie mam najlżejszej idei, kto „nosił Kościuszkowskie miano"?...

— Taki jest mój sztab, co pod Ticonderogą słucha sobie żab! — sięgnęłam po laury poetyckie i ja!

W światłach „Tadka" błyska tablica „Welcome to the Historic Village of Ticonderoga".

„The key to all the colonies" — kluczem do wszystkich kolonii na północy nazwał Washington Ticonderogę. Była to też „brama do

„Kluczem do kolonii" Północy nazwał Ticonderogę George Washington.

Brawurowy atak na Ticonderogę regimentu Szkotów, zwanych „Black Watch" w lipcu 1758 roku. W ich oddziale poległ Duncan Campbell – bohater poematu Stevensona „Ticonderoga".

Ethan Allen, dowódca Green Mountain Boys, nocą 9 maja 1775 roku zdobył Ticonderogę i było to pierwsze zwycięstwo w wojnie o niepodległość. W Ticonderodze możecie stanąć w tym samym miejscu, gdzie Allen dawał przerażonemu dowódcy brytyjskiego garnizonu rozkaz kapitulacji.

Kanady". Wyrywana sobie wzajemnie przez Anglików i Francuzów, splamiona krwią Indian, z którymi pierwszą potyczkę stoczył tu w maju roku 1609 Francuz, Samuel de Champlain. Odkrył tu wyniosły cypel wcinający się w jezioro — któremu da swe imię. Lake Champlain. Francuzi nazwali miejsce fortu: Carillon — Głos Dzwonu, bo taki dźwięk dzwonny wydaje woda wpadająca z Lake George (na cześć króla Jerzego III) do Lake Champlain. Na mapie z 1778 roku jest Tyonderoga. Kozłowski pisze jeszcze Tyconderoga. (Ale na pewno nigdy „Ticonderago" — jak konsekwentnie jawi się ta nazwa w pewnym naprawdę cennym, ważkim opracowaniu naukowym, firmowanym przez Łódzkie Towarzystwo Naukowe).

Dziś się mówi po prostu — fort Ti.

Nocą 9 maja 1775 roku młodziutki dowódca oddziału milicji (służby ochotniczej), zwanego Green Mountain Boys — Ethan Allen, przeprawił się z oddziałem swych Zielonych Chłopców z Gór cichusieńko i podpłynął pod fort. Było ich osiemdziesięciu trzech.

— Przyjaciele! Towarzysze broni! — powiedział. — Przez całe lata byliśmy poddani terrorowi i despotycznej władzy. Dziś mówi się o nas na świecie z uznaniem! Mamy szansę zdobyć ten fort! Wiem, że podołacie temu zadaniu! Bo tylko najodważniejsi mogą się ważyć na taki czyn! Jeżeli ktoś chce się wycofać — może. Ci, którzy chcą iść ze mną, niech podniosą broń.

Podniosły się 83 rusznice!

Wpadli przez bramę jak błyskawice. Przerażeni, obezwładnieni wartownicy wskazali im kwaterę dowódcy. Nieszczęsny kapitan uchylił drzwi dzierżąc w garści spodnie...

— Unosząc szablę nad jego głową — zażądałem poddania garnizonu! — raportuje Ethan.

Było to pierwsze zwycięstwo amerykańskie w wojnie o niepodległość.

O poranku wjeżdżamy do fortu przez bramę, na której trzepoczą sztandary...

W zieleni drzew tablica przypisana „pamięci heroicznego 42 regimentu szkockiej piechoty znanego jako Royal Highlanders (Królewscy Górale) albo The Black Watch, którzy w lipcu 1758 roku zginęli tu" w dramatycznej walce z Francuzami. Osobny nagrobek ma Duncan Campbell, bohater poematu Roberta Louisa Stevensona

Ticonderoga. Autora *Wyspy skarbów*, którą zaczytywały się pokolenia chłopięce i horroru *Doktor Jekyll i Mr. Hyde* — zafascynowała mroczna legenda Szkocji, kraju wrzosowisk i jezior. W zamczysku Duncana Campbella pojawia się okrwawiony człowiek, któremu Duncan udziela pomocy. Okazuje się on być zabójcą jego brata, którego Szekspirowskie widmo przepowiada Duncanowi śmierć w miejscu nazywającym się niezwykle — „Ticonderoga". Obarczony przekleństwem szuka tej nazwy wśród gór Szkocji i dżungli Azji, pyta o nią orły... Na próżno.

Odnajdzie je dopiero nad dwoma jeziorami w Ameryce — i wie, że klątwa się spełniła.

„I padł daleko od swych wzgórz wrzosistych"...

Ślady umocnień wybrzuszają się wśród bujnych traw. Dyskretne tabliczki upraszają o niepiknikowanie. Beztroska dzieciarnia obsiada lufy armat, strzegące kamiennego fortu, ziejące lufami ku błękitom jeziora Champlain. „Północna brama" wzniesiona w roku 1750 przez Francuzów, panujących w Kanadzie i wydzierana im latami przez Anglików panujących w Ameryce — zachowała swój majestat reduty. Łopoczą sztandary. Ten pierwszy — amerykański, z trzynastoma gwiazdami — symbolem założycielskich stanów. Brytyjski i złote lilie na białym polu — francuski.

Przed nami — po lewej fort Mount Independence (Góra Niepodległości) przycupnięty na przeciwnym brzegu wąziutkiego tu jeziora Champlain. Po prawej — za lekką mgiełką zarysy wysokiego stożka Mount Defiance (Góry Wyzwania), nazwanej od stromego kształtu — Sugar Loaf. Głową Cukru. Swój żywot i dostojeństwo zawdzięcza „fort Ti" dynastii Williama Pell z Nowego Jorku. Kupiec, importujący mahoń i marmur, przepływając często jeziorem Champlain ku Kanadzie, zakochał się w malowniczych ruinach fortu... Postanowił zbudować tu dom. Był rok 1812. Fort Ti przeszedł we władanie Pellów. Stephan Pell jako dzieciak spędził tu u schyłku XIX wieku wakacje. Bawili się w Indian zdobywających rozsypujące się fortyfikacje. W załomach skał odkrył rdzewiejącą strzelbę... Oczyma duszy ujrzał fort w jego chwale. Marzenie stało się obsesją, obsesja rzeczywistością. Stephan Pell przeprowadził rekonstrukcję Ticonderogi. Dotarł do planów inżynierów francuskich, odnalazł potomków Schuylera, ukwestował, zakupił, zdobył armaty, strzelby, tomahawki, kartacze, kule, bajonety, szpady, wszelaką broń, jaka mogła być używana w forcie. Kilka armat pochodzi na pewno z czasów, gdy Washington wydał osobiście rozkaz uzbrojenia fortu. Czternaście ciężkich dział zdobył Stephen drogą niezwykłą... Poznał w Anglii dwóch lordów, których przodkowie walczyli z Amerykanami podczas wojny o niepodległość. Lordowie wynegocjowali od rządu armaty, które miały wziąć udział w tej wojnie — ale... nie zdążono ich wysłać... Dotarły do fortu Ti — 150 lat później...

Całe życie poświęcił Stephan Pell odbudowie Ticonderogi. Dziś jest to najrzetelniej zrekonstruowany i posiadający największe zbiory amerykański fort. Pracę ojca kontynuuje syn — John Pell, prezydent Fort Ticonderoga Association. Wśród dwudziestu dziewięciu członków zarządu — piętnaścioro to rdzenni Pellowie. Twórczo opiekują się i rozwijają inicjatywę protoplasty. Dwieście tysięcy turystów dociera tu każdego lata.

Stajemy przed „drzwiami Ethana Allena". To tutaj, trzymający w garści spodnie, wyrwany ze snu dowódca brytyjskiego garnizonu, usłyszał od dowódcy Zielonych Chłopców rozkaz kapitulacji.

O rejs na Ticonderogę ubiegał się pułkownik Benedict Arnold, były aptekarz i czarujący saławiła, wielkiej odwagi i wytrwałości, wsławiony fortunnymi potyczkami z flotą brytyjską na jeziorze Champlain. Ale Zieloni Chłopcy chcieli walczyć tylko pod Ethanem Allenem.

W zbiorach muzeum Ticonderogi jest oryginalna rusznica, którą Ethan używał podczas ataku na fort — i ofiarował kurtuazyjnym gestem Arnoldowi...

Stoimy przed gablotą z tym staromodnym narzędziem śmierci. Myślę, że jest to miejsce, by opowiedzieć mojemu „sztabowi" jak niezwykle obydwaj — Ethan i Arnold się spotkali. Wybiegam naprzód, mącę ciąg chronologii i demaskuję już generała Benedicta Arnolda jako najpodlejszego zdrajcę w dziejach wojny o niepodległość, który usiłował sprzedać Anglikom West Point — twierdzę nie do zdobycia, ufortyfikowaną przez Kościuszkę... Zdradę wytropili żołnierze, nagrodzeni przez Kongres srebrnymi medalami z napisem: „Fidelitas, Vincit amor Patriae". Wierność! Zwycięża miłość Ojczyzny!

Taki medal powinien dostać Ethan Allen. Głównodowodzący wówczas armią brytyjską gen. Howe kusił go do zdrady obietnicą na-

Dwa jeziora otaczają Ticonderogę: Lake George, usiane licznymi wysepkami i Lake Champlain, na którym podnosi się fala jak na morzu.

Tuddeo Cociusco Generale Pollacco

W Ticonderodze przeżył Kościuszko czas od 12 maja 1777 do 5 lipca 1777, pełen napięcia, pracy i rozczarowania.

Fort Ticonderoga – najpiękniej i najprecyzyjniej odtworzony ze wszystkich fortów wojny o niepodległość. Jest to zasługą Stephana Pella, który zaczął renowację w 1908 roku, i jego rodziny do dziś sprawującej opiekę nad Ticonderogą.

W forcie znajduje się muzeum z wieloma bezcennymi eksponatami i wspaniała biblioteka, służąca naukowcom i studentom badającym dzieje USA. W muzeum fortu największą, obok poświęconej Washingtonowi, jest kolekcja pamiątek po Kościuszce!

dania ogromnych włości w Ameryce. Ethan odrzekł: — Generale! Taką właśnie obietnicę dawał diabeł Chrystusowi. Chciał, by On bił przed nim czołem, a ofiaruje mu wszystkie królestwa świata, w których wszakże ten mizerny bies i jednej piędzi ziemi sam panem nie był!

W potężnym muzeum fortu, obok wszelkich rodzajów broni, są też kolekcje rogów, jakimi się zwoływano, są kociołki, pędzle, miseczki, ot, bieda żołnierskiego żywota... A obok — pysznią się pamiątki po generale Schuylerze. Srebrne wazy na poncz (generał od trunków nie stronił) z misternymi ornamentami w fiolecie, srebrne kubki, srebrne ostrogi... Inkrustowana srebrem flinta, w srebro oprawne binokle...

Iwonka wypatruje koronkę z sukni ślubnej pani Washington w kolorze poziomek ze śmietaną...

— To chyba jedyna first lady, o której nigdy nie napisano nic złego — mówi z podziwem. — Widziałam jakiś serial, ale jak Basia ty mówisz — nudziarstwo... W ogóle nie pamiętam sceny ślubu Washingtonów... Imaginujcie sobie (Iwonka czasem przekłada angielski na polski wcale celnie!) — ona malutka, ma półtora metra wzrostu, pulchniutka, on gigant, metr dziewięćdziesiąt, zgrabny i podobno oszałamiająco sexy...

No nie! Tu muszę poskromić moją asystentkę. Podobne określenia Naczelnego Wodza!

— Lepiej zobacz, kto obok pamiątek po Washingtonie, który — jak wspominają towarzysze broni — był przyjazny, ale władczy — ma najbogatszą tu kolekcję! — ucinam seksowne porównania.

Uciecha! Wiadomo kto! Mój sztab już tak przywykł do admiracji Kościuszki na amerykańskiej ziemi, że czułby się osobiście obrażony niedocenieniem go w kolekcji Ticonderogi...

Nie ma obawy. Oto złocony podpis pod kolekcją: „Thaddeus Kosciuszko, polski inżynier, którego ochotnicza służba w walce o wolność Ameryki...", dotąd tłumaczenie idzie gładko — ale jak przełożyć „was a bright spot" — „była świetlistym miejscem"? Źle... Iwonka się biedzi jako nasz ekspert od idiomów. Maciek ryje w słowniku: — Spot — plama, kropka, znamię, pryszcz...

— Oj, stop, nie spot! — oburza się Iwona. — Przecież jesteś a young man on the spots!

— I jako „rozgarnięty młodzieniec" mam wiedzieć, jak się ma pryszcz do służby Naczelnika? — cedzi Maciek.

Niedobrze. Pierwszy raz zachmurzył się świetlisty horyzont podróży.

A prawdę mówiąc najwłaściwszy odpowiednik znalazła dopiero w Polsce Halusia Rogalińska, doskonała tłumaczka, stwierdzając, że można to przełożyć: „służba w walce o wolność Ameryki była jasnym punktem w historii tego narodu".

Wisi stylizowany portret Kościuszki pędzla Edwarda Wheelera, dotychczas nam nieznany.

Tabakierki z wizerunkiem Kościuszki, miniatury w owalu z jego konterfektami, płaskorzeźby (nos lekko krzywy?), pierścionki z Kościuszką... Ale, co najciekawsze, świetna kopia sławnego portretu Kościuszki pędzla Aleksandra Orłowskiego z podpisem: „Kosciuszko w kapeluszu amerykańskiego farmera".

I nota, że wszystkie pamiątki pochodzą ze zbiorów „count Alexandre Orlowski".

Zgłupiałam. Jaki on tam „count". Toż nasz podlaski Orłowski, syn karczmarza z Siedlec! Z pracowni malarskiej sławnego Norblina zwiał jako siedemnastolatek pod sztandary Powstania Kościuszkowskiego i zawdzięczamy mu rewelacyjne rysunki z żołnierskiego żywota powstańczej armii — biwaki, przemarsze, obozy przy ogniskach, bitwy, sylwetki żołnierzy... Jego portrety Naczelnika, malowane z autopsji nie mają żadnych cech heroicznej idealizacji. To jest żywy Kościuszko!

Ale skąd to wszystko w Ticonderodze?

Dzielny żołnierz powstania, stał się malarzem, faworytem... rosyjskiego dworu. Rezydował w Petersburgu w Pałacu Marmurowym, opływał w dostatki... W 1828 roku odwiedziła go sławna pianistka — Maria Szymanowska z córkami — Helenką i Celiną, przyszłą żoną Adama Mickiewicza.

Helenka zanotowała w dzienniku: „... pojechałyśmy do malarza Orłowskiego. Ma rzadki zbiór ciekawości różnego rodzaju. Między innymi list, który Kościuszko własną ręką do niego napisał. Nie mogłam bez rozrzewnienia oglądać pisma tego męża...

Nadzieja nas nie opuściła, ona nas przy życiu utrzymuje, może niezadługo wolnym odetchniemy powietrzem"...

Wizerunek Tadeusza Kościuszki rysowany z autopsji przez Aleksandra Orłowskiego, żołnierza Powstania Kościuszkowskiego, bohatera „Pana Tadeusza". To właśnie Orłowski miał „gust soplicowski". Oryginał w Muzeum Narodowym w Krakowie. Kopia z Ticonderogi ma podpis: „Thaddeus Kosciuszko w kapeluszu farmera".

Samo pismo Naczelnika niosło powiew nadziei i nadzieję wolno-ści...

A pan Orłowski, który je z pietyzmem zachował (i może gdzieś tam leży jeszcze ten list w rosyjskich archiwach) — to unieśmiertel-niony w epopei pióra szwagra Helenki, Adama Mickiewicza, „nasz malarz Orłowski" ten, który miał „gust soplicowski".

> (...) to jest Sopliców choroba,
> Że im oprócz Ojczyzny nic się nie podoba (...)
>
> Lubił ciągle wspominać swej młodości czasy.
> Wysławiał wszystko w Polszcze, ziemię, niebo, lasy.

Jakąż drogą pamiątki jego kolekcji dotarły do Ticonderogi? A może miał jakiegoś szczodrego potomka lub imiennika w naszej Polonii???

Wychodzimy na dziedziniec w słońce. Biją werble. Biało umun-durowana orkiestra zatacza sprawne koła. To uczniowie szkół Ticon-derogi. Grają „Marsz artylerii Washingtona", „Boże chroń Wielkiego Washingtona". Grają też wojskowe pieśni francuskie, angielskie, szkockie, niemieckie... Polskich nie, bo nie mają nut — ale chętnie włączą. Ich dowódca, osiemnastoletni Michael R. Edson, mówi: — Mamy szczęście. Jesteśmy w historii. Żywej! — I prosi, żeby mu za-śpiewać jakąś pieśń z Powstania Kościuszkowskiego. Popłoch. Cała trójka nasza fałszuje nieludzko! Aliści — jak mawiał nieodżałowanej pamięci Jerzy Waldorff — nie doceniłam ekipy. Z darów, jakimi ob-rzuciliśmy miasto Kosciusko, Iwonka szczęśliwie zachowała kasetę Reprezentacyjnego Zespołu Artystycznego Wojska Polskiego!

Nad jezioro George'a, nad wody Champlain aż po Sugar Loaf za-grzmiało:

> Dalej chłopcy, dalej żywo
> Zaczyna się dla nas żniwo!

Dziś w forcie Ticonderoga słychać wojenne pieśni sprzed lat. Ci chłopcy prosili o nadesłanie nut pieśni Powstania Kościuszkowskiego.

Ich dowódca, osiemnastoletni Michael Z. Edson, mówi: – Mamy szczęście! Jesteśmy w historii! Żywej!

„Wolę sadzić kapustę..."

8 maja 1777 roku generał Horatio Gates pisał do dowódcy fortu Ticonderoga, generała Johna Pattersona: „Ppłk Kusiusco (!), który towarzyszy Wilkinsonowi jest zdolnym inżynierem i jednym z najlepszych i najsubtelniejszych rysowników, jakich kiedykolwiek widziałem. Chciałbym, aby mu wyznaczono kwaterę, a gdy zapozna się dokładnie ze stanem prac fortyfikacyjnych, proszę polecić mu, by wskazał, gdzie i w jaki sposób można je najlepiej poprawić i uzupełnić. Spodziewam się, że płk Baldwin okaże mu poparcie i protekcję, gdyż ma on pozostawać pod jego komendą, a nie przewyższać go w dowództwie".

Pułkownik Jeduthan Baldwin, nadzorujący fortyfikacje, zanotował w skrupulatnie prowadzonym dzienniczku: „12 maja 1777. Przybyli pułkownik Kosciusko i płk Wilkinson". Do córki napisał: „Płk Kosiosko przybył na nasz posterunek jako asystent-inżynier, pochodzi z Polski i jest wspaniałym rysownikiem". Słowo o tym, który przybył z pułkownikiem „Kosiosko" — Wilkinsonie, bo odegra on w przyszłości rolę dość złowrogą w życiorysie naszego bohatera. Dwudziestoletni James Wilkinson pełnił godną służbę generalnego adiutanta gen. Gatesa przebywszy odważnie bitewną drogę u boku samego Washingtona. Sympatyczny i pełen beztroskiego wdzięku zaprzyjaźnił się z Kościuszką, a Gatesa uwielbiał. Nasz „Kosiosko" wyruszył do Ticonderogi z zaleceniem, by zbadać stan fortecy, ustalić stopień przygotowania do obrony Mount Independence, a przede wszystkim stwierdzić, czy jest szansa, by Mount Defiance — Sugare Loaf — Głowę Cukru uzbroić w działa ciężkiego kalibru.

Oto trzymam w dłoniach kopię pierwszego listu Kościuszki datowanego z Ticonderogi 18 maja 1777, a pisanego jeszcze po francusku: „Generale, Moja opinia może wydać się zbyt śmiała. Twierdzę jednak, że jeśli zdążymy zrobić pierścień okopów wedle modelu, jaki miałem zaszczyt przesłać, dodając artylerię od strony jeziora, aby przeszkodzić przejściu statków, nieprzyjaciel nie będzie mógł nic zdziałać. Miejsce mamy świetne nie tylko na to, by stawić opór, lecz nawet by wroga pobić. Na to trzeba tylko odwagi i więcej artylerzystów"... Po podpisie „Thad. Kosciuszko", pułkownik-inżynier dopisał: „Most jeszcze nie skończony, a należałoby to uczynić; nie mówię o robotach, spełnionych bezużytecznie; sam o tem będziesz sądził, Generale. Lubują się tu w stawianiu block-hauzów i to w miejscach najmniej właściwych. Jednakże, Generale, zwyciężymy, mając ciebie na czele; samo nasze przywiązanie do ciebie uczyni wiele, nie mówiąc o świętym obowiązku, który każe nam bronić kraju". Objaśnijmy, że owe „Block Houses" (jak jest w liście Kościuszki) to rodzaj domów obronnych z grubych bali, budowanych ongiś dla ochrony przed Indianami. Plan Kościuszki — jak nas informuje John Armstrong w swych pamiętnikach, już cytowanych, zaaprobowany przez Gatesa, zawierał następujące sugestie naszego inżyniera odnośnie Głowy Cukru: „1-o zbocza góry, chociaż strome, mogą być przy pomocy silnych oddziałów saperskich tak przygotowane, iż będzie możliwe wprowadzenie na szczyt dział nawet najcięższego kalibru; 2-o szczyt, choć ostro zakończony, można szybko wyrównać za pomocą prac saperskich i dostarczyć dobrego miejsca do umieszczenia baterii i 3-o uplasowana tam bateria pokryje z wzniesienia dwa forty, łączący je most i sąsiadujący port dla statków".

Krzyżowy ogień armat z Sugar Loaf zapewni panowanie nad całą okolicą fortu Ticonderoga.

W muzeum wisi portret inicjatora odrodzenia Ticonderogi — Stephena Pella, oficera I wojny światowej, z podpisem: „Kochał każdy kamień tego fortu, każdy widok z jego murów i każdą książkę z biblioteki"...

W bibliotece cimelium nad cimeliami: oprawny w skórę rękopis z ilustracjami bastionów, fortów, fos. *Traite des fortifications* Vaubana, o którym Stefan Bratkowski mówi: „siedemnastowieczny ojciec inżynierii wojskowej, mistrz". To on „opracował «algorytm oblężenia», aż po wyłom w murach i szturm. Geniusz mógłby go sam wymyślić, ale Kościuszko nie musiał być geniuszem: on to po prostu znał".

I autor świetnego studium o mistrzostwie inżynieryjnym Kościuszki wypunktowuje wielką umiejętność, jaką ten przejął od Vaubana: starał się zawsze dostosowywać do warunków terenu... Niestety, następcy Vaubana, „którzy sami uczyli się artylerii, nie zdawali sobie sprawy z możliwości wykorzystania jej w... obronie twierdz". Do ta-

„Lubię zgodę i chcę żyć w przyjaźni ze wszystkimi" – pisał Kościuszko do generała Gatesa. Towarzysze broni uważali, że jest „timidly modest" – nieśmiale skromny.

Ten wizerunek pułkownika jest jedynym znanym z czasów wojny o niepodległość Stanów. Nie zostawił, niestety, żadnego autoportretu.

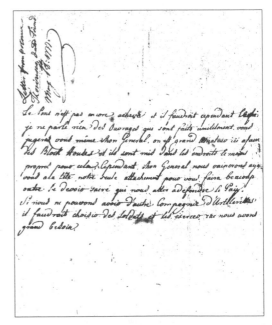

List Kościuszki do generała Gatesa z dnia 18 maja 1777 pisany jeszcze po francusku: „Zwyciężymy mając ciebie na czele"

kich należał pułkownik Baldwin, który całkowicie odrzucił pomysł polskiego inżyniera — ufortyfikowanie Sugar Loaf.

Alarmował John Wilkinson w liście do Gatesa 22 maja: „Na niebiosa, pragnąłbym, żeby albo Pan sam, albo gen. St. Clair przybyli tutaj choć na parę dni. Pułkownik Kosciusko jest nieśmiale skromny, a Baldwin prowadzi budowę umocnień według swojego widzimisię". Generał Arthur St. Clair był właściwym dowódcą Ticonderogi, Patterson go tylko zastępował.

„Timidly modest" Kościuszko zapewniał Gatesa: „Dotąd, Generale, nie mam powodu skarżyć się na kogokolwiekbądź; byłem dobrze przyjęty przez gen. Pattersona, który obsypał mię grzecznościami; wszyscy inni oficerowie są również niezwykle uprzejmi". Wszakże, gdy „pytano tu mego zdania, nie mogłem powstrzymać się, aby nie wypowiedzieć swego wrażenia w formie prośby"... Koso spoglądał na Polaka kierujący fortyfikacjami pułkownik Baldwin. Obsadzić artylerią Głowę Cukru? Co za absurd! Szalone projekty słowiańskiej głowy.

O! Nieśmiała skromność! Dobrze mu widać nadojedli, skoro błaga Gatesa: „Generale — proszę Cię nade wszystko, nie każ mi robić czegokolwiek wcześniej, zanim tu nie przybędziesz. Powiem Ci przyczynę: lubię zgodę i chcę żyć w przyjaźni ze wszystkimi, o ile to możliwe. Gdyby upierali się i nie chcieli realizować mojej idei, nawet gdyby była lepsza, zostawiłbym im swobodę, bo jestem cudzoziemcem i wiem, jak muszę być oględny i ile względów winien jestem krajowcom. Lecz robota nasza nie byłaby przez to lepszą. Szczerze Ci mówię: jestem wrażliwy i kocham spokój. Wolę raczej porzucić wszystko i wrócić do domu sadzić kapustę"...

Wizja najlepszego inżyniera amerykańskiej armii sadzącego kapustę lekko rozwścieczyła skądinąd anielskiej cierpliwości Horatio Gatesa. Wysapawszy złość pisał 23 maja 1777 do gen. Pattersona spokojnie i przekonywająco: „Bardzo proszę, Mój Drogi Generale, abyś wszystkich zatrudniał przy pracach nad wzmocnieniem naszych stanowisk. Być może nieprzyjaciel da nam dwa miesiące czasu, zanim przyjdzie ponownie spojrzeć na Ticonderogę. Te dwa miesiące powinniśmy uważać za najcenniejszy okres naszego życia. Mogą być one warte wieku pokoju, a dobrze wykorzystane, mogą dać szczęście i pokój milionom". Ton listu twardnieje: „Stanowczo polecam Ci wydać rozkaz, by plan ppłk. Kościuszki (Kosciuszko's plan) został niezwłocznie wykonany, począwszy od miejsc najdogodniejszych do obrony". I znowu Gates dyplomatyzuje: „Pułkownik Baldwin pozyska moją wdzięczność i szacunek, jeśli utrzymywać będzie przyjaźń z tym zdolnym młodym człowiekiem. Niech będzie pewny, że niczym bardziej nie przysłuży się temu krajowi, jak współdziałając z nim w ulepszaniu fortyfikacji Ticonderogi".

Nieprzyjaciel ani myślał dawać buntownikom czas...

Ticonderoga miała pierwszorzędne znaczenie strategiczne. Jej zdobycie mogłoby odciąć potężną rzekę Hudson, bogate stany Północy i fatalnie zaważyć na losach całej wojny... Droga dla Brytyjczyków na Albany i New York stanęłaby otworem...

To wiedział jeden z najzdolniejszych angielskich generałów — John Burgoyne zwany „Gentelman Johnny", wytworny wychowanek Eton, z zamiłowania hazardzista, aktor, autor zręcznych fars, kobieciarz, z powołania świetny dowódca i strateg. Na początku maja już montował wielką wyprawę, której jednym z celów było zdobycie Ticonderogi...

A cóż w tym groźnym czasie czynił dowódca Armii Północy — pan generał Schuyler, na pomniku w Albany dziś dostojnie się pyszący?! Jak to, co robił? Intrygi przeciw Gatesowi. W ich wyniku Kongres otrzymał memoriał podpisany przez gubernatora stanu New York, generała George'a Clintona (może jakiś protoplasta prezydenta?), w którym tenże obwieszczał, że: „Postanowienie Kongresu z dnia 25 marca ograniczające pełnomocnictwa gen. Schuylera i dające gen. Gatesowi niezależną komendę nad armią w Ticonderodze i zależnych od niej fortach, wywołało liczne skargi pierwszego z tych oficerów i, jak sądzę, nie bezzasadne. Albowiem twierdzi on, że miejsce to zostało doprowadzone do obecnego silnego i prawie nieprzystępnego stanu wtedy, gdy on był głównym dowódcą, Gates zaś jego podkomendnym. Przedstawia mi również, że środki, które przedsięwziął dla przyszłego opatrzenia i wsparcia tych posterunków, są wprowadzone w czyn i nie pozostawiają żadnej wątpliwości, co do ich przyszłego bezpieczeństwa, za które chętnie bierze na siebie wszelką odpowiedzialność"... Kończy pan generał akordem lirycznym: „podaję z całego serca opinię swoją, iżby Schuylerowi przywrócona została komenda".

Co też się stało.

Kościuszko był w Albany przy Gatesie, gdy przyszła wiadomość o decyzji Kongresu, uchylającej jego samodzielne dowództwo i dającej do wyboru — pójście pod komendę Schuylera lub powrót na generała-adiutanta u Washingtona.

Gdy Gates gotował się do opuszczenia Albany, nadbiegł rozpaczliwy list z Ticonderogi od Wilkinsona, datowany 31 maja, a zaczynający się słowy: „The works are now pushed on Baldwin's unmeaning plan". Zdzisław Sułek w pracy *Polacy w wojnie o niepodległość Stanów Zjednoczonych* tłumaczy to spokojnie: „Prace są prowadzone obecnie według bezmyślnego planu Baldwina". Wiktor Malski plastyczniej: „Pcha się tutaj roboty wedle bezsensownych planów Baldwina". „For God's sake let Kosciusko come back as soon as possible, with proper authority" — apeluje Wilkinson. Sułek tłumaczy: „Na miłość boską, niech Pan pozwoli wrócić tu Kościuszce, tak prędko, jak tylko możliwe i z odpowiednim pełnomocnictwem". Malski przekłada: „...i z odpowiednią władzą". Ale Gates już nie mógł dać swemu inżynierowi żadnego pełnomocnictwa i Kościuszko powrócił do Ticonderogi 6 czerwca bez żadnej władzy. Wrócił także już generał St. Clair, admirator Gatesa, ale nie miał nic do gadania, bo wszystkim rządził Schuyler. Zjechawszy do fortu 8 czerwca prychnął z pogardą w liście do Kongresu, że „dotąd żaden inżynier brytyjski, francuski czy amerykański nie wierzył w możliwość umieszczenia baterii na Głowie Cukru", skreślił kategorycznie plany Polaka i spoczął na laurach... Pełen satysfakcji odebrał oficjalne pismo generała Gatesa z prośbą o zezwolenie na odejście z Armii Północy (zwanej też Departamentem Północnym).

Oburzony Władysław Kozłowski podaje w przypisie: „Zła wola biografów Gatesa i autorów popularnych historyi w Ameryce posuwa się do twierdzenia, że Gates wyjechał, nie meldując się Schuylerowi. Nie wiadomo, co tu więcej podziwiać: czy ową niczem nieuzasadnioną chęć szkalowania człowieka tak wielkich zasług dla przybranej ojczyzny, czyli też ten sposób pisania historyi, posiłkujący się własną fantazyą bez zaglądania do dokumentów". Prawdziwie oddani Gatesowi wojskowi, jak gen. Fermoy, byli oburzeni na odebranie generałowi dowództwa „po doprowadzeniu przezeń, dzięki niezmordowanej pracy i wielkim zdolnościom, wojska do dobrego stanu z niesłychanego zaniedbania, w jakim się znajdowało za Schuylera". Kościuszko napisał do Gatesa żarliwy list: „Mam teraz okazję przedstawienia Ci prawdziwych uczuć mego serca i obecnych moich poglądów. Jeśli Twoja miłość do kraju i Twoja otwartość dla wszystkich przywiązały mnie do Ciebie, obok innych zalet, to Twoja Wielka Wiedza Wojskowa i prawdziwe zasługi natchnęły mnie takim zaufaniem do Ciebie, że czułbym się szczęśliwy, będąc z Tobą gdziekolwiek (...) Powiadom mnie, Generale, czy mogę przygotować się do wyjazdu z Tobą".

Niestety. Pozbawiony dowództwa generał nie mógł zabrać przyjaciela.

Kościuszko kapusty nie sadził. Ale też i Sugar Loaf nie ufortyfikował... Zrobił to kto inny.

U schyłku czerwca na jezioro Champlain wpłynęła imponująca brytyjska flotylla pod dowództwem generała Johna Burgoyne.

Płynął, by podbić amerykańską Północ, jak na piknik. Ze swą piękną metresą i całym dworem. Co znaczyła wobec jego doborowych regimentów armia traperów, farmerów, obdartusów, których karykatury w poszarpanych gaciach i czapczynach z buńczucznym napisem — „Death or Liberty" (Śmierć lub Wolność) krążyły wśród jego oddziałów pysznych w płomiennej czerwieni i granacie paradnych mundurów...

Osaczył Ticonderogę. Dowódca jego artylerii jednym skokiem wdarł się na Głowę Cukru i w dwa lipcowe dni zrobił to, o czym marzył Kościuszko — wciągnął tam armaty!

Pana generała Schuylera przekonano, że znalazł się inżynier brytyjski, który uwierzył w możliwość fortyfikacji Sugar Loaf! Załodze fortu została tylko jedna możliwość ocalenia — błyskawiczna ewakuacja.

Jego Wysokość George III, król Imperium Brytyjskiego, na wieść o zdobyciu Ticonderogi wpadł do pokoju Jej Królewskiej Mości z krzykiem: „Pobiłem ich! Ameryka zwyciężona!".

Beztroska dzieciarnia obsiada armaty, które broniły fortu. Wśród nich są autentyczne, które zdobył Stephen Pell w... Anglii, skąd nie zdążyły dopłynąć do Ticonderogi w 1777 roku.

Na Sugar Loaf – Głowie Cukru zatykamy polskie chorągiewki na cześć inżyniera Tadeusza Kościuszki.

Biel i czerwień na Sugar Loaf

Nocą z 5 na 6 lipca przy zamglonym księżycu wojska amerykańskie opuszczały cichaczem Ticonderogę. Nagle w Forcie Independence wybuchł pożar. Anglicy zaatakowali natychmiast i odwrót zamienił się w dramatyczną klęskę...

Straty były ogromne. W ludziach. Sprzęcie wojskowym. Flocie. Żywności.

Największą była strata ducha armii. Dwa tysiące ludzi przerażonych i zdesperowanych miało świadomość klęski. Osłaniał ów odwrót w bohaterskiej ariergardzie waląc drzewa na zasieki, zrywając mosty, przecinając wody i ścieżki inżynier Tadeusz Kościuszko. „Kosciusko was distinguished for activity and courage" — mówi z podziwem Armstrong. Wyróżniał się aktywnością i odwagą. Wybierał miejsca na obozy i postoje. Wilkinson, z którym „przez miesiące" „Kosciusko" „spał pod jednym kocem" nazywa go „our chief engineer" i ubolewa, że był cierpiący. Nie wiemy, czy biedny szef-inżynier spuchł od bólu zęba, dostał alergii, czy prześladowało go już wtedy zapalenie skóry, które powróci w kampanii południowej...

Generał Schuyler, który siedział w Albany, na wieść o upadku twierdzy, o bezpieczeństwie której tak zapewniał, przygalopował do armii, ale żadna pozycja, najsilniej obwarowana przez Kościuszkę, nie satysfakcjonowała go. Gnał żołnierzy — byle dalej od Burgoyne'a.

Możemy sobie wyobrazić, z jakim uczuciem gubernator Nowego Yorku, George Clinton, który tak kategorycznie i „z całego serca" popierał Philipa Schuylera, czytał list od pułkownika Udneya Haya, z goryczą stwierdzający „że widok 20 lub 30 Indian wprawia w popłoch cały obóz", że gen. Schuyler ustawicznie i w panice zmienia miejsca postoju. „Dałby Bóg, aby przybył Gates — wzdycha Hay. — On ma zaufanie Jankesów i przy nim robią oni więcej i lepiej, niż przy kimkolwiek bądź innym, kogo mi się zdarzało widzieć. W zeszłym roku sprowadził wielkie zmiany w ich wyglądzie i uczuciach, i może być równie szczęśliwym znowu. Jeśli nie przybędzie prędko, Wasza Excelencya może się spodziewać niebawem, że nasza główna kwatera przeniesiona zostanie do Albany". Jakąż satysfakcję miałby generał Gates, gdyby znał te słowa...

Pomnik tych, którzy walczyli w Ticonderodze. Napis głosi: „Tu byli ludzie, równi swemu przeznaczeniu, kórzy czynili rzeczy wielkie, nieświadomi, iż są wielkimi".

Schuyler usiłował zrzucić całą winę na gen. St. Claira. Władysław Kozłowski, nieoceniony, odnalazł „w stanie bardzo opłakanym", z wydarciami, ale jakże wiele mówiący o Kościuszce jego list do St. Claira:

„Generale,

Bądź najmocniej przekonany, że jestem całkowicie ci oddany jedynie dla twojej zasługi i znajomości sztuki wojskowej, którą posiadasz w wysokim stopniu. Cofnięcie się z Ticonderogi ściągnęło wiele gadania na ciebie, a zazdrosnym dało sposobność podkopywania się pod ciebie, do tego stopnia, iż wczoraj powiedziano przy obiedzie, że koniecznem jest poświęcenie kogoś dla dobra publicznego; zdaje mi się, iż prędzej dla własnego. Tak więc, Generale, należy się mieć na baczności i starać się zamknąć usta. Ofiaruję ci swoje usługi, (...) byłbym w rozpaczy, gdybyśmy mieli rozstać się z tobą, zacząłem więc już mówić naszym generałom i pułkownikom, że tracąc cię, ściągamy na siebie największą hańbę; oni zgodzili się (...) Jestem najmocniej przekonany, Generale, że sam jesteś w stanie uzasadnić rację cofnięcia się, lecz ponieważ jest to rzeczą dotyczącą mego fachu, chciałbym ci być w tem użyteczny; rozporządzaj więc mną"...

Podczas procesu, jaki odbył się na żądanie St. Claira we wrześniu 1778 roku, Kościuszko złożył precyzyjne, kompetentne zeznania, na mocy których całkowicie uniewinniono generała...

Karta zaczęła się odwracać...

W pierwszych dniach sierpnia 1777 Kongres odwołał Schuylera — mianując dowódcą wojsk Północy generała Horatio Gatesa. Skończył się paniczny odwrót. Zaczęła ofensywa.

Sztuczne baranki pasą się przed białymi domkami miasteczka. Sztuczne motylki bujają się na gałązkach przed ganeczkami. Błądzimy uliczkami Ticonderogi, by znaleźć wjazd na Sugar Loaf. Drogowskazów żadnych. Forsujemy jakiś szlaban, wspinamy drogą wśród zieleni dębów. Jesteśmy na Mount Defiance. Dopiero stąd ocenić można celowość planu inżyniera Kościuszki. Pod nami fort Ti — jak na dłoni.

Zatykamy chorągiewki biało-czerwone obok zardzewiałej armaty... Na pohybel pamięci Schuylera!

Iwonka wyciąga uroczyście notatki i czyni nam wielką siurpryzę zadając pytanie — jaki jeszcze bohater wojny o niepodległość chciał bronić Ticonderogi?

Zamieniamy się w ryby z obu jezior, na które spoglądamy.

— Pułaski! — triumfuje. — Oto jego list do Kongresu, gdzie prosi, „by być w pobliżu nieprzyjaciela" i służyć „do obrony wysuniętego stanowiska. Sądzę, że takie musi być ufortyfikowanie Ticonderogi".

Maciek, mężczyzn zwyczajem, nie chce zniknąć w cieniu i obwieszcza dla odmiany, że Kościuszkowskie fortyfikacje Ticonderogi na Mount Independence najwyżej ocenili... wrogowie. Oficerowie angielscy oglądając fortyfikacje Ticonderogi, oświadczyli, że rebelianci muszą mieć „clever engineers"

Nazwisko „mądrego inżyniera" polskiego wyryte jest w Ticonderodze na Bramie Pamięci.

Symbolicznie także na pomniku, ofiarowanego pamięci:

Tych, którzy włożyli koronę wolności nowemu narodowi.
Tych, którzy czynili rzeczy wielkie, nieświadomi, iż są wielkimi!

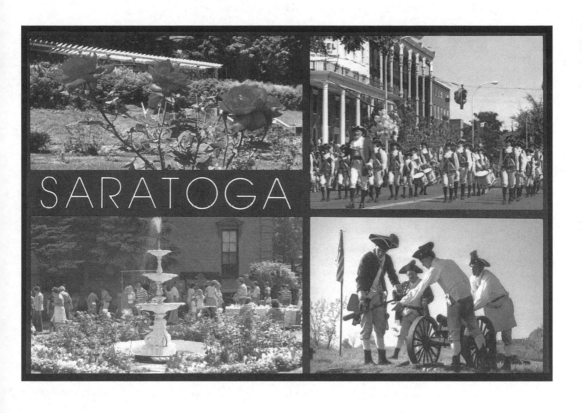

SARATOGA

Strateg pagórków

i lasów

Bitwa o Saratogę w opiniach historyków:

„Był to pierwszy tak znaczny tryumf amerykańskiej broni, a doniosłość jego materialna i moralna była olbrzymia.

Ocalał on krainę wyżyn i zapewniał Amerykanom panowanie nad brzegiem Hudsonu, który stanowił główną żyłę strategiczną całej wojny.

Nie biorąc przykładu z historyków amerykańskich, których niechęć do sławnego dowódcy północnego popycha aż do zmniejszenia doniosłości tryumfów własnego oręża, rzec możemy, że zwycięstwo nad Burgoynem zdecydowało o losie całej wojny".

Władysław M. Kozlowski: „Pierwszy rok służby amerykańskiej Kościuszki (18 października 1776-17 października 1777", 1907

„Wzięcie tam do niewoli około pięciu tysięcy jeńców było jak dotąd największym zwycięstwem amerykańskiego oręża."

James T. Flexner w biografii Washingtona, 1969

„Saratoga została wliczona przez Sir Edwarda Creasy w liczbę piętnastu decydujących bitew świata."

Henry Cabot Lodge: "The story of the revolution", New York, 1903

„Zwycięstwo pod Saratogą, do którego w tak dużym stopniu przyczynił się Kościuszko, ugruntowało jeszcze bardziej jego sławę jako wybitnego, utalentowanego inżyniera wojskowego".

Zdzisław Sułek: „Polacy w wojnie o niepodległość Stanów Zjednoczonych", 1976

„Triumf pod Saratogą był ogromnym ciosem dla brytyjskiego prestiżu i rozpowszechnionego w Anglii przekonania, że Amerykanie są przeciwnikiem łatwym do pokonania.

Saratoga przechyliła szale rokowań prowadzonych przez Benjamina Franklina w Paryżu. Wiadomość o kapitulacji Burgoyne'a skłoniła wahającego się dotąd Ludwika XVI do otwartego opowiedzenia się po stronie amerykańskiej".

Wiktor Malski: „Amerykańska wojna pułkownika Kościuszki", 1977

Szach i mat nad Hudsonem

Wyścigi konne. Golf. Muzeum Tańca. Źródła mineralne. Modne uzdrowisko Saratoga Springs w stanie New York, otoczone jeziorami o poetyckich nazwach, indiańskiego rodowodu — Samotne, Gwiaździste, Purpurowe, Rybne... W roku 1771 agent od spraw Indian podpatrzył, że Irokezi leczą rany w krystalicznej, pulsującej wodzie... Tak zaczyna się kariera źródeł...

Iwonka bacznie studiuje które na co i smakowicie cytuje:

— Źródło Gwiaździste — z wodą jodynową — na siłę i odwagę umysłu, Źródło Kolumbowe — z żelazem — na świeżość i piękność babią...

— A na chłopią to nic nie ma? — zaniepokoił się Maciek.

— Są kąpiele Lincolna i Roosevelta...

— No niechby kto w Polsce nazwał łazienki imieniem narodowych bohaterów... — sarknął Maciek.

— A broń Boże! — pospieszyłam sycząco. — Mamy tylko wódkę „Chopin" i papierosy „Sobieski"... Brak jeno piwa „Kościuszko"...

Iwonkę zaintrygowało „jeno", dyskusja zboczyła na tory lingwistyczne, a Maciek „Tadkiem" zboczył do centrum Saratogi. Przemykamy czerwcowym odwieczerzem przez szumiącą Broadway Avenue, dzielnicami luksusowych hoteli, wytwornych knajpek, skręcamy nad jezioro... Ma się ku zachodowi. Oficjalny wjazd na bitewne pole zamknięty.

Leśną drogą, wśród farm, między łąkami trafiamy na płaskowyż z drogowskazami: „Bemis Heights". Przełazimy pod niskim płotkiem. Łąka. Soczysta i bujna. W dali migoce rzeka Hudson. Rosną brzózki, wysoko śpiewają skowronki, jak u nas. Biały pomnik z jednym imieniem potężnym: „Kosciuszko" i napis angielski: „Te pola szlachetny syn Polski wybrał i ufortyfikował do wielkiej bitwy pod Saratogą, podczas której najeźdźcy zostali pokonani, a wolność Ameryki — ocalona".

Rośnym rankiem jako subordynowani turyści legalnie, przez bramę wjeżdżamy do Visitors Centre. Saratoga National Historical Park obejmuje kilometry zielonych tarasów wspiętych nad Hudsonem.

— Jest Kościuszko! — ucieszyła się Iwonka.

Dziś Saratoga jest modnym uzdrowiskiem słynącym źródłami mineralnymi, wyściga-
mi konnymi i brawurowymi rejsami wodami Hudsonu.

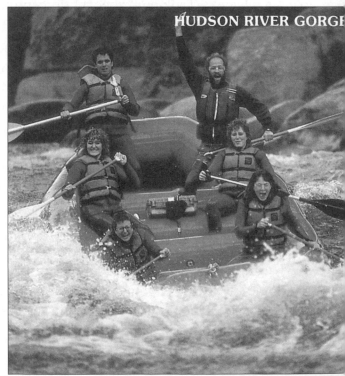

Osobliwe i sędziwe (acz niestety nie datowane) malowidło na desce u wnijścia do muzeum. Bohaterowie bitwy pod Saratogą. Kościuszkę od Gatesa oddziela bardzo nie lubiany przez obydwóch Schuyler. Gorzej, bo Arnold włazi dosłownie Naczelnikowi na ramię...

Dzwonią. Pędzimy obok gablot z długimi ryjami brytyjskich muszkietów, ze zniszczonymi kartkami katechizmu — i rogami, których głos niósł się sygnałem zwołującym...

Dzwonek anonsuje rozpoczęcie filmu „Szach i mat nad Hudsonem". Symboliczna szachownica z przenikaniem na bitewne pole w purpurze jesiennych liści i nastrojowo migocącą rzeką pokazuje, jak w owe dni wrześniowo–październikowe roku 1777 Amerykanie zaszachowali w Saratodze potężnego przeciwnika. Liście spływają wodą potoku Mill Creek jak ciała poległych.

Autokary rozwożą zwiedzających przystając przy najważniejszych punktach batalii: zrekonstruowanej farmie Neilsona, gdzie była kwatera sztabu amerykańskiego, nieistniejącej farmie Freemana, przed którą toczył się pierwszy bój, wzdłuż American River Fortifications wytyczonych biało-błękitnymi palikami, o których folder mówi: „Ta pełna siły pozycja została wzniesiona pod dowództwem płk. Thaddeusa Kosciuszko, polskiego inżyniera, ochotnika z pobudek patriotycznych. To był klucz amerykańskich pozycji".

Trzech farmerów siedzących w pustkowiu nad Hudsonem wpisało się oto obok polskiego pułkownika w historię. Dwóch Johnów — Freeman, zaciekły lojalista, wskazujący drogę Brytyjczykom, Neilson — żarliwy Amerykanin, szczęśliwy z goszczenia sztabu i imć pan Jotham Bemis, właściciel knajpy u stóp wzgórza, które otrzymało jego imię — Bemis Heights.

Na mapie mamy zaznaczony tutaj punkt — Kosciuszko. Nieopodal sztabu Gatesa. Znów byli razem.

Generał Horatio Gates — nowo mianowany dowódca Armii Północy, przybył do obozu wojska umykającego spod Ticonderogi 19 sierpnia 1777. Radość była ogromna. Któż to pisał entuzjastyczny list do Kongresu? Tenże generał George Clinton, gubernator stanu Nowy York, który tak niedawno ujmował się za „pokrzywdzonym" Schuylerem: „Gates już przybył do armii" — donosi radośnie — „i rzeczy przybrały nową postać. Nikt już nie mówi więcej o cofaniu się, lecz przeciwnie przedsięwzięte są środki, aby zbliżyć się do Stil-

Na pole bitewne jedzie się pośród jezior o poetycznych nazwach, indiańskiego rodowodu: Gwiaździste, Purpurowe, Samotne...

Forsuję Bemis Heights nielegalnie... Łąka jest zielona i soczysta, śpiewają skowronki.

water lub jeszcze bliżej do Burgoyne'a, o ile się znajdzie pozycja obronna. Smutne, że znalazł się chociaż jeden stan, który oponował przeciwko nominacji generała tego". (Tu ma się ochotę sarknąć — sameś oponował!) „Oficer, który gotów jest podjąć grę, tak prawie bezpowrotnie straconą, zasługuje na wszelkie poparcie i zachętę ze strony tych, którym służy" — kończy pan generał swe zachwyty. No i proszę — jak to klęski odmieniają przyjaciół.

A nasz Kościuszko w uczuciach przyjaźni zawsze niezmienny nie ochrania już w ariergardzie uciekających towarzyszy broni, lecz z rozkazu Gatesa wyrusza w awangardzie, by wybrać miejsce, które może stać się polem bitwy. I ufortyfikować je...

Wybrał Bemis Heights. Miał pod swą komendą tysiąc ludzi, którzy wedle jego planu budowali reduty i sypali szańce. Stefan Bratkowski analizując celnie talenta fortyfikacyjne naszego inżyniera przypomina polski podręcznik Jana Bakałowicza *Czynności wojenne*. „Być może Naczelnik byłby milszy naszej tradycji jako samorodny talent z bożej łaski, który brał wszystko sam z własnej głowy" — pisze Bratkowski. — „Ja wolę go cenić jako oczytanego i dobrze przygotowanego specjalistę, który inteligencji używał dla właściwego zastosowania i wykorzystania swcj wiedzy. Dopiero na tle tej wiedzy z kolei uwydatnić się może jego nowatorstwo w tym, w czym naprawdę celował i wyprzedzał współczesnych. Kiedy więc fetujemy go za właściwy dobór pozycji dla Gatesa pod Saratogą, miejmy w pamięci zalecenia Bakałowicza: «Doskonały wódz będzie umiał zażyć na dobre najmniejszego pagórka, wody, lasu, bagna (...) Zgoła ile słyszemy i czytamy o wygranych potyczkach, zawsze położenie dobre miejsca było przyczyną ukoronowania zwycięstwa»". Tak się miało stać i tym razem.

Na polu bitewnym Saratogi — wśród paproci, jaskrów stoją dyskretnie wtopione w bujne trawy prostokątne maszynerie (nawet Maciek-politechnik nie wiedział, jak toto nazwać).

Można nacisnąć guziczek jednego z przemyślnie wszędy tam wmontowanych magnetofonów z precyzyjnymi informacjami o batalii.

Na Bemis Heights, mając u stóp całe pole bitwy z połyskującą daleko wstęgą Hudsonu, stoi jedna z owych machinek, ozdobiona niestety okropnym konterfektem Naczelnika (Iwonka zdumiona wąsami, nigdy ich nie nosił!) i rzeczowym podpisem: „Thaddeus Kosciusko (znowu bez „z" — a w folderze już było poprawnie!) a Polish military

Na tym malowidle spotkali się wszyscy znaczący dowódcy bitwy pod Saratogą. Sami generałowie. Jest tylko jeden pułkownik – Kościuszko.

Ten okropnie zabawny i zupełnie nieprawdziwy portrecik Kościuszki zdobi w Saratodze machinę, w której ukryty jest magnetofon. Za naciśnięciem guzika możemy usłyszeć, jak rzekomy kolega Kościuszki ze szkoły wojskowej we Francji chwali jego talenta i fortyfikacje Saratogi.
Trzeba dodać, że Naczelnik nigdy wąsów nie nosił.

Na płaskowyżu Bemis Heights, fortyfikowanym przez Kościuszkę – stoi pomnik, ufundowany przez Polaków w roku 1936. Napis głosi: „Te pola szlachetny syn Polski wybrał i ufortyfikował do wielkiej bitwy pod Saratogą, podczas której najeźdźcy zostali pokonani, a wolność Ameryki – ocalona". Odnowiony staraniem The Polish-American Congress w czerwcu 1981 roku.

engineer and volunteer in the American cause directed the building of fortification to block the British invasion".

Polscy badacze (Zdzisław Sułek) wyłuskali z publikacji amerykańskich fragment pamiętnika pułkownika Rufusa Putnama: „...zacny Kusesko, sławny Polak, stał na czele wydziału inżynierów armii Gatesa; radziliśmy razem nad fortyfikacjami, które koniecznie należałoby wznieść dla obrony obozu, ale on sprawował nadzór nad ich wykonaniem". Teraz naciskamy w maszynerii guzik i odzywa się jedwabisty męski głos z zabawnym francuskim akcentem, komentarz rzekomego przyjaciela Kościuszki z czasów jego paryskich studiów militarnych: „Mój kolega ze szkoły wojskowej w Mézières — Tadeuus Kosciuskooo"... (no proszę i wreszcie w Saratodze jednym cięciem ukończono dywagacjc historyków ze Stefanem Bratkowskim na czele — czy Kościuszko miał jakąkolwiek szansę, by w tej najsławniejszej elitarnej francuskiej szkole inżynierii studiować...).

Słuchajmy więc... „Kapitan Kosciuskoo zapowiadał się na sławę już nad Sekwaną. Bystry, dokładny, lotny jego umysł łączył precyzję z wyobraźnią. Był jednym z największych inżynierów, jacy uczestniczyli w wojnie o niepodległość". I słuchamy dalej: „Wzgórza Bemisa panują nad prawym brzcgiem Hudsonu tworząc dwa wielkie tarasy spadające do strumienia Mill Creek. Kosciuskoo umieścił na szczycie każdego równoległe trzy reduty. A na płaskowyżu od zachodu wielki szaniec... Jeśli zechcecie zwrócić ku niemu swe kroki, zobaczycie jeszcze dodatkowe trzy reduty... Teraz zejdźcie w dół i znowu wdrapcie się na nowe wzgórze — tam ujrzycie także fortyfikacje Kosciuskoo, które trzymały w szachu cały las, przez który mógłby atakować nieprzyjaciel.

W tych fortyfikacjach Kosciuskoo skrył potężną baterię armat, a szańce osłaniały obrońców...

Generał (to już zupełnie po francusku «Le Général») Gates uznał, że to właśnie wzgórza Bemisa, ufortyfikowane przez Kosciuskoo zwyciężyły wroga"...

Kiedy Iwonka dokonała tłumaczenia z nagrania, zadźwięczało znajomo. To była rzeczywiście relacja Francuza. Tekst oparto na wspomnieniach markiza de Chastelluxa, który zwiedzał pola Saratogi wkrótce po bitwach. Fragmenty drukowała prasa warszawska już w 1784/85 roku (brawo!), odnalazł je profesor Janusz Tazbir (skądinąd prześwietny znawca historii wieku XVII), a zacytował oczywiście Stefan Bratkowski (ze stosownym dla profesora ukłonem).

Linia błękitno-białych palików wyznacza fortyfikacje Kościuszkowskie. Markiz de Chastellux wspomina, iż jego dostojnym cicerone był tu sam generał Philip Schuyler, komentujący strategię działań Gatesa (imię Kościuszki oczywiście nie pada) z najwyższym krytycyzmem. „Ale jeśli się weźmie pod uwagę, że stanowisko tych dwóch tysięcy ludzi zostało zlokalizowane w lesie bardzo gęstym; że broniły go zasieki, oni zaś znajdowali pewny odwrót przez głęboki las, który mieli za sobą; chodziło o to, by niepokoić nieprzyjaciela, który się cofał i w którym duch podupadł, można chyba uwierzyć mi, że krytyka ta pochodziła raczej od surowego rywala, niż od mądrego i metodycznego znawcy taktyki" — cytuje Bratkowski sprawiedliwego de Chastelluxa, dodając od siebie: „Schuyler, który sam spartolił sprawę Ticonderogi i tyle zawdzięczał współpracy swego inżyniera, krytykuje obraną przez generała Gatesa pozycję! (…) Saratoga została przygotowana tak, jak byłaby przygotowana niedoszła do skutku bitwa pod Ticonderogą, projektowana przez Kościuszkę: dominująca, paraliżująca ruchy przeciwnika pozycja i kąśliwe, wyniszczające ataki; Burgoyne ani razu nie poniósł jakiejś zdecydowanej klęski; za pierwszym razem wręcz został na placu boju, poddał się jak szachista w beznadziejnej sytuacji".

„Tu Kościuszki baterie..."

Gentelman John Burgoyne, orzekłszy: „Zawsze uważałem rzekę Hudson za najwłaściwszy punkt do otwarcia żywiołowej operacji na cały kontynent" — ruszył spod Ticonderogi tak jak tam ciągnął — piknikowo i głośno. Damy jechały w karetach. Nie brakowało kufrów ze strojami, dzieci, psów, pokojówek, tudzież uroczych metres...

Dziennik małżonki dowódcy oddziałów niemieckich, madame von Riedesel, cytowany obficie w pracy Ruperta Furneaux *The battle of Saratoga* oddaje ów nastrój beztroski, z jaką Anglicy pewni „słodkiej nadziei na oczywiste zwycięstwo" ciągnęli pod Saratogę.

Tu Kościuszki baterie tkwią za osłonami
Nieme, lecz wnet na pole sypną kartaczami.

(z poematu Joe Barlowa, który spotkał
Kościuszkę po latach we Francji)

„...nigdy nie widziałem takiej eksplozji ognia.
Ciężka artyleria dawała koncert jak ogłuszający ryk dzwonów."

(z pamiętnika porucznika Williama Digby
ze sztabu brytyjskiego)

Stefan Bratkowski, autor rewelacyjnej książki o Kościuszce-inżynierze, powiada, że gdyby pisał o nim scenariusz – postawiłby go obok tych dział...

„...Słuchałam wesołych pieśni naszych żołnierzy, płonących chęcią triumfu. Duch był po prostu wspaniały". Zapasy żywności — nieco mniej. Generał Burgoyne z satysfakcją stanął kwaterą w domu generała Schuylera, którego wojska rozgromił pod Ticonderogą. Ten zrekonstruowany dom istnieje dziś pod Saratogą, miejscowość nosi imię Schuylerville. Długo w noc kwatera jaśniała od świateł, grzmiała od śmiechu, śpiewów i toastów wznoszonych szampanem. (Baronowa Frederika von Riedesel z trudem uśpiwszy gromadkę swej licznej dzieciarni czyni, jak przystało na nieskazitelnej reputacji matronę, kąśliwe uwagi na temat amantki Burgoyne'a, która zdaje się bardziej gustować w tym trunku niż w samym generale!). Strzelały korki, Burgoyne krzyczał: „Za Anglików, którzy nigdy nie tracą posterunku!".

19 września zaryczały armaty na szańcach Kościuszki. Poeta i dyplomata, Joe Barlow, którego los zetknie z naszym bohaterem we Francji po latach, w poemacie *Columbiad* napisze o Saratodze:

Tu Kościuszki baterie tkwią za osłonami.
Nieme, lecz wnet na pole sypną kartaczami!

Porucznik William Digby ze sztabu generała Burgoyne'a zanotował: „...nigdy nie widziałem takiej eksplozji ognia. Ciężka artyleria dawała koncert jak ogłuszający ryk dzwonów, powtarzany przez echo wśród drzew". Tarasowato ustawione reduty i szańce osłaniały wojsko Gatesa. Nie wypuścił żołnierzy do frontalnego starcia. Jeno najświetniejszych strzelców — myśliwych wczorajszych, którzy zza drzew celnie razili czerwone kurty. Burgoyne cofnął się. Przysiadł za potokiem Mills. Szampana jeszcze nie brakło. Żołnierze zaczynali głodować. Kampanię obliczano przecie na tak błyskawiczną jak pod Ticonderogą, gdzie Amerykanie musieli czmychnąć niby zające, a w ręce Burgoyne'a wpadły tony żywności.

Czas przedstawić przeciwników. Mówi o nich znakomita praca Billy Warda *The battles of Saratoga, people, places and facts* z 1989 roku, której maszynopis Iwonka zdobyła po długich negocjacjach w dyrekcji Saratoga National Historical Park.

Tu czynimy małą dygresję. Rozpieszczeni serdecznością podobnych placówek na Południu — w Południowej i Północnej Karolinie, już o mieście Kosciusko nie wspominając! — troszkę-śmy byli zawiedzeni zupełną obojętnością na nasze kościuszkowsko-polskie splendory w zarządzie Saratogi. Iwonka nawet cytowała opinię o mieszkańcach Północy pewnego Południowca z Virginii, niejakiego George'a Washingtona: „Jankesi to najbardziej obojętni ludzie, jakich kiedykolwiek spotkałem".

— Sama jesteś jankeska! — przyciął jej Maciek.

— Never in my life! — w chwilach wielkiego wzburzenia niejankeska Iwonka przechodzi na angielski!

— To, kto ty jesteś?

— Polak mały!

A jak odpowiedzieliby na podobne pytanie mieszkańcy kolonii amerykańskich przed wojną o niepodległość?

— Newenglander! — mieszkaniec Bostonu.

— Marylander! — z Marylandu.

— Virginian! — z Virginii...

Wśród dwóch i pół miliona mieszkańców (niektóre źródła podają, że w roku 1775 było już trzy miliony) dominowali „of English descent" — pochodzenia angielskiego, ale już w trzecim, czwartym pokoleniu.

Byli Walijczycy, Szkoci, Irlandczycy. Także Holendrzy, Francuzi, Szwedzi. Garstka Włochów, Polaków, Niemców... Inne języki, różne religie, odrębne obyczaje...

Scala naród przeciwnik, którego można pokonać tylko wspólnymi siłami. Dzika przyroda. Ocean. Preria. Puszcza. Indianie. Scala rodząca się pamięć historyczna, powstają sagi o założycielach Jamestown, legendy o kapitanie Johnie Smith, „Ojcach Pielgrzymach", którzy przypłynęli na „Mayflower"... Scala świadomość, że Ameryka — to Ziemia Obiecana. Ziemia Wolności.

Dwieście lat przed bitwą pod Saratogą w 1577 roku pisał sir Walter Ralegh, angielski żeglarz, historyk, poeta, o kandydatach na osadników w Nowym Świecie: „Moglibyśmy osiedlić takich biednych ludzi naszego kraju, którzy z nędzy popełniają ciężkie przestępstwa, wskutek czego dzień w dzień pochłania ich szubienica". Stolica Północnej Karoliny nosi dziś jego nieco zmodyfikowane nazwisko — Raleigh. W żyłach niejednego z żołnierzy Gatesa płynęła krew krzepkich rozbójników, których nie pochłonęła szubienica, dzięki zesłaniu do Nowego Świata.

Największym spoiwem narodu miała stać się „rewolucja amerykańska". Billy Ward podaje, że do Armii Kontynentalnej (czyli w oczach

Znienawidzone „red coats" – czerwone kurty, jak od koloru mundurów nazywali Amerykanie żołnierzy brytyjskich. Ich doborowe oddziały stanęły pod Saratogą.

Najemnicy niemieccy, przeważnie z księstwa Hesji. Pogardzani przez Amerykanów za gotowość przelewania krwi za pieniądze.

Tak szyderczo angielscy karykaturzyści przedstawiali żołnierza Armii Kontynentalnej, nazywanej początkowo przez dowódców brytyjskich „zgrają, z którą wstyd wygrywać". Na czapce napis: „Death or Liberty". Śmierć lub Wolność.

A tak wyglądała piechota amerykańska, gdy Francja po Saratodze przyszła z pomocą
i wyekwipowała armię w mundury.

Milicja – ochotnicze oddziały amerykańskie, których kilkanaście regimentów z Albany County walczyło pod Saratogą.

Anglików rebeliantów-buntowników) przyjmowano wedle zaleceń Kongresu mężczyzn od 16 do 50 roku życia. Zdarzało się wszakże, iż służyli w niej chłopcy ośmioletni i osiemdziesięcioletni starcy. Nie było wśród nich ani jednego oficera z doświadczeniem taktyki wojennej na wielką skalę... Żołnierze mieli otrzymywać najwyższy żołd na świecie — około 6 dolarów miesięcznie. Inflacja wojenna była jednak tak szalona, że dobra para butów kosztowała 100 dolarów — a za sześć kupowało się ćwiartkę nędznej whisky. W rzadkich wypadkach wypłaty żołnierze żartowali, że dostali sumę wystarczającą akurat na trzy drinki!

Kongres ustalił też sumę 20 dolarów na jedno ubranie rocznie — brązowe lub czarne. Ale żołnierze odziani byli przeważnie we własne i to nader biednie. Były ustalone racje żywnościowe, przyzwoite, ze świetną wołowiną, rybami, mlekiem, warzywami. Ale, jak stwierdza z goryczą Billy Ward, te wszystkie ustalenia były „wishful thinking of Congress” (które to słowa Wańkowicz genialnie przełożył na „chciejstwo”), albowiem dzienniki i listy żołnierzy mówią o chłodzie, głodzie i nędzy. Dziesiątkowały ich choroby. Doktor Beniamin Rush, naczelny lekarz armii i przyjaciel Gatesa, orzekł, iż choroby „zabiły więcej żołnierzy niż szpady”... No i coś jeszcze — o czym nasz tkliwego serca, demokratyczny, kochający spokój „Kusiusco” nie wiedział. Gdy Washington formował swą armię, codziennie po modlitwie odczytywano pułkom jego rozkaz: „Wprowadza się wyraźne rozróżnienie między oficerami a żołnierzami. Każdy ma znać swe zadanie i wykonywać je, w przeciwnym razie zostaje związany i otrzymuje trzydzieści lub czterdzieści batów, zależnie od wykroczenia”.

Jakie oddziały żołnierskie z tak wyposażonej i tak karanej armii, mimo wszystko wierne Sprawie, stanęły pod Saratogą naprzeciw doborowym, wyszkolonym brytyjskim oddziałom Burgoyne'a, wspomaganym przez najemnych Niemców, z doborowych jednostek militarnych, w bojach zaprawnych?

Przesławni strzelcy — Riflemen w swoich myśliwskich kurtach, z nożami i tomahawkami obok celnych strzelb, pod dowództwem pułkownika Daniela Morgana. Jeden z nich — Timothy Murphy, Irlandczyk, ma swój pomnik w Saratodze, gdyż „przyczynił się do zabicia generała Simona Frasera”, który w paradnym mundurze na olbrzymim siwym koniu przyciągnął uwagę wyborowego strzelca w drugiej bitwie o Saratogę — 7 października. Obok regularnych oddziałów Armii Kontynentalnej miał Gates także aż 30 regimentów ochotniczych, zwanych milicją (w tym 17 z Albany County!). Nie był to sojusznik najpewniejszy. Rozsierdzony Naczelny Wódz pisał: „Zjawiają się nie wiadomo w jaki sposób; odchodzą nie wiadomo kiedy, działają nie wiadomo gdzie, zużywają zaopatrzenie, ogałacając magazyny, i w końcu opuszczają człowieka w najkrytyczniejszym momencie". Generał Benedict Arnold donosił 1 października 1777 w liście do Gatesa nie bez mściwej satysfakcji: „Milicja stanowiąca większą część armii jest gotowa ruszyć do domu"... Jak to się stało, że dwaj generałowie na jednym polu bitwy nagle uprawiają korespondencję?

Ano, dla smętnego pocieszenia wszystkich ubolewających nad kłótniami naszych polityków (wśród których nie brak i wojskowych rangi wysokiej) i powtarzających, że to iście polskie spécialité — opowiedzmy, jak to ukochany dowódca Kościuszki musiał się zmagać nie z wrogami, lecz własnymi podkomendnymi... Arnold opętany żądzą sławy i popierająca go klika Schuylera (siedzącego bezpiecznie w Albany i chciwie łowiącego wieści!) parła do jak najszybszej konfrontacji z Brytyjczykami. W fabularyzowanej opowieści o Kościuszce Davida Abodahera *Son of Liberty* toczy się taki dialog:

Arnold: — Generale! Nie możemy siedzieć tutaj czekając, aż nieprzyjaciel przyjdzie do nas!

Gates: — Generale! Dzięki świetnym liniom obronnym pułkownika Kosciuszko możemy siedzieć tu na zawsze!

Naprawdę rzecz się miała tak, iż Arnolda rozwścieczył raport Gatesa dla Kongresu, oceniający wysoko zasługi oddziału strzelców pułkownika Morgana. Wpadł do kwatery wrzeszcząc, że to część jego dywizji i pod jego komendą. Na to Gates odrzekł z właściwym sobie spokojem, iż generał Benedict Arnold złożył rezygnację z komendy tej dywizji dnia 11 lipca roku bieżącego i nigdy takowej nie anulował. Na to Arnold, że teraz dopiero złoży rezygnację opuszczając Armię Północy i udając się do Washingtona... — Nie będę stawiał przeszkód — odrzekł lodowato Gates. W odpowiedzi otrzymał list wysmażony 23 września z zarzutami „publicznego afrontu w obecności wielu dżentelmenów z armii" i wycedzoną prośbą o zezwolenie na wyjazd do Filadelfii.

Gates zezwolenie przesłał natychmiast. Do Albany pomknęły listy od aliantów Arnolda do Schuylera traktujące generała Gatesa per „ten":

Generał Horatio Gates, dowódca Armii Północy i batalii pod Saratogą, którą rozegrał jak wyborny militarny szachista. Obsypany gratulacjami, orzekł zwięźle: „strategami były pagórki i lasy, które młody inżynier polski umiał zręcznie obrać pod mój obóz". W raporcie do Kongresu podał: „Pułkownik Kościuszko wybrał i oszańcował pozycję". Saratoga stała się „turning point" – zwrotnym punktem wojny. Na wieść o triumfie Amerykanów, wahająca się dotąd Francja uznała Stany Zjednoczone i stanęła jako sojusznik u ich boku.

„Dżentelmen Johnny" (1722–1792) – generał John Burgoyne, zwycięzca spod Ticonderogi. 19 września i 7 października 1777 wojska generała Gatesa, osłaniane przez artylerię Kościuszki, staczają dwie bitwy z wyborowymi oddziałami brytyjskimi dowodzonymi przez gen. Johna Burgoyne, owianego dotychczas legendą niezwyciężonego dowódcy. Saratoga zmiażdżyła tę sławę.

„Ten jest tak pewny sukcesu, że nie chce go dzielić z nikim (…), ale chmury gromadzą się i mogą wybuchnąć nad jego głową". Dodajmy gwoli sprawiedliwości, że pewien udział w intrydze ma pułkownik James Wilkinson ze sztabu Gatesa, o którym Arnold pisze z nienawiścią — „villain", łajdak. Na który to epitet Wilkinson zasłuży w przyszłości, o czym przekonają się na własnej skórze i Kościuszko, i Gates!

W kolejnym liście do swego dowódcy datowanym 1 października (jak widzimy jakoś się do tej Filadelfii nie spieszył!) Arnold opuścił już nawet grzecznościowy tytuł „Sir" — i wytknąwszy Gatesowi „ducha zazdrości" — napisał wykrętnie: „…zdecydowałem się poświęcić swe uczucia i spokój dla dobra publicznego i kontynuować walkę, gdy mój kraj potrzebuje każdej pomocy"… — Stary gracz! — mruknął Gates odkładając epistołę.

Doskonale wiedział, co czyni wstrzymując działania bitewne. Burgoyne miał odciętą drogę do Kanady. Oczekiwana pomoc armii z Nowego Yorku nie nadchodziła. Żywności brakowało. Dni wstawały piękne i ciepłe w bogactwie złota i purpury październikowego Indian Summer (jak zowią w Ameryce nasze Babie Lato).

Ale ta nazwa brzmiała złowrogo, bo do armii Gatesa dołączył oddział Indian, którzy łowili skalpy i więźniów. Noce były lodowate, a żołnierzom brakowało ciepłego odzienia. Wyły wilki szukające w leśnych chaszczach ciał poległych.

5 października Gates pisał do Washingtona: „Nieprzyjaciele nie opanowali ani piędzi gruntu. Moim zdaniem nie mają więcej żywności jak na 3 tygodnie. Burgoyne musi zdecydować — zdobywać mój obóz albo cofnąć się"…

7 października Burgoyne zaatakował i dzień ten przeszedł do historii jako bitwa o Bemis Heights, całkowity pogrom armii brytyjskiej.

„Nasze armaty zostały zdobyte, ludzie i konie zabici" — pisał z rozpaczą ten sam porucznik Digby, którego tak poraził ogień armatni z Kościuszkowskich szańców Bemis Heights w pierwszej bitwie. Oddziały strzelców Morgana „szły jak potok" siejąc morderczym ogniem — wspomina James Wilkinson w swych skądinąd chwalipięckich *Memoires*.

Pod Burgoyne'em zabito konia i przestrzelono generałowi kapelusz. Ciężko raniono jego ulubionego adiutanta Francisa Clerke i pięknego oficera-arystokratę, lorda pułkownika Aclanda. Obydwaj

Osobliwy pomnik... buta. To noga generała Benedicta Arnolda, którą zmiażdżył mu koń padając w tym miejscu podczas bitwy o Saratogę 7 października 1777. Pomnik ufundowano w 110 rocznicę – w 1887 roku, przezornie nie pomieszczając nazwiska bohatera, który okazał się zdrajcą.

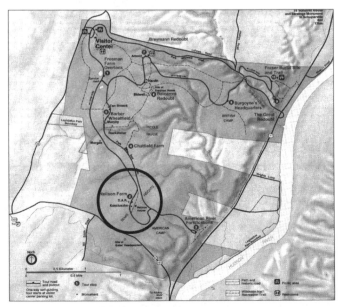

Współczesna mapa pola bitwy pod Saratogą – w National Historical Park. Zaznaczone miejsce działań Kościuszki – Bemis Heights.

Po Saratodze George Washington napisze do Kongresu: „informowano mnie, iż inżynier Armii Północnej (zdaje się, że nazwiskiem Cosieski) jest człowiekiem wiedzy i zasług (a gentelman of science and merit)".

wpadli w ręce Amerykanów. Śmiertelnie rannego generała Frasera odniesiono na kwaterę do baronowej von Riedesel, która właśnie oczekiwała na sztab z proszonym obiadem!

Arnold wkroczył do bitewnej akcji — wedle oceny Wilkinsona — „jak szalony", „pędził wszędzie i komenderował każdemu". Ranny Niemiec, leżący na ziemi, widząc pysznego jeźdźca w galopie — strzelił.

Ikonografia bitew Saratogi nie pokazuje Kościuszki. Z lubością powiela wizerunek generała Benedicta Arnolda, padającego z konia w brawurowym ataku. Na polu bitewnym znajduje się osobliwy monument — pomnik buta. Na cześć nogi Arnolda ranionej pod Saratogą. W brzydkim pomniku-piramidzie ustawionym w Schuylerville stoją w niszach posągi: Schuylera (nie wiadomo dlaczego), Gatesa — i zieje pustką nisza dla Arnolda, który haniebną zdradą przekreślił swe zasługi. Nieopodal krzyżują się dwie aleje: Gatesa i Burgoyne'a. Amerykanie bywają lojalni wobec starych nieprzyjaciół.

Koń padając zmiażdżył Arnoldowi nogę... Postawiono jej pomnik w Saratodze — jedyny tego typu na świecie... Większych strat nie było.

„Turning point" w dziejach wojny

„Nasze straty w tej walce były straszne". To słowa generała Johna Burgoyne'a z jego wspomnień. Skąd je znamy? Przecie jego dzieło *State of Expedition* wydane w Londynie już A.D. 1780 — dostępne łatwo nie jest.

Oto nasz Tomasz Kajetan Węgierski — wędrownik i reporter (chyba możemy go zaszczycić tym współczesnym mianem) — dotarł w swych peregrynacjach i do Saratogi. Jego francuski dziennik opublikował na szczęście w przekładzie polskim Stanisław Kossowski we Lwowie w początku naszego wieku. O dziwo — w antologii pamiętników Polaków podróżujących po Stanach, za naszych już czasów wydanej, edytor wykropkował akurat obydwa miejsca związane z Kościuszką, a zwiedzane i opisane przez Węgierskiego ledwo kilka lat po działaniach tamże pułkownika-inżyniera: Saratogę i West Point.

Anna Szczęsnowicz (nomen omen!), nasz bezcenny sojusznik z Informatorium Biblioteki Narodowej, odnalazła dla nas lwowskie wydanie dzienników Węgierskiego, który cytuje ogromny fragment relacji Burgoyne'a! Obok nastrojowego opisu pogrzebu generała Frasera (który prosił, by go pochowano „w wielkiej reducie, bez parady"), przy huku strzałów, które wzniecały kurz osiadający na twarzy celebrującego kapłana, Węgierski wybrał ze wspomnień Burgoyne'a romantyczną historię lady Harriet Acland. Piękna, delikatna arystokratka postanowiła przedostać się przez pole bitwy do rannego męża i poprosiła generała o list polecający do Horatio Gatesa, dając dowód „że cierpliwość i odwaga mogą kryć się równie jak inne cnoty w istotach najdelikatniejszych. Nie mogłem pojąć, aby kobieta przepędziwszy kilka dni w najokrutniejszym niepokoju, pozbawiona nie tylko snu, ale pożywienia, i wystawiona podczas 12 godzin na gwałtowny deszcz, mogła powziąć myśl udania się w nocy zupełnie sama do nieprzyjaciela" — pisze Burgoyne z podziwem. — „Nie miałem nawet szklanki wina, aby móc jej ofiarować; dowiedziałem się później, że ktoś szczęśliwszy wydostał dla niej kilka kropel rumu rozpuszczonych w błotnistej wodzie". (Gdzież to się podziały szumne szampany, Panie Generale?) „Wszystko czem mogłem jej służyć polegało na odkrytej łódce i kilku wierszach, polecających ją generałowi Gates, nakreślonych na strzępku brudnego i mokrego papieru". Czujna warta amerykańska — bojąc się podstępu — nie pozwoliła w ciemnościach pięknej lady wylądować i nieszczęsna Harriet przedygotała w łódce całą noc na Hudsonie. „Ale trzeba być sprawiedliwym — dodaje lojalnie Burgoyne. — Została przyjętą przez generała Gates z niezwykłą życzliwością i szacunkiem, należnym jej urodzeniu, jej zasłudze i jej nieszczęściu". Nie cytuje natomiast generał oczywiście odpowiedzi, jaką wystosował doń Horatio Gates, ale można ten list odnaleźć w cennej pracy Roberta Furneaux *The battle of Saratoga*:

„Sir,

Miałem honor otrzymać list Waszej Ekscelencji z rąk lady Acland. Szacunek należny jej osobie i płci był wystarczającym powodem, by otoczyć ją moją opieką w chwili, gdy los Pana armii jest w mych rękach" — pisał Gates godnie i uderzał celnie: — „Okrucieństwa, które znaczą pochód tej armii, palenie domów na całej przestrzeni jest w cywilizowanych narodach wypadkiem bez precedensu (...) Ten sposób prowadzenia wojny wygląda bardziej na złośliwą zemstę fanatyka niż na wielkoduszność żołnierza". I od razu, gwoli przeciwstawienia: „Pański przyjaciel, Sir Francis Clerke, jak informuje generalny dyrektor mego szpitala, jest ciężko ranny. Czyni się wszystko, by mu przyjść z pomocą, tak jak pozostałym rannym, których byłeś łaskaw zostawić memu miłosierdziu".

Nocą z 8 na 9 października wojska Burgoyne'a zaczęły cichaczem odwrót. Pół tysiąca rannych pozostało na łasce Amerykanów...

Gates wziął odwet za Ticonderogę. Nie dopuścił do frontalnego ataku. Ochroniony ogniem baterii Kościuszki oskrzydlił przeciwnika. Anglicy mieli wybór — umierać z głodu, albo się poddać. Szach i mat.

„Wielka cisza. Pozostawiamy zapalone ogniska, by zwodziły nieprzyjaciela, że nasz obóz trwa" — pisze baronowa von Riedesel. — „Tak wędrowaliśmy całą noc".

Dotarli tylko z powrotem do domostwa generała Schuylera, miejsca, które zowie się dziś Schuylerville. Zewsząd osaczyły ich strzały. Szach i mat.

17 października 1777 roku odbyła się sławna uroczystość kapitulacji generała Burgoyne'a i jego armii na brzegu Hudsonu. Warunki kapitulacji były dżentelmeńskie, przebieg ceremonii także.

Generał Gates pokazał generałowi, zwanemu „dżentelmen Johnny", kto naprawdę jest w tej walce dżentelmenem. Mamy relacje o ceremonii z obu stron i bogatą ikonografię.

Digby opowiada, jak wybijali krok w takt *Marsza Grenadierów*, który „zagubił swój ochoczy dźwięk" i wstydzili się łez.

Generał Burgoyne przybył pod eskortą pułkownika Wilkinsona, w gali purpurowego munduru, Gates był w jasnobłękitnym surducie.

„Zasalutowali! — opowiada Wilkinson. — I Generał Burgoyne zdjąwszy z gracją kapelusz rzekł: — Fortuna wojny, Generale Gates — uczyniła mnie twym więźniem!"

Digby dodaje: „Gates okazał Burgoyne'owi taką uprzejmość, jakby to tamten był zwycięzcą. (...) Amerykanie traktowali nas, tak nisko upadłych, w sposób zasługujący na najwyższe uznanie i pochwałę".

Pani baronowa von Riedesel rozczulona też była do łez dobrocią i galanterią, z jaką została potraktowana jej dzieciarnia przez nobliwego oficera, który „ze łzami w oczach" rozrzewniał się ich niedolą. „Był to amerykański generał Schuyler".

No proszę. Znalazł się wreszcie w Saratodze, ale nie dane mu było stać się świadkiem prorokowanego przez konfidentów „wybuchu chmur" nad głową nienawidzonego Gatesa.

Wygłodniali generałowie armii brytyjskiej zostali podjęci świetnym obiadem ze szklanicami cydru i rumu. Poczem odbyło się odejście rozbrojonych i pokonanych. Armia amerykańska stała dyskretnie z boku milcząc na rozkaz Gatesa. Dopiero, gdy ostatnie oddziały brytyjsko-niemieckie minęły szeregi jego wojsk, orkiestra wybuchnęła triumfalną nutą *Yankee Doodle* — „marszem rebeliantów". Wtedy Burgoyne podał swą szpadę Gatesowi, który kurtuazyjnie ją zwrócił... Ten właśnie moment powielają liczne ryciny. W Saratodze uważnie studiowaliśmy kopię obrazu czołowego malarza epoki walk o niepodległość i jej uczestnika, pułkownika Johna Trumbulla. Mój sztab rozczarowany nie mógł niestety w sztabie Gatesa wytropić żadnego zadartonosego inżyniera! Owszem, stoi z triumfującą miną władczym gestem wspierając dłoń na armatniej lufie — wyjątkowo jak pamiętamy zasłużony w Saratodze generał Philip Schuyler!!! O sprawiedliwości!

Madame von Riedesel, którą tak adorował, wykuśtykała w chromiejącej karecie, osowiała: „Jakże złudne były nasze nadzieje na zwycięstwo. Cztery i pół tysiąca naszych żołnierzy odchodziło do niewoli"... Uściślając — 3379 Brytyjczyków, 2202 Niemców, siedmiu generałów i trzystu oficerów.

Generał Horatio Gates pisał do żony: „Dzięki Dawcy wszystkich zwycięstw za ten triumf". I dodawał żartobliwie, myśląc o synu-jedynaku: „Powiedz memu kochanemu Bobowi, by nie pysznił się zbytnio wielkim szczęściem ojca. On i ja wiemy dobrze, że dni mogą być równie niepomyślne jak fortunne. Przyjmijmy, co nam życie przynosi z równowagą".

Z Paryża nadbiegł do generała list od agenta, wysłanego tam gwoli pertraktacji z Niemcami: „Twoje zwycięstwo, Generale, przychodzi bardzo szczęśliwie w czas, aby wyprowadzić nas z bardzo ciężkich kłopotów wobec państw europejskich, w które pogrążyły nas przechwałki i przygotowania naszych nieprzyjaciół, obok wątpliwości, co do naszej wytrwałości i zdolności oparcia się im. Twoje

Saratoga

National Historical Park
New York

National Park Service
U.S. Department of the Interior

Official Map and Guide

Otoczeni zewsząd przez ukrytych w lesie przeciwników, rażeni ogniem baterii Kościuszki, pozbawieni żywności – Brytyjczycy poddali się. Wystylizowany obraz utrwala moment, gdy 17 października 1777 generał Burgoyne w pełnej gali purpurowego munduru oddaje szpadę generałowi Gatesowi na znak bezwarunkowej kapitulacji. Kościuszki na tych wizerunkach brak. Jest za to generał Philip Schuyler, którego jedynym osiągnięciem było podsycanie kontrowersji między Arnoldem i Gatesem. Elegancja tego ostatniego w potraktowaniu przeciwników zjednała ich najwyższe uznanie.

powodzenie zupełnie usunęło te wątpliwości i prawdopodobnie niezadługo da nam miejsce wśród uznanych, niezależnych mocarstw świata". Z mocarstw europejskich pierwsza stanęła po Saratodze obok Ameryki — potężna Francja. Król Prus, Fryderyk, który zgodził się wcześniej na przemarsz najemnych wojsk z innych księstw Rzeszy niemieckiej — po Saratodze zgodę cofnął, ale odrzucił propozycję uznania niepodległości Ameryki, pisząc cynicznie bratu: „zamierzam przejść na tę stronę, do której się szczęście uśmiechnie". Jednocześnie zacierał ręce na wieść o brytyjskich niepowodzeniach, nazywając je „zemstą losu za złośliwe postępowanie dworu londyńskiego wobec miasta i portu Gdańska". (Anglia wstrzymywała handel z Gdańskiem, a Prusacy dławili port cłami, wart Pac Paca!)... Caryca Rosji — Katarzyna II, która na prośbę króla Jerzego III miała podobno obiecać 20 000 wojska dla wsparcia działań Anglii w Stanach, ogłosić kazała „jak najściślejszą obojętność".

Niewiele brakowało, a nasz Kościuszko spotkałby się z Moskalami na bitewnym polu Ameryki!

Osobistą satysfakcją musiała być dlań wieść, że po Saratodze wojska brytyjskie wycofały się z Ticonderogi.

Saratoga miała też taki efekt, że wreszcie zasłyszał o naszym inżynierze George Washington. Stało się to zapewne dzięki temu, że osypywany gratulacjami generał Gates objaśnił zwięźle: „wielkimi strategami były pagórki i lasy, które młody inżynier polski umiał zręcznie obrać pod mój obóz".

Z chwilą, gdy armia Washingtona ponosiła porażkę za porażką — Saratoga uznana została za „turning point" — punkt zwrotny w dziejach wojny o niepodległość.

10 listopada pisał Naczelny Wódz ze swej kwatery głównej do przewodniczącej Kongresu, łącząc memoriał inżynierów francuskich, żądających awansu: „Przy uznaniu dla ich zdolności i wiedzy zawodowej, muszę zauważyć, że nie mieli oni wielkich możliwości, by wykazać się nimi, odkąd są w naszej służbie" — konkluduje Naczelny Wódz, dodając znamienne słowa: „Skoro już o tym mowa, pozwolę sobie wspomnieć, że otrzymałem informacje o inżynierze Armii Północnej (nazywa się, jak mi się wydaje, Cosieski), człowieku dużej wiedzy i zasług. Ze świadectwa, które miałem o nim, zasługuje on również na uwagę".

Dom generała Philipa Schuylera pod Saratogą w miejscowości ochrzczonej na cześć wątpliwych zasług generała, Schuylerville. W tym domu była w październiku 1777 kwatera Burgoyne'a. Tutaj pan generał Schuyler podejmował w październiku 1783 polskiego poetę Tomasza Kajetana Węgierskiego, któremu zawdzięczamy ciekawy dziennik z amerykańskich tropów. O Schuylerze napisał: „Jest to człowiek bardzo bogaty i bardzo czynny, i mówią tu o nim to, co Klemens XIV powiedział o p. Giraud, gdy go mianował kardynałem: «Arduus in agendis negotiis, praesertim suis»". „Wielce gorliwy do działania, zwłaszcza dla siebie".

Farma Johna Neilsona, sierżanta 13 regimentu Albany County, była siedzibą sztabu amerykańskiego pod dowództwem generała Horatio Gatesa.

LAFAYETTE

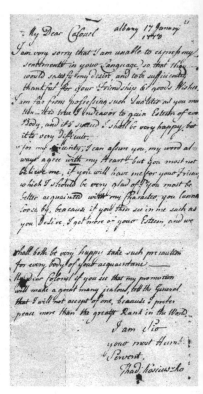

„...namawiał, aby zaprzestano wojować dla Interesu, a raczej broniono wolności bliźnich; i pojechał sam na wojnę do ziemi Wolności, do Ameryki. Człowiek ten nazywa się La Fayette" – tak pisał Adam Mickiewicz.

„Żołnierz wolności" – markiz Marie-Joseph-Paul-Ives-Roch-Gilbert du Motier, de la Fayette, zwany imieniem Gilbert, miał lat 19, gdy przybył 13 czerwca 1777 do USA na swoim żaglowcu noszącym imię wymowne „Victoria".

Z Kościuszką spotkali się w Albany w lutym 1778 roku. Ich drogi bitewne się nie przecięły. Ponownie spotkali się na pomnikach, które stoją nieopodal siebie przed Białym Domem w Waszyngtonie.

Pisał La Fayette: „Od chwili, gdy posłyszałem o Ameryce, pokochałem ją. Od chwili, gdy dowiedziałem się, że walczy za swą wolność, marzeniem moim było przelać za nią krew... Serce moje zostało zwerbowane /.../ Szczęście Ameryki jest ściśle związane ze szczęściem ludzkości. Stanie się ona godnym szacunku i bezpiecznym azylem cnoty, uczciwości, tolerancji, równości i spokojnej wolności".

Tego byśmy każdemu krajowi, z Polską włącznie, życzyli.

W listopadzie 1777 gen. Horatio Gates został przewodniczącym Wydziału Wojny i starał się, iżby jego inżynier otrzymał wreszcie jakże zasłużony awans. Na próżno. Te były zastrzeżone dla przedstawicieli ważnego sojusznika – inżynierów francuskich. Ale w sztabie Gatesa i jego domu Kościuszko był szczęśliwy – nawet bez awansów.

„Słowo moje zgadza się z sercem"

Nadeszły dla „Cosieski" dobre czasy wytchnienia. Jest w Albany z generałem Gatesem i jego rodzinami. Jedną był sztab, gdzie pan Tadeusz ma swych przyjaciół serdecznych i rangą równych — znanego nam już pułkownika Johna Armstronga i pułkownika Roberta Troupa, który napisze, że Kościuszko był „raczej młodym człowiekiem — o nieskazitelnych manierach i poważnym usposobieniu", zupełnie różnym od „wielkiego pochlebcy" — Jamesa Wilkinsona (zapamiętajmy to!).

Druga rodzina generała Gatesa — to ta prawdziwa. Żona Elizabeth i syn Robert, zwany Bobem.

Po raz pierwszy od lat Tadeusz Kościuszko ma przystań pełną serdecznego, domowego ciepła, przypominającego gniazdo rodzinne, które tylko siostra Anusia umiała mu stworzyć. Osobowość generałowej i Boba charakteryzują listy do Gatesa, jakie dane mi było czytać w New York Historical Society.

21 maja 1777 roku pisze Elizabeth z Traveller's Rest do Albany:

„Mój ukochany,

Mam nadzieję, że wrócisz do swego domu, gdzie będziemy mogli cieszyć się jeszcze cichymi, niczym nie zmąconymi dniami"... Relacjonując drobiazgowo prace na farmie, nad którymi dzielnie czuwa nastolatek — Bob, dodaje pokornie i czule: „Obiecuję być cierpliwa, miłość do Ciebie dodaje nam obojgu sił"...

List Roberta-Boba jest pisany po krzywdzącej decyzji odebrania Gatesowi dowództwa nad armią Ticonderogi. Wysławszy do ojca słowa pełne oburzenia, śpieszy z ekskuzą, że odważył się na zbyt może ostre wyrażenie swych uczuć.

List Boba z dnia 6 czerwca 1777 pozwalam sobie zadedykować naszym uroczym nastolatkom, którzy nie mają pojęcia, że był ongi czas, gdy się na przykład wstawało na wejście rodzica i całowało jego dłoń.

„Mój drogi Ojcze,

(...) Ponieważ i Ty czasami zaszczycałeś mnie swym zaufaniem, pozwoliłem sobie przedstawić swą opinię, z całym szacunkiem należnym od syna dla tak czułego Ojca i z całą gorliwością, która może wyrazić życzenia szczęścia. Mama otrzymała wczoraj Twój list, dzięki któremu z radością dowiedzieliśmy się, że jesteś zdrowy (…). Me obowiązki starannie spełnię. Byłoby z pewnością bardzo niewdzięcznym z mojej strony nie okazać czci niepokojowi, jaki najlepszy z Rodziców odczuwa z mego powodu i nie mieć świadomości Twego afektu. (…) Ten majątek jest bardzo ładny, lecz wiele rzeczy należy uporządkować, do czego przyłożę swoją drobną pomoc z wielką radością. Kiedyś myślałem o wstąpieniu do armii jak tylko osiągnę odpowiedni wiek (który to czas nie jest odległy), lecz myśl o biednej Mamie zobligowała mnie do zadeklarowania na mój honor, że kroku tego nie uczynię, aż Ty nie wrócisz do domu, by pocieszać i wzmacniać ją podczas mojej nieobecności (…). Czyniąc to, poświęciłem swą ambicję dla Mamy. Poświęciłem nadzieję stania się pewnego dnia zaszczytem i obrońcą mego zranionego kraju, i moich słabych starych rodziców. (…) Nie jestem tchórzem! Ty troskliwie wychowałeś mnie w najpiękniejszym poczuciu Honoru i to nie tylko poprzez Twoje przykazania wcześnie we mnie wpajane, lecz poprzez Twój przykład. Wszystkie nadzieje przyszłej sławy, które sobie przyrzekałem umierają wobec mej obietnicy danej Mamie. (…) Marzyłem, by być podobnym do Ciebie w prawości postępowania, jeśli mój charakter byłby tak prawy, moi rodacy mogliby szanować mnie tak, jak szanują Ciebie. (…) Formują się tu oddziały milicji dragonów i zaoferowali mi dowództwo, które przyjąłem, uważając to za wojskową szkołę dla młodzieńca. (…) Mój najdroższy Ojcze, niech Niebiosa Cię strzegą.

Twój posłuszny i kochający syn, R. Gates"

Trudno się dziwić, że Kościuszko tak polubił młodego Gatesa… W każdym z listów do generała będzie go serdecznie wspominał, jak w tym z West Point (3 sierpnia 1778): „…Zapewnij go o mej szczerej przyjaźni. Jego przywiązanie do Ciebie może wszystkiego dokonać i za to kocham go jeszcze bardziej"…

Boże Narodzenie roku 1777 spędził Kościuszko z Gatesami, radosne.

27 listopada Kongres mianował generała przewodniczącym Wydziału Wojny. Była to ranga ministra, niemal równa Washingtonowi.

Na początku stycznia 1778 Gates z rodziną (tą prawdziwą) wyruszył z Albany do Filadelfii. Być może jakiś czas towarzyszył im Kościuszko, by razem przeżyć kilka dni w miejscowości Betlehem, zanurzyć się w czystej atmosferze stwarzanej przez Braci Czeskich, żyjących niby gmina starochrześcijańska w szlachetnej wspólnocie modlitwy, pracy na roli, opieki nad chorymi, rannymi, starymi. Generał Gates często wybierał to miejsce dla wytchnienia...

Jaką była atmosfera w domostwie Gatesów w Albany świadczy list Kościuszki pisany do Elizabeth, 17 stycznia 1778 roku, wyrażający nadzieję, iż żona ukochanego generała jest zadowolona, że nie musi „przebywać w towarzystwie holenderskim, tak ponurym i poważnym, lecz ponownie spotyka Pani ludzi mówiących tylko o polityce przy butelce, ściskając ją mocno od czasu do czasu". Wątpi wszakże, by to panią generałową rozweselało. Za to francuski sekretarz generała „da Pani zawsze dosyć powodów do śmiechu swoją sylwetką, swoim nosem i swoim astronomicznym okiem, a pułkownik Troup pierwszy dotrzyma Pani towarzystwa w tym względzie". „Jakże chciałbym widzieć Panią — wzdycha — wyjmującą w czasie podróży biszkopty z podręcznej spiżarki, tak pięknie tam przechowywane, i mówiącą: — Synku, to dla ciebie, chodź, Troup, weź biszkopta, bardzo jest dobry. Chciałbym też zobaczyć Generała Gatesa, sięgającego po biszkopta i oczywiście mruczącego: — ba, to nic nie warte... O, Pani, jakże bym się śmiał"... W tymże liście, przywołującym ciepło i przekomarzanki rodzinne, Kościuszko prosi Generałową licząc „na dobre serce Pani" o „łaskę przypomnienia mnie generałowi Gates, do którego piszę list, prosząc go o protekcję i polecenie wobec Kongresu". Dotyczyło to oczywiście sprawy zasłużonego awansu dla naszego pułkownika, wielce skrzywdzonego przez Kongres, który obsypał rangami inżynierów francuskich bez żadnych zasług, a dwakroć pominął (mimo prośby Washingtona) kreatora szańców Saratogi.

By to osiągnąć, jak pisał złośliwie ktoś dobrze zorientowany, trzeba pędzić do siedziby Kongresu „i wrzeszczeć głośno o swoich zdolnościach i zasługach". Tego nasz bohater nie tylko nie umiał, ale wręcz napisał do pułkownika Troupa, towarzyszącego Gatesowi: „Kochany mój pułkowniku, jeśli dostrzeżesz, że mój awans spowoduje jakieś zazdrości, powiedz Generałowi, że go nie przyjmę, gdyż przekładam spokój nad najwyższe stopnie w świecie". Ten list do Troupa pisany jeszcze w dość nieporadnej angielszczyźnie zawiera wzruszające słowa: „Bardzo żałuję, że nie jestem w stanie wyrazić uczuć swych w Twoim języku w taki sposób, aby zadośćuczyniły mym życzeniom i wyraziły dostatecznie wdzięczność za Twoją przyjaźń i dobre chęci.

Co do szczerości, mogę Cię zapewnić, że słowo moje zawsze zgadza się z mym sercem"… Święta prawda. Po latach powtórzy: „…prosto idę, myślę i gadam, zawsze jednaki, chociaż czasem zaboli". Na swój awans czekał do końca wojny!

„Idzie noc…"

„Przeszliśmy Mohawck i Wielką drogą dążyliśmy do Saratoga. Obiadowaliśmy w miejscu zwanem Half-Moon, gdzie Mohawck i Hudson łącząc się tworzą rodzaj półksiężyca. Noc zaskoczyła nas i w ciemności przebyliśmy wpław kilka wielkich potoków, narażając się na utopienie…" Tak przeprawiał się ku Saratodze w październiku roku 1783 Tomasz Kajetan Węgierski — pierwszy Polak, który tu dotarł po Kościuszce.

Zbawcze światełko oberży powitało zmęczonych wędrowców. Być może była to tawerna pana Jothama Bemisa. „Bardzo ładna córka" sprowadziła kochankowi, romantyczne listy do Paryża z Martyniki niedawno ślącemu, myśli zdrożne i nieprzystojne…

Poranek przyniósł inne refleksje. Okazało się, że tuż obok jest grób adiutanta generała Burgoyne, sir Francisa Clerke, którego pamiętamy z listu Gatesa. Węgierski stanąwszy pod jodłą szumiącą nad tą mogiłą pisze melancholijnie: „Jaki to straszny los zginąć w obcej okolicy, wyzionąć ducha w domu nieprzyjaciela, otoczony twarzami nieznanemi, obojętnemi. Żadne współczucie, żadne westchnienie nie towarzyszy wam do grobu"… Porównuje to ze swoim losem podróżnika „w kraju oddalonym i prawie nieznanym w Europie": „Gdyby moje wątłe zdrowie uległo żmudzie uciążliwej podróży, niepogodom bardzo zmiennego klimatu, gdyby liczne przygody zabiły źródło życia, nie ujrzałbym was więcej, nie ujrzałbym nigdy" — pisze myśląc o rodakach. „Umarłbym, nie uporządkowawszy i nie wydawszy materyałów, które zbierałem z takim trudem. Oby życzliwe bóstwo przewodniczyło mojej podróży i sprzyjało memu powrotowi!" Do Polski nie miał powrócić nigdy, jak pamiętamy. „Nie ma większego nieszczęścia, jak gdy się jest zmuszonym opuścić własną ojczyznę" — powie…

Minęło zaledwie sześć lat od bitwy pod Saratogą. Węgierski doskonale zna jej przebieg i przypomina, wędrując tropami zmagań. „Oglądaliśmy pozostałości po pracach, wykonanych przez obóz Bemusa S. Heigrsa (!), który Amerykanie umocnili, aby zatrzymać armię angielską w jej pochodzie" — pisze. To oczywiście Bemis Heights, które umocnił Kościuszko, o czym Węgierski wydaje się nie mieć — o dziwo — pojęcia, mimo że dopiero co spotkał Kościuszkę w Filadelfii. Czyżby nasz inżynier w swej skromności słowem o tym nie wspomniał?

Widok pobojowiska ciągle jest przejmujący: „miejsce najsmutniejsze, jakie spotkałem w moim życiu" — pisze Węgierski. „Wyobraź sobie teren pagórkowaty, pokryty smutnym lasem jodłowym, który spalony do połowy i obrany z gałęzi pokazuje tylko zakopcone pnie; wszędzie ślady straszliwego zniszczenia, drapieżne ptactwo napróżno szuka pożywienia, przypatrując się kościom, które czas zachował, gwizd wiatrów uderza o uszy dźwiękiem przenikającym". Poeta staje nad Hudsonem „jedną z najpiękniejszych i osobliwych rzek świata. Płynie z północy na południe i przedziera się częstokroć przez łańcuch gór (...) Najbieglejszy malarz, poeta o najbujniejszej wyobraźni mogliby dać słabe wyobrażenie o malowniczości brzegów. Przyroda uczyniła wszystko dla tego kraju, a sztuka nic w nim nie zepsuła; wszystko tchnie tam majestatem, wielkością, czarem"... Tu właśnie, nad Hudsonem, przypomina Węgierski, podpisano sławną kapitulację, „która stała się podstawą niezawisłości amerykańskiej"... (Gwoli rzetelności kronikarskiej wspomnieć trzeba, że sowitym śniadaniem podjął naszego poetę-reportera... pan generał Schuyler, w tym samym domu, gdzie stał kwaterą Burgoyne!)

Na zielonych, sielankowych łąkach Saratogi, w zapachu czeremchy kwitnącej kończyliśmy wędrówkę tak jakeśmy zaczęli — przy pomniku Kościuszki. Radosna niespodzianka! Harcerze! Pierwsza spotkana w Stanach drużyna skautów, imienia Baden-Powella z Clinton. Harcmistrz John Handley ustawia swoich chłopców wokół armat na Bemis Heights. Fałszywie, ale z przejęciem intonują fanfarę, wygrywaną na trąbce przy grobach Nieznanego Żołnierza. Wtórujemy im po polsku. To pieśń przetłumaczona przez Oleńkę Małkowską — „Idzie noc..." kończąca modlitewnie ogniska harcerskie w Polsce. Także w Chorągwi Krakowskiej Związku Harcerstwa Polskiego imienia Tadeusza Kościuszki.

Drużyna skautów amerykańskich imienia Baden Powella z Clinton zaśpiewała dobrze naszym harcerzom znaną pieśń... „Day is done / Gone the sun / Safely rest / God is nigh ...” To fanfara grana w USA przy grobach Nieznanego Żołnierza. To pieśń „Idzie noc / Słońce już / zeszło z pól, zeszło z gór, zeszło z mórz / W cichym śnie spocznij już / Bóg jest tuż ...” – przetłumaczona przez twórczynię harcerstwa polskiego – Olgę Małkowską, kończąca nasze ogniska harcerskie...
Śpiewa ją także drużyna Tadeusza Kościuszki w Chicago, którą widzimy na zdjęciu z prawej. Wśród harcerzy – druh Piotruś Radliński, którego spotkamy wśród uczniów szkoły im. Kościuszki.

...i tylko SYMBOL uskrzydlonej wolności przypomina tamte dni.

THE WEST POINT GUIDE

Najważniejszy posterunek Ameryki

„Było jasne, że zamiar Anglików polegał i nadal może polegać na tym, by opanować cały brzeg Rzeki Północnej i tym samym odseparować stany wschodnie od południowych i zachodnich. Należało więc zabezpieczyć sobie pozycję nad tą rzeką; wybrano West Point jako punkt najważniejszy pod względem fortyfikacyjnym".

Markiz François Jean de Chastellux, 1781–1782

„Głowę, serce i całe oparcie tej rewolty czy też powstania, jak kto zechce to nazwać, stanowią cztery prowincje położone między Bostonem a rzeką Hudson; opanować te cztery prowincje, a wojna będzie skończona".

Największy autorytet wojenny tego czasu – generał Henry Loyd, Paryż, 1801

„To klucz do Ameryki".

Hrabia de Segure, ochotnik francuski, Paryż, 1824

„Miejce to było pustym odludziem; fortyfikacje dopiero należało zbudować. I jeśli pod Saratogą nasz przesadnie skromny inżynier przyczynił się swą sztuką do pierwszego przełomowego sukcesu Rewolucji Amerykańskiej, to swą sztuką pod West Point zrobił znacznie, znacznie więcej..."

Stefan Bratkowski, 1977

„Był Kościuszko Naczelnikiem państwa, wodzem w skali strategicznej, operatorem, miał także wkład jako inżynier architekt. Było w nim nowatorstwo w zakresie dynamiki umocnień, będące wyrazem osobliwej wyobraźni przestrzennej, geograficznej, typograficznej i tej najdrobniejszej skali, zacierającej klasyczną jedność miejsca, czasu i akcji, a tworzącej preromantyczną syntezę sztuk".

Prof. Stanisław Herbst, 1983

„Kosciousko"
— „nie najgorszy z inżynierów"

Do West Point jedziemy z Nowego Jorku w majowy, piękny dzień, wychynąwszy w zieleń i biel kwitnących „Dog-woods" — czyli dereni... Kwiatem stanu New York jest co prawda róża, a drzewem cukrowy klon, ale o tej wiosennej porze królują karłowate drzewka osypane białymi, delikatnymi kwiatami...

Jedziemy samochodem konsulatu polskiego, dzięki prośbie z ambasady, przekazanej oczywiście przez Bogusława Majewskiego. Towarzyszy mi Helena Jurkiewicz-Scuderi, znakomita śpiewaczka i wiceprezydent Polish-American Museum w Port Washington.

Kiedy zachwycam się dereniem, o którym myślałam, że kwitnie przede wszystkim w krainie Scarlett O'Hara — Georgii, Helena opowiada przepiękną legendę:

— Kiedyś dereń był wielkim, wspaniałym drzewem, jak dąb. Tak silnym, że wybrano je na krzyż dla Zbawiciela. Drzewo rozpaczało, że musiało pełnić służbę okrucieństwu i Jezus w swej dobroci rzekł: „Za twe współczucie dla mego cierpienia obiecuję, że dereń już nigdy nie urośnie wielki i nikt nigdy nie użyje go na krzyż"... Od tego czasu tylko gałązki będą się układały w krzyż, a w centrum kwiatów zobaczycie koronę z cierni...

Przypominam, że w Polsce takim legendarnym drzewem krzyża jest osika, dlatego stale drży...

Pniemy się coraz wyżej doliną Hudsonu. Droga pustoszeje, zieleń młodnieje. Rzeka w mgiełce. Nikt już nie pamięta, że jej nazwa unieśmiertelniła Henry Hudsona, który pierwszy pożeglował nią w 1609 roku... Marynarz w służbie Holandii. Anglik!

— Amerykanie nie pozmieniali nazw angielskich — mówi Helena. — Maryland — Kraina Marii — jeden z najbardziej zbuntowanych stanów nosi przecież imię królowej Marii, żony Karola I Stuarta; od tegoż nieszczęsnego, zabitego w majestacie prawa, monarchy powzięły imię obie Karoliny, tak jak Charleston — to Charles Town — miasto jego syna, króla Karola II Stuarta, a Georgia — ma imię od króla Jerzego II...

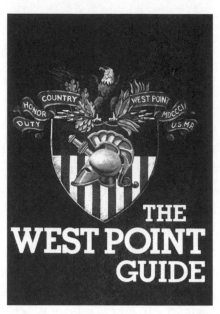

„DUTY. HONOR. COUNTRY". „OBOWIĄZEK. HONOR. OJCZYZNA". Herb West Point – najstarszej i najbardziej elitarnej szkoły wojskowej w Stanach Zjednoczonych, założonej w roku 1802. Akt założycielski podpisał prezydent Stanów Zjednoczonych – Thomas Jefferson. Pisał doń były kadet, generał Tadeusz Kościuszko, namawiając do stworzenia „szkoły wojskowej, której wychowankowie swoimi wiadomościami i oświeceniem jeszcze wzmocnią wzniosłą ideę".

West Point nazwał George Washington „najważniejszym posterunkiem Ameryki". Tu, na głuchym pustkowiu Kościuszko wznosił niezdobyte fortyfikacje. Dziś – wspaniały kompleks budynków największej Akademii Wojskowej USA – West Point United States Military Academy.

Pan kierowca konsulatu tak się zasłuchał w ten wykład Helenowy, że zabłądził wśród skał. Jakże trudne musiało tu być bezdroże lat temu ponad dwieście! Wreszcie pilotowani przez policjanta docieramy do West Point.

Brązowy orzeł amerykański, wsparty szponami o gałęzie dębów i wawrzynów. Pod nim tarcza w kolorach flagi (granat–biel–czerwień) ze złotym, stylizowanym hełmem i mieczem Pallas Atene — symbolu mądrości i odwagi militarnej... Na purpurowych wstęgach białe słowa: „DUTY, HONOR, COUNTRY". Obowiązek. Honor. Ojczyzna. Herb West Point — największej, najstarszej, najbardziej elitarnej Akademii Wojskowej w Stanach Zjednoczonych.

W departamencie Public Relation przydają nam pilota. Miast oczekiwanego dziarskiego kadeta — piękną dziewczynę w galowym stroju Akademii — czerwonym żakieciku, czarnej spódniczce. Eileen Herrick wiedzie nas do muzeum militariów, gdzie na miejscu honorowym spoczywa szabla z inskrypcją po hiszpańsku: „Nie dobywaj mnie bez powodu, nie chowaj bez honoru". Komentarz objaśnia, że należała do generała brygady „Thaddeusa Kosciusko", polskiego patrioty, który służył w Armii Stanów Zjednoczonych jako inżynier i 28 miesięcy swej służby poświęcił West Point, projektując i budując nowe fortyfikacje.

Stoi na wysokiej kolumnie patrząc na Hudson, jakby wypatrywał wciąż jeszcze flotylli wroga. Obok jeży się armatami Fort Clinton, który zawdzięcza imię gubernatorowi stanu Nowy Jork, George'owi Clintonowi, którego pamiętamy z niezbyt chwalebnej roli, jaką odegrał w intrygach Schuylera przeciw Gatesowi... Potem zmienił front i swą atencją objął także sztabową „rodzinę" zwycięzcy spod Saratogi.

Z jego to listem polecającym „Pułk. Kuziazke, który decyzją Kongresu został skierowany na stanowisko inżyniera przy pracach zabezpieczających rzekę", przybył do West Point ok. 26 marca roku 1778. „Jestem przekonany, że znajdzie Pan w nim uzdolnionego młodego człowieka, gotowego uczynić wszystko, co w jego mocy, i w sposób najbardziej skuteczny" — pisał gubernator do dowódcy twierdzy, której jeszcze nie było, acz Kongres projektował już w maju roku 1775 „że zajęte będą w Krainie Wyżyn posterunki po obu brzegach rzeki Hudson, na których wzniesione będą baterie" i zalecał „aby osoby doświadczone wysłane zostały natychmiast dla zbadania rzeki w celu wskazania miejsca, w którym najwłaściwiej i najskuteczniej może być wstrzymana nawigacja po niej". By żaden brytyjski statek nie mógł się przedrzeć. Miejsce wskazała sama natura. Hudson się zwęża tu, w miejscu najwyższym Krainy i wygina pod kątem prostym. W rzekę wżyna się West Point — Zachodni Cypel — jak pamiętałam z objaśnień mego wspaniałego dziada!

Nasz „Kuziazke" nie był pierwszym inżynierem, który miał się trudzić nad fortyfikacjami tego cypla. Właśnie minął się z francuskim pułkownikiem Louisem de la Radière, który z wielkim fukiem poleciał na skargę do Washingtona, pokłóciwszy się z komisją żądającą, by główne fortyfikacje znalazły się w West Point, a nie — jak wymyślił sobie Francuz — w starym forcie poniżej, zdobytym bez trudu przez Anglików jesienią 1777.

Generał Israel Putnam wchodzący w skład komisji, „old Put", jak go zwali serdecznie podkomendni, nazwał go „doskonałym inżynierem papierowym".

To „stary Put" wybrał na fortecę urwisko wiszące nad Hudsonem, a że w swej długiej karierze wojennej stał już pod palem męczeństwa, otoczonym wyjącymi Indianami i walczył w sławnej bitwie o Bunker Hill 17 czerwca 1775 (gdzie Anglicy dostali po raz pierwszy gorzką nauczkę!), więc byle fochy obrażonych Francuzów raczej nie mogły go spłoszyć...

Generał Alexander McDougall, obejmujący dowództwo West Point jednocześnie z nominacją Kościuszki, otrzymał 28 marca list od poprzedniego dowódcy: „przekazuję rezolucję Kongresu i Wydziału Wojny dotyczącą tej placówki i stanowiska zatrudnionego tu inżyniera. Przysłany tu pułk. Kosciuszko jest szczególnie mile widziany przez osobistości stanu i wszystkich zainteresowanych tą placówką. Jako że pragniemy mieć tu nadal pułk. Kosciuszko, a obaj nie mogą przebywać w West Point, pragnę, aby Pan zastosował odpowiednie środki, zgodne z życzeniami zainteresowanych i tutejszego garnizonu, i najlepiej służące dobru publicznemu". Gen. McDougall, były dowódca West Point — gen. Samuel Parsons i gubernator George Clinton wybrali następujące dobro, o czym donosi McDougall w liście do Washingtona z 13 kwietnia 1778: „Mr. Kosciousko, wedle opinii tych, którzy zajmowali się pracami w West Point, posiada więcej praktyki od pułk. Delaradiere (tak konsekwentnie dowódcy amerykańscy piszą nazwisko Francuza — B.W.), a jego sposób traktowania ludzi

Potężna rzeka Hudson zwęża się pod West Point, czyniąc twierdzę znakomitym punktem obrony.

Ogniwo z łańcucha gigantycznej zapory o wadze 150 ton, którą Kościuszko przeciął Hudson wiosną 1778, by rzeki nie mogły przekroczyć nieprzyjacielskie łodzie. Przed każdą zimą musiał ten łańcuch wznosić i z wiosną zanurzać na powrót.

Przed tym symbolicznym pomnikiem – Kerri i Alexander z New Yorku, których młody wujek – kadet prowadzi paradę.

jest bardziej akceptowany, co spowodowało, że gen. Parsons i gubernator Clinton pragną, aby nadal pozostawał w West Point".

Już 22 kwietnia rozkazem Washingtona Francuz został odwołany. Kościuszko nie musiał wybierać sadzenia kapusty, jak groził w Ticonderodze...

„Kosiusko is better adopted to the genius and temper of the people" — czytamy w liście Naczelnego Wodza. W West Point są trzy pomniki pana „Kosiuski", który umiał tak dobrze „wczuć się w ducha i nastroje ludzi". Jeden autentyczny i dwa symboliczne. Potężne ogniwa łańcucha w Forcie Putnam (na cześć „starego Put") to najosobliwszy pomnik West Point. Pierwsze zadanie Kościuszki. Gigantyczna zapora, wagi 150 ton, która przecięła Hudson 30 kwietnia 1778. To była dobra wiosna dla naszego bohatera.

15 kwietnia generał Gates został znowu mianowany dowódcą Armii Północy i 22 maja przybył z rodziną do Fishkill w pobliże West Point. Sztabowa rodzina bacznie śledziła losy przyjaciela. 18 kwietnia pułkownik Robert Troup pisał Gatesowi: „...Nie widziałem robót wykonanych w West Point, ale — jak mówiono — są one prowadzone z wielkim pośpiechem. Kosiusko wprowadził wiele zmian, które znalazły powszechne uznanie. Szczęśliwy jestem słysząc, że jest on ceniony jako zdolny inżynier"... Pod dowództwem Kościuszki pracowały kompanie cieśli, kowali, wojska. Od świtu do zmierzchu, późnego o tej porze, inżynier był wśród nich. „Z wielką przyjemnością towarzyszyłem mu zwykle, gdy chodził z teodolitem na pomiar okolicznych gór. Był bardzo biegły w matematyce" — cytuje Stefan Bratkowski wspomnienie jednego z towarzyszy fortyfikacyjnej broni, komentując obszernie tę uwagę: „Amator z dużą intuicją wojskową mógłby wyznaczyć rozmieszczenie fortów «na nos»" — stwierdza. — „Ale inżynier przeprowadził najpierw pomiary, potem zaś rysował". Mimo iż Kościuszko mógłby sobie może pozwolić, by działać „na nos", a właściwie „na oko", bo jak stwierdzi generał Franciszek Paszkowski, który go obserwował wielekroć: „...niepospolita sprawność Naczelnika, godna uwagi każdego znawcy, zadziwiała nieświadomych, sam bowiem zwykle pędząc koniem, kąty sypać się mających warowni odznaczał, a rozmiary ich przy wykonaniu znajdowały się dokładne".

Drapał się „mister Corsuaso" (jak o nim pisał gen. McDougall) po skalistościach pustkowia West Point cierpliwie ze swoim teodoli-

„Cosiesco", „Korsuaso", „Koshiasko", „Cusyesco", „Kosiasko", „Kuziazke", „Kosciuz-sco" – ileż wariantów bardzo trudnego nazwiska naszego bohatera pojawia się w listach i dokumentach amerykańskich archiwów. Gdy powrócił do Polski, na dworze królew-skim przezwano go – Amerykanin.

Tak wyobrażali sobie Kościuszkę w West Point fantazyjni rysownicy tamtych lat...

Towarzysząc mu przy pomiarach przed decyzją, gdzie umieścić baterie, kapitan Samuel Richards napisał nie tylko z podziwem, jak Kościuszko „był biegły w mate-matyce", lecz także dodał, że „miał sposób bycia łagodny i jednający ludzi".

Pułkownik Robert Troup pisał Gatesowi:

„Kosiuszko wyjechał do West Point. Gdybym przestał kochać tego młodego czło-wieka, musiałbym przestać kochać te wartości, które tworzą najpiękniejszy i najdo-skonalszy z charakterów".

Pułkownik David Humphrey, który poznał Kościuszkę w West Point pełniąc obo-wiązki adiutanta gen. Israela Putnama, a potem samego Washingtona płynąc z Ko-ściuszką na okręcie „ Courier de l'Europe" latem 1784 z Ameryki do Polski uczcił perturbacje z jego trudnym nazwiskiem:

O moich towarzyszach mów Muzo kochana
Pierwszy z nich to postać w czas wojny dobrze znana
Nasz Polski Druh, nazwisko Jego brzmi tak twardo
że rym sprawiłby kłopot wszystkim naszym bardom!

A pisząc „Poemat o miłości Ojczyzny na obchód niepodległości Ameryki" tak przy-wołał postać inżyniera spod Saratogi i West Point:

Przybył do nas Kosciusko– ekspert znakomity
który wie jak nacierać, cofać się, front zmieniać
i teren wojskowym spojrzeniem oceniać!

Wielki Washington przybył do West Point w lipcu 1778. Było to pierwsze spotkanie z Kościuszką. Pisał doń nasz inżynier w swym pierwszym w liście 1778: „...proszę, żeby miał mnie Pan zawsze pod swoją komendą i wierzył w moje szczere do Pana przywiązanie".

Rycina ukazuje dramatyczny moment forsowania zamarzniętej rzeki Delaware w grudniu 1776.

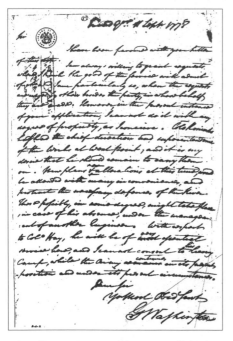

List George'a Washingtona z 11 września 1778 do gen. Horatio Gatesa, w którym główny wódz określa Kościuszkę słowy: „the chief direction and superintendance of the works at West Point..." Nie pozostawia to żadnych wątpliwości, kto był głównym projektantem, naczelnym kierownikiem i nadzorcą fortyfikacji w West Point.

[ze zbiorów New York Historical Society]

tem (instrumentem nader kosztownym!), ślęczał nad stosami rysunków. „Ryję jak kret" — wzdychał do przyjaciół ze sztabu Gatesa. „Tam przecież nie projektowano jednej twierdzy rozłożonej na wielu wzniesieniach, lecz samodzielne gniazda" — analizuje Bratkowski. — „Projektował Kościuszko nie same tylko budowle fortów, ale i ich ogień artyleryjski; nie fortyfikacje, lecz ich działanie. Musiał znać i odległości, i wysokości, by ustalić pole ostrzału"...

16 lipca roku 1778 zawitał do West Point sam Naczelny Wódz — generał George Washington. Teraz miała niby nastąpić scena zapamiętana z ryciny, oglądanej przeze mnie w dzieciństwie. Pierwsze spotkanie, uścisk dłoni, gratulacje. Niestety, nic na ten temat nie wiemy. Nie znane są nam wrażenia Kościuszki, tak jak znane refleksje Węgierskiego, który ujrzawszy „twórcę amerykańskiej wolności", napisał z uniesieniem: „Jest to jeden z najpiękniejszych ludzi, jakich kiedykolwiek widziałem; jego postać jest szlachetna, wojownicza mina, a maniery swobodne"... Olbrzym (1 metr 90 cm!), prosty „jak Indianin", muskularny, włosy w kolorze kasztana. „Porusza się i gestykuluje z wdziękiem, kroczy majestatycznie, jest wspaniałym jeźdźcem". „W rozmowie ujmujący, patrzy prosto w oczy (...) niebieskoszarymi oczyma o głębokim spojrzeniu". Tak go widzieli życzliwi podkomendni. Takim może zobaczył go i Kościuszko.

A jak Washington widział inżyniera „Kosciousko" (jeszcze jeden wariant nazwiska przezeń użyty), „któremu Kongres powierzył kierownictwo fortów i baterii" (wedle własnych słów wodza). Jeśli oczekiwał kogoś w rodzaju Kazimierza na Pułaziu Pułaskiego, który oczarował go temperamentem, wigorem, kawaleryjską brawurą — musiał się rozczarować. Gdzie tam było niepozornemu, zadartonosemu inżynierowi do tych barw i kolorów. Ale nie rozczarował się jego pracą. W liście z 27 lipca orzeknie krótko: „jest w pełni kompetentny".

A gdy szef korpusu inżynieryjnego armii, obdarzony od razu przez Kongres rangą generała — Louis Duportail (podszczuty przez de la Radière'a) zażąda dokładnie w miesiąc potem — 27 sierpnia 1778, od Kongresu decyzji, aby inżynierowie francuscy byli uważani za zwierzchników wszystkich innych inżynierów armii amerykańskiej, Naczelny Wódz odpowie natychmiast: „nie można oczekiwać, by płk Cosciusko, który działał na tym polu od dłuższego czasu i swą pracą zyskał sobie sławę i uznanie, chciał zgodzić się na rolę podwładnego któregokolwiek z francuskich dżentelmenów". Francuski dżentelmen, Duportail, przybył na inspekcję West Point na początku września 1778 pod nieobecność Kościuszki, który wyjechał do White Plains, gdzie była główna kwatera Naczelnego Wodza i gdzie miał się odbyć wreszcie proces generała Saint Claira, na którego, jak pamiętamy, Schuyler chciał zrzucić odpowiedzialność za klęskę Ticonderogi.

Generał Louis Duportail wysmażył raport do Washingtona, proponując rozliczne zmiany w pracach Kościuszki, któremu wszakże nie odmówił łaskawie talentów inżynieryjnych.

19 września 1778 Naczelny Wódz odpowiedział: „Pułkownik Kosciousko, któremu Kongres powierzył kierownictwo fortów i baterii, zrobił już takie postępy w ich budowie, że jakiekolwiek zmiany w planie ogólnym przedłużyłyby nadmiernie prace, a przychylne świadectwo, jakie pan dałeś uzdolnieniom płk. Kosciousko, usuwa wątpliwości co do tego punktu; gdyby jednak okazało się właściwe zrobić jakieś poprawki mieszczące się w ogólnej koncepcji, będzie Pan uprzejmy wskazać je płk. Kosciousko, by można je wykonać". Na początku października widzimy Duportaila znowu w West Point — tym razem już w towarzystwie samego Washingtona.

6 października 1778 Kościuszko pisze, nie bez złośliwości, do zawsze najbliższego mu generała Gatesa: „Jego Ekscelencja był tu z generałem Duportailem, aby obejrzeć roboty i ostatecznie przekonać się, że nie jestem najgorszym z inżynierów. Generał Washington powiedział mu, aby dał mi wskazówki, lecz on nic takiego nie przedstawił, co by nie było już przeze mnie zaprojektowane i aprobowane, niekiedy nawet wbrew jego woli. Widzę jasno, iż było to uczynione w celu, wykazać, że mam nad sobą zwierzchnika, a doprawdy ujawniło się w rozmowie, że temu dżentelmenowi przydałoby się trochę praktyki, wierzy on bowiem, że co na papierze, to i na gruncie, podczas gdy dzieło trzeba mieć zawsze jak najbardziej dostosowane do gruntu i warunków naturalnych, nie zaś dostosowywać je do papieru, który jest gładki". Tak tedy „prywatną wojnę o stanowisko Kościuszki" (jak to nazwali historycy) należy uznać za wygraną… A na czyim zdaniu najbardziej zależało naszemu inżynierowi, mówi takie wyznanie w liście do Gatesa: „Chciałbym, abyś przybył do West Point i obejrzał roboty. Twoja aprobata dałaby mi więcej przyjemności niż uznanie innych"… Tymczasem wydarzyło się coś, co mogło zmienić historię Polski.

„Nocny rozbójnik" — Kościuszko

„...ani czas, ani żadne okoliczności nie mogą zmienić moich uczuć, mojej wdzięczności i mojej prawdziwej przyjaźni..." — zapewniał Gatesa w jednym z listów z West Point, kończąc: „Nie mamy tu nic nowego, tylko stare dzieje, że wszyscy Cię kochają"...

Nie był Kościuszko odosobniony w swej admiracji dla triumfatora spod Saratogi. Gdy Gates wahał się, czy przyjąć zaszczytne stanowisko Przewodniczącego Wydziału Wojny, pisał doń James Lowell, jeden z wybitnych członków Kongresu, któremu powierzono sprawy wojskowe: „Potrzebujemy Cię (...) Potrzebujemy Cię najbardziej w pobliżu Germantown. Dobry Boże! Co za sytuację tam mamy! Jak odmienną od tego, czego by należało się słusznie spodziewać! Będziesz zdumiony, gdy dowiesz się dokładnie, jaka liczba ludzi była nagromadzona w rozmaitych czasach w pobliżu Filadelfii dla znaszania pończoch, trzewików i spodni"...

Filadelfię okupowali Anglicy, pod dowództwem generała Charlesa Cornwallisa, od września 1777. Kongres pospiesznie umknął w bezpieczne miejsce, 3 października 1777 w mieście Germantown, które było właściwie przedmieściem stolicy, generał Washington stoczył bitwę, niefortunną... Podczas gdy Gates zwyciężył brawurowo pod Saratogą, żołnierze Naczelnego Wodza okazywali się dobrzy tylko „dla znaszania spodni"...

Pojawiły się sugestie, czy nie należałoby Gatesa uczynić Wodzem Naczelnym! Władysław Kozłowski wyłowił dywagacje historyków amerykańskich, bezpośrednich świadków epopei walk o niepodległość: „Gdyby Washingtona przewyższył był w komendzie Gates, gdyby uczyniono atak na Filadelfię, a Cornwallis i jego armia wzięci zostali do niewoli — uniknęlibyśmy byli nędzy czterech lat wojny". Podobne zdanie przesłał generałowi Gatesowi w liście brygadier Thomas Conway, Irlandczyk w służbie francuskiej, który po Saratodze i Germantown, na wieść o nominacji generała do Wydziału Wojny, pisał: „Niebiosa postanowiły uratować Twoją Ojczyznę, gdyż słaby wódz i źli doradcy doprowadziliby ją do zguby"...

Ten list znany był adiutantowi gen. Gatesa, znanemu nam „wielkiemu pochlebcy", Jamesowi Wilkinsonowi. Zaszczycony przez swe-

go dowódcę rozkazem przekazania wieści o zwycięstwie pod Saratogą Kongresowi, podróżował niespiesznie, ucztując i oblewając
zwycięstwo. I legenda powiada, że kiedy wreszcie dobrnął z tą radosną wieścią, Kongres od dawna powiadomiony, miał mu zafundo-
wać... ostrogi. Prawda była jednak taka, że mu zafundował... rangę
generała.

Okazało się, że świeżo upieczony generał na jakimś obfitym ban-
kieciku rozgadał treść listu Conwaya... Byli tam przyjaciele Washingtona, którzy mu natychmiast donieśli epitety na temat „słabego wodza"
gubiącego Ojczyznę. Wybuchła obrzydliwa afera. Gates żądał wyjaś-
nień. Wilkinson wił się jak piskorz, śląc wzniosłe inwokacje: „Ty —
mój patron, z którego dumny byłem, mój przyjaciel i dobroczyńca"...
Kpiąc z awansu pana adiutanta i wyrażając opinię o jego kodeksie honorowym przyjaciel Kościuszki, pułkownik Troup, ironizował do Gatesa: „...obniżyć wartość świeżo wyszłego spod stempla generała nie
otrzymując kopnięcia lub guza — jest równie cudownym zjawiskiem
jak Saratoga". Wrześniowych dni 1778 roku spotkali się w White Plans
członkowie sztabu i rodziny Gatesa, miotał się tamże „generał" Wilkinson, który wreszcie wyzwał swego „patrona i dobroczyńcę" na pojedynek. Pojedynkowicze wyszli bez guzów. Głowę w awanturze nadstawił
sekundant Gatesa — Tadeusz Kościuszko. Awantury z protokołem pojedynku spowodowały wyzwanie, które rzucił Kościuszko sekundanto-
wi wroga. Był nim hulaka i awanturnik, niejaki John Carter, z którym
niedawno zwiała córka generała Schuylera, w chwili gdy papie właśnie
groził sąd wojenny za poddanie Ticonderogi...

Zięć i teść byli siebie warci. Carter tchórzliwie nie przyjął wyzwania Kościuszki! Ten wysłał wyzwanie ponownie przez swego se-
kundanta — pułkownika Johna Armstronga, i spokojnie udał się, by
zeznawać w sądzie na korzyść nieszczęsnej ofiary Schuylera i Ticonderogi — generała Saint Claira.

I tam właśnie omal nie doszło do zmiany kart naszej historii. Do
sądu wpadł Carter i wymierzył z pistoletu do nieuzbrojonego Tadeusza
Kościuszki! Rzuciła się straż w jego obronie. Strzał nie zdążył paść...

Gdy Kościuszko wybiegł z sądu — szukał odważnego napastnika
na próżno. Ten już nigdy nie stanął z nim twarzą w twarz. Za to rozpoczął osobliwy w tamtej epoce pojedynek na pióra i opublikował
w prasie artykuł pełen zniewag, porównując Kościuszkę do „nocnego

Tak fantazyjni malarze wyobrażali sobie naszego Naczelnika w służbie amerykańskiej. Istny Bohun!

Bardzo by ten konterfekt pasował do wizji „nocnego rozbójnika", mniej do wznio-
słych strof, jakie dedykowali mu poeci amerykańscy na początku XIX wieku:
„uśmiech Sławy rzucił na ciebie Światło Nieśmiertelności!"

rozbójnika kradnącego sakiewkę". (Kościuszko wyrwał mu z pazurów protokół kłamliwie krzywdzący Gatesa).

Nasz „timidly modest" pułkownik, jak go ongiś nazwał sprawca całej afery — Wilkinson, wyrąbał na łamach tegoż „New York Packet" list otwarty, by udowodnić, „że potrafi bronić swej reputacji zarówno piórem, jak i szpadą": „W armii powszechnym głosem uznany zostałeś za łajdaka i tchórza" — pisał do Cartera z nie tajoną furią — „(...) uznał pan za konieczne tak czy inaczej stanąć ze mną do walki i przezornie osądził, że drukarskie czcionki są najbezpieczniejszą bronią. Już tym samym okazał pan rozmiar swojego tchórzostwa, chociaż nie tak wielki jak wówczas, kiedy w sądzie wojennym wymierzył pan do mnie z pistoletu, gdy byłem bezbronny, i tylko ukazanie się straży, aby zatrzymać pana jako zabójcę, oraz okrzyki oburzenia świadków zmusiły pana do haniebnej ucieczki. Powinienem pański tekst potraktować z pogardą, gdyby nie nikczemne przedstawienie w fałszywym świetle mego zachowania w odniesieniu do protokołu". Odtworzywszy precyzyjnie przebieg wydarzeń Kościuszko uderza finałowym sztychem: „Na tym skończyłem z panem, chyba żeby zdarzyło się panu próbować wcisnąć pośród dżentelmenów, gdzie bym się znajdował, wówczas będę się czuł upoważniony do potraktowania pana jak łajdaka". Imć Carter nie złożył swej podłej broni miotania insynuacji — i nazwał w następnej publikacji Kościuszkę „najemnym zbirem", „pełnym desperacji awanturnikiem", który „ma tylko na widoku przypodobanie się swemu patronowi i w nadziei polepszenia swego losu gotów jest dla niego walczyć z kimkolwiek". Jeden ze świadków całego zajścia — pułkownik Lewis Morris, pisał do ojca — generała, także alianta Gatesa i Kościuszki, posyłając mu gazetę: „Poznasz z tego sztuki, którymi się posługuje p. Carter dla osłonięcia siebie od gniewu pułk. Kościuszki. Charakter tchórza i kłamcy często bywa połączony w jednej osobie i sądzę, że połączenie to jest zbyt oczywiste w nim". A nasz pułkownik ogłosił na łamach „New York Packet" odezwę „Do opinii publicznej", zwracając się już nie do Cartera, „który nie jest w stanie sprowokować mnie do dalszego prowadzenia TAKIEJ wojny, zaś jego tchórzostwo, zarówno jak moja duma doskonale chronią go przed takim rodzajem walki, jakiego on najbardziej się boi (...) Nie będę twierdził, iż ów nędznik jest najemnym oszczercą na żołdzie podrzędnych figur, służących jako narzędzie naszych wrogów dla szkodzenia naszej sprawie przez szkalowanie naszych generałów, ale podobnie jak inni jestem głęboko przekonany, że gdyby kiedykolwiek wrócił do Bostonu i znalazł się wśród żołnierzy, oni sami wytarzaliby go w smole i pierzu za to, że ośmielił się wyrażać bez szacunku o osobie gen. Gatesa".

A gwiazda generała, dla którego Kościuszko gotów był ryzykować życiem — właśnie jęła zagasać... W październiku 1778 Kongres odwołał go ze stanowiska dowódcy Armii Północy, ofiarowując podrzędną komendanturę Departamentu Wschodniego z siedzibą w Bostonie...

Już 11 września Gates „usilnie" prosił Washingtona o oddanie Kościuszki z powrotem pod jego komendę w związku z tym, iż „prace w West Point są prawie ukończone". „Gdybym nie był tak przywiązany do tego miłego cudzoziemca (if I had not the affectionate regard for this amiable foreigner), nigdy bym się nie ośmielił zwrócić z tą prośbą" — objaśniał... Naczelny Wódz odpowiedział tegoż samego dnia. List ten, który zawierał dla Kościuszki odmowę niemiłą, dla nas ma wartość bezcenną! Pamiętam chwilę triumfu, gdy w New York Historical Society pojawił mi się ten tekst na ekranie z mikrofilmu: „Pułkownik Kosciusko miał w swych rękach **naczelne kierownictwo i nadzór** (chief direction and superintendence) dzieł w West Point i jest moim pragnieniem, by pozostał tam dla prowadzenia ich dalej. Nowe plany i zmiany w tym czasie byłyby związane z wieloma niedogodnościami i przeciągnęłyby fortyfikację rzeki. Doszłoby do tego zapewne w przypadku jego nieobecności, pod kierownictwem innego inżyniera". Podaję list w tłumaczeniu i z podkreśleniem Stefana Bratkowskiego.

Wobec faktu, że w wielu encyklopediach i historiach wojny (osobliwie we Francji) zasługi fortyfikacji „najważniejszego posterunku Ameryki" (jak nazwie West Point Washington) przypisuje się inżynierom francuskim — ta konstatacja Naczelnego Wodza oddająca sprawiedliwość Kościuszce jest niezwykle ważka.

No cóż, nasz pułkownik zareagował — rozpaczą! 12 września (uważmy błyskawicowość informacji w dobie bezfaxowej, beztelefonicznej, beze-mailowej etc.) — pisze do Gatesa:

„Kochany Generale,

Nie może Pan sobie wyobrazić, w jakiej jestem pasji, nie mając przyjemności znaleźć się pod Pańską komendą. Stracone jest moje szczęście, ale mam nadzieję je odzyskać z Twoją pomocą tak szybko, jak to tylko będzie możliwe. Powinieneś pamiętać, Panie, żeby mieć mnie zawsze z sobą". Do przyjaciół ze sztabu-rodziny rozżali się: „Jestem najbardziej nieszczęśliwym człowiekiem na świecie, ponieważ wszyscy moi najlepsi przyjaciele jankesi poszli (...) Miałem iść do Wschodniego Departamentu z generałem Gatesem, ale gen. Washington stanął mi na przeszkodzie, czym jestem niezwykle zmartwiony"...

6 października znów słał Gatesowi żarliwą prośbę-wyznanie: „Wierz mi, że nie możesz znaleźć lepszego przyjaciela i człowieka bardziej do Ciebie przywiązanego. Czy pamiętasz, że chcę być w armii pod Twoją komendą?"... Przyjdzie czas, że do niej podąży. Na razie musi westchnąć: „Jedyna przyjemność, jaka mi teraz została, to paranie się przez cały dzień moją robotą"...

„Mam tylko dwóch murarzy"

„Dyrektywy, które były mi dane, jak pamiętam: ukończyć Fort Putnam i schrony w nim oraz w Cistern; ukończyć redutę Websa wraz ze schronami. Otoczyć kamienną ścianą cały fort wraz z magazynem i schronem. Wykonać małą redutę w magazynie. Wykończyć nad rzeką miejsce dla baterii chroniącej łańcuch. Ukończyć małą redutę na tyłach Fortu Constitution i wznieść tam jeszcze jedną". Takie „instructions to Col. Kusicosko" zapisał sobie dla pamięci.

Jak wyglądała realizacja tej „roboty" — z iloma problemami musiał nasz inżynier się zmagać, mówią jego listy do generała Alexandra McDougalla, dowódcy twierdzy, zaprawionego w działaniach wojennych, znawcy artylerii. Były kapitan statków, marynarz, kupiec, filozof-polityk i twórczy samouk rezydował pod West Point w Fishkill. Na listach, przechowywanych w New York Historical Society, kaligraficznie adresowanych przez Kościuszkę: „The Honorable Major General M. Dougall" znajdują się adnotacje, iż pochodzą od „colonel Kosuisko" vel „Koscuisko". Nabiedziła się nad przywiezionymi przeze mnie kopiami rękopisów znakomita tłumaczka — Halina Rogalińska, opatrując je westchnieniem: „pismo naszego Colonela nie jest

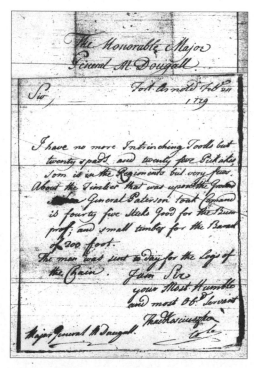

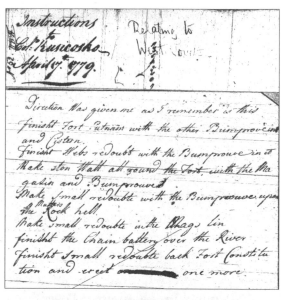

Krótka notatka sporządzona przez Kościuszkę na podstawie „Instructions to Col. Kusicosko" z kwietnia 1779 mówi o ogromie prac nad redutami i fortami, jakie były jeszcze przed nim oraz pewnych kłopotach, jakie sprawiała mu angielszczyzna.

[ze zbiorów New York Historical Society]

Jedenz wielu listów Kościuszki do dowódcy West Point – generała Alexandre McDougalla z 24 lutego 1779, użalający się: „Nie mam już narzędzi do kopania okopów, jedynie 20 łopat" – ilustruje z jakimi to kłopotami musiał zmagać się „the chief direction" prac w West Point.

łatwe w przekładzie z powodu wszelkich możliwych błędów pisowni i gramatyki. Przy dowolnej interpunkcji, a najczęściej zupełnym jej braku, i dowolnym stosowaniu wielkich liter, musiałam sama dzielić zdania, co nie znaczy, że udało mi się trafiać w intencje autora, ale — I did my best".

I rzeczywiście — jest to arcydzieło kunsztu translatorskiego, gdzie pod każdym zdaniem angielskim Kościuszki biegnie tłumaczenie polskie z zaznaczonymi słowy, które budzą wątpliwości tłumaczki nieobeznanej — jak wyznaje nie bez żalu — z meritum „sztuki fortyfikacyj". Na przykład występujące u Kościuszki słowo zidentyfikowane jako „zapory", jawi się w kilku różnych wariantach: „Bumprowes", „Bumbeproofs" etc.

Wszakże dzięki trudom pani Haliny poznajemy trud „Thad. Kosciuszko", jak z obowiązującą formułką niezmienną „Your most obedient and very humble servant" („szczerze oddany i pokorny sługa"), podpisywał swe listy, datowane z Fortu Arnold, ochrzczonego tak ku czci generała Benedicta, pamiętnego nam spod Saratogi.

28 grudnia 1778 Kościuszko pisze: „Byłoby mi przyjemnie, gdybym mógł otrzymywać dziennie raporty, by wiedzieć, ilu ludzi mogę zatrudnić do prac (...) Nie powinno być swobody w odrywaniu rzemieślników (tu pani Halina miała dylemat, jak przełożyć najtrafniej „artifficers") — od innych prac, ludzie winni być właściwie wykorzystani. Jest tu jedna kompania ciesielska (...), składająca się tylko z miłośników wina (...)

Łańcuch jest dość bezpieczny i łatwo go będzie podnieść, gdy ziąb osłabnie" (olbrzymi łańcuch, którym Kościuszko przecinał Hudson, by uniemożliwić Brytyjczykom forsowanie rzeki, trzeba było na zimę wyciągać, a wiosną znów zanurzać). „Będziemy potrzebowali, jak sądzę, około 50 baryłek smoły do kłód pod łańcuchem i zapory".

Kończy ten rzeczowy list nasz „timidly modest" główny inżynier eleganckim zdaniem: „Te sprawy może Pan ocenić lepiej ode mnie, proszę mi wybaczyć przedstawienie własnego zdania, w pełni zgodzę się i wykonam pańskie rozkazy".

Z listu datowanego w Fort Arnold 6 stycznia 1779 roku dowiadujemy się, iż „kompania miłośników wina" została szczęśliwie zwolniona. Pozostałych wysłał Kościuszko do ścinania drzew, jako że po wyciągnięciu z wód Hudsonu 300 ogniw wielkiego łańcucha, stwierdził zbutwiałość kloców, nowe będą „z białej sosny, która jest o wiele lepsza do tego celu".

Z dwóch listów datowanych 6 i 24 lutego 1779 dowiadujemy się, że Kościuszko ukończył już ostatecznie plany reduty w Forcie Putnam, ale by zacząć budowę „bardzo potrzebna mi jest piła, której nie mogę uzyskać w Fishkill". „Nie mam już narzędzi do kopania okopów, jedynie 20 łopat i 25 kilofów"…

Nie dziwota, że trudy naszego Naczelnika nie przeszły do romantycznej legendy… I o czym tu pisać ballady? — jakby zapytał Bratkowski. Że brak łopat?

Żeby tylko łopat!

28 marca 1779 pisze Kościuszko tym razem do znanego nam gubernatora stanu New York — George'a Clintona: „Daremne starania o podwody, niezbędne do zakończenia prac, które czyniłem na wszystkie strony, zmuszają mnie do niepokojenia Waszej Excellencji, jako jedynej osoby, od której mogę się spodziewać pomocy".

Żeby tylko brakowało podwód!

„Sir, mam, jak dotąd, tylko dwóch murarzy przybyłych tu z głównej armii i nie spodziewam się więcej, bowiem dowódcy niechętnie z nimi się rozstają" — pisze Kościuszko tym razem do samego Naczelnego Wodza we wrześniu 1779 (przypominam, że w sumie pracowało w West Point dwa i pół tysiąca ludzi!). „Zwracałem się do oddziałów tu stacjonujących, które mają ich pewną liczbę, pisałem do oficerów, w najbardziej naglących słowach wskazując potrzebę przysłania ich tutaj, ale żadnego nie otrzymałem. Zabrakło mi wapna, wprawdzie obiecano mi nieco przysłać, ale nie potrafię powiedzieć, kiedy to nastąpi"…

Żeby tylko wapna!

„Byłbym bardzo wdzięczny Panu za wyjednanie rozkazu na trzy pary butów" — pisze w marcu 1779 tym razem do adiutanta Washingtona, przerażony, że mu uciekną trzej murarze z Virginii („najlepsi z nielicznych, jakich posiadam"), prawie bosi…

Żeby tylko butów brakowało!

„Jesteśmy pozbawieni jakichkolwiek wygód dla ludzi i koni… — pisze tym razem sam dowódca, generał McDougall do Clintona: — Bydło przez trzy dni obgryzało puste żłoby, część padła z głodu. Mam ogromne trudności z umundurowaniem ludzi i zaopatrzeniem ich na zimę"…

A co w West Point mieli do pożywienia ludzie? Mamy świadectwo samego Washingtona, który od 25 lipca 1779 przeniósł do West Point swą główną kwaterę. W jakich warunkach żyła tam załoga mówi jego żartobliwy list: „Od czasu przybycia do tego błogosławionego miejsca miewamy niekiedy szynkę lub łopatkę wieprzową, zajmującą szczyt stołu... niedostrzegalny półmisek bobu wieńczy jego środek... Kucharz zdobył się na niesłychany akt mądrości wykrywając, że można robić pasztety z jabłek"... Jeśli tak wyglądał stół galowy — możemy sobie wyobrazić, co jadał nasz „Koshiosko", nie pobierający żołdu, gotów zawsze podzielić się kawałkiem chleba (a i tego często brakowało) ze swymi podkomendnymi.

A cóż się pijało? Z absolutną powagą donosi Kościuszko 7 września 1779 Washingtonowi: „Mam 20 cieśli chorych (jak mówią) z powodu picia wody podczas upału. Sądzę, że pół kwaterki rumu codziennie zapobiegłoby chorobie"... Naczelny Wódz odpowiada natychmiast: „Na skutek listu pańskiego, pisanego dziś z rana, poleciłem głównemu kwatermistrzowi postarać się o zapas rumu, jeśli to możliwe, dla ludzi, zajętych przy robotach. (...) W żadnym razie nie powinni oni myśleć o powrocie do swoich pułków, dopóki ich usługi są potrzebne". A były potrzebne każde dłonie przy realizacji planów inżyniera Kościuszki...

Późną wiosną 1779 ruszyła ofensywa Brytyjczyków. Sześć tysięcy żołnierzy szło i płynęło w górę Hudsonu, zdobywając błyskawicznie pozycje. Podeszli nieomal pod West Point. Washington pisze znamiennie: „Cieszę się, że forty w tej krytycznej chwili znajdują się w rękach, w których mogą być bezpieczne".

Angielscy szpiedzy donosili dowództwu: „To miejsce jest wielkim obiektem ich starań i uwagi; od dłuższego czasu pracują, by nadać mu taką siłę, jaką tylko sztuka inżynieryjna dysponuje". To właśnie w związku z zagrożeniem twierdzy przeniósł tu swą kwaterę Washington.

Konnica i piechota brytyjska krążyła wokół czyniąc rekonesanse...

Co mogli zobaczyć? Mamy na ten temat świadectwo znakomite! W listopadzie 1780 roku zwiedzał West Point markiz François Jean de Chastellux. Jego dzieło *Voyages de M. Le marquis de Chastellux dans l'Amerique Septentrionale* wydane w Paryżu już w 1788 roku jest często cytowane przez naszych historyków, jako dokumentujące wartość prac fortyfikacyjnych Kościuszki w sposób niezastąpiony.

„(...) oczy moje przykuł najwspanialszy obraz, jaki w życiu zdarzyło mi się widzieć — pisze Chastellux — przedstawiał on Rzekę Północną, toczącą swe wody głębokim kanionem, ukształtowanym wśród gór (...) Fort West Point i straszne baterie, które go bronią, ściągają uwagę ku zachodniemu brzegowi, ale podniósłszy wzrok widzi się ze wszystkich stron wysokie szczyty, wszystkie najeżone redutami i bateriami. Zsiadłem z konia i przez długi czas spoglądałem przez swoją lunetę, jako że okazała się jedynym środkiem umożliwiającym zapoznanie się z całością fortyfikacji, którymi ten ważny posterunek jest otoczony. Dwa wysokie szczyty, a na każdym z nich wielka reduta, ubezpieczająca brzeg wschodni (...) poczynając od właściwego fortu West Point, znajdującego się u brzegu rzeki, aż po wierzchołek góry, u stóp której go zbudowano, naliczyć można sześć różnych fortów, rozmieszczonych amfiteatralnie, wzajemnie się ubezpieczających". Markiz przeprawił się na drugą stronę Hudsonu: „I oto rozpostarła się przed moimi oczami nowa sceneria (...) fort West Point, który widziany ze wschodniego krańca, przycupnął jakby skromnie u stóp góry, wznosił się w naszych oczach i zdawał się sam być wierzchołkiem urwistej skały. Ta skała tymczasem nie była niczym innym jak brzegiem rzcki. Nie byłbym i zauważył, że szczeliny, którymi spękana była w różnych miejscach, to nic innego, jak strzelnice dział i strasznych baterii, gdybym nie został uświadomiony o tym trzynastoma wystrzałami dział (...), drugi brzeg, po długiej przerwie, odbijał każdy wystrzał z hukiem równym niemal temu, który go wywołał. (...) Dwa lata temu West Point był pustkowiem prawie niedostępnym, to pustkowie zostało pokryte fortecami i artylerią przez lud, który 6 lat wcześniej nie oglądał nigdy armat; (...) siła Trzynastu Stanów zawisła od tego ważnego posterunku".

Stefan Bratkowski (w którego tłumaczeniu cytuję Chastelluxa) dodaje, iż oczywiście markiz był przekonany, że West Point jest dziełem jego rodaków — inżynierów króla Francji! I jak pisze Wiktor Malski: „złożył mimowolnie hołd inżynieryjnym umiejętnościom Kościuszki, pod którego bezpośrednim kierownictwem owa prawdziwie niedostępna pustynia zmieniła się w najpotężniejszą twierdzę amerykańską". Na jedynym szkicu reduty Kościuszkowskiej, jaki ocalał i znajduje się w zbiorach New York Historical Society, widnieje podpis: „jedna z fortyfikacji wymyślonych przez Kosciusko, tych które

Trophy Point – przed muzeum West Point zawierającym trofea wojenne. Nasz Tomasz Kajetan Węgierski, który był tu jesienią 1783, pisze w dzienniku: „...poszliśmy zwiedzić twierdzę, gdzie jest przechowywana broń, amunicja i zapasy Stanów Zjednoczonych. Jest to Pandemonium Ameryki. Ujrzeliśmy tam ogromne pękające bomby, które Bourgoyne przywiózł ze sobą, a które Amerykanie zyskali traktatem w Saratodze. Wyryto starannie złotemi literami miejsce, rok i dzień, w którym każda sztuka

została zdobytą. Twierdza, gdzie cała ta amunicja jest złożoną, nazywa się twierdzą Clinton, a dawniej Arnold".

Po zdradzie Arnolda fort otrzymał imię gubernatora stanu New York – George'a Clintona. Do niego pisał dowódca twierdzy alarmujący list o „głodzie i chłodzie", który „żołnierze cierpią i znoszą z trudną do wyobrażenia cierpliwością". Konstatuje z dumą Węgierski: „...przed tymi ludźmi całe dwie armie maszerujące imponująco złożyły broń!"

Brytyjczycy nie odważyli się atakować twierdzy. Historycy powiedzą: „Pułkownik Kościuszko sztuką swą wygrał bitwę". 28 miesięcy katorżniczej pracy (od marca 1778 do sierpnia 1780) zaowocowało wspaniałym zwycięstwem.
Jedynym, ale jakże cennym świadectwem, jak imponująco wyglądał rezultat ponad dwuletnich prac polskiego inżyniera, jest opis francuskiego wojażera de Chastelluxa

z jesieni 1780: „...oczy moje przykuł najwspanialszy widok, jaki widziałem (...) – fort West Point (...) ze wszystkich stron wysokie szczyty, wszystkie najeżone redutami i bateriami". Sielankową ciszę Hudsonu rozerwał nagle ryk salutu, który powtórzyło wspaniałe echo. Dopiero wówczas Francuz dostrzegł, iż niewinne szczeliny, którymi wydawały się być spękane brzegi twierdzy „to nic innego, jak strzelnice dział i strasznych baterii".

uczyniły West Point twierdzą tak niedostępną, że nazwano ją «Amerykańskim Gibraltarem»".

Tegoż zdania byli i wrogowie. Zrezygnowali z oblegania West Point. 1 sierpnia 1779 odpłynęli, odeszli.

John Armstrong napisał o Kościuszce: „Ma zasługę, że nadał fortecy taką siłę, iż odstraszyła nieprzyjaciół od pokuszenia się o zdobycie panowania nad Krainą Wyżyn".

Stefan Bratkowski zażartował: „inżynier swą sztuką wygrał bitwę walkowerem. Znów brak tematu do piosenek. No bo co — że przyszli, popatrzyli i odeszli?".

„Z troską i zapałem"

Listopad 1779 miłą był dla Kościuszki porą. Gościł przyjaciół z rodziną generała Gatesa na czele. To do niego pisał uporczywie mimo nawału prac i braku odpowiedzi „wyrażając uczucia, jak stara kobieta, której wiek nie pozwala spodziewać się wzajemności"... Musiały wzruszyć generała te słowa: „przyjaźń moja jest wielką, szacunek nie mniejszy" w chwili, gdy nasz stary znajomy — generał Lee, ostrzegał go: „Na miłość Boską, pomyśl o sobie; pod stopami twemi złożona jest mina, zapalony lont, nagromadzone materiały z zarozumiałości, arogancji, nieuctwa i najpospolitszej zazdrości"... Cieszył się nasz „Korsuaso" obecnością starej Gatesowskiej gwardii. Myśl o ich przyjaźni dodawała mu pogody ducha, gdy walczył o buty, łopaty i wapno. W Muzeum Polskim w Chicago jest list naszego anielskiego inżyniera odsłaniający jego nieco inne oblicze — filuternie uśmiechnięte, a nawet — ku zgorszeniu świątobliwych biografów — zgoła frywolne! Pisze on do całego grona swych przyjaciół ze sztabu Gatesa. Strofując ich za milczenie, jednemu powiada: „zapewne cały swój czas i uwagę poświęcasz pięknym dziewczętom. Na Twoim miejscu czyniłbym to samo". O drugim zasłyszał, „że zamierzasz poślubić pewną młodą panienkę i wytężyć wszystkie swoje siły, aby nie dopuścić do wygaśnięcia imienia". Trzeciemu, takoż wstępującemu na kobierzec ślubny, wyraża nadzieję: „jako dobry oficer artylerii

"...cały swój czas poświęcasz pięknym dziewczętom. Na Twoim miejscu czyniłbym bez wątpienia to samo" – pisał Kościuszko z West Point do przyjaciela ze sztabu Gatesa.

Dzisiaj po fortach, które wznosił, oprowadzają piękne dziewczęta. Oczywiście mowa o tej z lewej – Eileen Herrick, Public Affairs Specialist Community Relation Branch. Ciekawe, jaki to ma odpowiednik we współczesnej polszczyźnie. Ania Kazenas, młoda „business woman" zaproponowała pismu „Pani", by rozpisać konkurs na polskie nazwy funkcji takich jak np. „regional brand account director", „businnes developing director", „strategic planning director" etc. Propozycja pozostaje aktualna!

Ulubiona przez kadetów ścieżyna zwana Flirtation Walk wiedzie do Kosciuszko's Garden – miejsca, gdzie Tadeusz Kościuszko założył na skale kwitnący ogród.

W Ogrodzie Kościuszki – Handsome Girlls, jakby napisał on sam: Helena Jurkiewicz-Scuderi, wiceprezydent Polish-American Museum w Port Washington pod New Yorkiem i nasza urocza przewodniczka Eileen Herrick.

z pewnością użyjesz swych umiejętności i wykażesz w dniu zaślubin znakomitość swej armaty"… Autentyczne armaty, umieszczone przez Kościuszkę w fortach West Point, nie miały szansy na wykazanie swej znakomitości.

Anglicy odeszli, ale jeszcze był przed Kościuszką jeden wróg. Straszliwa zima 1779/1780. W przeciwieństwie do poprzedniej tak łagodnej, że od stycznia właściwie nie było już śniegu — tym razem amerykańska Północ pokazała bez litości swe lodowate oblicze.

Generalny kwatermistrz, generał Nathanael Greene, pisał 11 stycznia 1780 roku: „Nigdy nie doświadczyłem takiej pogody, (…) było tak zimno, że nie widziało się w powietrzu żadnej żywej istoty. Śnieg jest bardzo głęboki (…) Jeździmy ponad sztachetami. Byliśmy pozbawieni kolejno to chleba, to mięsa". Nowy, po McDougallu, dowódca West Point, gen. William Heath (z którym łączyła Kościuszkę serdeczna zażyłość), pisał 25 stycznia gubernatorowi Clintonowi: „Garnizon w West Point, utrzymywany w czasie tej zimy na bardzo skąpych racjach chleba, często bywa go w ogóle pozbawiony (…) Żołnierze garnizonu byli i nadal są zmuszeni do ciągłego wykonywania prac saperskich. Muszą ściągać budulec i drzewo na opał z odległości ponad mili na ręcznych sankach. Niektóre oddziały nadal jeszcze biwakują w namiotach i narażone na głód i chłód zmuszone są ręcznie wykonywać prace, do których potrzebne są końskie zaprzęgi. Wszystko to żołnierze cierpią i znoszą z trudną do wyobrażenia cierpliwością"… Głodował z nimi solidarnie i nasz Kościuszko. Zostały legendy, jak dzielił się kawałkiem chleba nawet z jeńcami angielskimi, co ich potomkowie, po latach pamiętający, odpłacali rodakom Naczelnika na emigracji wzruszającą opieką w nędzy i chorobie… Wszystko przetrwał. Z wiosną 1780 wywalczył budowę baraków dla swoich żołnierzy, mieszkających dotąd w lepiankach…

Wiosna owa przyniosła do West Point wieść o klęsce Amerykanów na Południu. W maju 1780 Anglicy zdobyli Charleston i cały sztab inżynierów z pamiętnym nam generałem Duportailem na czele poszedł do niewoli! Równo rok przedtem — w maju 1779, pieklił się w liście do Kongresu, że mu Kościuszko nie przysyła „co miesiąc sprawozdania o stanie prac" i słyszał „że prawie nic nie uczyniono", jeśli chodzi o postęp w fortyfikacjach. „Jeśli nieprzyjacielowi zdarzy się zawładnąć West Point, (…) a Kongres lub Wódz Naczelny zwrócą się do mnie i zapytają, dlaczego nie dołożyłem pieczy, by dzieła West Point były wykonane poprawnie i sprawnie (...), moja odpowiedź będzie taka: Nie miałem prawa żądać potrzebnych informacji od inżyniera, któremu powierzono fortyfikacje tej twierdzy"... No cóż — źle słyszał generał Duportail, a nieprzyjaciel zawładnął zupełnie inną twierdzą...

Nie istnieje nominacja Kościuszki na szefa sztabu inżynierów armii amerykańskiej, ale zachował się jego list z 12 maja 1780, pisany do... generała Schuylera, który zażywał splendorów i honorów jako członek Kongresu,

Nasz inżynier, ciągle w randze tylko pułkownika, zwracał się doń z rzeczowym apelem: „W interesie Korpusu Inżynieryjnego prosimy Czcigodny Kongres, aby zapewnił nam umundurowanie w sposób ustalony dla całej armii. Dlaczego wszystkie inne oddziały otrzymują przydziały mundurowe, tylko my jesteśmy wykluczeni? Samo poczucie sprawiedliwości powinno tu przemówić"...

Sprawiedliwość przemówiła w innym wypadku. Wobec zagrożenia Południa — 13 czerwca 1780 roku Kongres powołał na dowódcę wojsk amerykańskich działających w stanach południowych generała Horatio Gatesa. 21 czerwca dowódca Armii Południa pisał do Washingtona: „Ponieważ wszystkie perspektywy z tego obszaru wydają się ponure, pragnąłbym, żeby jego Ekscelencja rozjaśniła scenę przez spełnienie mej prośby, abym uzyskał pułkownika Kuscuiusco jako mego Głównego Inżyniera. Jego służba ze mną w Kampanii w 77 r. i wysoka opinia, jaką mam o jego talentach i jego poczuciu honoru, powodują, że jestem tak natrętny wobec Waszej Ekscelencji prosząc, by pozwolił mi mieć pułkownika jako mojego Głównego Inżyniera". Zapraszając także pułkownika Johna Armstronga na powrót pod swe dowództwo pisze: „(...) wstępując na ten nowy i (jak twierdzi Lee) najtrudniejszy z teatrów wojny, moją pierwszą myślą był wybór inżyniera, generalnego adiutanta i kwatermistrza. Kosciuszko, Hay i Ty, jeśli zdołam was do tego skłonić, będziecie pełnili te funkcje, a spełnicie je dobrze. Doskonałe zalety Polaka, o których wiesz sam najlepiej, uznane teraz zostały w głównej kwaterze i mogą zapobiec, aby się z nami nie połączył. Lecz skoro raz sam przyrzeknie, będziemy jego udziału pewni". Washington wreszcie wyraził — ku radości zainteresowanych — swą zgodę, oddając pełną sprawiedliwość dokonaniom Kościuszki w liście do Gatesa z 12 sierpnia 1780: „Miałem dużą satysfakcję z jego kierownictwa, a szczególnie z tego, z jaką troską i zapałem wykonywał powierzone mu pod nadzór prace". Jeszcze tylko Kościuszko poprosi, by mu wolno było zabrać ze sobą służącego Murzyna Grippy, którego bardzo polubił, i w sierpniu 1780 będzie wreszcie po dwóch latach i miesiącach czterech „rycia jak kret" — wolny jak ptak.

Zostawił w West Point u pewnej kobieciny, gdzie miał kwaterę, piękne łoże przysłane z Albany przez pułkownika van Rensselaera, także swój kufer ze wszystkimi planami i rączo pomknął na Południe — prosto ku siedzibie Gatesa w Virginii — Traveller's Rest. Zasłużony „odpoczynek podróżnika" trwał tam prawie miesiąc. We wrześniu Kościuszko już był dalej w drodze, przystanąwszy tylko w stolicy Virginii — Richmond, by się przedstawić gubernatorowi.

Ogromnie od pierwszego wejrzenia przypadli sobie do serca, o czym opowiadam w rozdziale „Przyjedź do Monticello". Gubernator Virginii nazywał się Thomas Jefferson.

Tymczasem w West Point...

Zdrada!

„Najwybitniejszym generałem ze wszystkich Amerykanów i Anglików biorących udział w tej wojnie" nazywa biograf Washingtona, James T. Flexner (nb. ani razu nie wymieniający nazwiska Kościuszki) — kogóż? Benedicta Arnolda!

„Awanturniczy atleta i ekshandlarz koni" — mówi o nim z pogardą historyk polski, Władysław M. Kozłowski. Washington mający wyraźną słabość dla brawury Arnolda mianował go komendantem Filadelfii. Gorszyły się szacowne kwakry sławnymi hulankami generała Benedicta, który rozrzucał pieniądze garściami i wyprawował sławne bale, gwoli zdobycia serca i ręki ślicznej arystokratki — panny Peggy Shippen. Wiadomo było, iż jej familia odznaczała się lojalnością wobec Jej Wysokości Króla Anglii. A piękna Peggy podczas brytyjskiej okupacji Filadelfii flirtowała ochoczo z oficerem, niejakim Johnem André.

Czujne straże schwytają szpiega – wysokiego oficera brytyjskiego, który z Arnoldem uknuł plan wydania West Point w ręce Anglików.

I tak uknuto diabelski plan. Benedict Arnold zdecydował się za duże pieniądze sprzedać Anglikom West Point! Dyskontując przywileje bohaterskiego kaleki spod Saratogi wyłudził od Washingtona dowództwo fortecy. Wyjeżdżając z West Point w sierpniu 1780 Kościuszko dosłownie minął się z obejmującym stanowisko nowym komendantem. 24 września roku 1780 dopłynął tamże Naczelny Wódz ze swym ulubionym Francuzem — markizem La Fayettem. Ku swemu rozczarowaniu nie dostrzegł żadnych przygotowań do gali powitalnej. Po południu markiz strojący się do obiadu został wezwany do Washingtona. Ten dzierżąc w dłoni plik papierów krzyczał: — Arnold zdradził nas! Komu mamy ufać?

West Point (której to fortecy utrata mogła, jak wiemy, przesądzić o losach wojny) ocaliła czujność amerykańskiej straży. Nazwiska żołnierzy, którzy schwytali Johna André z kompromitującymi dokumentami, pozostają historii nieznane. W albumie *The American Revolution* można zobaczyć cały zespół rysunków. Jak łapią szpiega, jak mu wyciągają z butów papiery, jak je czytają ze zgrozą i niedowierzaniem, jak Arnold zwiewa chyżo (mimo kalectwa) do łodzi i odpływa Hudsonem, jak czytają wyrok Johnowi André i jak go sprawiedliwie wieszają...

Nie ma tylko ślicznej pani Arnoldowej, która zagrała przed czułym sercem Washingtona całe przedstawienie — ganiając półnago (bardzo sprytnie i atrakcyjnie) i wrzeszcząc, że Arnolda duchy uniosły (!), a ją złoczyńcy przypiekają żelazem i tylko generał Washington może ją uratować...

Naiwny wódz, który o mało sam nie wpadł w ręce wroga, z całą galanterią zapewnił jej bezpieczeństwo.

Niestety, nie mógł tego uczynić z kufrem Kościuszki. Oszalała z przerażenia wdowa natychmiast spaliła całą zawartość skrzyni. Przepadły wszystkie szkice redut, mapy, rysunki.

Próżno Washington będzie pytał o los tych „papierów najwyższej wagi państwowej"...

Jakąż byłyby dziś ozdobą Muzeum w West Point!

„Ogród na skałach"

„Dyscyplina, poświęcenie, odpowiedzialność, jedność, lojalność" — oto pięć przykazań dla kadetów West Point, wyrytych na tablicach uczelni, obok Deklaracji Niepodległości. W marcu 1802 Kongres powołał do życia Military Academy z korpusem inżynierów — pięciu oficerów, dziesięciu kadetów.

Tadeusz Kościuszko do prezydenta USA Thomasa Jeffersona z Solury 15 września 1817 — na miesiąc przed śmiercią — w ostatnim liście pisał: „Szczęśliwsi jesteście od Europejczyków, dzięki waszemu rządowi, bliższemu naturze człowieka, jak też dużej odległości, która was dzieli od innych mocarstw. Nie przeszkadza to wszakże w założeniu w waszym kraju wielkiej szkoły cywilno-wojskowej pod nadzorem Kongresu. (...) Szkoła taka bezwzględnie jest potrzebna".

Już w 1828 roku — z inicjatywy Południowca — kadeta Roberta L. Lee (onże potem — generał i dowódca Armii Konfederatów!) sumptem uczniów postawiono pierwszy pomnik Kościuszki nad Hudsonem... Muzeum Polskie w Chicago przechowuje olbrzymią, entuzjastyczną orację na cześć naszego bohatera, jaką wygłosił Charles Petigru — Francuz! Wśród wychowanków uczelni są bohaterowie obu wojen światowych, m.in. Dwight Eisenhower, Ulysses S. Grant, John J. Pershing, George S. Patton...

Dziś w West Point studiuje 4400 studentów (w tym 10% dziewcząt, przyjmowanych od 1976 roku) — na kilkudziesięciu wydziałach wszystkich rozlicznych dyscyplin humanistycznych i ścisłych.

Inżyniera Kościuszkę uradowałaby różnorodność „Engineering Area", gdzie kształci się inżynierów na rozlicznych polach: „civil, electrical, mechanical, nuclear". Jest oczywiście wydział matematyki, w której tak był biegły, fizyki, chemii...

Wśród humaniorów kadeci mają do wyboru — filologię, nauki polityczne, ekonomię, geografię, prawo, literaturę, języki. Jest ich siedem, dwa do wyboru: arabski, chiński, francuski, niemiecki, portugalski, hiszpański, rosyjski.

Dwóch, upoconych z wysiłku kadetów, przysiadło właśnie po zawodach lekkoatletycznych pod pomnikiem George'a Washingtona,

Thayer Hall przypomina pułkownika Sylvanusa Thayera, zwanego „Ojcem Akademii". Przybył do West Point w roku 1817. Jego dziełem jest kodeks honorowy Korpusu Kadetów, a w nim punkt: „Kadet nigdy nie kłamie i nie toleruje nikogo, kto tak czyni".

Dodajmy anegdotycznie, że w kompanii cieśli budujących forty West Point pod komendą Kościuszki był Jedediah Thayer, może protoplasta „Ojca Akademii"?

Wśród sławnych absolwentów Akademii West Point znaleźli się generałowie wojny domowej, dowodzący wojskami i Północy, i Południa, bohaterowie obu wojen światowych. Ale postacią niezmiennie kadetom bliską jest George Washington, patron uczelni. Pod jego pomnikiem – Benjamin M. Greiner z Waszyngtonu – student medycyny i Steve Bowman – student historii z Saratogi. W ramach tego wydziału ma zajęcia z historii militarnej, dyplomacji, strategii wojennej. W skład programu wchodzą m.in. przede wszystkim historia USA od zarania dziejów po współczesność, historia świata, Europy (przede wszystkim Francji, Niemiec), Chin, Ameryki Łacińskiej, Środkowego Wschodu, Rosji i ZSRR, a także najważniejsze operacje wojenne USA, historia technologii wojennej, doświadczenia militarne wojsk USA w Korei i Wietnamie, alianci w II wojnie światowej, taktyka wojenna – od konia do helikoptera, historia różnych religii ...

– „Discipline, Responsibility, Loyality" to cechy z naszego kodeksu honorowego – mówi porucznik Stone, który uważa się już za weterana West Point. Ma 28 lat i córeczkę Jessicę, która uwielbia parady kadetów ...

patrona uczelni. Benjamin M. Greiner z Waszyngtonu i Steve Bowman z Saratogi... Benjamin studiuje medycynę, Steve — historię. Wśród licznych kursów ma np. historię sztuki militarnej, dyplomacji Europy, teorii wojny (od Machiavellego do Mao Tse-tunga), strategii, religii...

— Powtarzamy sobie chińskie przysłowie — „Im bardziej napocisz się podczas pokoju, tym mniej będziesz krwawił w czasie wojny!" — mówi Steve.

Wychodzą z szarości gmachów na paradę. Orkiestra tnie „Marsza West Point". Spiker prezentuje dowódców batalionów. Padają nazwy stanów, z których pochodzą. Texas, Georgia, Kalifornia, Maryland... Przy sprężystym blondynie pada nazwisko: „Michael Sufnarski".

Flirtation Walk — Drogą Flirtu, romantyczną i stromą schodzimy nad Hudson, do miejsca ocienionego, obrosłego paprocią i bluszczem, kwitnącego czerwienią azalii i kwiatkami zwanymi tu „serca krwawiące". „Kosciuszko's Garden". Ogród Kościuszki. Tablica nad źródełkiem powiada, iż ogród ten „został zbudowany w 1778 roku dla odpoczynku i rozmyślań przez znakomitego polskiego inżyniera militarnego, który wznosił forty w West Point, czyniąc z twierdzy Gibraltar Hudsonu". Ogród Kościuszki zrekonstruowano staraniem Polish-American Veterans of Massachusetts i członka The Kosciuszko Foundation, Franka N. Piaseckiego, by miejsce to „przypominało szlachetnego Polaka, który cenił piękno i pogodę nawet wśród okrucieństwa wojny".

Doktor James Thacher w swym „Military Journal" pod datą 28 lipca 1778 wspomina: „Miałem przyjemność być prezentowanym Panu Thaddeus Kosciuszko, dystyngowanemu dżentelmenowi z Polski... Jego niezwykły ogród leży w głębokiej dolince, a jest tam więcej skał niż ziemi. Byłem zachwycony maleńką fontanną wody spadającą kaskadami".

Słuchając jej szumu obok ogromnego kamienia (pono z Saratogi) z napisem „Kosciuszko's Garden, 1779" wspominamy piękną legendę.

Kiedy po straszliwej zimie nastała wiosna, zdumieni towarzysze broni zobaczyli, że Kościuszko po całym dniu morderczej pracy dźwiga olbrzymie kosze z ziemią, którą wysypuje na skały nad Hudsonem. I taszczy tę ziemię z uporem codziennie. Zapytany, co wyczynia, odpowiedział: — Ogród zakładam. Spojrzeli ze zdumieniem, bo czy cokolwiek

„Gdy przekraczasz progi Akademii, stajesz się cząstką tradycji starej, jak najstarszy militarny posterunek Ameryki".

z manifestu uczelni do kadetów

Ten kadet dowodził sprężyście defiladą. Nosi rdzennie amerykańskie nazwisko – Michael Sufnarski. Studiuje inżynierię. Powiedział: „Moi przodkowie pochodzą z tych samych stron co generał Kościuszko, o którym mówi się na wykładach, że był wzorem człowieka, Polaka oraz inżyniera!".

Dogwoods – derenie kwitnące na drodze do West Point w stanie New York, były wedle legendy potężnym drzewem, z którego oprawcy wznieśli krzyż dla Chrystusa. Kwitną także w Ogrodzie Kościuszki.

There is a spring, whose limpid waters hide
Somewhere within the shadows of the path
Called Kosciusko's......
Jest źródło, jego czyste wody
Kryją się gdzieś tu w cieniu dróżki,
Zwanej ścieżką Kościuszki.....
strofa poematu „Cadet grey" Francisa Bret Harte, którego akcja toczy się w West Point.

Tablica mówi, iż odtworzono ten ogród „by przypominał szlachetnego Polaka, który cenił piękno i pogodę nawet wśród okrucieństwa wojny".

Honorowym przewodniczącym obchodów odrodzenia i rekonstrukcji tego ogrodu był generał Charles G. Stevenson z West Point. Główne uroczystości odbyły się 15 sierpnia roku 1971 – w dniu Święta Wojska Polskiego, rocznicy „Cudu nad Wisłą" – zwycięstwa Polaków nad bolszewikami, jeszcze wtedy oczywiście w Polsce nie obchodzonego.

Stoi na wysokiej kolumnie, patrząc na Hudson, jakby wypatrywał wciąż jeszcze flotylli wroga. Pierwszy pomnik Kościuszki stanął tu już w roku 1825 sumptem studentów West Point, z inicjatywy wybitnego kadeta Roberta E. Lee, który w wojnie Północ – Południe będzie dowódcą armii Konfederatów.

Na tym postumencie Polacy postawili 1 września 1913 roku pomnik Naczelnika. Co roku w pierwszą sobotę maja spotykają się tu rodacy z inicjatywy Polish Club of Rockland County. W maju 1993 roku witał Polaków pułkownik Daniel N. Lityński, wykładowca techniki komputerowej, doskonale mówiąc po polsku, dziadowie rodem z Krakowa.

może zakwitnąć na skale? Wedle legendy, która może jest prawdą, Kościuszko miał im odpowiedzieć: — Kiedy porwaliście za broń broni nie mając, bez przygotowania, uniformów, armii, czyż to nie było jak marzenie o tym, żeby zakwitły skały? A przecież wojna trwa i głęboko wierzę, że zwyciężymy, tak jak zakwitnie ogród na skale.

I tak się stało. Ta bosa, niejednokrotnie obdarta i głodna armia pobiła mocarstwo. Ogród zakwitł na skale...

Tyle legenda. Praśna prawda powiada, że Tadeusz Kościuszko hodował w ogródku cebulę, by ratować głodujących, chorych na szkorbut swoich podkomendnych.

— U nas trwa przekonanie — mówi Michael — że trzeba zejść z dziewczyną Flirtation Walk do Ogrodu Kościuszki. I tam wyznać uczucia. Tylko wtedy okażą się trwałe!

Porucznik Michael Sufnarski jest z Vermont. W szmerze źródła Kościuszkowskiego Ogrodu mówił mi:

— Moi dziadowie pochodzą z Polski, a przodkowie mamy z Litwy — jak Tadeusz Kościuszko. Żyje tylko babcia po mieczu i ona mówi jeszcze po polsku. Zawsze mi powtarzała: „Michał, musisz być najlepszy!". I byłem. Zawsze pierwszy na liście mego wydziału inżynierii w West Point. Na wykładach określano Kościuszkę (Michał wymawia „Kostiusko") — jako „inżyniera, który swym mistrzostwem wygrał bez strzału wielką bitwę o najważniejszy posterunek w Ameryce".

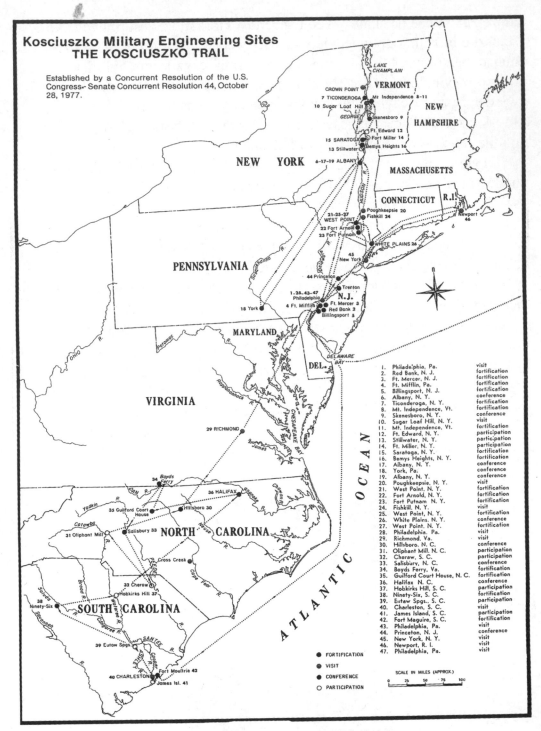

Kosciuszko Military Engineering Sites
THE KOSCIUSZKO TRAIL

Established by a Concurrent Resolution of the U.S. Congress- Senate Concurrent Resolution 44, October 28, 1977.

1.	Philadelphia, Pa.	visit
2.	Red Bank, N. J.	fortification
3.	Ft. Mercer, N. J.	fortification
4.	Ft. Mifflin, Pa.	fortification
5.	Billingsport, N. J.	fortification
6.	Albany, N. Y.	conference
7.	Ticonderoga, N. Y.	fortification
8.	Mt. Independence, Vt.	fortification
9.	Skenesboro, N. Y.	conference
10.	Sugar Loaf Hill, N. Y.	visit
11.	Mt. Independence, Vt.	fortification
12.	Ft. Edward, N. Y.	participation
13.	Stillwater, N. Y.	participation
14.	Ft. Miller, N. Y.	participation
15.	Saratoga, N. Y.	fortification
16.	Bemys Heights, N. Y.	fortification
17.	Albany, N. Y.	conference
18.	York, Pa.	conference
19.	Albany, N. Y.	conference
20.	Poughkeepsie, N. Y.	visit
21.	West Point, N. Y.	fortification
22.	Fort Arnold, N. Y.	fortification
23.	Fort Putnam, N. Y.	fortification
24.	Fishkill, N. Y.	visit
25.	West Point, N. Y.	fortification
26.	White Plains. N. Y.	conference
27.	West Point, N. Y.	fortification
28.	Philadelphia. Pa.	visit
29.	Richmond, Va.	visit
30.	Hillsboro. N. C.	conference
31.	Oliphant Mill, N. C.	participation
32.	Cheraw, S. C.	participation
33.	Salisbury, N. C.	conference
34.	Boyds Ferry, Va.	fortification
35.	Guilford Court House, N. C.	fortification
36.	Halifax N. C.	conference
37.	Hobkirks Hill, S. C.	participation
38.	Ninety-Six, S. C.	fortification
39.	Eutaw Spgs., S. C.	participation
40.	Charleston, S. C.	visit
41.	James Island, S. C.	participation
42.	Fort Maguire, S. C.	fortification
43.	Philadelphia, Pa.	visit
44.	Princeton, N. J.	conference
45.	New York, N. Y.	visit
46.	Newport, R. I.	visit
47.	Philadelphia, Pa.	visit

● FORTIFICATION
● VISIT
● CONFERENCE
○ PARTICIPATION

SCALE IN MILES (APPROX.)
0   25   50   75   100

Mapa sporządzona na zlecenie Kongresu USA w październiku 1977, ukazuje ogrom przestrzeni, na którym toczyły się działania Tadeusza Kościuszki – od granicy kanadyjskiej po Ocean Atlantycki.

Należy sobie uświadomić, że całą tę drogę nasz inżynier-pułkownik przebywał konno, łodzią, a nawet piechotą!

Historic Romantic and Gracious ATLANTA

Scarlett

powraca

do Tary

„Spalili cię i zrównali z ziemią. Ale nie mogli cię pokonać. Odbudujesz się tak samo wielka i piękna jak dawniej".

Scarlett O'Hara do Atlanty w 1865 roku

„Mam kłopot z „Przeminęło z wiatrem", z tym władcą nieprzeliczonych dusz ludzkich, filmem, który mimo negatywnych stron darzę bezwzględną miłością /.../ ta największa i najwybitniejsza prezentacja wojny secesyjnej podnosi i uprawomocnia jej wątpliwy wymiar moralny.

John Jakes w trylogii – „Północ-Południe", 1981

„Pisałem powieść o Południu, ale pewnego dnia uświadomiłem sobie, że w gruncie rzeczy piszę o ludziach /.../

Tutaj, na Południu, jak na całym świecie, odwiecznym motywem jest ból zadany ludzkiemu sercu, gdy przestarzały model życia przestaje służyć wspólnemu dobru i podejmuje ostatnią, rozpaczliwą próbę obrony..."

Erskine Caldwell, „Dom na wzgórzu", 1946

„Dla Południa Stanów Zjednoczonych lata wojny secesyjnej są tym, czym dla reszty świata rok narodzenia Chrystusa – wszystko liczy się względem tej daty".

Mark Twain, 1882

„Wydarzenia wojny secesyjnej nadal silnie działają na wyobraźnię amerykańską, są tematem poczytnych powieści, popularnych filmów i programów telewizyjnych, podczas gdy wojna o niepodległość żyje jako rozdział w podręcznikach szkolnych i jako oficjalne święto, Dzień Niepodległości, obchody 4 lipca".

Bernard A. Weisberger, historyk amerykański, 199.

„Pieśń o Georgii"

Z miasta Kosciusko wyjeżdżamy drogą leśną.

Najpiękniejsze są te boczne trakty Południa. Zielono, zielono... Kościółki przysadziste ze strzelistymi wieżyczkami. Białe domki z ganeczkami, przypominającymi nasze umarłe dwory. Fotele bujające się leniwie na przyzbach. Wysokie, kłosiste trawy. Purpurowe kardynały zrywają się spod kół żwawo toczącego się „Tadka". Przemyka napis. Żadna idiotyczna reklama. Życzenie dobrej drogi. „Good hope!".

— Wiecie co, dzieciaki — mówię do mego sztabu — tu jest zupełnie tak, jak to opisywali polscy podróżnicy przed pierwszą wojną światową. Jak truchlałam na myśl o takiej Ameryce, jaką nas karmi nasza TV, to na pocieszenie moi przyjaciele z Biblioteki zakopiańskiej wyszukali mi książeczkę pana Konstantego Buszczyńskiego *Wrażenia z Ameryki*... „Bezpieczeństwo jest absolutne i broń zbyteczna" — pisze o drogach.

— Ha! Ha! Ha! — mówi Iwonka, a każde „ha" ciemnieje szyderstwem. I czyta:

— Przewodnik dla podróżujących po USA, informacje podstawowe: „Przestępczość na drogach: (...) stały się głośne napady na zagranicznych turystów (...), nie wolno nigdy zatrzymywać się w miejscach nieoświetlonych i odludnych. Drzwi powinny być zawsze zablokowane od środka, a szyby najwyżej tylko nieco uchylone. Nie otwierać ich, jeśli ktoś zbliży się do samochodu pod pozorem pytania o drogę". Zamiast tego Buszczyńskiego lepiej było jednak poczytać Steinbecka, który się wybierał dookoła Ameryki: „Miałem obawy przed tą podróżą. Mogłem ulec napadowi, ograbieniu. Jest powszechnie wiadomo, że nasze drogi nie są bezpieczne. Muszę się przyznać, że... I had qualms..." Jak to powiedzieć po polsku?

— Miałem stracha, czyli pietra — objaśnia Maciek.

— Jak to „Pietra"? Czy to od Piotra? — docieka Iwonka patrząc na mnie pytająco.

O hańbo! O wstydzie! „Ekspert" polszczyzny i „Złotousty Chryzostom" nie wie, od czego wiedzie się porzekadło o pietrze...

— W każdym razie my pietra mieć nie musimy. Patron Ameryki czuwa! — Maciek pokazuje wielką podobiznę świętego Krzysztofa dźwigającego Dzieciątko, strzegącego drogi... — A teraz wam pokażę, jak czuwa!

Zatacza błyskawiczne koło „Tadkiem" na pustej drodze i z gwizdem przyspieszenia przekraczając 120 km/godz. podjeżdża do świętego. Błyska czerwone światło i słyszymy mocny głos: — Uwaga! Już jedziesz bez mojej opieki!

Spowolniwszy, by jej nie stracić, mijamy granicę stanu Alabama, który powziął imię od tak dobrze nam poznanych z historii Attala County Indian Choctaw. W ich języku Alabama znaczy „zbieracze roślin", „trzebiący gąszcze"... Dewizą stanu jest — Audemus jura nostra defendere — Śmiało bronimy swych praw! Przydomki — Stan Bawełny, Serce Dixi...

„Dixi"... Galop, który tańczyła Scarlett O'Hara z Rettem w Atlancie już podczas wojny domowej. Buntownicza melodia zbuntowanego Południa.

To w stolicy stanu Alabama — Montgomery — na początku lutego 1860 roku siedem stanów Południa wystąpiło z Unii Stanów Zjednoczonych, tworząc Confederated States of America — Skonfederowane Stany Ameryki, zwane też Southern Confederacy — Konfederacją Południa... Karolina Południowa, Mississippi, Floryda, Alabama, Georgia, Louizjana, Texas... Potem dołączy do nich — Arkansas, Tennessee, rozdarta sędziwa Virginia (część stanu opowiedziała się za pozostaniem w Unii) i na końcu — w maju 1861 — Karolina Północna.

Stanem inicjującym secesję była jej siostrzyca — Karolina Południowa, która już 22 grudnia 1860 wystąpiła z Unii jako „niepodległe i odrębne państwo", gdy prezydentem USA został Abraham Lincoln — wybrany 6 listopada 1860, „którego opinie i cele są wrogie niewolnictwu", jak stwierdziła deklaracja secesji.

W nowej konstytucji, uchwalonej przez Konfederację — zbuntowane stany odwoływały się do pierwszego aktu konstytucyjnego nowonarodzonego państwa — zwanego „artykułami konfederacji i wiecznej unii", który wszedł w życie 1 marca 1781 roku i mówił, iż: „każdy stan zachowuje swoją suwerenność, wolność i niepodległość oraz wszelką władzę, sądownictwo i prawa". Wśród Konfederacji Poludnia znajdowały się cztery stany założycielskie, które ongi w płomieniach walki o niepodległość i jedność sygnowały ten akt: Georgia, obie Karoliny, Virginia.

Ratyfikowały one jednakże w latach 1788–1789 tekst nowej konstytucji, z której zniknęła konstatacja o „suwerenności" poszczególnych stanów na rzecz zjednoczenia i władzy centralnej. Był tam także punkt, iż stany nie mają prawa tworzyć konfederacji, ani też utrzymywać własnego wojska...

Oba te punkty zostały przez zbuntowane stany złamane. W Konstytucji Federacji podkreślono powrót do suwerenności stanów i prawo posiadania niewolników.

Lincoln powiedział Południowcom: — W waszych rękach nie moich jest sprawa wojny domowej... Nie składaliście przysięgi, że chcecie zniszczyć Unię, ja przysięgałem, że będę jej bronić!

12 kwietnia 1861 o 4.30 baterie Południa ostrzelały Fort Sumter w Charlestonie — noszący imię jednego z generałów wojny o niepodległość, Thomasa Sumtera — twierdzę jankeskich wojsk. Wybuchła wojna domowa, zwana Secesyjną. Północ — Południe.

Jedziemy sobie przez piaseczki i jałowce Alabamy. „The Kosciuszko Trial" — mapa przygotowana na zlecenie Kongresu w październiku 1977 w 160-tą rocznicę odejścia Naczelnika ukazuje trasę — prostą jak strzała, którą miał dążyć z Richmond do armii Gatesa w Północnej Karolinie. Dotrzemy tam przez Georgię. Darowałam mojemu sztabowi Graceland Presleya, sztab musiał zaakceptować krainę Scarlett O'Hara...

Nocujemy niestety nie w jakimś małym, leśnym zakątku Alabamy, lecz w mieście Birmingham. Pokój hotelowy śmierdzi tak ohydnie jakimiś narkotykami, że brzydzimy się z Iwonką kłaść do łóżek. Iwonka mruczy kwaśno przysłowie: „Bóg uśmiechnął się do mnie — zobaczyłem Alabamę". Skoro świt uciekamy stąd bez śniadania — byle szybciej znaleźć się już w Brzoskwiniowym Stanie Georgii...

Oddychamy znów leśnym, ziołowym powietrzem. Po raz pierwszy widzimy ziemię o kolorze kardynałów — ceglasto-purpurową. Przydrożne kioski zasypane złocistą różowością brzoskwiń.

Zatrzymujemy się, spragnieni i głodni. Stary Murzyn podaje nam koszyczki. Jako brat-łata wdaję się z nim od razu w gawędę. Nie bar-

Brzoskwiniowy Stan – Georgia. Moses w przydrożnym kiosku zasypuje nas brzoskwiniami – w darze, jako rodaków generała „Pulaski".

Iwonka spogląda z dystansem na moją brzoskwiniową zachłanność!

Pieśń o Georgii śpiewała nam Maggie Yanko Mae, która przedstawiła się: – I am Yanko Muzikant! I chciała nas zabrać do swego domu w górach na całe wakacje...

dzo rozumiem jego dialekt, ale Iwonka lotnie odpowiada: „from Poland". — Poland! Pulaski! — słyszymy okrzyk.

No! Pierwszy raz pan Kazimierz zakasował nam pamięć Naczelnika. Murzyn — Moses (czyli Mojżesz!) Kem jest z Savannah. Oczywiście tam jedziemy, nad Atlantyk, zobaczyć Fort Pulaski?

Wstyd łgać, odpowiadamy wykrętnie, że najpierwej do Atlanty.

Moses coś szeleści szybko i cicho. Zrozumiałam tylko — Martin Luther King. Iwonka objaśnia: — On mówi, że pielgrzymujemy do grobu pastora Kinga...

— A my w ogóle zapomnieliśmy, że jest w Atlancie pochowany! — mruczy Maciek.

Moses upycha piramidę brzoskwiń w koszyku i stanowczo odsuwa rękę Maćka z zielonym banknotem. — You are my guests on Peaches Trail, You are from Pulaski's country. You are my friend...

Z sokiem ściekającym słodyczą na brody i w serca parkujemy „Tadka" przed przydrożną restauracyjką o wdzięcznym mianie „Rose Cherokee" — czyli „Róża Czirokezów". To był kiedyś kwiat Indian, dziś — stanowy kwiat Georgii...

Zajadamy się pysznościami Południa. Placki jęczmienne, chrupiące, kasza kukurydziana — niezrównana, syneczka jak na Podlasiu, konfitury jak u Babuni w Suchej...

Nagle podchodzi do nas pyzata, uśmiechnięta jejmość z dołeczkami...

— Are you talking Polish? — Czy wy mówicie po polsku?

Na zdumione przytaknięcia zalewa nas potok czułości: — Jeziś Maria! I am Yanko Muzikant! Kocham was! God bless you...

Maggie Yanko Mae ze Springvill. Dziad Grek, ojciec Bułgar, matka i babcia — Polki! Ma dom w górach Apallachach. Zaprasza nas zaraz — możemy zostać całe wakacje. Zobaczymy jej świętą pamiątkę „Black Madonna" — obrazek z „Jasna Gora", będzie nam gotować „kielbasa, kapusta"... — Zobaczycie, że jeszcze można żyć spokojnie i niespiesznie... Posłuchacie szeptu przeszłości... Posmakujecie czaru Classic Old South — wabi. Jest niepocieszona odmową. Co może dla nas zrobić? Powiedzieć swój wiersz o różach i plemieniu Cherokee, które miało w swej konstytucji zapis, że jeśli ktoś dał ślub Indiance z niewolnikiem murzyńskim — musi zapłacić karę, a Indianin, który poślubi murzyńską niewolnicę zostanie ukarany chłostą

293

50 batów, Indianka poślubiająca niewolnika też... A było takich dwoje, co się pokochali... Ona była piękna jak róża, róża Cherokee...
I woleli zginąć niż dać się ubiczować... A może zaśpiewać?

Georgia, Georgia the whole day through
Just an old sweet keeps Georgia on my mind
Georgia, Georgia, a song of you
Comes as sweet and clear as moonlight through the pines...

Macha nam długo, aż „Tadek" znika za zakrętem. A cała załoga
śpiewa — fałszywie, ale z sercem, melodyjną pieśń o Georgii, „słod-
ką i jasną jak księżyc wśród sosen"...

„Kolega mój, Sherman"

Panienka w Visitors Centre pod Atlantą jest zaskoczona pytaniem
o miejsca związane z *Gone with the wind* i Margaret Mitchell.
— Jedźcie do Atlanta Historical Society przy Andrews Dr., tam
jest wystawa...
Święty Krzysztof został na autostradzie. Za nic nie możemy trafić. Ale dzięki temu błąkaniu oglądamy starą Atlantę — przepiękne
rezydencje z białymi kolumienkami tonące w kiściach vistarii.
— Jak to się stało, że Amerykanie, którzy z suchej wierzby dola-
ra wycisną, nie zrobili jakiejś zrekonstruowanej Tary, tak jak Kana-
dyjczycy domek Ani z Zielonego Wzgórza? — zastanawia się Ma-
ciek, wirując uliczkami Atlanty.
Wreszcie jakiś życzliwy Murzyn pilotuje nas cierpliwie na
Andrews Drive, do wiktoriańskiego pałacyku o białych kolumnach.
Orzeł w płomieniach i dewiza Empire State of the South — Georgia:
„Wisdom, Justice, Moderation" — Mądrość, Sprawiedliwość, Umiar
— otwierają wystawę: „Gone with the wind. The facts about the
fiction".
Zdjęcia dowódców Południa, absolwentów West Point. Prezydent
Jefferson Davies, Thomas Jackson o przydomku Stonewall — „Ka-

mienna ściana", Robert Edward Lee — któremu Lincoln ofiarowywał dowództwo Armii Unii... Setki sepiowych dagerotypów żołnierzy konfederacji. W przedziwny sposób przypominają fotografie żołnierzy naszego Powstania Styczniowego. To przecież dokładnie te same lata licząc od manifestacji przed-powstańczych... 1861–1865... U nas nikt nie napisał *Przeminęło z wiatrem*. Tylko stronice powstańcze Żeromskiego mogliśmy brać w dłonie niczym „czarny, żałobny żupan aksamitny". Kiedy Jerzy Antczak kręcił sekwencję bitwy powstańczej w *Nocach i dniach*, jeszcze w roku 1974 kazano mu wyciąć wszystkie ujęcia na których byli żołnierze wojsk rosyjskich. A film *Wierna rzeka* — adaptacja powstańczej powieści Żeromskiego — leżał latami na półkach nim dopuszczono go na ekrany...

Pod zdjęciami konfederatów — w pełnej gali szarych mundurów — dwa skontrastowane podpisy — cytaty z książki Williama Faulknera poświęconej Południu o wymownym tytule *Niepokonane*:

I. „...zobaczyliśmy ojca. Siedzi oto na Jupiterze, jest w szamerowanej, szarej, oficerskiej kurtce i obnaża przed naszym frontem szablę (...), włosy się ojcu rozwiewają spod kapelusza z odwiniętym w górę szerokim rondem, szabla płonie i błyska, ojciec krzyczy: «Kłusa! Kłusa! Do ataku!». I mogliśmy iść za nim (...) unoszącym się w strzemionach ponad oddalającą się błyskawicą, pod łukiem roziskrzonej szabli"...

II. „Patrzyliśmy na nich obu: wielkiego wychudzonego konia, maści prawie dymnej, jaśniejszej od błota, które przylgnęło (...) i na ojca w butach czarnych, oblepionych błotem, w szarym, spłowiałym płaszczu (...) matowo połyskiwały wytarte guziki i wystrzępione naszywki wyższego oficera, na ojca, któremu szabla zwisała u boku"...

Laureat Nagrody Nobla, największy z wielkiej amerykańskiej czwórki (Hemingway, Caldwell, Steinbeck) — kreator sagi Południa — takie wrażenie wywarł na Janie Lechoniu: „Widziałem dziś na ulicy Faulknera. Wygląda jak szlagon polski. Bywali tacy mali, chudzi a nobliwi. Miał na sobie jakieś zupełnie nie nowojorskie paletko i brązowy kapelusz pilśniowy włożony na bakier. Uważam, że są u Faulknera atmosfery, postacie, pojęcia ze świata Żeromskiego. Otóż, Faulkner wygląda też jak ktoś z *Wiernej rzeki* — ktoś bliższy Trauguta niż Nowego Yorku"... Ponieważ nawet nasza świetna komputerzystka

Małgosia Radecka przepisująca moje bazgroły z szybkością błyskawicy nie wiedziała co oznacza słowo „szlagon" (o melancholio obumierania języka!) objaśniam że jest to określenie sarmackiego szlachcica i powracam do Atlanty...

Sterczące czarne kominy zabitych plantacji z urwanymi kolumnami, zdjęcia chłopców (to była wojna młodych!), którzy zwyciężywszy pod Bull Run, padli pod Vickburgiem, Gettysburgiem, mają klimat z obrazów Szermentowskiego, Juliusza Kossaka, Grottgera...

Bojowy wóz generała Williama Shermana (o drugim imieniu wziętym od znanego nam wodza Indian — Tecumseh), pogromcy Atlanty i Georgii (którą obrócił w pustynię wypaloną niszcząc pola i domy, ogrody, tnąc druty telegraficzne, rwąc tory) — sąsiaduje na wystawie ze zwiewnymi sukniami Scarlett, przypominającymi czas beztroskich tańców w Dwunastu Dębach. Leniwego piękna minionych dni...

W gablotce leży papierowy pieniądz Konfederacji, którym Mammy chciała wytapetować stryszek. I fragment wiersza: „Nie ma wartości na ziemi / ani w krainie podziemnej / Lecz przypomina Naród co minął / Przeto jest drogi i cenny".

W Armii Unii liczącej 1 milion 800 tysięcy żołnierzy walczyło 4 tysiące Polaków. Na ścianie kościółka w Rożnowie pod Poznaniem jest tablica ku czci urodzonego tu w roku 1824 generała Włodzimierza Krzyżanowskiego, bratanka Justyny Chopinowej, matki Fryderyka. Dowodził on w wojskach Unii pułkiem, zwanym „Polish Legion", składającym się przeważnie z... Niemców. W bitwie pod Gettysburgiem bronił ważnej placówki — Wzgórza Cmentarnego — i ma tam tablicę ku swej czci...

Kiedy prezydent Lincoln wystąpił o nominację Krzyżanowskiego na generała brygady, senat odmówił, bo podobno żaden z senatorów nie umiał wymówić tego nazwiska...

Pozostawił interesujące *Wspomnienia podczas wojny domowej 1861–1865*, które warszawskie pismo „Kłosy" drukowało już w 1883 roku... „Pierwsze strzały pod fortecą Sumter były hasłem do walki bratobójczej, jednej z najkrwawszych w historii narodów. Odgłos ich, rozebrzmiawszy potężnym echem po obszarach Stanów Zjednoczonych, rozległszy się wzdłuż miast, gór i bujnych prerii, wzbudził w piersi każdego mieszkańca poczucie wolności i swobody, świado-

mość pogwałcenia praw najświętszych, za które ojcowie ich życie nie-
śli w ofierze" — pisze z żarem. — „Czyż po to nieszczęśliwi ci porzucili starą, pełną przesądów Europę, po to szukali tutaj urzeczywist-
nienia idei swych, aby szlachetne i podniosłe ich cele obalone zostały
przez samolubnych i dumnych oligarchów Południa? Mieliż ci królo-
wie bawełny, wzbogaceni handlem i krzywdą nieszczęśliwych, zapro-
wadzić wszędzie niewolę, obalając ustawy, którymi chlubiły się Stany
Zjednoczone, budząc podziw świata całego?

Nie, i stokroć nie"...

Pod dowództwem Shermana stanął Włodzimierz Krzyżanowski
na przedpolach Atlanty. „Chcąc koniecznie zdobyć Atlantę, koncen-
trującą w sobie całą sieć kolei żelaznych, i założyć w niej podstawę
dalszych swych działań, Sherman wydał rozkaz, aby z miasta wydalić
dzieci, kobiety, chorych i starców. Rozkaz ten oburzył generała Połu-
dniowców, Hooda, (...) który wystosował do Shermana list, upomina-
jąc go w imię Boga, aby bezbronnych istot nie pozbawiał dachu
i schronienia. Kolega mój Sherman (...) wystosował taką odpowiedź
(...): Generale, pozwalam sobie w imię prostego rozsądku prosić cię,
abyś nie bluźnił i nie wzywał sprawiedliwości Bożej w podobny sposób. Wy, którzy wpośród pokoju, powodzenia kraju i widocznego
błogosławieństwa niebios wtrąciliście naród w morderczą wojnę domową, (...) prawicie nam naukę o moralności (...) Jestem jednak gotów uczynić w tej chwili jeszcze tyle poświęceń dla Południa, ile każdy z tych, co się patriotycznymi jego synami mienią. (...) Bóg mnie
będzie sądził"... „Poświęcenia" gen. Shermana dla Południa są nam
znane, sąd Boży — niestety nie.

O swoich towarzyszach broni Krzyżanowski napisał: „Amerykanie nie są z natury wojowniczym narodem. Gdy ich do tego konieczność zmusi, powstają, by jak lwy walczyć. Wyzwani do boju, stają się
bohaterami w obronie drogiej im idei lub zagrożonej całości państwa.
Ale to ostateczność; poza tym w życiu ich dwa tylko istnieją cele: home i business — ognisko domowe i zawód, czyli «interes». To naj-
droższe zadania w egzystencji jankesa, nigdy też, nie będzie on się
garnąć do szabli lub tęsknić za polem bitwy"... On sam zatęsknił też
nie za polem bitwy: „dziś stoję w obcym kraju i pomiędzy obcymi
(...) w ojczyźnie dla mnie milszy byłby dzisiaj najskromniejszy domek (...) jak najwspanialsze pałace tutaj".

W Armii Południa liczącej 800 tysięcy żołnierzy było tysiąc Polaków. Ich nazwisk nie znamy.

Nie podaje się też nazwisk malarzy polskich, którzy pracowali przy cycloramie ilustrującej bitwę o Atlantę 22 lipca i zagładę miasta w płomieniach straszliwej nocy 15 listopada 1864.

Opowiadała o tym swej maleńkiej wnuczce dzielna Annie Fitzgerald Stephens, która nie opuściła miasta. Zabierała wnuczkę do niedalekiego od Atlanty hrabstwa Clayton, gdzie pod Jonesboro była plantacja jej ojca — twardego Irlandczyka. Od wojny minęło czterdzieści lat, ale nadal w chaszczach trwały kikuty nie zamieszkałych plantacji. — Patrz — mówiła Annie — tu kiedyś mieszkali ludzie wspaniali i zamożni... Przeminęli z wiatrem, który hulał po Georgii...

Mała dziewczynka, ściskając kurczowo dłoń babki i matki o melodyjnym imieniu Maybelle, stała na Peachtree Street — ulicy Brzoskwiniowej — i patrzyła na dziwną defiladę. W ciszy szli żołnierze Konfederacji pod purpurowymi sztandarami usianymi białymi gwiazdami.

Dziecko znało nazwy ich bitew i piosenki, nucone jej zamiast kołysanek. Znało historię swego dziada ojczystego, który po bitwie pod Sharpsburgiem, ciężko ranny, przeszedł siedemdziesiąt kilometrów... I ocalał...

Ulubionym zajęciem dziewczynki były konne eskapady z wiarusami Konfederacji całującymi z galanterią jej umorusane rączki i wiodącymi wrzaskliwie nie kończące się wspomnienia... — Trzeba by mieć płuca jak byk, żeby ich przekrzyczeć — powie z uśmiechem po latach.

Mała amazonka nazywała się Margaret Mitchell.

W Atlanta Historical Society pokazano nam film z premiery *Przeminęło z wiatrem*... Maleńka, gładko uczesana kobietka, z typowym zaśpiewem Południa mówiła drżącym głosem do szalejącej widowni: — Cieszę się, że podoba się wam moja Scarlett...

CHAPTER ONE

~ The ~ LEGEND

Margaret Mitchell (ur. 8 listopada 1900 w Atlancie – umarła po wypadku samochodowym na ulicy Brzoskwiniowej, spowodowanym przez pijanego kierowcę – 16 sierpnia 1949). Autorka światowej sławy bestselleru „Przeminęło z wiatrem", nad którym pracowała dziesięć lat i nie chciała tej książki wydać ze względu na wiele osobistych wątków. Postać Scarlett łączy przeżycia i cechy żywiołowego charakteru macierzystej babki autorki – Annie i samej Margaret. Romantyczny Ashley Wilkes jest wzorowany na postaci narzeczonego Margaret – porucznika-marzyciela, który poległ w pierwszej wojnie światowej; Rhett Butler (w tłumaczeniu polskim – Rett) ma cechy pierwszego męża Margaret, uwodzicielskiego, ale brutalnego Berriera, zwanego „Red".

„Nigdy nie rozumiała tych dwóch mężczyzn, których kochała, i dlatego straciła ich obu" – mówi Margaret o Scarlett. A może o sobie.

Szlak Kwitnącej Brzoskwini

Panorama zdjęć na wystawie powiodła nas drogą jej życia, „drogą do Tary"...

Szokująca, żywiołowa siedemnastolatka wirująca w ramionach romantycznego porucznika Clifforda Henry'ego, z którym była potajemnie zaręczona i zakochana w jego smutku, delikatności i... mundurze. Chociaż był Jankesem z Nowego Yorku! A ona na propozycję zamieszkania na Północy odpowiadała: — To barbarzyński kraj. Nie chciałabym tu mieszkać, nawet gdyby oświadczył mi się sam Rockefeller! Ludzie są chłodni i liczą się oraz liczą tylko pieniądze, pieniądze, pieniądze... Chcę znów być tam, gdzie liczy się człowiek, a nie jego miliony....

Uczennica collegu, która — jak wspomną koleżanki — uczyła się źle, zamiast o idolach kina mówiła z błyskiem szafirowych oczu — o generale Robercie Lee i dostawała dziesiątki listów od romantycznego narzeczonego, walczącego gdzieś we Francji...

Załamana śmiercią matki, utratą równowagi ojca, śmiercią narzeczonego, pochylona nad kartką papieru, na którą patrzy jak na wroga.

Piękność szalonych lat dwudziestych pędząca samochodem u boku owianego aurą skandalu znanego uwodziciela — sportowca — Berriena Upshawa, zwanego od koloru rdzawej czupryny krótko — Red.

Kostiumowy bal. Ona w sukience dziewczątka sprzed wojny secesyjnej... On w stroju pirata.

Ich ślub. Malutka Peggy (tak ją przezywano) licząca 1 m 50 cm w sukience ledwo do kolan, obszytej perłami, z wiązanką róż i konwalii i potężny Red, mierzący 1 m 85 cm wzrostu, z białą różą w butonierce, uśmiechnięty i pewny siebie.

Samotna rozwódka — dziennikarka „Atlanta Journal", która słynęła z werwy, pomysłowości i tego, że wszystkie artykuły zaczynała pisać od końca.

Znowu żona — łagodnego drużby i przyjaciela brutalnego Reda, Johna Marsha, który okaże się największym sojusznikiem jej pracy nad książką.

Pisarka, której jedyna powieść *Gone with the wind* pisana z przerwami dziesięć lat, wydrukowana w 1936 roku, stała się bestsellerem światowym i przytłoczyła kruchą postać Peggy brzemieniem sławy.

„Jestem poza domem i poza Atlantą. Uciekam. Scarlett O'Hara nigdy nie walczyła ciężej o wydostanie się z Atlanty i nie cierpiała gorzej w czasie oblężenia miasta niż ja od momentu ukazania się książki. Gdybym wiedziała jak to wygląda, kiedy się jest autorem, chyba bym się zawahała oddając mój wyświechtany maszynopis. Podskakuję ze strachu na dźwięk telefonu i uciekam jak królik na widok znajomej twarzy na ulicy… Zupełnie obcy ludzie łapią mnie za guzik i zadają najbardziej zadziwiające pytania, a fotografowie wyłażą z każdej dziury".

Uciekła do domu. Do Tary, która istniała tylko w jej wyobraźni.

W Clayton County na polu bawełny, tej „Królowej Południa", odpornej i pospolitej — wdała się w dyskurs z farmerem. Zapytał ją, jak to jest być pisarzem.

— Och, ciężko się pracuje, poci i śmierdzi — odrzekła.

— To tak, jak przy trzęsieniu gnoju! — zakrzyknął.

Do Atlanty przyjechała z Hollywood Kay Brown, wysłanniczka wytwórni Davida O. Selznicka, której podsunęła pomysł realizacji *Gone with the wind*. Szukała Scarlett.

„Siedzimy w Atlancie zabarykadowani w swych pokojach — donosiła. — Dzwonek urywa się u drzwi. Są to przeważnie krzepkie matrony, które winny tkwić w domach, bogate debiutantki, które chcą płacić za rolę Scarlett i wszystkie «mammys» (mamuśki) z Południa, chcące zagrać Mammy. Czuję się jak Mojżesz na pustyni… Potrzebuję drinka, a Georgia jest bardzo suchym stanem"…

O rolę walczyły największe gwiazdy. Katherine Hepburn, Bette Davies, Paulette Godard… Retta miał grać Gary Cooper — symbol Ameryki.

Znudzona tysiącem telefonów w tej sprawie Peggy sarknęła:
— A niech go zagra sam Kaczor Donald!

W styczniu roku 1939 Margaret Mitchell dostała list od swojej przyjaciółki z Hoolywood: „Widziałam dziewczynę, która ma grać Scarlett… Jest czarująca, bardzo piękna, o czarnych włosach i cerze koloru kwiatu magnolii. Próby na planie bardzo mnie poruszyły"… Patrząc w Atlanta Historical Society na Vivien Leigh idącą z Olivie-

Vivien Leigh – najwspanialsza Scarlett jaką można było wymarzyć, budziła ogromne wątpliwości, bo przecież była Angielką... W kilka tygodni opanowała charakterystyczny miękki akcent Południa. Leslie Howard – księżycowy i marzycielski Ashley, nie miał tych problemów. Na zdjęciu – oboje aktorzy z drugim reżyserem filmu, którym został po konfliktach George'a Cukora z producentem Victor Fleming.
Leslie Howard zginął nad Gibraltarem podczas II wojny światowej w maju 1943 w samolocie zestrzelonym przez Niemców. Pierwowzór Ashleya poległ w I wojnie.

Jedno z najzabawniejszych zdjęć zrobionych podczas realizacji dramatycznej sceny porodu Melanii. Margaret Mitchell twierdziła, że Olivia de Havilland – słodka Mela – ma tu taką samą minę jak autorka, kiedy musiała przeczytać swoją książkę.

Dodajmy anegdotę, że niemowlak, który zagrał małego Wilkesa, wyrósł na producenta w Hollywood i jednego z licznych mężów sex-bomby Raquel Welch.

rem pośród wiwatujących tłumów w Atlancie, uśmiechniętą, promienną, szczęśliwą — myślałam o tym dniu czerwcowym roku 1957, kiedy w ogródku Dziennikarzy na Foksal razem z ukochaną przyjaciółką, Wiesią Czapińską-Kalenikową, siedziałyśmy w gronie szczęśliwców zaproszonych na konferencję prasową z Old Vic Theatre. Vivien, wiotka jak gałązka wierzbiny, w ogromnym kapeluszu, ocieniającym jej szmaragdowe oczy, patrzyła z czułością na męża. Laurence Olivier powiedział: — Mam trzy wielkie miłości. Film. Teatr. I ŻONĘ!

Wkrótce potem był już z kim innym. Vivien, zniszczona narkotykami, umierała...

W Atlancie stanęła przed nami znowu prześliczna i młoda!... Tak jak miasto Scarlett. Dla mnie — najpiękniejsze z widzianych w Stanach, wesołe, jasne i właśnie młodzieńcze!

Założone w 1837 roku miasteczko o nazwie Terminus miało dwudziestu jeden mieszkańców. Egzystowało dzięki stacji kolejowej, na której ładowano owoce Południa. W dziesięć lat potem nazwano je Atlantą — panią Atlantyku. Dziś stolica Georgii i igrzysk olimpijskich z 1996 roku, ma dwa i pół miliona mieszkańców, imponująco wytworną dzielnicę zamieszkałą przez Murzynów i przejmujący swą prostotą Martin Luther King Historic District, gdzie można zwiedzić skromny dom, w którym przyszedł na świat, pomodlić się w kościółku, gdzie pracował u boku ojca-duchownego jako pastor i zapalić światełko na sarkofagu z napisem: „Rev. Martin Luther King jr. 1929–1968, Free at last". Nareszcie wolny.

Ma Atlanta wyszukaną architekturę wieżowców bez ich zwalistej brzydoty i ostatnich Mohikanów Śródmieścia — stare domy skazane niestety na zagładę, z tabliczkami wołającymi „Help me!".

Jedziemy aleją Brzoskwiniową szukając domostwa Margaret Mitchell na rogu Crescent Avenue. To jego ostatnie dwa tygodnie życia. Odpada zielony dach, zwisa obdarte dzikie wino, kołyszą urwane galeryjki. W oknie wybitym siedzi samotny gołąb. Ten dom był świadkiem, jak w 1925 roku wzięła pióro, by napisać te zdania, zaczynając jak zawsze od końca: „Pomyślała o Tarze i wydało jej się, jak gdyby chłodna, łagodna dłoń spoczęła na jej sercu. Widziała biały dom, witający ją z daleka przez gąszcz poczerwieniałych jesiennych liści, poczuła ciszę wiejskiego zmierzchu, ogarniającą ją jak błogosła-

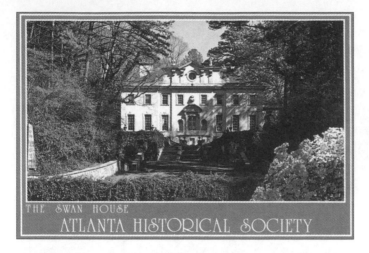

Urok Starej Atlanty – piękna rezydencja Atlanta Historical Society zwana „Domem Łabędzia". Tu znajduje się wystawa poświęcona „Przeminęło z wiatrem" i wojnie domowej, której pamięć ciągle boleśnie trwa w sercach Południa.

Nowa Atlanta – stolica cocacoli. Wieżowce setek firm z całego świata.

„Gone with the wind"... Przeminął z wiatrem historii dom Margaret Mitchell na Peachtree Rd. – ulicy Brzoskwiniowej w Atlancie. To zdjęcie wykonałam na dwa tygodnie przed jego ruiną.

Pozostała tylko symboliczna Tara w wyobraźni milionów wiernych czytelników, do której Scarlett zawsze powraca. Home, sweet home...

wieństwo, poczuła rosę opadającą na pola zielonych, usianych białymi gwiazdkami krzaczków, widziała ostrą barwę czerwonej ziemi i ciemną, ponurą piękność sosen na łagodnych pagórkach"...

Za domem Margaret wznosi się masyw ze szkła i stali. — Budują te nowe paskudztwa, a nie mają pieniędzy, żeby ocalić stare piękności! — sarknęło dwóch przechodzących dżentelmenów widząc nasze zabiegi fotograficzne. Zobaczylibyście zbezczeszczony Plac Krasińskich w Warszawie — pomyślałam — z zieloną ohydą słupów przesłaniających ścianę pomnika powstańczego i wstrętną klatką parkingowego wjazdu szpecącą nieskazitelną urodę frontonu Pałacu Rzeczypospolitej! W sercu Starego Miasta!

„Gdzie też stał dom Scarlett? Kędyż przemykała się z Melanią przez płonące ulice? Ślady zatarte." To Melchior Wańkowicz przejeżdżał przez Atlantę.

Te ślady można jeszcze znaleźć w Clayton County jadąc Peach Blossom Trail (Szlakiem Kwitnącej Brzoskwini) do Jonesboro bulwarem Tara ku domostwu Ashley Oaks... Ale to tylko nazwy. Nawet w filmie Tara była zbudowana w Kalifornii, czerwoną ziemię Georgii dowożono na plan...

Toczymy się wolno „Tadkiem" aleją Brzoskwiniową do parkingu i pieszo idziemy we wspaniałym świetle zachodu, grającego barwami złota, purpury i głębokiego seledynu — ku Five Points, czyli Pięciu Znakom, które jak za czasów Scarlett są sercem miasta. Mijają nas eleganckie, białe powozy z Murzynami ubranymi na biało — wielka atrakcja turystycznej gawiedzi. Wszyscy wydają się radośni. Nastrój psuje tylko Iwonka obzierająca się co chwilę nerwowo. Zapytana o powód, wzrusza ramionami: — Jak ci ktoś da w łeb i wyrwie torebkę, co właśnie zdarzyło mi się w Portland, to w każdym mieście będziesz robiła to samo...

O! Święty Krzysztofie, czuwaj! W szumie fontanny schodzimy do podziemia! Underground Atlanta. Podziemna Atlanta.

Tu były kiedyś pierwsze tory kolejowe starego Terminusu. A dziś — całe miasto pod ziemią rozjarzone blaskiem starych latarni gazowych z epoki Scarlett... Kupicie tu wszystko! Czekoladki „Scarlett", krawaty Retta, broszki kameowe „Scarlett-style", perfumy Scarlett: „Kwitnąca jabłoń" i „Słodko-gorzkie", nasiona bawełny, które wsiewała w krwistoczerwoną glebę Tary, cygara Retta i karty, którymi

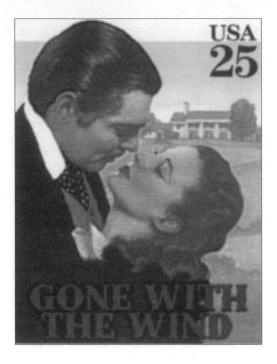

Scarlett i Rett, czyli Vivien Leigh i Clark Gable, na znaczku pocztowym. Wszystkie „dalsze ciągi" ich losów okazały się ponurym niewypałem; Miłośnicy filmu i książki nie mogą darować spadkobiercom Margaret Mitchell powierzenia tej pracy tak nieutalentowanym piórom, kamerom i aktorom!

15 grudnia 1939 roku, gdy Europa stała już w pożodze II wojny światowej, w Atlancie odbyła się uroczysta premiera filmu „Gone with the wind". Z udziałem gwiazd, realizatorów i autorki.

Na zdjęciu – pierwsze spotkanie Margaret Mitchell ze Scarlett i Rettem. Clark Gable powiedział, że „jest czarująca", a ona o nim „wspaniały".

Tłum powiewał flagami konfederackimi i witał weteranów bitwy o Atlantę, z których najmłodszy miał 93 lata. Film otrzymał dziewięć Oskarów, w tym dla Vivien Leigh, która pokonała Betty Davis i Gretę Garbo. Po raz pierwszy w dziejach Akademii Holywood przyznano Oskara czarnoskórej artystce – Hattie McDaniel za rolę Mammy.

Margaret Mitchell ze smutkiem powiedziała nie widząc jej na premierze: „jedyna z wielkich gwiazd filmu, której nie ma dziś z nami".

grał z jankesami, talerze i znaczki z twarzami bohaterów. Ale nie im Atlanta zawdzięcza swe dzisiejsze bogactwo.

Iwonka pokazuje napis: „Atlanta — w oczach świata zawsze stolica coca-coli!".

Pewien aptekarz z ulicy Brzoskwiniowej u schyłku XIX wieku zrobił miksturę na ból głowy z liści krzewów kokainowych i orzeszków zwanych kola. Inny dodał wody sodowej. Sześć miliardów dolarów wynosi dziś wartość rocznej produkcji coca-coli w Atlancie...

— Przyziemność — wykrzywia się Iwonka szukając romantyzmu Classic Old South.

I znajduje. Stary Murzyn gra na pile piosenkę śpiewaną przez żołnierzy obu wojsk — Unii i Konfederacji — „Home, Sweet home".

Chociaż możesz żyć w pałacu
Wśród rozkoszy co dnia innych,
Nie ma to jak własny kąt,
Nie ma to jak dom rodzinny...
Słodki dom...

Nocujemy w White Columns Inn, z białymi kolumienkami. Pokój pachnie werbeną. Na saszetkach napis — „Ulubiony zapach Scarlett O'Hara".

Już zasypiamy, gdy podrywa nas telefon. Maciek krzyczy: — Włączcie Discovery Chanel, dziewiętnastkę. Jest Warszawa!

Iwonka przeskakuje kolorowe migoty reklam i gangsterów.

I nagle o północy Warszawa płonie w Georgii. Kroniki Powstania. „Battle for Warsaw". Chłopcy na barykadach. Dziewczęta dźwigające rannych. Mali chłopcy z butelkami benzyny...

— Pali się, jak Atlanta. Tylko ją spalili rodacy... — Iwonka ostro wyciera nos. — Nasz profesor od historii tłumaczył, że to była cena utrzymania jedności narodu, którą wywalczono w wojnie o niepodległość... Lincoln postawił wśród warunków kapitulacji — zniesienie niewolnictwa całkowite. Pięć dni potem zastrzelono go w teatrze... W wojnie domowej zginęło pół miliona Amerykanów.

Na ekranie telewizyjnym pojawiają się ruiny spalonej Warszawy i wielki napis: „POLAND LIVES WHEN THE POLES LIVE". Polska żyje, kiedy żyją Polacy.

Ten portret Scarlett z filmu zdobi wystawę w Atlanta Historical Society. Znajdują się tam dziesiątki wydań „Przeminęło z wiatrem" włącznie z rosyjskim – „Prohuliało za wichrom".

W 1949 roku Margaret Mitchell pisała do przyjaciela z Departamentu Stanu USA: „W bezsenne noce leżę i myślę o wydawcach, agentach, krytykach i zwykłych ludziach, z którymi miałam kontakt korespondencyjny, a którzy nagle zamilkli i zniknęli, odkąd Rosja opanowała ich kraje – w Bułgarii, Rumunii, na Węgrzech, w Polsce, Jugosławii i obecnie Czechosłowacji. Komuniści przypuścili w tym i każdym innym kraju atak na «Przeminęło z wiatrem».

Czasami stwierdzam, że nie mam zbyt wielkiego pojęcia, co dzieje się w Georgii, gdyż obracam się ciągle w kręgu międzynarodowych restrykcji ekonomicznych, kłopocząc się o ludzi, którzy prawdopodobnie nie mogą uciec przed osaczeniem przez Rosję". Gubernatorowi stanu Georgia posłała edycję, która zdążyła się ukazać w Jugosławii i napisała gorzko: „W Jugosławii, tak jak we wszystkich państwach komunistycznych, prasa pluje na „Przeminęło z wiatrem" twierdząc, ku mej dumie i satysfakcji, iż książka gloryfikuje odwagę jednostki i jej przedsiębiorczość (obie cechy wybitnie odrażające dla komunistów) i odsłania w odrażający, burżuazyjny sposób miłość człowieka do ziemi i domu. Komunistyczni krytycy stwierdzili cnotliwie, że nawet uczeń wie, iż cechy te są szkodliwe, gdyż PAŃSTWO jest wszystkim, jednostka – niczym. Kochać swój dom i walczyć o własną ziemię jest aktem zdrady".

(listy cytowane w książce Anne Edwards „Nie przeminęło z wiatrem", tłum. Anna Soszyńska)

Wyścig
do rzek
Południa

Zważywszy, że spodobało się Opatrzności Boskiej sprzyjać działaniom oręża Jego Królewskiej Mości w oczyszczaniu tej prowincji z wojsk rebelianckich i że jest łaskawym życzeniem Jego Królewskiej Mości wybawić swoich wiernych i lojalnych poddanych od okrutnej tyranii, pod którą jęczeli od szeregu lat, uznałem za właściwe wydać tę proklamację i wezwać wszystkich wiernych i lojalnych poddanych, by przybyli bez straty czasu, z bronią i zaopatrzeniem na dni dziesięć, pod sztandary królewskie /.../

Dan moją ręką w Kwaterze Głównej, 20 dnia lutego w Roku Pańskim 1781 i w 21 roku panowania Jego Królewskiej Mości".

Odezwa generała Charlesa Cornwallisa, dowódcy
armii brytyjskiej na Południu

„Opatrzność pobłogosławiła amerykańskiemu orężowi znacznymi sukcesami /.../ Jeśli po tych przewagach nie zechcecie wyjść w pole i ścierpicie wrogi najazd na kraj, zasłużycie na nieszczęścia, zawsze nieodłączne od niewoli.

Zaklinam was, rodacy, chwytajcie za broń i ruszajcie do głównej kwatery bez straty czasu, przynosząc z sobą zaopatrzenie na dziesięć dni. Wszystko, co drogie i cenne, jest stawką w tej walce. Jeśli nie stawicie czoła grożącemu niebezpieczeństwu, kraj wasz będzie nieuchronnie zgubiony. Jeśli natomiast zgłosicie się do szeregów i podejmiecie służbę w polu, lord Cornwallis poniesie nieuchronną klęskę.

Armia Kontynentalna maszeruje ku wam znad Pee Dee jak najspieszniej /.../"

Odezwa generała Nathanaela Greene'a, dowódcy
amerykańskiej Armii Południowej, luty 1781

Pożegnanie z bronią

4 grudnia 1780 roku mała wioseczka Charlotte w Północnej Karolinie była świadkiem sceny melancholijnej. Generał Horatio Gates przekazywał dowództwo Armii Południowej generałowi Nathanaelowi Greene.

Kościuszko śpieszył radośnie pod komendę Gatesa. Nie zdążył. Po miażdżącej klęsce pod Camden, gdy 16 sierpnia musiał zmierzyć się z całą armią brytyjską pod dowództwem wytrawnego dowódcy — lorda Charlesa Cornwallisa — Horatio Gates katastrofalnie przegrał. Został przez Kongres odwołany. I zawieszony w jakichkolwiek działaniach wojennych. Nigdy już nie powróci zwycięzca spod Saratogi na bitewne pola.

Na obrazie Henry Pyle widzimy tę scenę. Gen. Greene z szacunkiem uchyla trójgraniasty kapelusz. W statycznym sztabie Gatesa, tuż obok zdegradowanego dowódcy, stoi z odkrytą głową Kościuszko. Ceremonia — wedle oceny jednego z oficerów — była „elegancką lekcją dobrego wychowania i najwyższej delikatności z obu stron". Generał Gates skreśli jeszcze kilka słów pożegnania na ręce swego następcy z wiarą, że „prawość, honor i sprawiedliwość" będą zawsze zwyciężały w ich wspólnej ojczyźnie i załączy dla Greene'a „życzenia przyszłej chwały"...

Odjeżdża do Traveller's Rest, (który nigdy nie stanie się świetną rezydencją zaprojektowaną przez Kościuszkę) — zdruzgotany. Na polu klęski ugodziła go wieść tragiczna o śmierci ukochanego jedynaka, Roberta-Boba. Nie wiadomo, jak zginął młody Gates, do którego tak niedawno jeszcze Kościuszko pisywał z West Point listy żartobliwe i serdeczne, przestrzegając „by nie zasłużył na klapsa". Rzetelny biograf generała Gatesa — Samuel Patterson — wspomina niejasno o pojedynku, czy też wypadku z koniem... Nie spełniły się marzenia Boba, by „stać się obrońcą zranionego kraju"...

Wkrótce potem odeszła jego matka, Elizabeth. Na jej ostatnim liście do męża po słowach: „Adieu..." widać do dziś ślady łez...

Generał Horatio Gates został sam. „Jestem teraz generałem bez broni, bez żołdu, bez zaopatrzenia, bez furażu, bez żadnej rzeczy

„Sukces nasz musi być przypisany słuszności naszej sprawy i dzielności oddziałów" – raportował generał Daniel Morgan dowódcy Armii Południowej – gen. Greene, po zwycięskiej bitwie pod Cowpens 17 stycznia 1781 roku.

4 grudnia 1780 roku generał Horatio Gates po klęsce pod Camden przekazywał dowództwo Armii Południowej generałowi Nathanaelowi Greene. W sztabie Gatesa widzimy gen. Daniela Morgana, dowódcę oddziałów Riflemen spod Saratogi i naczelnego inżyniera armii, Tadeusza Kościuszkę.

Gen Greene pisał do Gatesa 4 października 1781 roku: „Jakże okrutną jest fortuna! Jakże niepewną sława wojskowa! Niepowodzenie połączyło losy nasze"...

przynależnej weteranowi — napisał gorzko. — O, gdybym nigdy nie opuszczał mego cichego domu i poświęcił połowę tej uwagi życiu prywatnemu, którą ofiarowałem publicznemu — mój Syn by żył... Wszystko jest ciemnością..."

Życzliwy mu generał Karol Lee (ten sam, któremu Czartoryski polecił Kościuszkę) westchnie, że „zielone laury Północy zamieniły się w zwiędłe gałązki Południa". A złośliwcy orzekli — „złota czara sławy spod Saratogi była rozbita".

„Generale! Żadne okoliczności na świecie nigdy nie zmienią mego szacunku, przyjaźni i poważania dla Ciebie, raczej tylko powiększą je i pogłębią — mocne w swojej szczerości, nie mogą ulec zmianie." Tak pisał do pokonanego i odsuniętego dowódcy Tadeusz Kościuszko podczas swej Południowej epopei, 29 lipca 1781 roku. Zawsze wierny.

Ta przyjaźń przetrwała wszystko. Czas. Rozstanie. Odległości. Tragedie.

Gdy Kościuszko powrócił do Ameryki po klęsce powstania, po latach więzienia — witany entuzjastycznie (stary przyjaciel ze sztabu Gatesa, John Armstrong wołał: „Powinniśmy mu wysłać łoże z róż... Znajdzie tu przyjaciół, którzy go kochają, lud, który go podziwia...!") — 1 września 1798 pisał do swego generała, anonsując wizytę: „Czuję tak wielką satysfakcję, że Cię zobaczę i uścisnę znów, nigdy nie oczekiwałem takiego szczęścia". W liście z 6 września, gotując się do drogi, Naczelnik zapewniał raz jeszcze przyjaciela: „Pamiętam doskonale, co Ci jestem winien: respekt, szacunek, cześć i miłość, i wdzięczność, tak jak wszyscy obywatele tego kraju za wszystkie Twe wysiłki w czasie wojny".

I dodawał z pogodnym humorem: „Mam ze sobą tylko jednego przyjaciela i sługę — i z tą armią zaatakuję Twe domostwo, ale poddamy się natychmiast Twemu dobremu, gościnnemu, przyjaznemu sercu"...

10 września 1798 ujrzeli „wieże Nowego Yorku", o czym opowiada w swych *Podróżach po Ameryce* oddany przyjaciel Kościuszki — Julian Ursyn Niemcewicz.

Traveller's Rest należał do przeszłości. Generał Gates zamienił skromny dom w Virginii na piękną rezydencję — Rose Hill pod Nowym Yorkiem, ożeniwszy się ponownie z dużo młodszą, dobrą, wykształconą i... bardzo posażną panną Mary Vallance (fortunka pół miliona dolarów — na owe czasy zawrotna, a i dziś nie licha!)

„Mrs. Gates jest prawdziwym skarbem dla tego starca" — pisał poznawszy Mary Niemcewicz, nie mając wszakże na myśli apanaży: „Obserwując przekomarzania się, żarciki i zazdrość, wśród których żyje ta para, można by powiedzieć, że to pierwszy rok małżeństwa 20-letnich ludzi". Dom był wspaniały, fasada przypominała projekt Kościuszki — z kolumnami zdobiącymi wejście.

„Na progu spotkał nasz zwycięzca spod Saratogi" — pisze Niemcewicz. — Krzepki, uprzejmy i bardzo wesołego usposobienia".

Gates donosił radośnie znanemu nam gubernatorowi stanu Nowy York czasu wojny, George'owi Clintonowi, niezmiennie i niemiłosiernie przekręcając nazwisko Kościuszki: „Twój stary przyjaciel, Gen. Kosiuisko, właśnie przybył. Przyjeżdżaj"...

Spędzili razem dobre dni.

W jednym z ostatnich listów do „Kochanego Generała", dziękując mu za wszystko, „Kosiuisko" pisał: „Gdyby moje życzenia, które noszę w sercu, spełniły się — byłbyś najszczęśliwszą istotą na ziemi"...

Na rogu Second Avenue i 22nd Str. w Nowym Yorku możecie zobaczyć dziś tablicę umieszczoną w miejscu Rose Hill przez Fundację Kościuszkowską w dwóchsetlecie spotkania przyjaciół — „symbol ogniwa łączącego Amerykę i Polskę".

Nad Catawbą i Pee Dee

„Proszę donieść mi o wszystkich sytuacyjnych szczegółach dotyczących głębokości wody, szybkości prądu, położenia skał, mielizn czy wodospadów, z jakimi Pan się spotka, oraz podać wszelkie inne wiadomości niezbędne dla wytworzenia sobie dokładnej opinii o żegludze na rzece w różnych porach roku."

Był to pierwszy rozkaz gen. Greene'a dany inżynierowi Kościuszce, który 8 grudnia 1780 wyruszył ku rzece Catawba...

Kim był jego nowy dowódca? Trzydziestoośmioletni, czyli starszy od Kościuszki ledwo o cztery lata, syn kowala — kwakra z Rhode Island. Wykluczony z bractwa nie uznającego wojny za wstąpienie do wojska. Samouk, który nawet w okopach nie rozstawał się z książką.

Towarzysze broni wystawili mu świadectwo najlepsze, pisząc, iż Greene miał zdolność podejmowania szybkich decyzji i błyskawicznego działania, obdarzony wielką charyzmą, umiał przyciągnąć do siebie ludzi, którzy pozostając pod jego osobistym urokiem odpłacali wiernością, lojalnością, zaufaniem i oddaniem, co było szczególnie ważne w chwilach załamania i porażki. Umiał połączyć w sobie impulsywność z olbrzymią samokontrolą. Mamy też opinię naszego Tomasza Kajetana Węgierskiego, który poznał generała Greene'a tuż po zakończeniu działań wojennych. „Jest to jedyny generał amerykański, wyjąwszy Washingtona, który zyskał pochwały z obu stron. Najbardziej uprzedzeni Anglicy opowiadali mi o nim zawsze z szacunkiem" — zanotował w dzienniku. — „Zajęty w początkowych latach swego życia handlem i spokojną religią kwakrów, przypasał szpadę za pierwszym znakiem, że ojczyzna w niebezpieczeństwie, powołany w pierwszych latach na trudne i nudne stanowisko kwatermistrza, został generałem, a wysłany na południe, wykazał wielkie zdolności i stał się główną sprężyną rewolucji w tych prowincjach; (...) Jego skromność jest równa zasłudze, a łagodność charakteru i bardzo staranne wykształcenie, jakiego nie spotyka się u większości amerykańskich generałów, uczyniły go człowiekiem bardzo miłym". Stanowisko naczelnego kwatermistrza armii, jakie powierzył Greene'owi Wódz, było nie tyle nudne, ile trudne. Doprowadzony do rozpaczy biernością mężów stanu zasiadających w Kongresie demonstracyjnie złożył dymisję. Obrażeni chcieli go w ogóle wyrzucić z wojska i tylko niezłomnemu darowi dyplomacji Washingtona udało się konflikt zażegnać.

Jaki był stan Armii Południowej świadczą pierwsze listy, jakie wczorajszy kwatermistrz, dziś świeżo upieczony dowódca, rozesłał już 6 grudnia 1780 z obozu w Charlotte.

Do Wydziału Wojny (The Board of War): „Gentelmen, aby mieć dobrą armię, należy zacząć od napełnienia jej żołądków, które bywają głównym bodźcem wszystkich działań. Kiedy armia jest źle zaopatrzona, ludność cywilna doświadcza aktów przemocy, a tego dowództwo wolałoby przecież uniknąć. Podczas takiej wojny jak nasza, prowadzonej przede wszystkim defensywnie, z niedoświadczonym wojskiem, często gorszym od sił wroga (with numbers inferior to the enemy), trudno jest zapewnić właściwe miejsce dla magazynów; w obecnej sytuacji błędem politycznym byłoby zgrupowanie dużych magazynów w jed-

Generał Nathanael Greene (ur. 27 maja 1742 roku w Rhode Island – zmarł na atak serca latem 1786 w Savannah). Mianowany dowódcą Armii Południowej w grudniu 1780. Drugi komendant, z którym wiążą się wojenne losy Kościuszki w USA. „Geniusz militarny" – mówią o nim historycy. „Nie było oficera w mej armii bardziej pochłoniętego losami kraju – jak gen. Greene" – powiedział Washington. „Skromny, godny zaufania, pełen godności, spokojny w niebezpieczeństwie, nie dający się ani sprowokować, ani pognębić przez niepowodzenia, poświęcający się, wierny i uczciwy" – tak charakteryzuje go jeden z historyków amerykańskich.

nym miejscu, gdyż nie mamy sił na ich obronę. A nie możemy sobie pozwolić na ich utratę. Powinniśmy więc zamiast jednego czy dwóch dużych magazynów posiadać liczne składy. Po umieszczeniu w nich zaopatrzenia należy zwrócić baczną uwagę na środki transportu, ponieważ nie można oczekiwać, aby armia mogła sama przybywać po zaopatrzenie, a więc zaopatrzenie musi dotrzeć do armii. Również sprzeczne jest z polityką narodową oraz bezpieczeństwem militarnym rozproszenie armii po kraju w celu zbierania dostarczanej im żywności, jak to się wielu wydaje. Wielkie sprawy często zależą od drobnych, a losy imperiów niekiedy decydują się podczas najbardziej błahych wydarzeń. Dlatego walcząc o to wszystko, co jest nam drogie i cenne, powinniśmy w miarę możliwości jak najmniej pozostawiać przypadkowi"…

Generał Nathanael Greene niczego starał się nie zostawiać przypadkowi. „Przy obecnym rozmieszczeniu wroga i naszej armii najważniejsze magazyny powinny znajdować się w Salisbury, Oliphant's Mill nad rzeką Catawba oraz kilka mniejszych na wschód od Pee Dee, aby pokrywały swym położeniem rozmieszczenie armii"… — pisał w cytowanym liście, który jest przykładem niezwykłej przezorności i precyzji działania tego samouka, zwanego „geniuszem militarnym".

O tragicznym stanie zaopatrzenia armii pisał (kiedy na to miał czas? — podziwiać!) do Lafayetta, pisał do generała Thomasa Sumtera… „Mam nieco oberwanych, przymierających głodem oddziałów, które stacjonują w dzikiej okolicy, pozbawione wszystkiego, co niezbędne dla zaspokojenia żołnierskich potrzeb." „Jest wielu takich, którzy nie mają na sobie ani strzępka odzieży prócz kawałków koca, owijanych indiańskim sposobem wokół bioder"… Dodajmy na marginesie, że naczelny inżynier Armii Południowej Tadeusz Kościuszko wraz z szefem służby medycznej i jednym z generałów sypiali przykrywając się jednym wystrzępionym płaszczem.

Porównajmy to z wyglądem wojsk wroga. Piechurzy w świetnych czerwonych płaszczach i białych spodniach, kawaleria błyszcząca złotem hełmów z purpurowymi kitami… Gubernatorowi stanu Virginia, Thomasowi Jeffersonowi, Greene doniósł katastroficznie tegoż, 6 grudnia 1780, obejrzawszy żołnierzy z jego stanu: „Ludzie mogą służyć, jeśli mają dobre samopoczucie, natomiast ci cierpieli od chłodu i głodu. (…) Nikt nie będzie czuł się zobowiązany do walki za Stan, który pozwala mu ginąć z potrzeby okrycia ciała; nie można natchnąć żołnierza dumą, gdy jednocześnie sytuacja czyni go obiektem współczucia, a nie podziwu. (...) w takich okolicznościach śmierć, dezercja czy szpital wkrótce muszą pochłonąć armię"...

W ogromnych listach do Washingtona i Kongresu, apelując o pomoc, łączył informacje, że jego ekipy penetrują rzeki, by ustalić możliwości transportu armii i żywności, tudzież usytuowania magazynów...

Tą misją był obarczony Kościuszko. Obok polecenia wyprawy nad rzekę Catawba otrzymał drugi rozkaz Greene'a, by zbadać „okolice od ujścia Little River wzdłuż Pee Dee na długości 20 do 30 mil w poszukiwaniu dobrych pozycji dla wojska, zapewniających obozowi odpowiednie warunki zdrowotne i dostatek żywności. W raportach przedstawi mi Pan topografię okolicy, rodzaj gruntu, jakość wody pitnej, zasoby żywnościowe mieszkańców, liczbę młynów, środki komunikacji wodnej na rzekach itd. Dowie się Pan również o strumieniach opływających bagna, o brodach na rzekach i trudnościach przepraw. O wszystkim tym zechce mi Pan donieść jak najprędzej"... Doniósł! Płynąc canoe, galopując konno Kościuszko oba rozkazy wypełnił w tydzień! Rekord tempa, które doceniliśmy docierając nad brzegi szeroko rozlanej Catawby i odbijając ponad 160 kilometrów ku rzece Pee Dee, i miasteczku Cheraw, w okolicach którego naczelny inżynier wybrał miejsce na obóz zimowy. To już na terytorium Południowej Karoliny, stanu, który ma za symbol palmę, a powinien mieć naszą swojską sosnę, tyle ich tam żywicą pachnie.

Uzbrojono nas w marszruty. Na polecenie gubernatora Północnej Karoliny, do którego zwróciłam się z prośbą o pomoc, nadesłano z archiwum stolicy stanu Raleigh chronologię działań Kościuszki w Północnej Karolinie, także opis trasy z Cheraw wzdłuż potoku Hicks Creek do rzeki Pee Dee...

Armia Greene'a wędrowała tu z Charlotte w lodowatym deszczu i dobrnęła w drugi dzień świąt Bożego Narodzenia 1781. Nas wiodła leśna droga w romantycznym blasku błyskawic i tańcu świetlików od Catawby do Cheraw, małego, niepozornego miasteczka, nieopodal granicy z Północną Karoliną. O poranku, po śniadaniu pysznym jak to na Południu, ale serwowanym na zawiłe raty przez omal stuletnią kelnerkę, wypadamy z motelu (zawsze Best Western!) na drogę ku Hicks Creek. Jakże zawodne są marszruty wytyczane przy archiwalnych biurkach! Pytamy. Nikt tu o takim potoku nie słyszał. Nakładamy wątłe gałązki strumieni

Catawba – pierwsza rzeka Południa w Północnej Karolinie, którą Kościuszko przeżeglował jak w westernie – indiańską łodzią – canoe. „Proszę donieść mi o głębokości wody, szybkości prądu, położenia skał i mielizn, wodospadów..." – brzmiał pierwszy rozkaz gen. Greene'a dla Kościuszki 8 grudnia 1780 roku.

Dotarliśmy do strumienia Hicks Creek, nad brzegami którego, przy rzece Pee Dee, na wzgórzach pod obecnym miasteczkiem Cheraw, Tadeusz Kościuszko przygotował obóz na zimę 1780/1781. Jest to na pograniczu Południowej i Północnej Karoliny.

...W poszukiwaniu miejsca nad rzeką Pee Dee, wybranego przez Kościuszkę na obóz, musieliśmy pokonać prawie takie trudności jak On! Nasz dzielny „Tadek" zarył się w piachu.

„Przebywam obecnie w okolicy wodospadów Pee Dee" – pisał przezorny gen. Greene do Naczelnego Wodza w ostatnie dni roku 1780. – „Obszar moich przyszłych działań musi znajdować się powyżej rzecznych wodospadów aż do czasu, gdy będę zdolny kontrolować ruchy nieprzyjaciela. Poniżej wodospadów rzeki są głębokie, a ich brzegi pokrywają niemożliwe do przejścia bagna, wzdłuż których, w dużych odstępach, skonstruowano drogi, stanowiące w razie potrzeby wycofania wojsk jedyną możliwą formę ucieczki. Nie mogę pozwolić sobie na ryzyko zaplątania w trudności, jakie na nich istnieją, dopóki nie jestem zdolny zaatakować nieprzyjaciela i zwalczyć go".

Nad brzegami rzeki Pee Dee młodzi (i uzbrojeni!) amerykańscy inżynierowie wysłuchali naszej opowieści o swym towarzyszu broni sprzed 200 lat!

„Lis z moczarów" – generał Francis Marion przeprawia się przez Pee Dee. Czy nie przypomina ta rycina sławnej „Przeprawy przez Dniestr" Juliusza Kossaka?

z nowej mapy na starą — sprzed lat dwustu, której kopię przysłano mi z North Carolina Division of Archives and History. Jest! Ten bezimienny strumień porośnięty nenufarami to Hicks Creek. Skręcamy z drogi nr 1 w lewo, ku rzece. Wjeżdżamy na teren zastrzeżony tylko dla polowań, w dziki las porosły drobnymi kaktusami, kwitnącymi złoto i czerwono, szum Great River Pee Dee narasta, nasz szary, dzielny „Tadek", który przetrwa 20 tysięcy kilometrów bez szwanku, nagle zapada się w piach! Siedzimy. Moja ekipa — Iwonka i Maciek — roztoczywszy ponurą wizję, iż zbielałe kości nasze odkopie za rok któryś z myśliwych, raźno bierze się do działań. Walczymy kilka godzin, by ujść pułapce. To tutaj, wśród sosen, na piaszczystym, zdrowym podłożu, w miejscu wybranym przez Kościuszkę założył swój zimowy obóz gen. Greene... W liście do Washingtona nazwał go „wypoczynkowym" donosząc, że „poprawia dyscyplinę i ducha bojowego armii"...

Bojowy duch mojej armii powoduje, iż wydobywamy „Tadka" z piachów i ruszamy ku Pee Dee, tam gdzie uchodzi potok Hicks Creek. Rozstajne drogi, żadnych drogowskazów, nasłuchujemy motorówek na rzece. Wreszcie docieramy do niewielkich wodospadów. Dwóch młodzianów spogląda na nas w zdumieniu, kiedy wyłaniamy się z lasu...

Jak się zowią? Sam Smith i David Pate. Kim są? Inżynierami. Co tu robią? Badają topografię rzeki, rodzaje gruntu, przygotowują materiały o spławności rzeki...

Po prostu — robią to samo co Kościuszko, tylko bez armii wroga na karku.

Ale to pierwsi Amerykanie dźwigający potężne rewolwery.

Po co?

— Czasem trafi się wąż — mówi Sam. — A czasem zły człowiek... Iwonka już ogląda się niespokojnie, czy jakowyś bandyta zza sosny nie wyskakuje, a ja pytam podstępnie, czy panowie inżynierowie wiedzą, jakie wojska obozowały tu podczas wojny o niepodległość? Nie, tego nie wiedzą, natomiast tędy szedł Sherman — Rzeźnik Georgii — mówi David.

Robimy szybko mały wykład z dziejów wcześniejszych.

1 stycznia roku 1781 Tadeusz Kościuszko dostał rozkaz od Greene'a, by przeprawiwszy się przez Hicks Creek, dotarł „do wszystkich oficerów, aby dopomogli w uzyskaniu niezbędnej ilości narzędzi do wybudowania licznych łodzi. Sam jesteś doskonale obe-

W morderczym marszu z obozu pod Cheraw Armia Południowa umyka przed atakiem czterokrotnie przeważających sił brytyjskich dowodzonych przez gen. Cornwallisa i najemników niemieckich słynących z okrucieństwa. Trwa wyścig do rzeki, która mogła stać się kresem Armii Południowej. Jej imię – Yadkin, w stanie Północna Karolina należącym do pierwszych trzynastu stanów, które ogłosiły niepodległość.

Ta rzeka mogła stać się krwawą mogiłą. Ze śmiertelnej pułapki ocala Amerykanów naczelny inżynier Tadeusz Kościuszko, organizując przeprawę przez Yadkin. 3 lutego 1781 armia Greene'a przepływa rzekę-olbrzyma setkami łodzi zdobytych i przetransportowanych przez Kościuszkę. W jakich warunkach – mówi list Greene'a do Washingtona: „Ciężkie deszcze, głębokie strumienie, złe drogi, półżywe konie w połamanych uprzężach".

znany z liczbą i rodzajem potrzebnych łodzi" — stwierdzał generał, zalecając „wynajęcie wszystkich cieśli, aby budowa czółen odbyła się pośpiesznie". List kończy się dla naszego inżyniera pochlebnie: „Ufając gorliwości i dzielności Twej, jestem przekonany, że przyłożysz się do wykonania całego przedsięwzięcia z jak największym możliwym pośpiechem, gdyż bezpieczeństwo i zaopatrzenie armii zależne są od jego wykonania". Już na początku stycznia 1781 Greene mógł donieść Washingtonowi: „Kosciuszko buduje teraz płaskodenne łodzie, które będzie można transportować razem z wojskiem". To one zadecydują nie tylko o bezpieczeństwie, lecz o losach armii.

Olbrzym pokonany!

Jedziemy — jak Kościuszko — wzdłuż rzeki Great Pee Dee — Wielkiej od ujścia Little Pee Dee River, leśną drogą, która opada, podnosi się, odbiega rozstajami, znowu bez żadnych drogowskazów... Gdybyśmy pożeglowali wodami Great Pee Dee przez Północną Karolinę na północ, dotarlibyśmy do rzeki, która mogła stać się kresem Armii Południowej. Jej imię — Yadkin.

High-wayem 52 wygodnie i jak zawsze monotonnie mijamy miasto Salisbury, wjeżdżamy na High-way 85, przed nami potężny most spinający brzegi rzeki i charakterystyczny znak, typowy dla wszystkich miejsc wpisanych w historię Stanów. Napis: „TRADING FORD (Handlowy Bród). Sławna handlowa ścieżka używana przez Indian i pierwszych osadników. Tu, o milę na wschód, Greene cofając się przed Cornwallisem, przekroczył rzekę 2 lutego 1781".

Brzegi Yadkinu są porośnięte taką gęstwiną, że nie ma mowy, by się przedrzeć o tę milę na wschód. Stajemy za mostem, dygocącym od trucków, nad rzeką — olbrzymem. Mogła stać się krwawą mogiłą armii generała Nathanaela Greene'a.

17 stycznia 1781 roku dobrze nam znany z bohaterstwa pod Saratogą generał Daniel Morgan stanął na bitewnym polu w miejscowości Cowpens (Południowa Karolina) mając przed sobą niezwykle groźnego przeciwnika — słynący ze zwycięstw i okrucieństwa od-

„Kościuszko zajmuje się teraz budowaniem płaskodennych łodzi, które będzie można transportować razem z wojskiem. Od wykonania tego zadania zależy bezpieczeństwo armii".

(Greene w raporcie do Washingtona)

Nie mamy, niestety, żadnego wizerunku Kościuszki z tych dramatycznych dni. Wyobrażamy sobie, że tak cwałował konno przez obie Karoliny, jak na tym rysunku Aleksandra Orłowskiego.

Banastre Tarleton, zwany słusznie „Krwawy", dowódca brytyjskiego oddziału kawalerii „Zielona Konna", która razem z najemnikami niemieckimi wymorduje bezbronnych uchodźców nad brzegami rzeki Yadkin.

dział „Zielonej Konnicy", dowodzony przez młodego kawalerzystę, Banastre Tarletona, sowicie wsparty przez najemników niemieckich. Tarleton ma za sobą błyskotliwe triumfy, wśród nich dwukrotne rozbicie w puch oddziałów dowodzonych przez gen. Thomasa Sumtera brawurową szarżą kawaleryjską...

I tym razem liczy na niechybne pokonanie przeciwnika wiodąc swoje oddziały efektownie przyodziane w zielone mundury, sterczące bobrowe czapy, czarne buty z cholewami za kolana... Przeliczył się.

Bohaterska determinacja „Wielkiego Morgana" (prawie dwa metry wzrostu), który potrafił zawrócić spanikowane oddziały milicji — przynosi zwycięstwo Amerykanom. Ku ich radości zdobyczą padają sowicie wyposażone tabory z mundurami, którymi można nareszcie zastąpić „kawałek koca"...

Lord Charles Cornwallis, dowódca Brytyjczyków na Południu, pogromca Gatesa pod Camden, były adiutant samego króla Jerzego III, postanawia uderzyć całą swą siłą i zniszczyć Armię Południową Amerykanów.

Ma cztery tysiące doborowego wojska. Greene — niecały tysiąc, w tym oddziały milicji, które nie wiadomo kiedy mogą dać nogę z pola bitwy...

Więc przezorny kwakier nie stanie do boju, lecz zacznie salwować się ucieczką rzucając za siebie przeszkody — rzeki Południa.

Pierwsza miała być wezbrana zimowymi deszczami Catawba, spenetrowana, jak pomnimy, przez Kościuszkę. Ale gdy 1 lutego o poranku stanęły nad nią wojska Cornwallisa, okazało się, że wody opadły... Milicja Północnej Karoliny, która zaczajona nad Catawbą, w ariergardzie, miała opóźnić marsz Cornwallisa, nie zdołała tego uczynić. 2 lutego lord Cornwallis w rozkazie pochwalnym wyrażał brygadzie królewskiej Gwardii „pełne uznanie za chłodną i zdecydowaną odwagę, jaką okazała przy przejściu Catawby, kiedy pod nękającym ogniem brała szturmem długi i trudny bród, nie odpowiadając ani jednym strzałem". Przeszedłszy — błyskawicznie formowała szyk i atakowała. Padł dowódca oddziału amerykańskiego. Milicja, dopadnięta przez konnicę Tarletona — poszła w rozsypkę. Zapora przestała istnieć.

Żołnierze Greene'a szli jak wicher. Za nimi słały się dymy. Cornwallis kazał podpalić cały swój tabor opóźniający pościg. Żołdacy

Tarletona mordowali bezbronnych, całymi rodzinami uchodzących przed wrogiem.

Oba wojska gnały ku rzece Yadkin. Życie Armii Południowej zawisło od szybkości i operatywności jednego człowieka. Jeśli naczelny inżynier, Tadeusz Kościuszko, nie zdąży ze swymi saperami przygotować przeprawy — armia zginie. Przed Anglikami stanie otworem droga do Virginii, gdzie pali i zabija zdrajca z West Point — Benedict Arnold.

Trzeciego lutego (a nie drugiego, jak mówi znak pod Salisbury) roku 1781 umęczone, zdrożone oddziały amerykańskie wychodzą z lasu... Do ostatniej chwili nie wiedząc, co je czeka. Czy polski inżynier zdołał przetransportować łodzie spod Cheraw? Czy zdoła ujść na nich cała armia?

Ta rzeka, na którą patrzymy majowego wieczoru, brązowa i spieniona — jakże groźną być musiała owego lutowego poranka. Gdyby ją było widać. Ale nie było, bo całą, jak okiem sięgnąć, pokrywały łodzie. Tadeusz Kościuszko nie tylko przerzucił spod Cheraw wszystkie pontony, które zbudował, ale jeszcze ogołocił ze wszystkiego, co pływa, wsie okoliczne, wzdłuż brzegów, by nie było na czym doścignąć uchodzącej armii... Przeprawili się żołnierze, przeszły tabory...

„Zielona Konna" — Green Horse — Tarletona wypadłszy z lasu zobaczyła niknące po drugiej stronie Yadkinu szeregi... Armia Południowa była ocalona!

Chabry nad Danem

Dyrektywy z archiwum w Raleigh były w miarę dokładne — 25 mil na wschód od Danville w Virginii i 13 mil na północ od Milton w Północnej Karolinie, czyli tuż przy granicy dwóch stanów, winna być przeprawa na rzece Dan, zwana Irwin's Ferry — Prom Irwina. Tędy przemknęła armia Greene'a w dziesięć dni po szczęśliwym skoku przez Yadkin. Miejsca drugiego, wymienianego przez wszystkie źródła, a zwanego Boyd's Ferry — Prom Boyda — marszruta przysłana mi z Raleigh nie wspominała w ogóle... Każdego wieczoru opracowywaliśmy drogę, niczym operację sztabową. Moje notatki przypo-

Zaczyna się wyścig do następnej rzeki Północnej Karoliny – Dan. Gdzie znajduje się następna przeprawa? Jak odnaleźć miejsce, zwane ponad dwieście lat temu Irwin's Ferry?

Farmer każe nam szukać w lesie Ferry Road – Drogi do Promu...

Oto ona – sielsko i polsko obrośnięta polnymi rumiankami...
Tu się urwała... Przed nami egzotyczne łąki nad rzeką Dan w Virginii kwitnące egzotycznymi kwiatami...

Jesteśmy w Polsce! To nasze chabry! I maki!

minają zadania matematyczne, najeżone cyframi — numerami dróg. Z 29 przez Greensboro na 150 skręt w 62, do Milton, u wylotu 119 powinno być owo miejsce przeprawy przez Dan.

Znowu sielankowe pejzaże Południa, maki kwitną, przed białymi domkami siedzą groźne lwy, fruwają aniołki. Rzeka Dan — brunatna i rwąca. No passing. No fishing. Przejścia nie ma. Ryb łowić nie wolno. Wszystkie numery dróg przejechane, za Danville autostrada 580-360 w budowie, lawirujemy wśród czerwonych, poprzewracanych znaków. Murzyni-robotnicy zasiadają sobie na poboczach. Nigdy nie słyszeli o miejscu przeprawy. Skręcamy w boczną drogę, między farmami łapiemy pierwszy trop. Tęgi farmer pachnący rodzimie oborą każe nam dotrzeć do Ferry Road — Drogi Promu! Błądzimy leśnymi duktami, pukamy do samotnej farmy, przerażona właścicielka w wałkach ukręconych na głowie macha przez szyby, że nic nie wie, a drzwi za nic nie uchyli. Zawracamy. Wreszcie Iwonka dostrzega w festonach caprifolium i dzikich róż podrdzewiałą tabliczkę z napisem: „Ferry Rd".

Ostawiamy „Tadka" na łasce wiewiórek i ruszamy. Pola szafirowieją. To nasze chabry. Łąki purpurowieją. To nasze maki. Ale Ferry Rd. urywa się nagle. Przed nami — zorane pole. Brniemy. Oblepieni ziemią, oczepieni rzepami. Nieugięta Iwonka twierdzi, że to świetne doświadczenie. Lepiej wczujemy się w ducha armii generała Greene-'a, która uchodziła tędy zimą, mając prawie sto kilometrów w nogach i Anglików z „Krwawym" Tarletonem na karku.

A brodu jak nie ma, tak nie ma. Rzeka Dan bieży wzdłuż naszego pola niedostępna za zbitym gąszczem drzew, krzewów, chaszczy. Smyknął wąż, przetupał przyjacielski racoon, urocze zwierzątko, niestety, zabijane masowo na autostradach... Skaczemy przez strumień. Farma! Stareńka, z kamiennym kominem! Osobliwość! Pukamy nieśmiało. Drzwi otwierają się natychmiast. Wychodzi młoda, ciemnowłosa, ładna dziewczyna z chłopaczkiem na ręku. Tłumaczymy dość zawile, że z Polski, że wyścig do rzeki Dan, że tropy Kościuszki... A dziewczyna rzecze: — I am Kasia! Mój dziad był z Gdańska. Nazywał się Lutynsky... — Gdybym nie był, to bym nie uwierzył — wymruczał swoim obyczajem Maciek.

Kathy Seamster otwiera przed nami dom, serce i lodówkę. — Ta chałupa ma ponad sto lat! — mówi. — Komin ma lat 175! Ocaliliśmy go, zachowali. Rodzice, dziadkowie uczyli nas kochać przeszłość.

Jej syn – Adam – ćwiczy szablą „jak polski ułan".

Samotna farma. Dziewczyna, zasłyszawszy, że jestem z Polski, przedstawiła się: – I am Kasia! Mój dziadek był z Gdańska.

Kasia posyła nas na farmę państwa Gravesów do wsi Altom. Pani Graves demonstruje książkę „The retreat to the Dan" z portretem Kościuszki, napisaną przez starego dziennikarza z miasteczka South Boston, Carolla Headspeth.

– Irwin's Ferry należał do mego prapradziada – mówi z dumą Edward Graves. – Jesteśmy najstarszą rodziną w tych stronach.

Mój mały Adam ma już szablę, jak polscy ułani... A to miejsce przeprawy wojska jest zupełnie gdzie indziej... I Kathy wysyła nas do państwa Graves. Do ich rodu należał ongi prom na rzece Dan.

Łąkami chabrowymi docieramy do naszego „Tadka", płoszymy wiewiórki z dachu i jedziemy do wioski Altom na farmę, która zowie się „Brand on the Dan" — Pochodnia nad Danem. Sędziwa pani Caroly Graves, uprzedzona telefonicznie przez Kathy-Kasię, już na powitanie trzyma w dłoniach książeczkę z wizerunkiem... Tadeusza Kościuszki! To nieznana żadnej bibliotece polskiej edycja *The retreat to the Dan* (Odwrót nad Dan), napisana i wydana na dwóchsetlecie wojny o niepodległość przez dwóch dziennikarzy z pobliskiego miasteczka South Boston.

— Irwin's Ferry należał do mego protoplasty — Edward Graves złazi na naszą cześć z traktora. — To była przeprawa przez Dan cztery mile na zachód od Boyd's Ferry, w zupełnie innym kierunku niż was wysłali panowie archiwiści... Dziś całkowicie niedostępna, chyba że dostaniecie oddział wojska do wycięcia buszu nadbrzeżnego. Jedźcie do South Boston. Spurgeon Compton i Caroll Headspeth pokażą wam, gdzie było Boyd's Ferry, opisali tę przeprawę w tej książeczce...

Jeszcze jeden most na rzece Dan w miasteczku South Boston, pustym owego upalnego popołudnia. Prosto na nas szczerzy się armatka pod typowym znakiem pamięci z tabliczką informującą, że przez dwa brody, Boyda i Irwina, przeszła rzekę Dan armia Greene'a ścigana przez Cornwallisa. I zdanie, które poraża mój sztab: „Edward Carrington zdobył łodzie dla przeprawy".

— Jaki Carrington? — krzyczy Iwonka. — Widmo „Dynastii" zawisi nad Danem!

— Zawisło! — poprawia machinalnie Maciek.

— O.K. Niech będzie za Wisłą, nie nad Danem! — godzi się Iwonka. — Ale łodzie i tak kolektował Kościuszko!

— Zgromadził! — koryguje Maciek.

Ucinam spory oświadczeniem, że tym razem mój sztab nie odrobił pracy domowej i czas byłoby przypomnieć, kto — obok naszego umiłowanego „Kosciusko" — towarzyszył nad Danem generałowi Nathanaelowi Greene.

Otóż, Edward Carrington rodem z Georgii nie ma nic wspólnego z niejaką Alexis, czy jak się ją tam pisze, lecz jakże niewdzięczną i trudną funkcją kwatermistrza, którą pełnił systematycznie i wytrwale w Armii Południowej.

Był w sztabie Greene'a William Washington. (Nie mylić z Wodzem Naczelnym, tylko daleki krewny.) Pułkownik. Też z Virginii. Zwany „Szablą kraju", dowódca oddziału konnicy, zwalisty i potężny, dzielnie stawał pod Cowpens. Był pułkownik Henry Lee (nie mylić z generałem Charlesem-Karolem, przyjacielem Czartoryskiego), zwany „Light-Horse Harry", dziedzic tradycji Legionu Pułaskiego, świetny zwiadowca (rodem też z Virginii). (Jego syn — to Robert Edward Lee, bohater i dowódca wojsk Konfederacji, inicjator budowy pomnika Kościuszki w West Point.) Harry często współdziałał z niezwykle urodziwym generałem Francisem Marionem (rodem z Południowej Karoliny), zwanym „The Swamp Fox" (Lis z moczarów), dla sprytu partyzanckich podchodów...

I wymieńmy jeszcze adiutanta gen. Greene'a, ważną postać w życiu naszego Kościuszki — pułkownika Otho Williamsa, z piękną kartą wojenną i... więzienną. Ranny podczas walk o New York jesienią 1776, więziony był w jednej celi z bohaterem Ticonderogi — Ethanem Allenem, po wymianie jeńców walczył u boku Gatesa jako jego adiutant w tragicznych zmaganiach pod Camden... Z Kościuszką zaprzyjaźnił się w obozie pod Cheraw i zawdzięczamy mu słowa o naszym bohaterze w liście do siostry: „...młody dżentelmen, pełen dystynkcji, rodem z Polski, który opuścił swą Ojczyznę, by bronić sztandaru wolności w Ameryce". (Williams był młodszy od Kościuszki o trzy lata, pan Tadeusz już liczył sobie 34, ale widać trudy wojenne jakoś go nie postarzyły!)

Pułkownik Otho Williams otrzymał od Greene'a odpowiedzialne, zaszczytne i niebezpieczne zadanie: miał mamić Cornwallisa udając ariergardę bliską Armii Południowej, kąsać jego oddziały zdobywające żywność, napadać znienacka nocą i znikać. Lord-dowódca był przekonany, że wojska Greene'a są tuż tuż i dopadnie je, zanim przekroczą Dan...

Tymczasem generał-kwakier śpiesznym marszem osiągnął rzekę i przeprawił się na solennie przygotowanych przez Kościuszkę (z pomocą Carringtona) łodziach.

Był 13 luty 1781 rok. Zdyszany goniec przyniósł Williamsowi wieść Greene'a pisaną o drugiej po południu: „Większa część naszego taboru przeprawiona! i armia przepływa"...

Pisał do generała Nathanaela Greene´a Tadeusz Kościuszko w raporcie już z Halifaxu: „Wszyscy mieszkańcy, z którymi rozmawiałem, poznawszy okoliczności marszu i dowiedziawszy się, że nie straciliśmy nawet sześciopensówki w odwrocie, wyrażali dla Pana wielkie uznanie i nie mieli wątpliwości co do ostatecznego sukcesu naszej kampanii".

Oto generał Greene – „zawsze pogodny, niestrudzony i opanowany".

South Boston. Znak informujący, że na zachód od tego miejsca armia gen. Greene'a ścigana przez Cornwallisa przekroczyła rzekę Dan w miejscach zwanych Promami Boyda i Irwina. Łodzie do przeprawy miał przygotować niejaki Carrington!!! Widmo „Dynastii" straszy? Był to kwatermistrz wysłany przez gen. Greene'a do pomocy Kościuszce.

Przeprawa przez rzekę Dan, druga akcja ratunkowa Tadeusza Kościuszki dla Armii Południowej, odbyła się 13 lutego 1781 w miejscach zwanych Boyd's i Irwin's Ferries pod miasteczkiem South Boston. Kościuszko zdążył nawet usypać nad brzegami rzeki umocnienia ku obronie.

Caroll Headspeth nazywa w swej książeczce Kościuszkę „The best engineer in the American army" – najlepszym inżynierem armii amerykańskiej.

Potężne — Hurra! — dobiegło uszu brytyjskiej szpicy.

Wieczorem dotarł do Williamsa następny komunikat wodza datowany: „Irwin's Ferry, 5 1/2 o'clock. Wszystkie nasze oddziały przeszły. Piechota przeprawiła się tutaj, konnica poniżej". (Poniżej był Boyd's Ferry.)

Armia Południowa znalazła się na północnym brzegu rzeki Dan już oszańcowanym przemyślnie i błyskawicznie przez polskiego inżyniera. 14 lutego szczęśliwie, acz pod ogniem Brytyjczyków, zdążył się przedostać ze swymi żołnierzami Williams.

Naczelny lekarz armii (ten sam, który przykrywał się jednym paltotem z Kościuszką) pisał z podziwem, że artyleria Cornwallisa grzmiała wniebogłosy, a generał Greene „siedział nieporuszony i kontynuował pisanie depesz, wydając się niczego nic słyszeć i nie zauważać. Jego pióro nie zatrzymywało się ani na chwilę, chyba że wchodził ktoś z meldunkiem. Odpowiedź na zadane pytanie była zawsze udzielona z opanowaniem i dokładnością, po czym pióro znów sunęło po papierze. (…) Podczas gdy dowództwo i żołnierze dawno już udali się na spoczynek, zawsze pogodny, niestrudzony i opanowany Greene, prawie nie zaznając snu, przesiadywał każdej nocy przy swoim przenośnym biurku, oświetlonym jasną latarenką, bez końca pisząc depesze i rozkazy. O świcie, po godzinnym wypoczynku na swoim polowym materacu, obchodził wkoło obozowisko, odwiedzał strażników na stanowiskach, pocieszał przemoczonych, głodnych i stęsknionych za domem żołnierzy, dobrym słowem, współczuciem czy pochwałą wlewając w ich serca otuchę i zbywał milczącym uśmiechem ich prośby o to, by więcej odpoczywał".

Takim go widzimy na brzegach rzeki Dan…

Caroll Headspeth jest stary jak komin na farmie Kathy. Przebiera przezroczystymi palcami karty swej książeczki *The retreat to the Dan*. Wdarliśmy się doń przemocą, córka prowadząca sklep sportowy w centrum South Boston zadzwoniła do ojca niechętnie…

— Jest już stary i chory, będziecie go męczyć… Ledwo odłożyła słuchawkę był już po nas wnuk.

— Dziadek powiedział, że dla Polaków wylazłby z grobu!

— Polacy! Nigdy nikt tu nie dotarł z ojczyzny Kosciuski — pergaminowe, starcze palce drżą. — Napisałem o nim w tej książce: „the best engineer in the American army". Najlepszy inżynier! Kiedy Greene wysłał go nad Catawbę, swego kwatermistrza, pułkownika Carringtona posłał nad Dan. To on penetrował oba brody i zbierał łodzie. John Boyd ze swoją żoną Margaret zbijali kabzę na przeprawie. Mieli prom i tawernę. Danem płynął tytoń, melasa, sól, wieprzowina. Dokumenty, które znaleźliśmy w archiwach mówią o całej dynastii Boydów, która osiadła oba brzegi Danu. Pułkownik George Boyd służył w Armii Południowej. Udało nam się ustalić ze Spurgeonem Comptonem listę ochotników z naszego powiatu... To jedyne dla nich epitafium. Ten znak z armatką, który minęliście w centrum Bostonu przy Main Street do 1939 roku był umieszczony nad rzeką, tam gdzie stała tawerna Boydów. To było ćwierć mili od Boyd's Ferry. Dojedziecie do Ferry Street, obok magazynów kolei, zobaczycie komin Reynolds Tobacco Company, droga się podniesie. Tu były fortyfikacje waszego Kosciuski, który zdążył nie tylko pomóc Carringtonowi w przygotowaniu łodzi, ale natychmiast oszańcował brzeg Danu. Cztery mile w górę rzeki był Irwin's Ferry. Chodziliśmy kiedyś często ze Spurgeonem w dół Ferry Street do końca, nad Dan. To tutaj był bród. Noc z 13 na 14 lutego 1782 przyszła chłodna, lekki lód ścinał jeszcze rzekę. Konie łamały go płynąc...

Zdawało nam się, że słyszymy trzask. Spurgeon mieszka na wzgórzu nad Stoker Creek, może widzieć Dan z okien.

Ja już nie zobaczę tej rzeki, ani twojej książki. Ale powiedz w Polsce, że w miasteczku South Boston stanu Virginia nad rzeką Dan żyli ludzie, którzy wiedzieli, co dla ich ojczyzny uczynił Thaddeus Kosciusko.

Gwiaździsta
Reduta

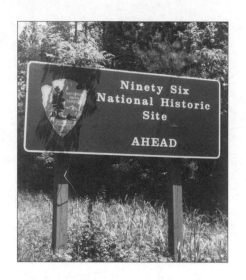

„Bardzo to było ładne warsztatowo oblężenie, przeciwko bardzo trudnemu przeciwnikowi, znacznie bardziej kłopotliwemu niż obrońcy twierdz europejskich, wśród których rzadko wówczas spotkać można było tak świetnych strzelców wyborowych. /.../ Ta pomysłowa dziewięciometrowa bateria strzelecka, drewniana wieża, z której riflemeni wojsk oblegających mogli polować na obrońców; usypanie sześciometrowej góry z barbetem, czyli ława działowa dla armat; wreszcie galeria podziemna, która byłaby w ciągu czterech dni wyprawiła załogę Reduty Gwiaździstej do nieba..."

Stefan Bratkowski: „Z czym do nieśmiertelności"

„Najnowsze badania historyków wojskowości wykazały, że zaplanowanym i prowadzonym przez Kościuszkę pracom saperskim nic nie można zarzucić. Jak zauważa autor wydanej w 1962 roku pracy pt. Decisive Battles of the American Revolution, podpułkownik Joseph B. Mitchell, źródłem niepowodzenia Amerykanów było to, że << fortem dowodził niezwykle uzdolniony podpułkownik John H. Cruger, który przeprowadził operację obronną jedną z najbardziej błyskotliwych w tej wojnie >>"

Wiktor Malski: „Amerykańska wojna pułkownika Kościuszki"

Oblężenie Ninety-Six „będzie dostarczało przykładu, co może osiągnąć dzielność, wytrwałość, odwaga i wysiłek żołnierzy".

Z „Not" Tadeusza Kościuszki

Dni krwawe i srogie

„Walczyliśmy, bywaliśmy bici, podnosili się i walczyli znów" — te słowa gen. Greene'a błyskawicznie podsumowują kampanię Armii Południowej wiosną 1781. Po dwóch wyścigach do rzek Yadkin i Dan naczelny inżynier Armii — Kościuszko — odbył swój prywatny wyścig do Halifaxu nad rzeką Roanoke z rozkazem, by ufortyfikował tenże fort jak najszybciej. Znad rzeki Dan do Halifaxu przemknął w dwa dni. To „tylko" 130 kilometrów. Pułkownik referował generałowi: „nie zdołałem dostać koni i część drogi musiałem przebyć pieszo".

Błyskawicznie też zrobił szkic umocnień, ale pocieszył dowódcę: „Według mnie nic nie może skusić nieprzyjaciela do przyjścia tutaj, z wyjątkiem magazynów z zaopatrzeniem"...

Cornwallisa nie skusiły magazyny.

Do pierwszego starcia nieprzyjaciół oko w oko miało dojść w bitwie pod Guilford — w Północnej Karolinie 15 marca 1781 roku.

Dziś jest to zachodniopółnocna część miasta Greensboro — Guilford Courthouse Battleground National Military Park. Jedziemy Cornwallis Drive (Amerykanie są lojalni wobec starych nieprzyjaciół), mijamy osiedle zowiące się Greene's Crossing... I Old Battleground Road, czyli Starą Drogą Bitewną, wjeżdżamy na ogromne pole bitwy, odtworzone równie rzetelnie jak pod Saratogą, z zaznaczonymi trzema liniami wojsk amerykańskich jak je ustawił generał Nathanael Greene. Dwie pierwsze, ukryte wśród drzew, stanowiły oddziały ochotniczej milicji Karoliny Północnej i Virginii, wspierane przez kawalerię „Light-Horse" Lee i pułkownika Williama Washingtona. Trzecią linią — regularnymi oddziałami z Marylandu dowodził przyjaciel Kościuszki — pułkownik Otho Williams. Przy nim był zapewne nasz bohater.

Na polu bitewnym jest dwadzieścia dziewięć pomników! Wśród nich granitowy, symboliczny obelisk poświęcony Marylandczykom: „Regular's Greene's 3rd Line", i monumentalny generał Greene na koniu. (Pomnik wzniesiono w 1915 roku, w czasie I wojny światowej. Został rozbity i zbezczeszczony w Święto Niepodległości 4 lipca 1989 przez grupę młodzieży, która wpadła na teren parku z transparentami: — Precz z wojną! Precz z mundurami! Precz z bronią!)

Pomnik generała Nathanaela Greene'a w Guilford przypomina o stoczonej tam przezeń bitwie 15 marca 1781 roku. „Nasze działania były długie, krwawe i srogie – pisał
generał – żadna armia nie walczyła w takich warunkach jak nasza. Hart ducha i cierpliwość przezwyciężyły wszystkie trudności"

Broń i przedmioty codziennego użytku żołnierzy
spod Ninety Six.

Lufa armaty, z której strzelano w czerwcu 1781
podczas oblężenia Ninety Six, w walce o Star Fort
– Gwiaździstą Redutę.

Dodać trzeba, że Greene na pomniku jest w mundurze. Ale bez broni. (Po tym wyczynie w parku pojawiły się znamienne tabliczki: „Picie alkoholu wzbronione").

Tylko na jednym pomniku prościutkim leżą kwiaty. Młody trębacz daje sygnał do ataku. „Gallant Gilles z konnicy Light-Horse Harry'ego, który padł pod szablami dragonów Tarletona. DULCE ET DECORUM EST PRO PATRIA MORI".

— Po jakiemu to? — pyta młodzieniec z kolczykiem w uchu żujący gumę.

— Po łacińskiemu — odburkuje po polsku Maciek. A Iwonka usiłuje przełożyć ex improviso na angielski ową frazę tak częstą na nagrobkach Polaków: SŁODKO I CHWALEBNIE JEST UMIERAĆ ZA OJCZYZNĘ.

„Losy bitwy długo były wątpliwe — raportował przebieg zdarzeń pod Guilford Cornwallis. — Nie mieliśmy ani jednego regimentu czy jednostki, która by przez jakiś czas nie była zmuszona ustąpić pola..."

Pierwsza podała tyły amerykańska milicja. Ale Marylandczycy szli jak płomień i Cornwallis musiał podjąć straceńczą decyzję ostrzelania z dział żołnierzy walczących na bagnety. Wśród nich był kwiat jego armii — Królewska Gwardia. Nie zawsze słodko i chwalebnie się umiera...

„Nasze działania wojenne były długie, krwawe i srogie, wielu padło" — pisał ze smutkiem Nathanael Greene do żony. — „Nie spotkał mnie zaszczyt otrzymania rany, natomiast o mało nie dostałem się do niewoli, bowiem w gorączce bitwy wjechałem z całym pędem w sam środek wojsk nieprzyjaciela"... Nie mamy żadnych relacji o losach Kościuszki w tej bitwie, którą nazwano „zwycięstwem Brytyjczyków drogo okupionym". W najpopularniejszej pieśni amerykańskiej „Yankee Doodle" jest zwrotka:

> **Cornwallis let a country dance**
> **The like was never, sir,**
> **Much retrograde and much advance**
> **And all with General Greene, sir.**

Po Guilford skończyły się „tańce" i nie było już potrzeby wodzenia wroga „w przód i w tył". Cornwallis ruszył w stronę Virginii. Wojska Greene'a do Południowej Karoliny.

"Żadna armia nie walczyła w takich warunkach jak nasza" — pisał gen. Greene 18 marca 1781 roku. — "Ale hart ducha i cierpliwość oficerów i żołnierzy przezwyciężyły wszystkie trudności. Mieliśmy mało jedzenia, picia i kwatery wśród drzew... Lecz armia była dobrej myśli, nawet gdy opuszczały nas licznie szeregi milicji pędzącej do domów, by ucałować żony i narzeczone"...

O pułkowniku Kościuszce wiemy tylko, że 12 marca dziękował za płótno na cztery koszule i dostał "pomyślną wiadomość, że nieco płótna można będzie dostać w Camden". W miejscu klęski generała Gatesa Armia Południowa stoczyła niepomyślnie potyczkę z oddziałami angielskimi 25 kwietnia 1781. Wpisano ją w dzieje wojny jako bitwę pod Hobkirk Hill (dziś miejsce nie oznaczone na mapach tuż przy wjeździe do miasta Camden, przy autostradzie 601).

Podejrzewamy, że płótno pozostało w sferze marzeń...

Armia Greene'a ruszyła dalej na południe. Każdy żołnierz modlił się o ten dar, ku któremu wzdychał dowódca: "Niechaj Bóg zrządzi, aby okazał się już niedaleki dzień, kiedy Pokój ze wszystkimi jego błogosławieństwami szerzyć będzie powszechną radość w Ameryce"...

"Historia — przygoda mego życia"

Tu nie sposób zabłądzić. Ogromne tablice ze znakiem Parku Narodowego (bizon, drzewa, góry) i napisem "Ninety Six National Historic Site" zabiegają drogi na wszystkich skrzyżowaniach. County nazywa się Greenwood. Iwonka osądza, że możemy to sobie przełożyć na powiat Zielony Las. Ninety Six tonie w zieleni sosen i kaskadach bluszczu. Okwitają magnolie, sady brzoskwiniowe uginają się od pyzatych, złoto-różowych owoców. Trwają żniwa. Osada Ninety Six liczy dziś 2000 mieszkańców, żyje cicho przycupnięta w lasach. Wjeżdżamy dokładnie tegoż dnia, gdy u boku Greene'a przycwałował tu w roku 1781 Kościuszko — 22 maja. Była wtedy mroczna noc, siekąca deszczem. Podeszli cicho pod brytyjską forteczkę, do ostatniej placówki okupowanej przez Brytyjczyków w sercu Południowej Karoliny. Czujne straże plunęły ogniem...

Nasz dzień jest słoneczny i jasny. Na powitanie kroczy superintendent kapitan Robert Armstrong, dyrektor muzeum w Ninety Six. Jeszcze raz przypomnę sobie, jak to mi przepowiadano same rozczarowania. Kto tam będzie wiedział w tej Ameryce o jakimś tam Kościuszce poza kilkoma zmurszałymi historykami...

Robert Armstrong, opalony na brąz, z siwą czupryną i srebrzystym wąsem, jest historykiem, ale kudy mu do zmurszałości. Rusza się jak zawodowy wojskowy. Wita nas entuzjastycznie (do tego już bezczelnie na Południu przywykliśmy). W niewielkim, ale świetnie zaaranżowanym muzeum, na honorowym miejscu portret Kościuszki obok portretu generała Greene'a, broń z epoki, manekiny obu armii w mundurach (nie mogę się oprzeć zdrożnej pokusie pozowania do zdjęcia z podkomendnym Kościuszki!), mapa plastyczna terenu, który za chwilę zobaczymy — żywym!

Urwana lufa armatnia sterczy na kamiennym cokole z napisem: „używana w bitwie o Redutę Gwiaździstą, w czerwcu 1781".

— To nasz symboliczny pomnik! — kapitan Armstrong prowadzi nas w chłód leśnej drogi — Kiedy powiadam do amerykańskich turystów: — Idziemy do fortu, słyszę nieodmiennie: — Jak to? A dojechać tam nie można?!

Zanurzamy się z lubością w rześki cień ogromnych sosen, topoli, dębów, cedrów, zasłuchani...

— To jest Island Ford Road — stara droga, którą nadjechali Kościuszko i Greene — wskazuje kapitan. — Tędy biegł szlak prawowitych panów tej ziemi — Indian Cherokee. Ninety Six — 96 mil od wioski ich plemiennego wodza, Keowee — to było centrum handlowe na trasie z Charlestonu. Kiedy przegnano stąd Indian, ruszyli na tę ziemię żyzną osadnicy. W 1751 roku mój imiennik, niejaki Robert Govedy, rozpanoszył się w Ninety Six, miał 1500 akrów, 500 niewolników, handlował bronią, łóżkami, butami, rumem. Po jego śmierci — wszystko zamarło.

Kiedy doszły tu ognie wojny, w Ninety Six było zaledwie 12 domów, setka mieszkańców i forteca, którą dowodził Niemiec z pochodzenia, pułkownik John Harris Cruger mający 550 żołnierzy. Amerykanów — nie Anglików, ani najemników. To byli lojaliści, dla których król Jerzy III pozostał władcą amerykańskiej ziemi. Byli bogaci, doskonale uzbrojeni, prawdziwi weterani służący od początku wojny o niepodległość... A to już był przecież szósty jej rok... Każdy miał na rękach krew rodaków... Nie lubię myśleć o tym, że w Ninety Six mieliśmy właściwie małą wojnę domową, przed tą dużą, która przyniosła zamęt, nienawiść, zniszczenie i rozpacz...

Historia jest wielką przygodą mojego życia, uczyłem jej młodzież... Ale jaka lekcja w szkole może się równać z tym, co przeżywamy na prawdziwym polu bitwy?

Wychodzimy z zieleni leśnej. Olbrzymia polana. Wybrzuszenia gruntu, porosłe nikłą trawą, wyraziście czytelne w swych zarysach. Jedyny tego typu obiekt z wojny o niepodległość USA.

— Prawie dwieście lat uprawiano tę ziemię — mówi kpt. Armstrong. — Kiedy archeolodzy zaczęli zdejmować jej warstwy, obnażyli nietknięty rysunek fortyfikacji Crugera i zygzaki biegnących ku nim tuneli, okopów, rowów łącznikowych Kościuszki...

Ta polana żyje. Siwy Amerykanin, jak młodzik, wciąga nas w bitewny szum. Prowadzi wśród znaków oblężenia, przyklęka do strzału, wskazuje pozycje wroga, unosi się, zapala, smuci, śmieje, triumfuje — razem z tamtymi sprzed ponad dwustu lat. Jest po prostu wspaniały!!!

I wymawia nazwisko naszego bohatera normalnie, no, może to brzmi jak „Koszciuszko"...

— Niesamowity był ten wasz chief inżynier — kręci siwą głową z podziwem. — Od razu pierwszej nocy zaczął budować pozycję pod baterię... Popatrzcie. Widzicie tę ośmioramienną gwiazdę?

To była Star Redoubt. Reduta Gwiaździsta. Najsilniejsza. Panowała nad dwoma mniejszymi... Strumyk z wodą też był ochroniony fortem...

Całość projektował wytrawny inżynier Henry Haldane, którego Cornwallis przysłał tu z Camden.

Barbara, a teraz mam dla Ciebie niespodziankę. To jest dar ode mnie. Książka Polaka, ale po angielsku i tam jest pamiętnik Kościuszki z oblężenia Ninety Six...

Gdy piszę to — tak daleko, daleko od Południowej Karoliny — leży stale w zasięgu mej ręki niebieska książeczka z dedykacją: „To Barbara, our friend from Poland. Come back soon and send us a copy of your book. We enjoyed your visit — Bob Armstrong". Ten dar to bezcenna praca Mieczysława Haimana *Kosciuszko in the American Revolution*, wznowiona przez Fundację Kościuszkowską i The Polish Institute of Arts and Science w New Yorku.

Naszym znakomitym przewodnikiem w Ninety Six był superintendent Ninety Six National Historic Site – Robert Armstrong, którego przodka, kapitana Armstronga, wymienia Kościuszko w swych notach: „...zginął kpt. Armstrong i 30 żołnierzy, winniśmy chronić w pamięci ich cnoty odwagi, żałować ich straty i przykład przekazać potomności".

– Grunt był tak twardy, że z trudem ryto aprosze...

Kapitan Robert Armstrong – dyrektor Muzeum w Ninety Six – z młodzieńczym temperamentem odtwarza dzieje oblężenia. Obok – moja wspaniała ekipa – Iwonka Wantuchówna i Maciek Zamorski.

– Kościuszko skoncentrował prace naprzeciw Reduty Gwiaździstej...

Na wielkiej polanie zachowały się, z pietyzmem odkryte, zarysy fortów Ninety Six – jedyna tego typu pamiątka z czasów wojny o niepodległość.

Nie mogę się oprzeć pokusie sfotografowania z podkomendnym Tadeusza Kościuszki w pełnej gali.

Te wymuskane mundurki na manekinach to bujda. Zachowały się listy Kościuszki proszące o kawałek płótna na koszule...

„Palca nie można było wystawić"

Jakże słusznie pieklił się Stefan Bratkowski, że bezcenny i jedyny tego typu dokument — własnoręczny opis działań Kościuszki pod Ninety Six — nie został dotąd w Polsce w całości opublikowany. Znamy tylko fragmenty, zacytowane przez Haimana. I już nigdy całości tych notatek z oryginału nie poznamy! W Maryland Historical Society w Baltimore uczyniło się nie lada zamieszanie, kiedy zamówiłam ów dokument... Wreszcie bardzo miła i uczynna Jennifer Sharkey przyniosła w brązowym pudle dwie i pół kartki słabo czytelnej kopii Kościuszkowskiego rękopisu. Dołączono do nich szokującą informację: „Strony 1–5 zagubiono w marcu 1976"!!! Nie ostała się żadna fotokopia! Okoliczności „zagubienia" — nieznane! Po prostu jakiś kolekcjoner, któremu udostępniono oryginał, uczcił sobie w ten sposób dwóchsetlecie Deklaracji Niepodległości. Gdyby nie — zaiste błogosławiony (jak go nazywa Bratkowski) — Haiman, nie znalibyśmy nawet fragmentów. Całość opatrzona jest serdeczną uwagą Otho Williamsa: „Notes by my friend Col. Kosciuszko. Relative to siege of 96" („Uwagi mego przyjaciela, płk. Kościuszko relacjonujące oblężenie 96").

„Gdy obejrzeliśmy prace Wrogów ze wszystkich stron (konsekwentnie dużą literą i nie był to błąd ortograficzny, od których zresztą w tekstach angielskich Kościuszki rojno), okazało się, że najsilniejszą placówką jest Reduta Gwiaździsta".

Wypukły kształt ośmioramiennej gwiazdy oglądamy w Ninety Six z góry, wspiąwszy się za kapitanem Armstrongiem na drewnianą wieżyczkę, przypominającą nasze ambony myśliwskie. Stąd szedł ostrzał w stronę reduty.

Już pierwszą nocą z 22 na 23 maja Kościuszko usiłował przygotować baterię i podtoczył działa, nie zdążył ukończyć pracy, bo jak uboleva, „żołnierze byli nowicjuszami w tego typu robotach i roboty nie zostały ukończone przed świtem, co uniemożliwiło wprowadzenie dział na pozycje". O poranku żołnierze Crugera wypadli w huku swojej artylerii i roznieśli prace. Następnej nocy uparty inżynier zaczął pracować od nowa, udało się wciągnąć działo i o poranku, jak pisze

Atak wojsk amerykańskich na Gwiaździstą Redutę – fantazyjny obraz, który możemy oglądać w Ninety Six.

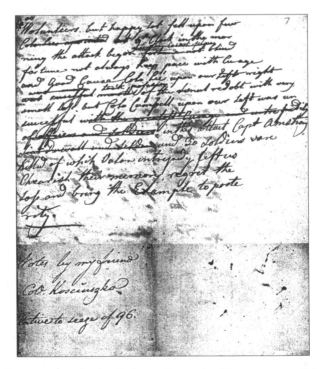

Kościuszko, kierujący pracami oblężniczymi, zostawił cenne notatki z tych dni, przechowywane w Maryland Historical Society (Baltimore). Po raz pierwszy w Polsce prezentujemy kopię tego diariusza. Połowa – wedle informacji archiwum w Baltimore – zaginęła w roku 1976!!! Adnotacja pułkownika Otho Williamsa: „Noty mego przyjaciela płk. Kosciuszki relacjonujące oblężenie 96".

„oddano zeń kilka strzałów na miasto i Redutę Gwiaździstą z wielkim efektem, alarmując niezwykle przeciwnika".

Idziemy wzdłuż linii oblężenia nieubłaganie zbliżającej się groźnymi jęzorami do fortu.

— Wiecie, to chyba było trudniejsze od West Point — kapitan Armstrong wyszarpuje grudkę ziemi. — Zobaczcie konsystencję tej twardej gliny, w którą wkopywali się pod ostrzałem wyborowych strzelców.

„Przeciwnicy są tak świetni w strzelaniu do celu, że palca nie można było na pół sekundy wystawić, by go nie odcięli" — tę uwagę Kościuszki znajdujemy na ocalonych kartkach. Przez tyle niebezpieczeństw — przeszedł nietknięty.

Nocą z 9 na 10 czerwca sprawdzał prace w podkopie, którym wkrótce mieli dotrzeć do Reduty Gwiaździstej i wysadzić fortyfikacje w powietrze. Nagle padł strzał, podniósł się krzyk. To z oblężonej fortecy ruszył atak. „...I niewiele brakowało — a złapaliby naczelnego inżyniera Amerykanów" — konstatuje pogodnie Kościuszko. Salwował się błyskawicznym sprintem. Dostał postrzał!!! Wiemy o tym z mściwie radosnego zapisku poruczniczyny brytyjskiego, niejakiego Rodericka Mackenzie (kronikarza wiernego poczynań „Krwawego" Tarletona): „Nigdy chyba żaden pechowiec nie był tak niechwalebnie ranny jak Count Kozinsco"... To prawda — żadnej ze swych admiratorek nie mógłby pułkownik Kościuszko swej blizny pokazać, natomiast bardzo miała mu owa rana doskwierać przy dosiadaniu konia...

Ale imć Mackenzie nazywa naszego „Kozinsco" — „a foreign adventurer whom They created a Count of Poland" — „Cudzoziemskim awanturnikiem, którego Oni (Amerykanie) kreowali polskim hrabią".

Kapitan Armstrong parska na obrazę bohatera, prostuje, że Kościuszko nie był żadnym „Countem": — Jak ktoś z Europy, to już musiał być arystokratą! Kościuszko przyjechał do nas za pożyczone pieniądze, żołdu mu nie płacili, przecież jest taki jego list proszący o trochę płótna na koszule... Te wymuskane mundurki na manekinach to bujda. Oni byli ledwo odziani i nierzadko głodni. Oblężenie trwało 28 dni, patrzcie na te linie — to już był krok, żeby założyć miny i wysadzić Gwiaździstą, a po niej dwie następne reduty... Ale nie zrobili tego kroku. Przyszła wieść, że 2000 żołnierzy pod dowództwem lorda generała Francisa Rawdona (z którym Greene potykał się niefortunnie w Hobkirk Hill) idzie na odsiecz Ninety Six.

5 czerwca lord Rawdon pisał Cornwallisowi: „Idę do Ninety Six. Jeśli zdążę uratować ten posterunek, to będzie wielkie szczęście".

„Siedemnastego (czerwca) Generał, otrzymawszy ostatnią wiadomość, że w drodze jest Lord Rawdon z 2000 ludzi odsieczy dla garnizonu Ninety-Six, i doszedłszy do wniosku, że to zmusi nas do zwinięcia oblężenia następnego rana, uznał za roztropne wypróbować gorliwość żołnierzy przez atak na obie reduty — liczni oficerowie i żołnierze podjęli intencję Generała i zgłosili się jako ochotnicy" — pisał w swych „Notach" Kościuszko. — „Ślepa fortuna nie zawsze trzyma z odwagą i słuszną sprawą" — ubolewa. — „Zginął kpt. Armstrong i 30 żołnierzy. Powinniśmy chronić w pamięci ich cnotę odwagi, żałować ich straty i przykład przekazać potomności"!

— Tak poległ mój przodek-imiennik — mówi kapitan Armstrong. — Nie mógł sobie chyba wymarzyć piękniejszego epitafium.

„Mistrz w swym zawodzie"

„Jestem przekonany, że gdyby inżynier był odciął Anglików od wody w pierwszych dniach oblężenia, zmusiłby ich do kapitulacji; ale chociaż Koschiusko był człowiekiem bardzo pilnym i, jak wierzę, z duszy i serca dobrym, chociaż posiadał wiadomości fachowe, talent jego był mierny i brakowało mu wszelkiej iskry. Jego błędy pozbawiły nas Ninety Six". Taka jest ocena dziarskiego kawalerzysty — „Light Horse" Lee, którego Bratkowski nazywa bez ogródek „zarozumiałym i zazdrosnym niefachowcem". To, że obydwaj panowie nie przepadali za sobą — jest oczywiste. Kościuszko, jak pamiętamy, dzielił się z jeńcami ostatnim kawałkiem chleba.

Henry Lee natomiast, przyprowadziwszy do Ninety Six załogę pokonanej twierdzy Augusta, przepędził jeńców pod odwróconym sztandarem brytyjskim z łomotem bębnów i gwizdami, o czym wspomina z niesmakiem nasz historyk — Władysław M. Kozłowski.

Z not Kościuszki wiemy, że wywiadowcy donieśli, iż „nieprzyjaciel posiadał studnie we wszystkich umocnieniach i nie ucierpiałby przez odcięcie od źródła, co można było uczynić po zawładnięciu małą redutą".

Amerykańscy historycy współcześni, biografowie Greene'a, nazywają naczelnego inżyniera „niezmordowanym" (restless) i „świetnym" (brilliant). Świadek całego oblężenia Ninety Six — płk Williams — pisze, iż Kościuszko „kierował operacjami i dzięki jego zapałowi, pilności, wytrwałości i nieustępliwości prowadzono prace bardzo sprawnie". John Armstrong w swych wspomnieniach stwierdza, iż pod Ninety Six Kościuszko wykazał „gorliwość, przedsiębiorczość, wytrwałość i odwagę, które chociaż nie mogły zwiększyć jeszcze bardziej uznania generała-dowódcy, jednakże zjednały mu jego pełne zaufanie". I ten generał, Nathanael Greene, wystawił swemu inżynierowi po Ninety Six dwa świadectwa najświetniejsze.

20 czerwca 1781 wydał rozkaz: „Generał składa podziękowania pułkownikowi Kosciuszko, naczelnemu inżynierowi, za jego wytrwałość, stanowczość i niezmordowane wysiłki w planowaniu i prowadzeniu robót oblężniczych, które by niezawodnie przyniosły oczekiwany sukces, gdyby czas pozwolił na ich ukończenie".

12 sierpnia na prośbę gubernatora Karoliny Północnej o inżyniera, który wzniósłby kilka fortów dla ochrony przed grabieżami Anglików, gen. Greene pisze: „Wysyłam Panu do pomocy płk. Kosciuszko, naszego głównego inżyniera, który jest mistrzem w swym zawodzie («Master of his profession»). Będzie służył Panu wszelką pomocą"...

Gwiaździsty Sztandar
na Gwiaździstej Reducie

Wracamy z kapitanem Armstrongiem przez pola słodko pachnącej koniczyny płosząc stada dzikich indyków. Czarne motyle latają nad strumykiem...

— Jest taka legenda, że to powracają dusze Murzynów, którzy czołgali się nocą, stopieni z jej czernią, po wodę — mówi kapitan...

— A ziemia ciągle opowiada swą historię... Niedawno mój syn znalazł guzik, na którym jest orzełek... Do kogo należał? Przy jakim był mundurze?

A pole bitwy zdobywają dzieci z Primary School, które przyjechały tu uczyć się historii swego kraju.
Zaśpiewały nam „The Star spangled banner", my im „Poland is not yet lost"...

Nagle czyni się radośnie i rozgłośnie.

— O, „potomność" nadciąga! — woła Iwonka.

Tłum dzieci, białych i czarnych wtargnął na bitewne pole. Pierwszy raz słyszymy pieśń stanu South Carolina wykrzykiwaną cieniuśkimi głosikami: „Call on thy children of the hill! Wake swamp and river, coast and rill! Rouse all they stength and all the skill. Carolina! Carolina!".

„Zwołuj dzieci ze wzgórz! Obudź moczary, rzeki, wybrzeża i strumienie! Obudź wszystkie moce i wszystkie nadzieje. Karolina! Karolina!"

— To jest pieśń poświęcona pamięci Dzieci Amerykańskiej Rewolucji — mówi kapitan. Przedstawia nas. Maleństasy na sygnał nauczycielek wstają i śpiewają „The Star Spanglcd Banner". „Gwiaździsty Sztandar".

Ten narodowy hymn USA autorstwa Francisa Scotta Key, napisany 14 września roku 1814, znam tylko z bardzo jeszcze młodopolskiego przekładu Karola Wachtela dokonanego w roku odzyskania przez Polskę niepodległości — 1918, a dedykowanego prezydentowi USA, Woodrowowi Wilsonowi, który uznania tej niepodległości przez świat zażądał.

**O niech Gwiezdny ten Sztandar wciąż powiewa nam,
Gdzie Wolności święty dom, gdzie lud dzielny strzeże bram!**

— A teraz — powiada kapitan — nasi goście z Polski zaśpiewają wam hymn polski „Poland is not yet lost"… Moja ekipa w popłochu! Trudno. Kapitan powierzył nam honor Polaków. Fałszując nieludzko, ale z żarem śpiewamy Mazurka Dąbrowskiego w Ninety Six.

— A teraz — powiada kapitan — Barbara opowie wam o takim wspaniałym rycerzu, który nazywał się Thaddeus Kosciuszko.

Tak cóż robić. Opowiadam. Dziewczynka z jabłkiem w buzi i polską chorągiewką w dłoni pyta: — Cy to jest bajka?

„Ciekawe, dlaczego nasz bohater narodowy, który za swoją skromność (czy może – jak przypuszczam – dumę raczej?) zapłacił długim oczekiwaniem na należny mu od Kongresu awans, budzi tyle antypatii u niektórych historyków? Jego listy do przyjaciół tchną poczuciem humoru. /.../ Jest zaś ten zawodowy wojskowy przy swej drobnej sylwetce muskularnym wysportowanym mężczyzną – te kilkadziesiąt kilometrów pieszo w drodze do Halifaxu; ta odporność na trudne warunki, znacznie wyższa niż u amerykańskich kolegów, którzy z kampanii na Południu wyszli w większości inwalidami lub ciężko schorowani; te zdolności sprinterskie, które mu, bezbronnemu wobec gromady napastników, po-

zwoliły z kulą w pupie umknąć ich łapom pod Ninety-Six; to wytrenowanie szermiercze i strzeleckie, którego tak przestraszył się niedoszły partner amerykańskiego pojedynku, że wolał narazić się na wstyd, niż stanąć na placu; dziesiątki kilometrów wiosłowania w dwie osoby na canoe podczas badania nurtu rzek w Karolinie; /.../ wszystko to razem czyni zeń wręcz asa pięcioboju nowoczesnego, ideał wszechstronnego wysportowania. Czego on w tej Ameryce nie robił! I przewoźne mosty pontonowe, i pierwsze nowoczesne twierdze; sadził kwiatki na skałach i na prośbę Kongresu iluminował Princeton z okazji Święta Niepodległości; kopał chodniki podziemne i gonił kontrabandę, wiezioną do otoczonego Charlestonu; rysował portrety dam i szkice umocnień; słowem, postać kolorowa i żywa, przy tym – pełna wdzięku. Odważny i pracowity, zarazem pogodny i miły dla wszystkich wokół, lgnie do ludzi, serdecznością odpłaca za każdy odruch dobroci i sympatii, przyjaciół wręcz adoruje. Przez lata utrzymuje się z własnych, przywiezionych z Europy pieniędzy; część swoich racji oddaje szpitalowi, ratuje od głodu jeńców; wykłóca się o odzież i buty dla swoich ludzi. A przy tym – honorny i lojalny; dla przyjaciela uwikła się w pojedynek z głupim łobuzem, który stchórzy i jeszcze ogłosi go w prasie zabijaką, polującym na uczciwych dżentelmenów. Największe słabostki? Namiętność do kawy i ... hodowanie kwiatów."

Stefan Bratkowski: Amerykański portret Kościuszki skreślony w książce „Z czym do nieśmiertelności"

Płomienie
Charlestonu

„Postanawia się, aby sekretarz wojny przekazał pułkownikowi Kościusz-ce akt nominacji na generała brygady i oznajmił temu oficerowi, że Kongres żywi wielkie uznanie dla jego długiej, wiernej i pełnej zasług służby".

13 października 1783

„Te trzynaście prowincji są teraz niemowlęciem, ale roztropność, pilność i patriotyzm, który się wydawał we wszystkich ich krokach, wnet je doprowadzi do dojrzałego wieku. Wewnątrz już przezwyciężyły trudności. Z zewnątrz uznały już ich niepodległość wszystkie narody, które się cisną winszując im nowo nabytej politycznej istności i ofiarowują im przyjaźń, i przychylność swoją".

„Pamiętnik Historyczno-Polityczny", Warszawa w lutym 1784
Po zwycięstwie Stanów Zjednoczonych

„Ale teraz, gdy jesteście zupełnie spokojni i panami u siebie, co uczyni-cie, moi drodzy Panowie? Do jakiego stopnia posuniecie wasze wzajemne zawiści? Kto będzie miał moc uspokojenia ich? Czy wasz kongres zdolny będzie wzbudzić poważanie, jakie się należy przedstawicielom najwyższej władzy, a które niezbędne jest w Rzeczypospolitej?"

Tomasz Kajetan Węgierski do amerykańskich mężów stanu, 1784

Duet Terry-Tray

„Tadek" rączo przemyka przez most na rzece Savannah i jesteśmy w Południowej Karolinie. Tu padł ostatni strzał w wojnie o niepodległość.

Palmetto State, Stan Palmowy od razu trawestujemy na — Sosnetto State — Stan Sosnowy. Czuję się jak w domu. To jest drzewo moich podlaskich lasów.

Wjeżdżamy do stolicy stanu, jasnego, czystego, pogodnego miasta Columbia.

W South Carolina Department of Archives and History czekają nas Terry Lipscomb, szef działu historii i Tray Stephenson, szef public relations. Otrzymali elegancki list Bogusława Majewskiego z ambasady polskiej. Ten młody dyplomata z własnej inicjatywy zwrócił się prosząc o pomoc w mych poszukiwaniach do wszystkich placówek naukowych posiadających Kościuszkiana, do wszystkich muzeów i archiwów na naszej Kościuszkowskiej trasie. Nieoceniony!

Rezultata były różnorakie. W New York Historical Society byli antypatyczni i niechętni. W waszyngtońskiej Bibliotece Kongresu — pomocni i zainteresowani. W Columbii...

Z taką gościnnością spotkało mnie tylko Południe!!! Wszystko było do dyspozycji. Zbiory, telefony, samochody, kontakty.

Terry przygotował stosy dokumentacji, a na honorowym miejscu ułożył książki Haimana o Kościuszce. Nasze spotkanie zmieniło się w wielką debatę o historii tamtych dni. Pisząc tę opowieść często sięgam po znakomity cykl esejów Terry W. Lipscomba *South Carolina Revolutionary Battles*, gdzie mam nie tylko analizę działań wojennych wybiegłą spod pióra wybitnego historyka, lecz także — niespotykane! — wskazówki jak dzisiaj do tych miejsc trafić. Bo Terry należy — (tak jak w Polsce profesor Stanisław Makowski, który w przebraniu przekradał się ongi bez przepustki do Krzemieńca, miasta Juliusza Słowackiego) — do tych nielicznych naukowców, którzy schodzą z katedr, wstają zza biurek i wyruszają w kraj swych bohaterów... Toż samo czyni Tray Stephenson, który wśród wielu prac dotyczących historii stanu ma także za sobą ustalenie topografii i przygotowanie tekstu na ponad 350 tablic pamiąt-

Nasi wspaniali przyjaciele z Departamentu Archiwów i Historii Południowej Karoliny w stolicy stanu – Columbii przygotowali precyzyjną trasę Kościuszkowską na podstawie map z XVIII wieku. Terry Lipscomb – historyk, autor wielu prac z historii wojny o niepodległość (trzyma w dłoniach miniaturę polskiego orła) jest miłośnikiem twórczości Sienkiewicza. Tray Stephenson – szef public relations woli Josepha Conrada... Z lewej - Iwonka, studentka Portland University, córka jednej z mecenasek wyprawy.

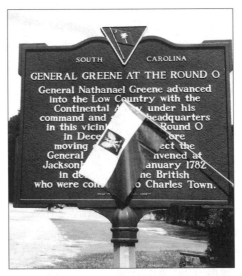

Jesienią 1781 generał Nathanael Greene rozbija obóz w miejscowości wybranej przez Kościuszkę, Round O - (Okrągłe O!) na drodze do Charlestonu...

Nie przeprowadzono tu żadnych prac archeologicznych, las zarósł doszczętnie ślady Kościuszkowskich fortyfikacji. Postawiono tylko historyczny znak na skrzyżowaniu dróg, który już tradycyjnie ubieramy w polskie chorągiewki.

kowych — znaków, które nas wiodą bitewnymi drogami Południowej Karoliny. Wszędzie dobrnął osobiście, tak jak prof. Lipscomb. Śmieją się, że tworzą znakomity duet: Terry-Tray. I duet śpiewa:

Hold up the glories of the dead
Say how thy elder children bled,
And point to Eutaw's battle-bed.
Carolina! Carolina!

To zwrotka hymnu stanowego, który śpiewały nam dzieci w Ninety Six. „Ocalaj chwałę poległych, opowiedz jak krwawiły starsze dzieci i wskaż kolebkę bitwy — Eutaw..."

— Pod Eutaw Springs 8 września 1781 generał Greene stoczył ostatnią w takich wymiarach bitwę na Południu — mówi Terry. — A wasz Kościuszko (wymawia bezbłędnie!) fortyfikował wtedy Virginię... Dotarł do nas dopiero w październiku. Widzicie tę kapliczkę — ruinę? To zdjęcie zrobiłem dwadzieścia lat temu. Potem huragan zwalił tę ścianę...

To było nad rzeką Ponpon, nazywaną też Eddisto, dziś po prostu Edisto. Tu gdzieś stacjonowała armia Greene'a, gdy wrócił do niej Kościuszko. Tu biegną wyraźne ślady umocnień... a wszystko wygląda jak dekoracja do filmu o czarownicach... Ale nie ważcie się tam wędrować. Już nie przedrzecie się przez las. Pojedziecie prosto do Round O. To miejsce Kościuszko wybrał na obóz w zimie 1781. W korespondencji generała Greene'a jest list od pułkownika Williamsa z grudnia, że „Col. Kosciuszko jest ciągle cierpiący na zapalenie twarzy, ale wyjeżdża jutro szukać nowej pozycji"...

Znalazł ją na plantacji Round O, pośród pól ryżu, w sąsiedztwie lasów — jeszcze dziś zobaczycie jakich pięknych, wtedy pełnych zwierzyny i moczarów z tysiącami dzikich ptaków. Nareszcie się odżywili...

Niestety — las zarósł ślady obozowiska doszczętnie. A prac archeologicznych nie przeprowadzono... À propos, Barbara, jakie wy macie wspaniałe osiągnięcia! Te odnalezione osady pierwszych Słowian! Zazdroszczę wam... A wiesz, gdzie bym chciał pojechać? — Pod Grunwald! Bo to moja ulubiona książka!

Terry wyjmuje pięknie oprawne tomy. Henryk Sienkiewicz — *The Teutonic Knights*. Krzyżacy.

— To geniusz! Nie ma drugiego pisarza, który by miał taką wizję przeszłości... A o naszej wojnie o niepodległość nie napisano nawet *Przeminęło z wiatrem*...

— Jak to — nawet? — protestuje Iwonka. — My admirujemy *Gone with the wind* i nawet Barbara obiecała włączyć do książki rozdział o Georgii i Atlancie, chociaż powiedziała, że jak w Polsce zobaczą Presleya i Margaret Mitchell przy Kościuszce to ją ugryzą... (to bite!)

— Zajedzą — koryguje Maciek po polsku, a nasz duet Tray-Terry nic nie pojmuje... Skąd tu nagle Presley?

— Ja też wielbię Sienkiewicza! — ucinam dygresje.

— A ja jeszcze Stevensona i Victora Hugo — dorzuca Terry.

A na to Tray: — Nie zapomnij o Conradzie, bo Barbarze byłoby przykro!

Tacy są nasi Południowcy z Columbii. Wiedzą nawet, że Joseph Conrad był Polakiem.

— A teraz dary i toast przed drogą — obwieszcza Tray.

Są to: kopie starych map z zaznaczonymi precyzyjnie trasami i miejscami, tudzież ich odpowiedniki współczesne. Są to — medale z herbem Południowej Karoliny.

— To symbol pierwszego morskiego zwycięstwa w wojnie o niepodległość — bitwy na Sullivans Island broniącej wejścia do portu w Charlestonie 28 czerwca 1776 roku. Pułkownik William Moultrie zbudował umocnienia z drzewa palmowego. Jego artyleria pogromiła i odegnała flotę brytyjską.

Generał Charles Lee, kiedy przybył i zobaczył jeszcze nie ukończony fort, nazwał go „schronem masakry". Ale się pomylił. Palmowe umocnienia wytrzymały atak.

Na awersie naszego herbu widzicie właśnie taką bohaterską palmę i wyryty rok 1776. Motto łacińskie: Animis opibusque parati — Zbrojni w ducha i zasoby. Na rewersie — postać kobieca z laurową gałązką idąca morzem w słońce na tle błękitnego nieba. Motto: Dum Spiro Spero. Dopóki żyję nie tracę nadziei!

A teraz zdrowie tych, co żyją i nadziei nie tracą, pijemy naszym stanowym napojem...

Maciek już miał zaprotestować, że prowadzi „Tadka" i pić nie może, ale nie zdążył... Tray wniósł puchary. Z białym, słodkim mlekiem...

Słowo daję — smakowało jak od naszych krów na Podlasiu...

Piękny „Robin Hood i Lis z mokradeł" - generał Francis Marion,
(1732-1795) rodem z Karoliny Południowej, sławny kawalerzysta
armii Greene'a. Potrafił z szesna-
stoma żołnierzami uwolnić stu
sześćdziesięciu amerykańskich
więźniów.

„Szalony Anthony"
Wayne (1745-1796), ge-
nerał ze sztabu Greene'a,
impulsywny i agresyw-
ny, naraził się Kościusz-
ce za udzielanie pięk-
nym damom przepustek
na przemyt żywności do
obleganego przez Ame-
rykanów Charlestonu.
Spotykamy się z nim
w rozdziale poświęco-
nym powiatowi Kosciu-
sko stanu Indiana.

Tajemnicza plantacja

Round O. Okrągłe O. Z autostrady 26 spadającej prosto ku Charlestonowi odbiliśmy znowu na boczne drogi. Dzięki Kościuszce poznajemy ten nieznany, najpiękniejszy wizerunek Ameryki. Cisza stoi nad lasem sosnowym i zbożami, czasem zaśpiewa świerszcz. Przed szarymi domkami leżą psy i kwitnie dziki bez... Murzyni wypalają trawy po rowach. Dym kładzie się jak mgły.

Jedziemy drogą nr 17 — wedle marszruty nakreślonej przez Terry Lipscomba, mijamy Cottageville i jesteśmy w Round O. Tu przybył 7 grudnia 1781 roku generał Nathanael Greene do nowego obozu usytuowanego przez Kościuszkę nieopodal czystego strumienia Chessey.

4 stycznia dotarł ze swym oddziałem Pensylwańczyków, po dwu miesiącach marszu z Północy, generał Arthur St. Clair. Wyobrażamy sobie powitanie z Kościuszką, któremu zawdzięczał przecie uniewinnienie w procesie za poddanie Ticonderogi... Razem z Saint Clairem przybył generał Wayne, zwany „Mad Anthony", stary przyjaciel generała Greene'a. Wkrótce będzie się nań sierdził nasz Kościuszko...

Round O jest osadą cichutko przycupniętą w gęstym lesie. Odnajdujemy historyczny znak na skrzyżowaniu dróg, który już tradycyjnie ubieramy w nasze chorągiewki.

Złe czasy były już poza „buntownikami". Armia Cornwallisa, straszna i niepokonana, skapitulowała przed wojskiem Washingtona pod Yorktown 19 października.

W rękach Brytyjczyków ostał się Charleston, czyli jak się zwał podówczas Charles Town. Greene i jego żołnierze odcięli im szansę przedzierania się w głąb Południowej Karoliny. Z Round O dowódca Armii Południowej rozesłał swych podkomendnych. Brygada generała Francisa Mariona (zwanego nie tylko „Lisem", lecz także Robin Hoodem moczarów), rdzennego Karolińczyka, patrolowała obszar na północny wschód od Charlestonu. Kawaleria Light Horse Harry'ego Lee czuwała nad terenem południowym. Generała Wayne'a wysłał Greene do Georgii, by przegnał stamtąd resztki Brytyjczyków.

Do starcia z nieprzyjacielem wyrywał się stale młody podpułkownik John Laurens, syn przewodniczącego Kongresu — Henry'ego

Laurensa, także rodem z Południowej Karoliny. Szarmancki i bardzo przystojny przyspieszał bicie serca pięknych dam, które na swych plantacjach podejmowały gościnnie bohaterów...

Wielką radością Kościuszki była przyjaźń niezmienna z adiutantem Greene'a, pułkownikiem Otho Hollandem Williamsem, wiernym towarzyszem broni znad Danu i spod Ninety Six.

Łączyły ich podobne losy i charaktery. Wczesne sieroctwo, nieskazitelna uczciwość. Ogromna odpowiedzialność... „Na polu walki okazywał rozwagę, połączoną z nieugiętą odwagą" — piszą o Williamsie biografowie.

Słynął z rycerskości, elegancji, manier i błyskotliwej inteligencji. Jakaż szkoda, że nie zachowały się jego listy do Kościuszki, któremu w swych wspomnicniach poświęcił wiele dobrych słów.

„Major Edwards powiedział mi, że mówisz o mnie w tak dobrych słowach, że nawet on, znając mnie świetnie, skłonny był w ten obraz pochlebny uwierzyć" — pisał żartobliwie do przyjaciela Kościuszko. — „Jesteś jak Rembrandt, który umiał namalować wszystko z natury, tylko nikt nie mógłby odnaleźć w niej takich barw.

Radzę Ci nie nakładać tych kolorów na mój wizerunek! (...) W swej dobroci sądzisz, że każdy człowiek musi mieć takie serce, taki rozum i takie usposobienie zdolne do non omnibus omnia (do nienawidzenia nikogo) — jak Ty!

Chciałbym zbliżyć się w przyszłości do Twego opisu, który tylko przez przyjaźń uznałeś za podobny do mnie. Dobrej nocy. Idę spać.

Twój szczery przyjaciel

Thad. Kosciuszko".

(Ten list datowany w Charlestonie 17 marca 1783 i pozostałe cytowane po raz pierwszy odszyfrowała dla naszej książki z trudno czytelnej kopii rękopisu nadesłanego mi z Maryland Historical Society w Baltimore — dr Teresa Olszewska, anglistka z Uniwersytetu im. Skłodowskiej-Curie w Lublinie, moja najmilsza kuzynka, zawsze spiesząca z pomocą!).

Major Ewan Edwards, na którego relację się Kościuszko powołuje, to adiutant Williamsa, którego obecność Kościuszko niestety już w styczniu 1782 utracił. Zaledwie dwudziestoośmioletni Otho Holland, zmożony trudami wojennymi i ciężko chory, musiał opuścić armię Greene'a.

16 stycznia 1782 generał przeniósł swą kwaterę w pobliże Char-lestonu — do pięknej Skirving's Plantation, zwanej Oak Lawn, włas-ności pułkownika Williama Skirvinga, towarzysza broni, dokąd i my, raźno pomykamy z Round O „Tadkiem". Drogą nr 64 skręcamy na zachód w autostradę nr 17, by w miejscowości Osborn wjechać na szosę nr 174, wiodącą już prosto ku Atlantykowi.

Bliskość oceanu zwiastują armady pelikanów płynące nad polami trzcin. Mijają nas liczne przyczepy-domki, toczące się ku Charlesto-nowi.

— To ci najbogatsi z najbiedniejszych — komentuje filozoficz-nie Maciek.

Wiktor Malski w swej książce *Amerykańska wojna pułkownika Kościuszki* pisze, że „Armia Południowa rozlokowała się w Skirring Plantation nad rzeczką o dźwięcznej nazwie Pon-Pon". Mniejsza o pomyłkę w nazwie plantacji, zawinionej zresztą przez wnuka bio-grafa gen. Greene'a (noszącego dwa wymowne imiona — i George i Washington!). Ale Pon-Pon, czyli Ponpon, czyli Edisto River, to nie rzeczułka — lecz jakby rzekli na Polesiu, „rieczyszcze", czyli potężne rzeczysko, zresztą oddalone od Skirving's Plantation.

Wedle informacji Terry Lipscomba plantacja ta, zwana Oak Lawn, winna istnieć w miejscowości Adams Run. Oak — znaczy dąb. Lawn — murawa. Oto i jest aleja dębów, odmiennych niż nasze, przy-sadzistych, o koronach potężnych, nachylonych, liściach drobnych, uwieńczonych puszystymi, zwisającymi brodami hiszpańskiego mchu. Spodem zielenieje bujna murawa.

To tu. Brama zamknięta na głucho, zardzewiała. W głębi majaczy zarys domu, współczesny...

„Nigdy przedtem armia nie miała takiej kwatery" — pisze George Washington Greene w biografii swego wielkiego dziada. — „Znajdo-wali się w centrum regionu pierwszych osadników Karoliny, gdzie za-puściła głęboko korzenie wyrafinowana cywilizacja. Wojna ledwo musnęła tę krainę. Plantacje ryżu dawały obfite żniwa. Wszędy widać było przestronne domy w ogromnych ogrodach. Delikatne, smakowi-te owoce dojrzewały w sadach.

Świetne jedzenie, wyborne wina ze starych winnic i piękne damy rywalizujące w wyrażaniu uczuć nadziei, które obudziła obecność amerykańskiej armii"...

16 stycznia 1782 Tadeusz Kościuszko ze sztabem gen. Greene rozlokowuje się w tej, do dziś istniejącej w pobliżu Charlestonu, plantacji Wiliama Skirvinga – Oak Lawn. Tajemnicza, milcząca plantacja jest uważana za podejrzany punkt przerzutu narkotyków. Ale wspaniała aleja dębów pamięta naszego bohatera.

(Fotografowałam z drżeniem w łydkach!)

A tu Maciek zdołał mnie uwiecznić pod tymi dębami. Czy łydki mu drżały – tego nie wiemy, bo był w długich spodniach.

Nadzieje te były różne, jak zobaczymy, bo ofiarą nawałnicy tych uczuć padnie Tadeusz Kościuszko...

Tkwimy przed zamkniętą bramą Skirving's Plantation, widać, że nie odmykaną od lat. Po niebie idą już — jakby rzekł Wańkowicz — żagwie zachodu. Złote. Nadchodzi jeszcze jeden ciepły, urzekający odwieczerz na Południu.

Zapraszam mój sztab na urodzinową kolację do francuskiej knajpki w Charlestonie. Wcinamy kaczkę na miodzie i płonące banany! — „Rzycie jest jednak piękne" — jak pisał do mnie ukochany chrześniak, Rafał Olbrychski, gdy miał lat pięć...

O poranku pędzimy z Maćkiem delektować się urokami Charlestonu, a nieszczęsna Iwonka zostaje w hoteliku Days Inn i wspierając się na danych Terry Lipscomba usiłuje ustalić, kto jest dziś właścicielem Oak Lawn.

Odbędzie 74 telefony! (Policzone, kosztowały więcej niż kolacja!). Kiedy wracam, obwieszcza ponuro: — Wreszcie wylądowaliśmy w... Hollywood!

Pod telefonem ostatniego typa wynajmującego Oak Lawn odezwała się... pralnia w małej mieścinie obok Adams Run, noszącej miano kalifornijskiego królestwa filmu. Iwonka była coraz bardziej spłoszona, niektórzy z jej rozmówców bełkotali narkotycznie, plantacja tajemniczała niebezpiecznie. Prokurator Ambrose Gonzales, którego protoplaści nabyli Oak Lawn od Skirvingów, poinformował nas oschle, że dom, w którym była kwatera Greene'a, spalili żołnierze Shermana podczas wojny Północy z Południem w roku 1864. Ten zbudowano w 1905. Tylko dęby mają 300 lat i niechybnie pamiętają czasy pułkownika Kosiusko. Nie radzi nam wszakże pętać się samotnie koło tej plantacji... Poleca raczej zwiedzenie jedynego domu, jaki ocalał z tamtych czasów — Drayton Hall, gdzie miał kwaterę generał Anthony Wayne.

— Ja wam mówię, że w Oak Lawn ma kwaterę jaki handlarz drugów! Ja tam nie jadę! — Iwonka dezerteruje.

Zardzewiała brama i wysokość murawy alei wjazdowej potwierdzają tezę pana prokuratora — że nikt nie ma odwagi, by pętać się u wejścia plantacji Oak Lawn. Próbujemy zajechać z boku. Mur się kończy. Pole kukurydzy. Maciek spokojnie oświadcza, że jedzie tylko do pierwszych strzałów. Zostawiamy „Tadka" w kukurydzy z włączonym motorem, przemykamy ku dębom, byle zrobić zdjęcie alei pamiętającej Kościuszkę...Skradamy się szeleszczącą kukurydzą. Zamiast dam z szufelką i widelcem, które tu zaatakowały naszego pułkownika (o czym już za chwilę), wyobraźnia maluje mi atak gangsterów-przemytników. Iwonka (jednak zawstydziła się dezercji!) optymistycznie przepowiada, że ukaże się zapewne jakaś babina w papilotach jak nad Danem, a Maciek z właściwą sobie flegmą wyraża nadzieję, że raczej znów quasi-Polonus, jak owa niewiasta w restauracyjce pod Atlantą z okrzykiem: „Jeśtem Yanko-Muzikant".

Fotografuję dęby milczącej Oak Lawn. Za na wpół spuszczoną storą mignął mężczyzna w ciemnych okularach, coś błysnęło, wściekle rozszczekał się pies, my w kukurydzę, do „Tadka" i w nogi... Nie mogę zełgać dla efektu — strzałów nie było!

Damy atakują

„Tutaj wszyscy są zakochani" — donosił Kościuszko Williamsowi w liście z 12 marca 1782. — „Pułkownik Morris zakochawszy się w pannie Nancy Elliott okazał niezmierne zasoby nigdy przedtem nie widzianego u niego dobrego humoru". To ten sam pułkownik Lewis Morris, który dzielnie stawał obok „nocnego rozbójnika" Kościuszko w aferze pojedynkowej!

Grubas William Washington, ranny pod Eutaw, zakochał się bez pamięci w pielęgnującej go z oddaniem pannie Jane Elliott... Od razu powiedzmy, że obydwaj staną szczęśliwie na ślubnych kobiercach...

A pan Tadeusz, który nawet podczas katorżniczej pracy w West Point miał czas, by namalować pułkownika Richarda Varicka (sekretarza militarnego naszej antypatii — gen. Schuylera) i posyłając mu swe arcydzieło napisać: „Błagam, przekaż swej Siostrze słowa najwyższego szacunku i powiedz, że proponuję namalowanie jej portretu («her pictor») i mam nadzieję uchwycić podobieństwo najpiękniejszych rysów, na ile tylko pozwoli mi mój Geniusz" — popadł z racji tegoż geniuszu w opresję...

Dobre czasy nastały dlań w tej plantacji. Trudów żołniersko-inżynierskich nie za wiele. Przystojni oficerowie (a wszakże takim był!)

367

stanowili obiekt wzdychów wytęsknionych dam Południa... W biografii pięknej żony generała Greene'a, Caty (do której pisywał nieodmiennie: „Mój drogi aniele"), czytamy, że odjazd „Colonel Kosciusko" — „złamał wiele serc Południowej Karoliny. Jedna z dam błagała go, by wrócił natychmiast, jak jej mąż umrze..."!!!

W jakichże biedaczek bywał opałach mówi kapitalny list Kościuszki groźnie oblężonego przez... damy!

Zwiedziawszy się oto, że jest znakomitym rysownikiem — opadły go w szóstkę żądając swych konterfektów. Kościuszko, niezbyt jak na europejskiego galanta zręcznie, bronił się mówiąc „że nie potrafię na obrazach uczynić ich pięknymi". Obrażone elegantki przypuściły atak i „ruszyły na mnie, ta z szufelką, tamta ze szpilką, owa z żelaznym szydłem, inna z widelcem i zaatakowały mnie z wielką furią i barbarzyństwem. Na widok tak okrutnych instrumentów śmierci — zemdlałem. Kiedy jakaś litościwa dłoń przywróciła mnie do życia, one powtórzyły atak i wydarły z mych ust jęk obietnicy, że narysuję portrety, na których będą bardzo przystojne! Natychmiast odrzuciły swe okrutne narzędzia, otoczyły mnie pełne uśmiechów i każda ucałowała mnie pół tuzina razy, błagając bym je malował — pięknymi. Ta niespodziewana zmiana wprawiła mnie nieomal w ekstazę, wyciągnąłem papier, kredki i w pół godziny namalowałem je — dokładnie takimi jakie są. Na moje nieszczęście wypiły w tym czasie więcej rumu niż zazwyczaj i stwierdziwszy, że są brzydkie, powtórzyły szarżę. Zabiłyby mnie, gdybym nie umknął, co było o tyle łatwe, że przewracały się co krok, tak rum podziałał na ich biedne głowy"...

Tak to opisał w liście do Williamsa.

Wyobraźmy sobie taką scenę w filmie o Kościuszce.

Przyszła kryska i na Williamsa. Zakochał się. Bez wzajemności. „Fascinating Sophie", czyli fascynująca Zosia pozostawała nieczuła...

I oto nasz czuły „Kazjesko" pisze doń (15 sierpnia 1783): „Niechaj ulegnie Twym modlitwom, ofiaruj jej kroplę dozgonnej miłości, którą niechaj przyniosą wartkie wody z nieosiągalnych gór do serca Twojej ukochanej i uwolnią Twoje serce od żalu i strachu. (...) O! Droga kroplo, bądź wierna i sprzyjaj memu przyjacielowi, zaznajom ukochaną ze wszystkimi tajnikami jego serca (...) Pozostań na zawsze w jej piersi magnetyczną siłą jego miłości, kieruj każdym uderzeniem pulsu, każdym oddechem, tak by żadna siła ani perswazja nie zmieniła nigdy sentymentu"...

O. H. Williams

Otho Holland Williams (1749–1794), serdeczny przyjaciel Kościuszki i adresat wielu jego listów. Adiutant gen. Greene'a, więzień Anglików, bohater prowadzący ariergardę podczas wyścigu do rzeki Dan.

Z listu Kościuszki do Williamsa, pisanego 11 lutego 1783 roku pod Charlestonem, wybrał motto swej książki „Kosciuszko in the American Revolution" Mieczysław Haiman:

„O jakże jesteśmy szczęśliwi mając świadomość własnych czynów zrodzonych z prawości, ze szlachetnych pobudek, w przeświadczeniu o nadejściu dobra dla rodzaju ludzkiego".

Nasz anielski Kościuszko podobno złamał wiele serc pięknych dam w Południowej Karolinie. Nie jedna – jak napisał – „zaskoczyła mnie propozycją obiadowania tête-à--tête i wzdychała bardzo głęboko". A on wolał sam popijać napój o którym pisał: „Nie mogę żyć bez kawy..."

Przeżył całe damskie oblężenie!

Liryczny i romantyczny umiał dać przyjacielowi szokującą radę w amorach, sugerując uwiedzenie panny!

„Niebo z nami by było, uszczęśliwienie, miłość, wdzięczność i przywiązanie..." – Tadeusz Kościuszko wyznaje uczucia pięknej chorążance listami takiej urody, że będą o nie podejrzewać... Mickiewicza.

W rolach głównych – uczniowie Liceum im. Kościuszki w Busku-Zdroju, Basia Sołtys i Miłosz Grzesiak.

W roli Kościuszki – uczeń Liceum noszącego imię Naczelnika w Busku Zdroju – Miłosz Grzesiak. Jego koleżanki jako zakochane damy śpiewają marsz miasta Kościusko: „Kazjesko, Kazjesko, morza przebyłeś, by walczyć o naszą wolność".

„Każda ucałowała mnie pół tuzina razy!" – napisał ze zgrozą o podchmielonych rumem brzydactwach spod Charlestonu.
Jak widzimy – z uczennicami Liceum im. Tadeusza Kościuszki w Busku Zdroju sam Patron wymienia całusa chętnie.

Po tej inwokacji Kościuszko wzdycha: „Nie ma nic bardziej upokarzającego w ludzkiej naturze, niż pogarda od tych, dla których czujemy czułą namiętność". I bieży z radą dla przyjaciela, która tak zaszokowała tłumaczkę, że Teresa kilkakrotnie sprawdzała znaczenie użytego przez Kościuszkę sformułowania: „Zrobiłbym dla miłości nawet to, co byłoby godne pogardy (…) Jednym słowem posunąłbym się tak daleko jak uwiedzenie dziewczyny, gdybym nie mógł inaczej (in a vord I would go so far as to R[ui]n the girl if I could not obtain otherwise), lecz potem byłbym ją poślubił i prosił rodziców o wybaczenie"…

No to chyba rozstrzyga nasze wątpliwości, czy święty Kościuszko był w stanie porwać pannę Ludwikę Sosnowską…

A pisze to w kraju, gdzie obyczaje szokowały zacnych i sentymentalnych Polonusów. Nasz Kajetan Węgierski cytujc zc zgrozą prawa purytańskie: „Mężczyzna, który bije swoją żonę, płaci karę dziesięciu funtów, żona, która bije męża, karana jest w zależności od woli sędziów"… — świadczące, że w ogóle takie wypadki wśród tych religijnych fanatyków mogą mieć miejsce. Z zażenowaniem wspomina o zwyczaju panującym w stanach Rhode Island, Connecticut, New Hampshire i Massachusetts: „Gdy podróżny przybywa do domu, największą grzeczność, jaką może okazać córkom domu, stanowi zaproponowanie którejś bundle, to znaczy spędzenia z nią nocy w jednym łóżku. Co nie oznacza oczywiście przekroczenia granic przyzwoitości". Ha!

By jednak nie ostawić moich czytelników w stanie szoku, pozwalam sobie na zagadkę. Spod pióra którego to naszego romantyka wybiegł ten oto sonet prozą: „Zaśnij w myślach tobie miłych. Jeszcze tylko przytul główkę, tam gdzie bije moje serce… I otwórz swe piersi z sercem do ucałowania przemnie! Nadstaw i ust, choć delikatne, nie obrażę mem pocałowaniem.

W myśli zawsze jestem obok ciebie… Niechaj Opatrzność płaszczem szczęścia obwinie Cię… Ty, serca mego ożywienie, co miałaś być słodyczą całego życia mego, utop w zapomnieniu moje dla ciebie kochanie…

Obraz jednak twój w mem sercu zawsze będzie, twój cień śledzić mnie będzie zawsze"…

Zazwyczaj w odpowiedzi pada: — To Mickiewicz!

A to czterdziestosiedmioletni jenerał wojsk amerykańskich i koronnych, Tadeusz Kościuszko do siedemnastoletniej panny chorążanki, Teklusi Żurowskiej, której, niestety, nie miał poślubić…

A teraz wszystkim parom małżeńskim dedykuję to, co napisał jednemu ze swych podkomendnych z powstania, gdy ten powiadomił go „o swoim ożenieniu się": „Trzeba wiele rozsądku, krwi zimnej i cierpliwości, i ulegania. Za najpierwsze prawidło miejcie szacunek zobopólny, delikatność, obchodzenie się zawsze przystojne pomiędzy sobą, znoszenie kaprysów. Trzeba unikać kłótni, zwady jak najmniejszej, zawsze oddalić myśl, aby się tylko sobie dobrze działo, nie można się uszczęśliwić bez uszczęśliwienia drugiego towarzysza. Niech interes inny prócz kochania się i szacunku zniknie pomiędzy wami".

Malwy nad Ashley River

A tu rzeczywistość skrzeczy... Dwadzieścia dwa ocalałe listy Kościuszki do Greene'a z ostatnich miesięcy roku 1782 ukazują żmudny trud pułkownika, który miał za zadanie ucinać przemyt żywności do oblężonego Charlestonu, pełnić odpowiedzialną służbę wywiadowczą i liniową, od chwili gdy w sierpniu zginął w wypadzie nad rzekę młodziutki syn przewodniczącego Kongresu — John Laurens...

Zielone moczary otaczające Drayton Hall musiały Kościuszce przypominać Polesie. Różowy dom z białymi kolumienkami odbija się w wodzie. Drayton Hall, który przykazał nam odwiedzić prokurator Gonzales, zbudowany w 1740 roku przez potentata i królewskiego sędziego, Johna Draytona (właściciela Magnolia Plantation, pełnej kwitnących azalii, irysów i kokieteryjnych białych pawi, rozkładających ogony na sam widok obiektywu) — jest tym jedynym autentycznym domostwem pamiętającym czasy wojny o niepodległość. Niestety — wewnątrz Drayton Hall jest zupełnie pusty! Przewodnik pokazując w locie białe ściany, kremowe podłogi, zdobienia kominków kiśćmi owoców i kwiatów — każe odwoływać się do wyobraźni. Zatrzymuje się przy framudze drzwi. Tu zaznaczano, jak rosną dzieci. Ta kreseczka — to William Henry Drayton, najstarszy syn fundatora fortuny, żołnierz i działacz, twórca herbu Karoliny, członek tegoż samego Kongresu w Filadelfii, który mianował Kościuszkę „inżynierem w randze pułkownika" w roku 1776, a potem konsekwentnie pomijał go we wszelkich awansach!

Drayton Hall pod Charlestonem – jedyny dom, który przetrwał sprzed wojny o niepodległość, zbudowany w 1740 roku. Tu była kwatera generałów Armii Południowej, tu bywał Tadeusz Kościuszko.

Rozlewiska pod Charlestonem musiały Kościuszce przypomnieć rodzinne Polesie...

Oto one w fotografii z pięknego albumu „Polesie" Grażyny Ruszczyk, wydanego przez Instytut Sztuki Polskiej Akademii Nauk w Warszawie.
    Czyż nie podobne?

Nieoceniony Terry Lipscomb wynalazł mi list Johna Draytona, gubernatora Południowej Karoliny, wnuka założyciela dynastii. John pisał w 1809 roku do Prezydenta Senatu, że posyła mu bezcenną publikację, którą gorąco zaleca całej artylerii Stanów — „Manoevres of Horse Artillery by Gen. Koscusko"...

W Drayton Hall była kwatera gen. Wayne, który niezbyt fortunnie zapisał się w pamięci naszego bohatera, gdy po sielance Oak Lawn przyszło mu pełnić straż tuż przy oblężonym Charlestonie. W Ashley Ferry. Nad rzeką noszącą imię nie ukochanego Scarlett z „Przeminęło z wiatrem", lecz kanclerza skarbu brytyjskiego, hrabiego Anthony Ashley Cooper (stąd też imię drugiej wielkiej rzeki pod Charlestonem — Cooper) Shaftesbury, który znalazł się w gronie kilku notabli obdarowanych w roku 1663 przez króla Karola II Stuarta ogromnymi nadaniami ziemi w Karolinie.

Hrabia Ashley był autorem pierwszej Konstytucji Karoliny, która mówiła pięknie o wolności, równości wobec prawa i tolerancji religijnej.

W 1670 roku położono z inicjatywy hrabiego podwaliny stolicy kolonii — Charles Town.

Na rzece Ashley o tak dostojnych koneksjach Kościuszko przycupił barkę wyładowaną indorami, gęsiami, ryżem, płynącą do Charlestonu na podstawie przepustki wydanej przez ... samego gen. Wayne! Co prawda, barka należała do dwóch pięknych dam i kto wie jakich argumentów użyły, by tę przepustkę uzyskać, ale nasz bohater, który zapewniał, że „nad wszystko miłuje pokój", tym razem rozpieklił się w liście do gen. Greene'a: — „To wygląda jak zły żart!", a gdy nadybał na podobnym przemycie samego kwatermistrza, niezwłocznie wsadził go do ciupy i zażądał sądu wojennego...

W Ashley Ferry, gdzie srożył się nasz pułkownik — dziś piękna dzielnica willowych domków, obrośniętych — malwami! Żeby zejść nad rzekę, trzeba się wedrzeć na teren prywatnej przystani. Mamy szczęście. Trafiamy na nauczycielkę literatury, Carol Martin z Ashley Hall School, najstarszej szkoły w Południowej Karolinie, którą, jak Carol z dumą podkreśla, kończyła prezydentowa, Barbara Bush.

— Lois! Lois! Mamy gości z Polski! Wyobraź sobie, twierdzą, że w Ashley była placówka dowodzona przez generała Kozjusko! — woła w telefon Carol do nauczycielki historii, Lois Ruggiero.

Ashley Ferry nad rzeką Ashley – tu była ostatnia placówka Tadeusza Kościuszki, którą objął w sierpniu 1782. Biograf gen. Greene'a, William Johnson, w książce wydanej w Charlestonie już w roku 1822 pisze: „służba liniowa została oddana Kościuszce, a niezliczone jego doniesienia uwydatniają przedsiębiorczość i inteligencję, z jaką pełnił te obowiązki, także jego gorliwe poszukiwanie sposobności do działań wojskowych".

Nauczycielka Ashley Hall School, najstarszej szkoły w Południowej Karolinie, Carol Martin i jej córka Anne usłyszały po raz pierwszy, że dokładnie tu, gdzie mieszkają, był najbardziej ku Charlestonowi wysunięty posterunek Armii Południowej, skąd Kościuszko pisał proroczo o Brytyjczykach: „... nie mają już żadnych szans podbicia kiedykolwiek tego kraju".

Boone Plantation pod Charlestonem miała być sfilmowana w „Przeminęło z wiatrem" jako „Dwanaście dębów", zagrała w serialu „Północ – Południe" plantację Orry'ego. Tak wyglądały domostwa królów bawełny w Południowej Karolinie...

... a tak chaty ich murzyńskich niewolników.

Aleje dębów, pamiętających wojnę o niepodległość stróżują przy drogach Południowej Karoliny.

Ashley toczy srebrne wody. Pijemy lipową herbatę. Lois przygnała swoim starawym fordem.

— Wojna Północy z Południem zaćmiła swoją legendą wojnę o niepodległość — rozkłada ręce. — Czy byliście już w Fort Sumter? Niemożliwe! Przecież ludzie tylko po to przyjeżdżają do Charlestonu! Zobaczyć to miejsce, gdzie padły pierwsze strzały w kwietniu 1862. *Przeminęło z wiatrem* pozostaje biblią Południa. Widzieliście, ilu jest Butlerów w samym Charlestonie? 95!!! Jeden miał nawet na imię Rhett, zostawił teraz tylko literę R, bo idiotki zadręczały go telefonami: — Tu Scarlett!

W Boon Plantation byliście? Też nie? Przecież miała grać Dwanaście Dębów Ashleya i zagrała plantację Orry'ego z serialu *Północ–Południe*... Jaka szkoda, że John Jakes, autor tej świetnej sagi (chociaż Jankes!) nie pisał dalszego ciągu *Gone with the wind*, tylko to rozlazłe babsko!

Wyobraźcie sobie, że potomek właściciela plantacji, Johna Boon, Anglika, który dotarł do Południowej Karoliny w 1681 roku z pierwszą grupą osadników — Edward Rutledge — był jednym z sygnatariuszy Deklaracji Niepodległości...

Jedziemy do Boon Plantation. Za takim światem, który minął z wiatrem gasł w tęsknocie Ashley... Wszystko jest tu piękne. Smukłość linii białych kolumn, majestat wjazdowej alei dębów, tęczowość kwietnych kolorów ogrodu, rokokowe mebelki, dźwięk starego fortepianu i przewodniczki w krynolinach, witające dygiem... Tak wyglądały domy królów bawełny...

A pod dębami stoją małe, ceglane chatyny. To ulica Niewolników.

Kościuszko potrafił interweniować u samego Greene'a w sprawie dwóch Murzynów należących do jednego z poległych kolegów: „...Są nadzy. Potrzebują koszul, kurtek, spodni, ich skóra może być ubrana w równie dobre rzeczy jak nasza"...

Wiernie mu towarzyszy — od West Point — oddany Murzyn Agrippa, zwany Grippy. Legenda umieści go nawet u boku Naczelnika w celi moskiewskiego więzienia... A generał Greene pisał: „Dlaczego te silne ramiona i poddane dusze nie mogą być użyte do obrony kraju? Dlaczego nie mogą być przekształceni z «rzeczy» w ludzi. Będą dobrymi żołnierzami — bez wątpienia".

Charleston, piękne, różowo - złote, stare miasto nad Atlantykiem. Tu miała dobiec końca wojenna droga Kościuszki. 14 grudnia 1782 roku szedł na czele swych żołnierzy w defiladzie zwycięzców.

James Island. Tu padły ostatnie strzały wojny o niepodległość USA. Podczas bitwy w listopadzie 1782 - Kościuszko miał czterokrotnie przestrzelony płaszcz i śmierć zajrzała w oczy, gdy pocisk wytrącił mu broń. Ocalił go młodziutki amerykański żołnierz - ochotnik, William Fuller.
Tu nasz bohater leżał chory na febrę, pielęgnowany przez zacną familię państwa Scottów „jak własne dziecko" (wedle jego słów).

Ostatni strzał

Charleston. Różowy, biały, ażurowy za dnia i złotawy, rozświetlony i rozśpiewany wieczorem. Lekka bryza od Atlantyku wieje bulwarem, gdzie pomnik konfederata króluje wśród palm.

— Dzień dobry! — woła po polsku dyrektor Millitary Museum, pułkownik George Meagher. — Miałem przyjaciół Polaków, kiedy stacjonowaliśmy w Europie... Wasze mundury są najpiękniejsze na świecie... „Ulani, ulani, chlopcy malowani..." Moje muzeum jest biedne. Mamy jedną, jedyną szablę z okresu walk o niepodległość. Tu wszyscy szaleją na temat wojny Północ–Południe. Byłem konsultantem przy tym serialu. I tak bestie ponaczepiały na mundury, czego nigdy nie było. Jestem ze starej żołnierskiej rodziny, ojciec — oficer, był Irlandczykiem, matka Niemką, żona jest Francuzką. Nienawidzę wojen! „Patrioci" — pod taką oficjalną, nie tylko symboliczną, nazwą występują w historiografii Amerykanie walczący o niepodległość. Im ten tytuł przynależy. Wam też — za każde powstanie, za Wrzesień 1939, za wszystkie fronty, gdzie byli Polacy!

Witajcie w Charlestonie, gdzie dopaliły się ognie naszego powstania!!! Nieraz myślę, że Kościuszko (pułkownik wymawia nazwisko jak najpoprawniej!) — wywiózł z Ameryki nie tylko rangę generała, pistolety ozdobione złotem od Washingtona, wspaniałe doświadczenie wojenne, ale coś najważniejszego. Ta obdarta armia, która podkładała sobie poduszki z mchu na gołe plecy, żeby nie obcierały ich karabiny, ci traperzy, farmerzy, myśliwi, zwyciężyli przeciwnika tak potężnego walcząc na swej ziemi o swoją ziemię!!! Czy nie o tym myślał, porywając się z rodakami na Moskwę?

Miło mi jest myśleć, że właśnie tu, w Charlestonie, Tadeusz Kościuszko przeżył dzień triumfu...

James Island. Wyspa wysunięta w Ocean Atlantycki. Rezerwat drzew i ptaków. Na obrzeżach James Island Creek, rzeczułki niewielkiej, kwitnie słonecznikami osiedle mieszkaniowe, sypialnia Charlestonu. Tylko nazwy ulic przypominają daleki czas — Battery point, Camp Rd... Tutaj 14 listopada 1782 o drugiej w nocy rozhuczały się strzały. Kilkudziesięciu żołnierzy pod dowództwem Tadeusza Kościuszki przygotowało zasadzkę. Ten jedyny raz mamy szansę zobaczyć go w ogniu. Walczący u jego boku porucznik John Markland opowiada, że uczyniła się zawierucha, trzystu ludzi zmagało się na kawałku pola. Padali ranni, zabici, także oficerowie. Kościuszce pocisk wytrącił z ręki broń. Zamierzył się nań brytyjski dragon... Decydowały sekundy. Huknął strzał. Młodziutki ochotnik, William Fuller, ocalił Kościuszce życie. Wspomnienia Marklanda ocaliły nam to nazwisko. Kim był? Zapewne jednym z tych, o których pisał Kościuszko do Greene'a: „W tych wielkich czasach byli ze mną, czułbym się bardzo nieszczęśliwy, gdybym miał ich stracić, przywiązałem się do nich i ufam im".

Kiedy wrócił na kwaterę w Ashley, jego wierny Grippa załamał ręce. Pułkownik miał czterykroć przestrzelony płaszcz. Były to ostatnie strzały w amerykańskiej wojnie o niepodległość.

6 grudnia w liście do gen. Greene'a Kościuszko zawołał: „Hura i jeszcze raz hura!" Otrzymał wiadomość, że Anglicy zaczęli wreszcie ewakuację. 14 grudnia Tadeusz Kościuszko wkroczył ze zwycięskimi oddziałami Greene'a do Charlestonu. Wieczorem dekorował salę kwitnącymi magnoliami na wielki bal...

Generał Nathanael Greene o Kościuszce w sierpniu 1783 roku: „Między najużyteczniejszymi i najmilszymi z mych towarzyszy broni był pułkownik Kościuszko. Nie może nic prześcignąć jego zapału do służby publicznej, ani też nic nie może być użyteczniejszym nad jego uwagę, czujność i przemyślność (...) Jest jednym z tych, których przyjemność nie może uwieść, praca znużyć, niebezpieczeństwo odstraszyć. Co zaś go wielce wyróżniało obok tego, to niezrównana skromność i zupełna nieświadomość tego, iż dokonał czegoś nadzwyczajnego. Nigdy nie miał on roszczeń lub pretensji dotyczących jego osoby, a nigdy nie ominął sposobności wyróżnienia i podniesienia zasług innych".

Tadeusz Kościuszko do generała Nathanaela Greene'a, w lipcu 1784 roku: „Mam słabość do tego kraju i jego mieszkańców, i żywię sentyment dobrego patrioty... Żegnaj drogi Generale, żegnaj... Bądź tak szczęśliwy, jak moje serce może ci wróżyć"...

25 listopada 1783 Naczelny Wódz George Washington wjechał triumfalnie do Nowego Jorku na czele swych znamienitych żołnierzy.

Trzeci z lewej w głębi – Tadeusz Kościuszko.

Otrzymał on w darze pistolety inkrustowane złotem i szpadę z napisem: „America cum Vashington suo Amico T. Kosciusconi!" – „Ameryka i Washington swemu Przyjacielowi – Kościuszce."

George Washington zawiesza Kościuszce na niebiesko-białej wstędze znak złotego orła z brylantowymi oczyma i tarczą z wizerunkiem Cyncynata witanego przez senatorów rzymskich. Napis: „Omnia reliquit servare Republicam". „Wszystko poświęcił by służyć Ojczyźnie". Na drugiej stronie orderu jest wschodzące słońce, gród z otwartą bramą, narzędzia rolnicze, splecione uściskiem ręce nad sercem.

Stowarzyszenie Cyncynata odwoływało się do postaci wodza rzymskiego – wzoru cnót. Po zwycięstwie powrócił do pracy na roli.

Wnuk generała, George Washington Green, podsumował losy najbliższych sercu dziada oficerów: „Odchodzili ze sceny życia. Generał Thomas Sumter wycofał się z działań ze zgorzkniałym sercem. Francis Marion żył otoczony honorami i w domowym szczęściu. Otho Williams ożenił się wreszcie, ale umarł młodo, z chorób nabytych w służbie wojennej. Dla sławnego kawalerzysty Henry`ego Lee czas przyniósł bardzo złe zmiany i upokorzenie dumnej duszy, popadł w długi, był inwalidą bez grosza, tułał się przez lata...

Tadeusz Kościuszko stał się dowódcą uciemiężonego narodu i spoczął wśród królów polskich".

„Żegnaj Generale, żegnaj... Niechaj wyrażę mą wdzięczność i życzenia mego serca...", Taki był ostatni list Kościuszki do Nathanaela Greene'a pod którego rozkazami przesłużył całą kampanię na Południu. Nikt nie wystawił mu piękniejszego świadectwa.

Biografia Greene'a pióra jego wnuka kończy się słowy: „chciałem spełnić testament mego dziada, który pragnął, by jego potomkowie uczynili coś w służbie dla Ojczyzny".

KOSCIUSZKO

Pożegnalne przesłanie Kościuszki do amerykańskich przyjaciół: „Idźcie tylko wyznaczoną już drogą, a poznacie, że życie we własnym domu w wolności jest najlepszym darem..."

Przyjedź
do Monticello

„Uczucia moje dla was są szczere, kocham was, jesteście jedyną nadzieją ludzkości całej i chciałbym, abyście byli przykładem dla przyszłych wieków".

Kościuszko do Jeffersona, 1805

„Nie możesz inaczej niż z radością wielką widzieć, jak drzewo, które z takim zapałem pomagałeś sadzić, jest podlewane i rozkwita (...) Każdy prawy Amerykanin, każdy szczery stronnik wolności kocha Cię i czci".

Jefferson do Kościuszki, 1813

„Czcić, poważać i kochać"

Lady Blanka Rosenstiel — fundatorka i kreatorka American Institute of Polish Culture w Miami na Florydzie, zaprosiła nas do swej rezydencji o melodyjnym imieniu „Blandemar Farm" pod Charlottesville w Albemarle County w sąsiedztwie najbliższym siedziby Thomasa Jeffersona — Monticello.

To Virginia.

Rycerski Stan. Stare Dominium. Matka Stanów. Tu powstało Jamestown. Czterech z pięciu pierwszych prezydentów USA stąd pochodziło z Georgem Washingtonem na czele.

— „Carry Me Back to Old Virginia" — „Przenieś mnie z powrotem do starej Virginii..." — nuci Iwonka hymn stanu, gdy mkniemy przez tytoniowe pola...

Tutaj, w stolicy stanu, Richmond, 21 września 1780 roku spotkali się dwaj panowie. Niewysoki, błękitnooki, z charakterystycznym zadartym nosem — pułkownik Tadeusz Kościuszko, śpieszący do Armii Południowej. I rudy olbrzym o wspaniałym promiennym uśmiechu, świetny jeździec, myśliwy i tancerz — gubernator Virginii, autor Deklaracji Niepodległości — Thomas Jefferson, którego w polskich biografiach nazywa się po prostu Tomaszem.

Nie znamy przebiegu tego spotkania, ale obydwaj przypadli sobie do serca tak, że ich przyjaźń pozostanie dozgonna. Przetrwa życiowe burze, rozstania, triumfy i klęski.

W roku 1781, gdy Kościuszko walczył u boku Greene'a na Południu, na Virginię spadł jak sęp renegat z West Point — generał Benedict Arnold.

Jefferson próbował bronić stolicy stanu. Przewiózł błyskawicznie żonę z trzema maleńkimi córeczkami w bezpieczne miejsce i pędził zaiste co koń wyskoczy z powrotem do Richmond. Koń padł. Gubernator z siodłem (ale nie duszą) na ramieniu dobiegł do jakiejś farmy, dosiadł nędznej szkapy i dobrnął do miasta, które już stało w płomieniach. To skazany zaocznie na śmierć i wygnanie zdrajca Benedict Arnold upokarzał twórcę Deklaracji Niepodległości...

Mała córeczka Jeffersona umarła podczas trudów ucieczki.

W sukurs gubernatorowi przyszła armia pod dowództwem czarującego i zawsze pogodnego markiza La Fayetta. Arnoldowi udało się zwiać. Odpłynął do Anglii. Żywota dokonał w powszechnej pogardzie...

W maju 1781 do Monticello wpadli dragoni „Krwawego" Tarletona. Jefferson zdążył wybiec z domu. Uprzedzony przez bohaterskiego farmera (historia nie przechowała jego nazwiska), który podsłuchawszy rozmowę Anglików w tawernie, cwałował całą noc by ocalić najpopularniejszego człowieka Virginii...

Los okazał się sprawiedliwy. Thomasowi Jeffersonowi przypadł w udziale zaszczyt przewodniczenia Komitetowi Kongresu, który 14 stycznia 1784 ratyfikował traktat pokojowy z Anglią, w którym król Jerzy III uroczyście uznawał „suwerenność i niezależność" Stanów Zjednoczonych Ameryki Północnej.

Wiosną 1798 roku najmilej widzianym gościem w filadelfijskim mieszkaniu generała Tadeusza Kościuszki, który powrócił po latach niewoli do — jak powiedział w porcie „swojej drugiej Ojczyzny" — był wiceprezydent USA, Thomas Jefferson.

„Często widuję Kościuszkę z ogromną przyjemnością zmieszaną ze współczuciem" — pisał do starego przyjaciela obydwóch — generała Horatio Gatesa.

Współczucie wiązało się ze stanem zdrowia Kościuszki. Ten, który potrafił przemknąć trasę 130 kilometrów znad rzeki Dan do Halifaxu, pokonując tę odległość częściowo na piechotę — teraz nie chodził. Maciejowickie rany spowodowały częściowy paraliż. Przenoszono go. Co było i smutne i uciążliwe.

Do dzisiaj badacze wiodą spór na temat „cudownego uzdrowienia Naczelnika".

W książce A. Evansa *Memoir of Thaddeus Kosciuszko, Poland's hero and patriot*, wydanej w Nowym Jorku w 1883 roku — znajduje się opis tej sceny (znanej autorowi z relacji naocznych świadków), gdy na początku 1798 roku Kościuszko otrzymał pakiet listów z Europy. Czytając „skoczył z sofy na środek pokoju".

Najsumienniejszy z biografów Naczelnika — Tadeusz Korzon zasięgnął zdania wybitnych lekarzy — neuropatologów i chirurgów, którzy przestudiowawszy opis ran Kościuszki orzekli, iż bezwład ten, mający także podłoże psychiczne (depresja więzienia i klęski), mógł ustąpić nagle pod wpływem silnego wrażenia — radości.

Takim wrażeniem mógł być list z Francji, z sugestiami szans na wskrzeszenie Polski, wieść o działaniach Legionów Polskich, pod dowództwem generała Jana Henryka Dąbrowskiego. Tych samych, które będą śpiewać w pieśni podniesionej po latach do rangi hymnu narodowego: „Mamy racławickie kosy, Kościuszkę Bóg pozwoli".

Ja wszakże gotowam przychylić się do innej koncepcji niźli cud uzdrowicielski. Idąc za przykładem Korzona zwracam się do sławy neurologii polskiej i zarazem człowieka o wielkim sercu — prof. Jerzego Dymeckiego.

— Moim zdaniem u Kościuszki była typowa agrawacja — objaśnia — czyli nasilenie objawów choroby w zależności od stanu psychicznego. Naczelnik cierpiał na niedowład nogi i zataił proces rehabilitacji, stwarzając wrażenie, iż nie będzie mógł już należeć do aktywnych wrogów. Chciał być zdrów i walczyć, próbował sam przeprowadzać proces regeneracji...

W momencie silnej emocji optymistycznej — zapomniał o demonstracji choroby. To jest ten „szok ozdrowieńczy". Wszystkie relacje z lat późniejszych mówią, że był sprawny fizycznie... Nawet jeździł konno...

Podobno Kościuszko wyzna potem w Paryżu swym byłym podkomendnym: „W niewoli leżałem dzień cały jak na nogi kaleka, a w nocy uganiałem się po izbie"... Jest w Polsce taki ptak, na podmokłych się gruntach mieszczący. Czajka. By zwieść wroga skradającego się do gniazda, udaje ranną kalekę by go przywabić bezbronnością, a potem zerwać się do lotu! Nieraz Kościuszko widział jej podstępy na swych błotach poleskich. Sparaliżowany, nieruchomy wróg nie jest niebezpieczny.

Zaraz po przyjeździe bohatera dwóch światów do Stanów w sierpniu 1798 francuski konsul generalny w USA donosił ministrowi spraw zagranicznych: „Chce on udać się do Francji. Tu jest obserwowany. Ten męczennik wolności nie może mówić i działać jak przy zachowaniu największej ostrożności. Przybył tylko po to, aby zmylić swoich wrogów".

Naczelnik czuł się śledzony przez szpiegów rosyjskich...

Jego wyjazd do Francji, tajemny — 5 maja 1798 przygotował Thomas Jefferson. Kościuszko wyjeżdżał także i w misji Stanów Zjednoczonych, nad którymi wisiała groźba wojny z niedawnym cennym sojusznikiem — Francją. Prosił przyjaciela o załatwienie pięciu paszportów (bagatela!) — „od ministrów: angielskiego, portugalskiego, hiszpańskiego i francuskiego". Na nazwisko Kann. Do Insurekcji spieszył jako „monsieur Bieda", do Wiednia w 1815 na spotkanie z carem Aleksandrem I, by negocjować sprawy Polski, będzie się przedzierał jako „Herr Polski".

Jefferson wywiózł „Mr. Kann" z Filadelfii, ukrytego w powozie do portu w New Castle. Żegnając się Kościuszko wręczył mu pełnomocnictwo do rozporządzenia jego majątkiem, przyznanym przez władze Senatu jako zaległy żołd:

„Prosiłem pana Jeffersona, żeby w razie mej śmierci (…) wykupił za moje pieniądze tylu Murzynów i uwolnił ich, by pozostała suma wystarczyła na zapewnienie im wykształcenia i utrzymania. Każdy z nich powinien przedtem poznać obowiązek obywatela w wolnym państwie, bronienia swego kraju przed obcym i wewnętrznym wrogiem".

Korespondencja Kościuszki z Jeffersonem, obejmująca czas od kontaktów w Filadelfii po śmierć Naczelnika w Szwajcarii, jest jedynym pełnym i wzorowo wydanym zbiorem epistolarnym naszego bohatera.

W pierwszym liście po odjeździe 1 czerwca 1798 napisze Jefferson do „Kochanego Generała": „Niezmiernie pilnie wyglądam wieści jak się rzeczy mają i zapowiadają na przyszłość w Europie. (…) Czasy nie pozwalają rozpisywać się o polityce, nie bronią jednak wylewów mojej najgorętszej przyjaźni dla Ciebie, której żadne czasy nie odmienią. Twoje zasady zasługują, by je czcić, poważać i kochać. Wierne jedynemu celowi: wolności i szczęściu człowieka, nie obracały się niby chorągiewka na dachu, jak u niektórych…"

Spotkać Jeffersona

W Blandemar Farm — ekscytacja i troska. Lady Blanka wydaje wielki obiad na cześć potomka prezydenta Thomasa Jeffersona w piątym pokoleniu, ale w linii prostej — aktora Rob Coles, który prezentuje w Charlottesville monodram „Meet Thomas Jefferson". „Spotkać Thomasa Jeffersona".

Ba, ale w czym… Cała nasza trójka po tysiącach przejechanych kilometrów wygląda mniej więcej tak jak Armia Południowa, owinięta kawałkiem koca… A tu taka gala. Iwonka przeglądając ilustrowane relacje z „International Polonaise Balls" wydawanych przez panią Prezydent

Pani Prezydent The American Institute of Polish Culture w Miami Blanka Rosenstiel została w 1998 roku obdarzona tytułem Honorowego Konsula Rzeczypospolitej Polskiej na Florydzie. Dzięki jej niestrudzonym działaniom i pasji na Uniwersytecie Virginii działa od roku 1998 Katedra Studiów Polskich imienia Kościuszki.

Lady Blanka (druga z prawej) sąsiadka rodu Jeffersona w Virginii zaprosiła potomka Prezydenta na spotkanie z nami. Od prawej Rob Coles, pani domu, rodzice Roba, Barbara Wachowicz i jej dzielna asystentka – Iwonka Wantuchówna.

Blandemar Farm w Virginii pod Charlottesville, rezydencja Lady Blanki Rosenstiel, gdzie poznajemy potomków Jeffersona.

Amerykańskiego Instytutu Kultury Polskiej w Miami, lady Blankę Rosenstiel — popada w popłoch i frustrację. Brylanty, kreacje, markizy, baronessy, książęta, konsulowie, prezydenci. Nawet biskupi w dostojnych amarantach.

A my, sierociny w wytartych portkach. W dodatku Maciek nie ma „jacket", jak zmartwiła się gosposia rodem z Małopolski.

Postanawiamy ratować się intelektem i wiedzą o Jeffersonie (ja), urodą i wdziękiem (Iwonka), enigmatycznym milczeniem (Maciek), a cała trójca manierami nieskazitelnymi...

Rob Coles przybywa z rodzicielami nobliwymi. Ma „jacket", piegi, 1 metr 80 wzrostu, jest rudy i mówi śpiewnym virgińskim akcentem. Wszystko jak u sławnego praszczura...

Konwersacja zatacza kręgi dworne i mądre. Nasza wykwintna Gospodyni (w ulubionej bieli!), której kultura ojczysta zawdzięcza w Stanach nieskończenie wiele, promotorka Konkursów Chopinowskich, twórczyni Fundacji Chopinowskiej, obdarzona tytułem Honorowego Konsula Rzeczypospolitej na Florydzie — opowiada z żarem o swych planach: powołania Katedry Studiów Polskich imienia Tadeusza Kościuszki na University of Virginia, założonym przez Thomasa Jeffersona.

(Od razu powiem, że oczywiście dokonała tego i w październiku 1998 roku odbyła się w Charlottesville uroczysta inauguracja The Kosciuszko Chair in Polish Studies, na którą przyleciał Lech Wałęsa — przewodniczący Komitetu Honorowego w skład którego weszli m.in. prof. Zbigniew Brzeziński, Jan Nowak-Jeziorański i senator stanu Maryland — Barbara Mikulska.

Blanka Rosenstiel zebrała w ciągu dwóch lat — „endowment fund" — żelazny fundusz na stworzenie katedry — pół miliona dolarów, przeważnie od Amerykanów polskiego pochodzenia. Sama ofiarowała ponad sto tysięcy...)

— Biała dama jest prawdziwym fenomenem — potomek Jeffersona pochylił się po staropolsku, by ucałować dłoń lady Blanki — To przecież jej zawdzięczam, że w moim monodramie znalazła się ta niezwykła korespondencja mego protoplasty z Kościuszką... Nie wiem czy historia zna drugi taki przykład mądrej, twórczej przyjaźni mężów stanu, rozdzielonych oceanem i różnicą losu.

Zapominamy o „jacketach" i niestosownych strojach. W salonie lady Blanki płoną świece... Łąkami za ogrodem przebiegają sarny. Rudy sobowtór Jeffersona przenosi nas opowieścią na ulice małego miasteczka, które zaczynało rosnąć wśród bagnisk i pastwisk nad Potomakiem by stać się stolicą kraju... Jest marcowy dzień roku 1801. Z gospody wychodzi wysoki mężczyzna w prostej szarej kurtce i długimi krokami zmierza na wzgórze, gdzie rośnie pierwsze skrzydło siedziby Kongresu, które otrzyma imię Kapitol. W Sali Senatu czeka nań Biblia.

Prezydent Thomas Jefferson złoży przysięgę na wierność Konstytucji Stanów Zjednoczonych, rozpoczynając ośmiolecie swej służby...

„Winszuję Stanom Zjednoczonym Ameryki Prezydenta, jakiego w Twej osobie wybrały" — pisze doń Kościuszko ze swej samotni (jak nazwie Berville pod Paryżem) i doda przesłanie, które dobrze byłoby wyryć w każdym prezydenckim domu i umyśle:

„Pamiętaj wszakże, aby pierwszy urząd w Państwie, który zawsze otaczają pochlebcy, intryganci, obłudnicy i ludzie źle myślący, otoczył się ludźmi z charakterem, o zacnych talentach i bezwzględnie uczciwymi. Trzeba, żeby stanowiska w kraju i za granicą objęli ludzie z zasadami, nienagannej konduity, a zarazem światli i czynni. (...) Ludzie takiego pokroju pomogą Ci w Twoim wielkim trudzie dla szczęścia Twojej ojczyzny (...) bądź zawsze sprawiedliwym i prawym, bez przepychu i ambicji osobistych, słowem, bądź Jeffersonem i moim przyjacielem".

Prezydent John Kennedy zaprosił laureatów nagrody Nobla. — Witam — powiedział — najbardziej niezwykłą panoramę talentów, którą kiedykolwiek gościł Biały Dom. Z jednym wyjątkiem — gdy Thomas Jefferson zasiadał do stołu — sam!

Ojciec Uniwersytetu

University of Virginia w Charlottesville uznano w roku 1976 za najpiękniejsze i najbardziej harmonijne dzieło architektoniczne Stanów Zjednoczonych.

W Rotundzie, którą wieńczy biel kopuły, oglądamy szkice kolumnady łączącej całość uniwersyteckich siedzib klasyczną i szlachetną linią.

Angelika Powell z University of Virginia była naszym przewodnikiem po uczelni, wzniesionej przez Jeffersona, a potem przemyciła nas z tłumnej kolejki do siedziby prezydenta – Monticello.

Monticello – czyli Mała Góra – siedziba Thomasa Jeffersona u stóp Błękitnych Gór pod Charlottesville, miejsce o którym pisał: „mam nadzieję że dni moje skończą się w Monticello".

— Wszystko jest dziełem Thomasa Jeffersona! — mówi doktor Angelica Powell ze Slavic Department. — On wybrał lokalizację, on projektował, on czuwał nawet nad wyrobem cegły... Był architektem i głównym budowniczym. Pierwszym rektorem i jak kazał wyryć sobie na nagrobku prawdziwym ojcem naszego uniwersytetu.

Dzięki protekcji lady Blanki — otwierają się przed nami uniwersyteckie odrzwia i sejfy. Także i ten chroniący testament Kościuszki, którego oryginał pozwolono nam wziąć w dłonie! Doktor Angelica Powell jest zaprzysiężoną przyjaciółką wielkich bibliotek polskich: Jagiellonki i Narodowej i stałą ich bywalczynią. Jej asystentka — Ewa Stajkowska-Setaro, prowadzi lektorat polski. Niekonwencjonalnie. Studenci delektują się uwarzonym przez nią bigosem, słuchając strof *Pana Tadeusza*: „w słowach wąchać trudno / bigosu smak prawdziwy, kolor i woń cudną..."

— Niestety, kiedy tu studiowałem, nie było jeszcze szans na poznawanie polskiego i to w taki smakowity sposób! — żartuje Rob Coles.

Angelika władająca pięcioma językami z rosyjskim i... chińskim włącznie woła: — Bigosu niet! Herbata gorąca! I usadza całą naszą czeredę w bibliotecznym saloniku. Na mnie czekają tasiemcowe wydruki pozycji bibliograficznych poświęconych Kościuszce, a znajdujących się w University of Virginia Library. Jest absolutnie wszystko i we wszystkich językach (no może tylko po chińsku brak!)...

— Rob! Mam też coś dla ciebie! — Angelika uwija się jak fryga. — Spójrz na ten list swego pra-pra razy pięć — dziadka do Kościuszki: „Niniejszy oddany Ci będzie przez pana Coles, który pracował ze mną jako sekretarz i jest jednym z zamożnych moich sąsiadów..." Czy twój tata wie, że macie podwójne koneksje Jeffersonowskie? Acha, chcecie zobaczyć spis katedr działających według programu Jeffersona? Języki starożytne, Języki nowożytne (marzył twój pra-pra, żeby opracować dokumentację wszystkich indiańskich narzeczy!). Nauki matematyczne, Nauki fizyczne, Filozofia przyrody, w tym chemia i mineralogia, Botanika i zoologia, Anatomia i medycyna, Nauka o rządzie, w tym ekonomia, prawo i historia, Prawo, Gramatyka ogólna, etyka, retoryka, literatura... Nieźle jak na 1825 rok! I oczywiście dla studentów — pełne prawo wyboru, żadnych przymusów! Wiecie, jaki był system pedagogiczny Jeffersona wobec własnych córek? „Jeśli mnie kochasz, staraj się być dobrą w każdej okoliczności w stosun-

W Alderman Library University of Virginia w Charlottesville, dokumenty Tadeusza Kościuszki włącznie ze sławnym testamentem pokazała nam pracują-
ca tu Polka – Ewa Stajkowska-Setaro, prowadząca
lekcje polskiego, na których czyta „Pana Tadeusza".

Rob Coles, potomek prezydenta Jeffersona w piątym pokoleniu, aktor, objeżdża Stany z monodra-
mem „Spotkać Jeffersona!". Podobieństwo uderza-
jące! Cytuje piękne fragmenty korespondencji swego wielkiego praszczura z Kościuszką.

in person

– Był mężem stanu, prawnikiem, politykiem,
pisarzem, filozofem, przyrodnikiem, rolni-
kiem, geografem, architektem, muzykiem, bi-
bliofilem, pedagogiem. Mam rudą czuprynę
jak on - ale pod nią ani cząstki tych talentów –
żartuje potomek Jeffersona – Rob Coles.

ku do każdego żyjącego stworzenia". A Kościuszko słusznie mu pisał, że edukację zaczyna się od wieku dziecięcego „wrażliwego" i „najlepiej się wpaja wszystkie obowiązki wobec społeczności i wobec ojczyzny".

Znacie wspaniałą inicjatywę lady Blanki stworzenia Katedry Polish Studie's pod wezwaniem Kościuszki? Będą seminaria i wykłady z historii Polski, dziejów kultury, zagadnień ekonomii... Szkoda, że was tu nie było w 1982, zrobiliśmy w rocznicę śmierci Kościuszki — 17 października wielką wystawę „Kościuszko i Jefferson"...

— W 1982 roku raczej trudno było Polakom wojażować! — Ewie udaje się wtrącić słowo...

— No przecież wiem. Wojna z Solidarity... Jakie aktualne były życzenia Jeffersona do Kościuszki: „Umiłowanie wolności uczyni rząd nasz wzorem ochrony człowieka i ładu. Oby niebiosa przywróciły kiedyś błogosławieństwa te Twojej ojczyźnie..."

Angelika wyszukuje cytaty z równą szybkością jak mówi...

— Ale was zagadałam. Let's go! Monticello czeka!

„Dni moje skończą się w Monticello"

„Za niewiele już dni usunę się do mego zacisza w Monticello, za którym od dawna tęsknię; tam nareszcie spodziewam się znaleźć spokój i szczęście śród rodziny, przyjaciół, gospodarstwa i książek. Mówiłeś kiedyś, że zostaniesz naszym sąsiadem, toby dodało do mego szczęścia więcej, niż do Twego..." — pisał Jefferson Kościuszce...

Kolejka do urzekającego pięknem domu — potworna, zawinięta alejkami wśród kwitnących drzew.

— Ojej, nie zdążymy do Waszyngtonu na Memorial Day! — zmartwiła się Iwonka.

Amerykańskie Zaduszki, obchodzone w ostatni poniedziałek maja, mamy zaplanowane na cmentarzu Arlington w Waszyngtonie za dni kilka! Ja chcę zapalić światełko prezydentowi Johnowi Kennedy'emu, Iwonka i Maciek marzą o udziale w sławnym wieczorze pamięci przy

The Vietnam Veterans Memorial, gdy przyjeżdża młodzież z całych Stanów, modli się i śpiewa przed czarną ścianą z tysiącami nazwisk poległych...

A cała nasza trójka chce złożyć kwiaty tego dnia przed pomnikiem Kościuszki.

— Napawajcie się widokiem Blue Ridge Mountains! — rozkazuje Angelika machnąwszy ręką w stronę Błękitnych Gór tonących w błękitnej mgiełce. — Idę was przemycić...

— W imię Blanki Rosenstiel, cieszącej się tu, jak wszędzie, estymą i admiracją... — oświadcza Ewa Setaro.

Iwonka zwycięsko dorzuca, że te dwa „archiwalne" słowa nie sprawiają jej kłopotu. „Admire" to po angielsku — podziwiać, „Esteem" — szanować.

— Angelica! — woła Rob Coles za pędzącą już w stronę domostwa o białych kolumienkach naszą dynamiczną przewodniczką. — Powiedz im, że potomek pana tego domu stoi w kolejce... I nie ma zamiaru spędzić tu tyle lat ile mojemu pra-pra zabrała budowa tego cuda...

— A ile? — zainteresował się fachowo Maciek.

— Czterdzieści! — informuje pogodnie Rob. — Od roku 1769 do 1809. Sam projektował, sam doglądał każdego kątka budowy. Był tu szczęśliwy i nieszczęśliwy. Tu umarła — jeszcze w czasie wojny o niepodległość — moja piękna i anielska pra-pra — Marta Jefferson, którą tak kochał, że przez tygodnie zamknięty w pokoju krążył nocami, albo dosiadał konia i pędził na oślep w góry... Tu pochował też rozpaczając jedną ze swych ślicznych córek...

Ale miał też radości. Gdy wreszcie przestał być prezydentem i pisał z ulgą do Kościuszki słowa, które mówię w mym monodramie: „Od śniadania do obiadu obchodzę swoje warsztaty, ogród i objeżdżam konno folwarki, po obiedzie, oddaję się towarzystwu i rozrywce z przyjaciółmi, a przy świetle, aż do pójścia na spoczynek, czytam. Zdrowie moje doskonałe. Rozmawiam o pługach i bronach, o zasiewach i żniwach z sąsiadami, a także o polityce, równie otwarcie, jak każdy z moich współobywateli, i czuję to błogosławieństwo, że mi wolno mówić, co mi się podoba, nie będąc za to odpowiedzialnym przed nikim na świecie..."

— A jak to się stało, że wasza rodzina tu nie mieszka? — pyta Iwonka.

Portret Jeffersona nakreślony przez Tadeusza Kościuszkę w 1798 roku z wieńcem wawrzynów i podpisem: „Filozof. Patriota. Przyjaciel" – jest jednym z najcenniejszych skarbów Monticello.

Okładka katalogu zawierającego część bogatych materiałów poświęconych Kościuszce, jakimi dysponuje Biblioteka Kongresu.

Portret Thomasa Jeffersona pędzla Rembrandta Peala, do którego prezydent USA pozował w futrze ofiarowanym przez Kościuszkę. Naczelnik zalecał praktycznie: „ wypróbuj, czy chmiel w twoim kraju ten sam skutek mieć będzie, co w moim. Trzeba posypać nim całą powierzchnię futra i raz czy dwa w ciągu lata w słoneczny dzień wytrzepać..."

Podobno w tym futrze występuje Jefferson na pomniku w Waszyngtonie... Może wypowie się na ten temat jakiś kostiumolog!

— No właśnie. Przecież chyba nikt was nie wyrzucał jak wnuków Sienkiewicza, wygnanych w 1945 roku z majątku, który autorowi *Trylogii* ofiarował naród! — syczę, myśląc, że nasza III Rzeczpospolita nie uczyniła nic, by tę krzywdę naprawić i nawet dla prawnuczki pisarza, historyka sztuki i etnografki, nie ma miejsca w zespole Oblęgorka, oddanego na muzeum, odbudowanego po ruinie.

— Jeffersonów wygnały długi! Po śmierci prezydenta ten dom zlicytowano i rozdrapano! Monticello wskrzesił naród! Trwało to trzydzieści lat — od powołania w 1923 roku The Thomas Jefferson Memorial Foundation do roku 1954, gdy uroczyście otwarto dom dla tych tłumów, które widzicie...

Widzimy też Angelikę machającą triumfalnie i za moment, przemyceni, wędrujemy komnatami tego domu-zjawiska. Hall z zegarem wskazującym godziny dni, miesiące ma łańcuszki wykonane z kul czasu wojny o niepodległość. Błękitna jadalnia, „zielony pokój" — tonący w roślinach, które badał, pokój muzyczny ze skrzypcami, na których grywał (tu wyławiamy anegdotę, śpiewem umilała wieczory dobrze nam znana spod Saratogi baronowa von Riedesel, którą uwięzioną wraz z familią Jefferson wielkodusznie przygarnął!). Biblioteka, gdzie czytał w sześciu językach... Pokój Przyjaciół z portretami wszystkich bliskich sercu. Nie ma tylko Kościuszki! Mój sztab płonie oburzeniem. I natychmiast każe mi interweniować w ambasadzie, apelować do ministerstw, wdzięczyć się w Fundacji Kościuszkowskiej... — Trzeba po prostu poprosić lady Blankę o pomoc, a będzie Kościuszko — ucina Angelika. Pomykając przed wycieczką, która już nam depcze po piętach, wiedzie nas do gabinetu, gdzie Thomas Jefferson napisał w ostatnich latach swego życia — 25 tysięcy listów.

— Stąd nawoływał Kościuszkę, zaszytego w małym miasteczku pod Alpami: „Przyjedź do Monticello i bądź członkiem naszej rodziny. Przyjedź (...), dokończ wolnego życia w wolnym kraju" — cytuje Rob Coles.

— A pamiętasz co mu Kościuszko odpowiedział? — wyciągam moje *Malwy* z rozdziałem „Pamiątka z Solury":

„Wdzięczny Ci jestem bardzo za uprzejme zaproszenie; wszelako leży mi bardzo na sercu kraj mój (...) Jestem jedynym prawdziwym Polakiem w Europie, wszystkich innych okoliczności uczyniły poddanymi różnych mocarstw. (...) Niezależnym można być wszędzie, kochany i czcigodny przyjacielu..."

Ten list Naczelnik napisał na miesiąc przed śmiercią — 15 września roku 1817.

W zakątku ogrodu kwitnącego tysiącami kwiatów, które sam wybierał, spoczywa pod prostym, szarym ostrosłupem Thomas Jefferson z epitafium przezeń napisanym: „ponieważ poprzez te świadectwa mego życia chciałbym najbardziej pozostać w pamięci":

„Here was buried Thomas Jefferson
Author of the Declaration of American Independence
Of the Statute of Virginia for religious freedom
And Father of the University of Virginia".

„Tutaj pochowany jest Tomasz Jefferson,
Autor Deklaracji Amerykańskiej Niepodległości,
Statutu Wolności Religijnych Stanu Wirginia,
Ojciec Uniwersytetu Wirginii".

Umierał 4 lipca roku 1826. W pięćdziesiątą rocznicę Deklaracji Niepodległości.

Stolica Stanów Zjednoczonych – Waszyngton, której wizję architektoniczną nakreślił Thomas Jefferson. Nad miastem dominuje wspaniała kopuła siedziby Kongresu, zwanej Kapitolem. W Library of Congress – jednej z największych biliotek na świecie spędzę wiele dni studiując listy i księgi.

W 1798 roku zwiedzając „City of Washington" Niemcewicz zapisał: „Cisza lasu panuje tam, gdzie kiedyś będą się wznosić wysokie domy".

WARSAW
& KOSCIUSKO COUNTY

COMMERCE · RECREATION · THE ARTS · EDUCATION · HEALTH CARE · SERVICES · HOMES · WORSHIP

Warszawa w Indianie

Powiat Kościuszko

My state, Indiana, has different parts too.
My mom says they are called counties.
My town is in Kosciusko County.
Kosciusco was the name of a man who fought in a war to make
me free. Sometimes I wonder what it means to be free.

Moje miasto jest w powiecie Kosciusko.
Kosciusko jest to imię człowieka,
który walczył, by mnie uczynić
wolnym.
Czasami się zastanawiam, co to
znaczy - być wolnym.

Swoboda – Szczęście
Hasło i odzew z Insurekcji Kościuszkowskiej.

„Czytajmy i uczmy się, a będziemy wolnymi ludźmi".
Tadeusz Kościuszko

Młodsi Bracia

„Przybyliśmy wreszcie do Chicago. (…) Po rozczarowaniu, jakiego doznałem w New Yorku (…) Chicago robi wrażenie i przyjemne, i majestatyczne. (…) Miasto zbudowane przez olbrzymów i dla olbrzymów. (…) Czytałem kiedyś opis fantastyczny miast, tak jak one będą wyglądały w wieku XX. Otóż, Chicago przypomniało mi ten opis. (…) Leżąc nad Michiganem ta królowa jezior panuje nad całym systemem wód łączących Kanadę ze Stanami Zjednoczonymi. (…)
Najwięcej Polaków osiadło przy ulicy Milwaukee Avenue. Gdy przybywszy o świcie do Chicago, udałem się do tej części miasta, chwilami wydawało mi się, że jestem w Polsce. Poranne słońce, wstając z wód Michiganu, rozświecało nazwiska i napisy polskie na sklepach. Pierwsze słowa, jakie usłyszałem, były wymówione po polsku"… Oto wrażenia dziennikarza polskiego, Henryka Sienkiewicza, zwiedzającego Chicago latem roku 1876.

Przybyliśmy wreszcie do Chicago. „Tadek" po dwudziestu tysiącach kilometrów trzasnął oponą przy samym wjeździe, rozżalony pożegnaniem. Rozstanie ze sztabem — rozdzierające. Co się z wami dzieje, kochani?

Maciek, wiem, że pracuje w chicagowskiej telewizji Polvision. Może kiedyś nakręci film z kościuszkowskich dróg? Ale gdzie jesteś ty Iwonko, która chciałaś zostać dziennikarką i wędrować amerykańskim tropem Polaków?

Jeśli dotrze do ciebie ta relacja z naszej podróży — odezwij się! God bless You!

O poranku czerwcowym wyruszam do Warszawy. Ale tej bliższej, dwie godziny jazdy od Chicago.

Warsaw — stolica Kosciusko County, Indiana State.

Moim pilotem jest inżynier Stefan Magnuszewski. Z owej zacnej familii Dominika, przyjaciela Chopina i Krasińskiego, powstańca i poety.

— O mało mnie nie wyrzucono ze szkoły za stalinowskich czasów, kiedy przyniosłem wiersz Dominika Magnuszewskiego „Dzień 29 listopada" — opowiada Stefan, kiedy wolno toczymy się zapcha-

Chicago – największe obok Warszawy polskie miasto na świecie

Na Milwaukee jest nawet Podlasie Club, gdzie oczywiście jako wierna Basia z Podlasia (tak mnie ładnie nazwali harcerze) pozuję wraz ze wspaniałą Ulą z Chicago, czyli panią dyrektor Szkoły Polskiej imienia Tadeusza Kościuszki – Urszulą Kraśniewską.
Fot. Waldemar Kocoń

nymi ulicami chicagowskiego centrum noszącego imię Johna Hanckoka, tegoż samego, który sygnował w Filadelfii Deklarację Niepodległości i nominację Kościuszki.

— Do dziś pamiętam te strofy, które wzbudziły grozę w donosicielach:

> **Orzeł, co się gdzieniegdzie sam jeszcze unosił,**
> **Musiał spocząć na piersi dwugłowego ptaka,**
> **Polak bał się przywitać imieniem Polaka...**

Namalowałem orła białego atakowanego przez czarnego dwugłowego orła rosyjskiego... Awantura była, mało nie wylądowałem w poprawczaku.

Zawsze pasjonowała mnie historia Powstania Listopadowego, Dominik walczył przecież pod Ostrołęką i w obronie Warszawy...

A w jego wierszu jest też wzmianka o Kościuszce:

> **Gdy myśl stała się czynem, a prawda zjawieniem,**
> **Gdy ptak wykluł się z gniazda ojczystej miłości,**
> **Towarzysz Tadeusza zapłakał z radości...**

To oczywiście mowa o Julianie Ursynie Niemcewiczu... Nie wiem, Basiu, czy pamiętasz, że ten „towarzysz Tadeusza" bardzo trafnie wyprorokował, że Polska powstanie z „powszechnego zaburzenia narodów i wstrząśnienia samej Moskwy"...

Podjeżdżamy z kwiatami pod pomnik Kościuszki królujący nad samym jeziorem. I łup — jesteśmy capieni za parkowanie. Groźny porucznik już wyciąga papierzyska, Stefan nerwowo sięga do portfela, a ja wkraczam z przemową Kościuszkowską. Rezultat — jak na Południu, a nie w Krainie Jankesów. Papierzyska znikają, pojawia się uśmiech i okrzyk: — Eviva Polonia! (protoplaści porucznika rodem z Włoch, czyli jednak południe!) — dajemy autograf zamiast apanaży!

Jeszcze nas Ken Lavareta popilotuje zręcznie Solidarity Drive... I już wyjeżdżamy z Chicago rozłożystym Mercedesiskiem słodko zwanym „Wisienką" (gdzie tam umiłowanemu „Tadkowi" do tych wspaniałości!) — trasą, która się zowie Casimir Pulaski Memorial Highway...

Czujni policjanci na środku lokomocji jakim wojażował Kościuszko łowią niesubordynowanych kierowców, którzy tak jak my wpychają się na reprezentacyjne miejsca zarezerwowane dla pomników, a nie samochodów!

– Panie poruczniku! Mandat dla Polaków, którzy zaparkowali nad jeziorem Michigan, by złożyć kwiaty Kościuszce?

– Autograf? Bardzo proszę!
All the best in your responsible service!

Duma rodaków – Pomnik Tadeusza Kościuszki w Chicago nad jeziorem Michigan. Warszawa, którą tak wspaniale obronił latem 1794 przed pruską inwazją – nie postawiła Naczelnikowi nawet małego popiersia.

Ale oczywiście porucznikowi Kenowi Lavareta tej zawstydzającej naszą stolicę informacji nie powierzam!

Fot. Stefan Magnuszewski

Na granicy stanu Indiana wita nas zaproszenie: „Back home again"... Powracasz do domu.

Indiana. „The Crossroads of America" jedni tłumaczą „Skrzyżowanie dróg"; drudzy „Rozstaje Ameryki".

Przydomek dziwny — Hoosier State, ale nie od żadnych Hoosierów (jak sugerują niektóre przewodniki), lecz od okrzyku pierwszych osadników: — Who's yere? Kto tu?

W miasteczku Etna Green jadąc autostradą nr 30 mijamy granicę Kosciusko County — powiatu noszącego imię Naczelnika. Most na rzece Tippecanoe i drogowskaz w prawo — Warsaw.

Tippecanoe. Nad tą rzeką założył swą siedzibę wódz plemienia Shawnee — Tecumseh. Ten sam, którego przywołuję w rozdziale o mieście Kosciusko.

Indiana. Land of the Indians. Kraina Indian. Stolica stanu nosi imię — Indianapolis.

„Starszy Bracie, powiedziałeś swoim Młodszym Braciom, że waszym celem jest pokój... Prezydent Piętnastu Ognisk mówił do nas, że wszystko będzie pewne i trwałe..." — tymi słowy przemawiał 29 lipca 1795 roku wódz plemienia Miami w Indianie (już wiemy skąd Miami na Florydzie), Little Turtle — czyli Mały Żółw — do „Starszego Brata", czyli generała Anthony Wayne'a, którego pomnimy ze sztabu Greene'a i kontrowersji z Kościuszką pod Charlestonem...

Onże generał, dowódca armii Stanów Zjednoczonych na terytorium Północnego Zachodu, pokonał skonfederowane plemiona indiańskie w sierpniu 1794 roku w bitwie pod Fallen Timbers...

Nazwa okazała się dla prawowitych władców tej ziemi złowrogo prorocza. Pięć tysięcy żołnierzy gen. Wayne'a ścięło Indian jak zwalone drzewa...

Przypomnijmy — że dokładnie w tym samym czasie sierpniowym roku 1794 były towarzysz broni Wayne'a, Tadeusz Kościuszko, bronił stolicy Polski — Warszawy — przed atakiem wojsk pruskich, sprzymierzonych z Moskalami. Wielu jego żołnierzy było — jak pisał zmartwiony — „gołych jak Adam" (skąd, ach, skąd te troski były mu znajome!), ale walczących z przekonaniem, że „Cesarz, Moskwa i król pruski — jest to mało dla Kościuszki".

Tę pierwszą w historii wojskowości inżynieryjną obronę stolicy — autor jej planu i dowódca — wygrał brawurowo.

W szarej sukmanie, mieszkając w namiocie, nie dojadając, pisze sam setki listów, rozkazów (jak Greene), jak zawsze eksponując zasługi swych podkomendnych, siebie usuwając w cień...

W tym samym czasie gen. Anthony Wayne, przezwany przez Indian — Czarny Wąż, budował fort, któremu nadał skromnie imię — Fort Wayne. Traktat pokojowy zawarty przez Czarnego Węża z „Młodszymi Braćmi" — Indianami w 1795 roku zabrał im 65 tysięcy km². Zagasły indiańskie ogniska za aprobatą Prezydenta Piętnastu Ognisk — Stanów. Dziewiętnastemu przyjętemu do Unii nadadzą imię — Indiana. Little Turtle musiał złożyć swój podpis pod traktatem.

Tecumseh odmówił.

„Jak możemy mieć zaufanie do białego człowieka? Kiedy Jezus Chrystus przyszedł na ziemię, zabiłeś Go i przybijałeś do krzyża" — zawołał do gubernatora stanu Indiana, gdy temu udało się traktatem zawartym w Forcie Wayne w 1809 roku wykupić od Indian milion hektarów ziemi za siedem tysięcy dolarów! — „Handlować ziemią? Czemuż nie sprzedawać chmur, powietrza i morza?" — pytał dramatycznie Tecumseh.

Gdy powrócił z wielkiej wyprawy na Południe — gdzie, jak pamiętamy, dotarł do Indian Choctaw z obecnego powiatu Attala, próbując namówić ich do wielkiego sojuszu plemion — zastał swą wioskę nad rzeką Tippecanoe doszczętnie spaloną... Nie miał już domu, by powrócić...

W lutym 1798 roku do skromnego mieszkania przy 172 South Third Street w Filadelfii wkroczył niezwykły gość. Little Turtle! Mały Żółw. Przyniósł w darze swój tomahawk „Wodzowi Wielkie Serce" — Tadeuszowi Kościuszce... Naczelnik mu ofiarował piękną burkę i okulary. — Dałeś mi nowe oczy! — podziękował Mały Żółw z radością.

Umarł w Forcie Wayne.

Bardzo skrupulatna absolwentka wydziału lingwistyki stosowanej UW, Justyna Gołąbek, która z ogromną rzetelnością opracowywała dla mej książki dokumentację powiatu Kosciusko, dokładnie podała liczbę mieszkańców w roku 2000. Mieszka tam dziś — 60 tysięcy 162 osoby ogółem. W tym Indian i Eskimosów — osób sześćdziesiąt pięć!

Krok w przeszłość

Jest niedziela. Na czterech jeziorach Warsaw-Warszawy: Winona, Chapman, Center i Pike, ważą się nieśpiesznie łodzie. Na nieskazitelnie gładkich i zielonych polach golfowych migają sylwetki graczy... Z kortów słychać suchy trzask piłeczek... Ogrody przed tradycyjnie wiktoriańskimi domami z białego drzewa lub czerwonej cegły, zadbanymi, czyściutkimi, kwitną piwoniami — stanowym kwiatem Indiany.

Nie wszyscy odpoczywają tego świątecznego, czerwcowego słonecznego dnia.

Burmistrz Warsaw — Jeffrey Plank, zwany Jeff, i dyrektor Kosciusko County Museum — Charles Lamoree, zwany Chic, porzucili plaże, golfy i rodziny, by się z nami spotkać... Jeden wiecznie roześmiany (Jeff), drugi marsowo poważny (Chic) przygotowali dla mnie program badań i działań mniej więcej na najbliższe dziesięciolecie, tudzież powitania odmienne, rzekłabym, adekwatne do osobowości.

— Welcome to Warsaw, Indiana, dear lady from Warsaw, Poland! — Jeff wręcza mi bukiet białych i czerwonych piwonii.

— Jedziemy do więzienia! — rzecze ponuro Chic.

Stefan zostaje ofiarnie z Jeffem nagrywać i kserować, co się da. Ja wyruszam z Charlesem do więzienia, czyli Kosciusko Old Jail Museum, bo muzeum powiatowe mieści się w byłym więzieniu.

— Wiesz dlaczego? — śmieje się Jeff. — Żeby nikt, kto przekroczy próg, nie mógł uciec, zanim go Chic nie przyszpili wykładem i nie pokaże wszystkiego...

Chic burmocze złowrogo: — Tym razem wyrok nie może być niestety dożywotni! — i prowadzi mnie ulicą North Indiana pod numer 121, gdzie wznosi się sędziwy, jak na Amerykę, bo ponad sto lat mający, budynek.

Schodami z drzewa orzechowego wkraczamy w świat historii Kosciusko County i stolicy powiatu — Warsaw.

Skąd te nazwy?

— Oto jest pytanie, które ciągle słyszę — odrzecze Chic. — Wiele razy sugerowano, że to na pewno zasługa Polaków, zamieszkałych na terenie Indiany...

Jeffrey Plank, Lord Mayor miasta Warsaw, które jest stolicą Kościuszko County w Stanie Indiana. Zawsze uśmiechnięty.

Charles Lamoree, dyrektor Kościuszko County Museum i działacz Historical Society. Zawsze bardzo poważny.

Przysłał mi swój artykuł "Polish Woman visits our "Va-saw-ya", bo podobno tak wymawiam słowo Warszawa, a Kościuszko interpretuję "Ka-shoo-sko".

A to zasługa tego oto człowieka…

Chic kładzie na biurku stos skopiowanych „Personal sketches of pioneers of Kosciusko county". Czerwono zakreślona biografia — „John B. Chapman". Ojciec chrzestny polskich nazw powiatu i jego stolicy. Jego nazwisko nosi jedno z jezior.

Urodził się w Virginii (Południe, Południe!) w noc wigilijną — 24 grudnia 1797 roku. Jak i z kim spędził ten wieczór — tak dla Polaków ważny — nasz generał Kościuszko — nie wiemy. Był już w Filadelfii. Dostawał wzruszające zaproszenia od towarzyszy broni osiadłych w South Carolina — Morrisa i Williama Washingtona. Tuż przed Gwiazdką 1797 pisał do nich, przesyłając słowa pamięci i przyjaźni (także dla państwa Scott na James Island, którzy tak czule się nim opiekowali, gdy zapadł na febrę) — i prosił piękną żonę Morrisa — Nancy o przysłanie… filiżanki kawy. Wybierał się na leczenie swej bezwładnej nogi do… Saratoga Springs! Albo właśnie do Virginii!!! Na razie nie miał za co i wiemy tylko, że 22 grudnia 1797 — za pośrednictwem zaprzyjaźnionego z Jeffersonem kongresmana z Virginii — Johna L. Dawsona, wniósł do Kongresu prośbę o wypłacenie zaległego żołdu, co zostało uwieńczone sukcesem. Być może ów wieczór wigilijny roku 1797 spędził Naczelnik w towarzystwie Thomasa Jeffersona, a może tylko rodaka — Niemcewicza, trzęsącego się na co dzień z chłodu w nieopalanej izdebce…

Narodzony w wigilię Bożego Narodzenia John B. Chapman okazał się duszą sarmacko niespokojną i przygód żądną. Jako osiemnastolatek ruszył zdobywać Zachód, do Teksasu. Pilotował łodzie na Red River — Czerwonej Rzece, polował, lamentował, że „drogi ciemne, trudy daremne".

Mimo wczesnego ożenku (miał 22 lata) z Irlandką, „twardą w biuście oraz interesach", nosiło Chapmana z miejsca na miejsce, od Virginii, przez Iowę, Kentucky do Indiany. Studiował medycynę i prawo, uprawiał farmę i politykę, jako zawzięty demokrata…

W 1834 wybrano go do Legislatury, czyli Rady Naczelnej Stanu Indiana. I właśnie wtedy wystąpił z inicjatywą nadania bezimiennemu powiatowi patronatu Tadeusza Kościuszki… Wieść o nim poczerpnął Chapman z cieszącej się ogromną popularnością w Stanach czterotomowej i pięćsetstronicowej księgi młodziutkiej, 24-letniej, panny Jane Porter *Thaddeus of Warsaw*, napisanej jeszcze za żywota Naczelnika, która doczekała się oszałamiającego powodzenia w samej Anglii, od roku 1803 do 1809 miała pięć wydań! Oczywiście tłumaczenia polskiego do dziś ani jednego!

Nasza Biblioteka Narodowa dysponuje edycją londyńską z roku 1831, opatrzoną wstępem autorki: „Wydanie to ukazuje się trzydzieści lat od daty pierwszego. Pisałam, gdy walka o wolność była już zakończona, gdy Polska leżała w popiołach, a jej bohaterowie w ranach, gdy cień śmierci ogarnął cały kraj... Pamiętam dni mego dzieciństwa i tych uchodźców bez nadziei — zanim zatopiłam pióro w ich łzach.

Przybył do Londynu Generał Kosciuszko, czczony bohater polski, w drodze do Stanów, właśnie uwolniony z rosyjskiego więzienia. Jego przybycie stało się wielką sensacją, najznamienitsze osobistości spieszyły złożyć mu słowa swego szacunku dla nieugiętego patriotyzmu. Stary przyjaciel naszej rodziny zabrał mego brata, by odwiedził polskiego weterana w Hotelu Sabloniere na Leicester Square. Powróciwszy brat opisał go jako nobliwie wyglądającego dżentelmena bez śladów urody, leżącego na sofie, unieruchomionego przez rany zadane kozackimi lancami. Jego głos był słaby i powolny... Czarny bandaż otaczał jego skronie...

Moja młoda wyobraźnia była wstrząśnięta..."

W tejże wyobraźni wykluła się urocza, sentymentalna bajdołka, której bohater nosi co prawda imię „Thaddeus", ale jest hrabią i potomkiem... króla Jana III Sobieskiego.

Wydanie z 1819 roku (dziesiąte!) dedykowane jest „humbly and affection" (z pokorą i miłością) — „to the memory General Thaddeus Kosciuszko".

Panna Jane była zaprzyjaźniona z rodziną amerykańskiego konsula w Anglii, Eliasa Vanderhorsta, starego przyjaciela Kościuszki z Południowej Karoliny, który w czerwcu 1797 podejmował Naczelnika w angielskim porcie Bristol, tak „jakbym był członkiem jego rodziny" (słowa Kościuszki) i eskortował bohatera wśród wiwatujących i płaczących tłumów na pokład statku „Adriana", którym generał-inwalida odpływał do Ameryki...

Książeczka Jane Porter, oparta m.in. na wspomnieniach Vanderhorstów, wzbudziła nawet zaufanie naszego Haimana, a podobno i aprobatę samego Kościuszki, który w ramach dziękczynienia nadesłał autorce już z Paryża... lok swych włosów.

Rezydencja pułkownika Charlesa Warnera Chapmana, syna Johna, któremu Warsaw i Kosciusko zawdzięczają swe miano. Upłynęło ledwo trzydzieści kilka lat, od chwili gdy stała tu jedna karczma i John B. Chapman walczył, by powstała osada o imieniu "bohaterskiej stolicy Polski".

W starym więzieniu, budynku z 1870 roku, ma dziś Warsaw piękne muzeum i siedzibę Towarzystwa Historycznego ze specjalną sekcją badającą genealogie mieszkańców Kosciusko County.

Rok 1911. Temperamence Union Assembly Women w Kosciusko County. Podpis "The Girls of the 70'" ... Te "dziewczęta" zaczęły prace dokumentujące historię miasta i powiatu, którą kontynuuje Kosciusko County Historical Society.

John B. Chapman występujący z propozycją nadania powiatowi jego imienia napotkał dramatyczny opór: — Kto to wymówi? — wołali urzędnicy Legislatury.

Ale nie darmo John walczył z pumami w Teksasie i słynął z krewkiego temperamentu.

7 lutego 1835 roku Rada Indiany wydała ustawę akceptującą powstanie Kosciusko County. Teraz Chapman-zwycięzca ruszył do boju o stworzenie stolicy powiatu, która mogłaby konkurować z kwitnącym Fortem Wayne.

Justynka Gołąbek studiująca hałdy materiałów archiwalnych przywiezionych przeze mnie od Chica Lamoree cytuje: „Debiutem budowlanym na tym terenie była chałupa z modrzewiowych bali, która pełniła funkcję karczmy. Ogrzewał ją kominek, służący także za piec do przyrządzania potraw. Podłoga, wzniesiona o jakieś 10 cali w stosunku do paleniska, była miejscem do siedzenia. Gospodarze pełnili role kucharzy, sprzątaczek, stajennych i hotelarzy. Goście i gospodarze spali razem w jednej izbie, na łóżkach wysłanych płatami kory orzecha, i byli bardzo szczęśliwi"!

21 października 1836 roku Chapman z radością odnotował, że znalazł się jakiś szaleniec, który kupił pierwszą działkę pod budowę domu w osadzie, której kreator powiatu Kosciusko postanowił nadać imię „bohaterskiej stolicy Polski, podbitej okrutnie przez Moskwę", jak napisze w swej autobiografii o upadku Warszawy w Powstaniu Listopadowym. Dopiero w 1856 roku do osady Warsaw dobiegły tory kolejowe. 19 kwietnia 1875 roku nadano osadzie prawa miejskie.

— Minęły dni, o których pisze Chapman, cytując piosenkę:

> **Sweet days! The golden hours!**
> **Crew brighter for the singing**
> **From brook and bird and meadow flowers**
> **A dearer welcome bringing...**
>
> **Słodkie dni i złote godziny, gdy**
> **Wśród kwiatów i śpiewu ptaków**
> **Galopowały tu jelenie...**

Chic Lamoree wyjmuje stare, sepiowe fotografie: — Ten brodacz to Charles Warner Chapman, syn założyciela Warsaw, w przeciwieństwie do ojca, który do końca żywota latał nad Pacyfik i Alaskę, osiadły w Warsaw. Prawnik i senator, zamożny — zobacz jaki zbudował wspaniały, do dziś istniejący dom... Ale w 1862 roku niespokojny duch ojca ozwał się i w senatorze. W trzy dni stworzył oddział stu ochotników i ruszył — w randze pułkownika — na bitewne pola wojny domowej, walcząc po stronie Północy, on — syn Virginii! Na początku wojny, w straszliwej bitwie pod Chickamauga, komenderował już brygadą, został ciężko ranny... W kwietniu 1865 towarzyszył o kulach trumnie Lincolna, zastrzelonego tak tragicznie, w ostatniej podróży prezydenta, z Waszyngtonu do Springfield.

Wróciwszy do Warsaw pułkownik Chapman stał się prawdziwym mężem opatrznościowym i rzecznikiem rozwoju miasta. On był też inicjatorem zbierania dokumentów z historii miasta i powiatu. Zaczęły to czynić, zachęcone przez pułkownika, nasze nieocenione niewiasty zrzeszone w Temperance Union Assembly Women (czyli Stowarzyszeniu Wstrzemięźliwości)... Oddajemy cześć tym zwykłym--niezwykłym gospodyniom w naszym folderze „Krok w przeszłość".

Nasze Kosciusko County Historical Society, działające od 1965 roku, ma całą sekcję genealogii, gromadzącą dzieje rodzin... Co nas bardzo cieszy — udało się zainteresować młodzież, która drąży dzieje dziadów...

Melchior Wańkowicz zwykł mawiać: — Nie podawaj ręki nikomu, kto nie wie, jak pra-prababka z domu... — myślę, wspomniawszy z sentymentem czasy, kiedyśmy z Andrzejem Matulem robili w „Lecie z radiem" konkursy — „Moje gniazdo rodzinne", zastąpione teraz przez hasła: która krowa ma najdłuższy ogon, pies najwięcej lat, a panienka najpotężniejszy biust...

— W 1986 roku obchodziliśmy uroczyście 150-lecie powiatu Kosciusko. Wtedy przygotowaliśmy nową ekspozycję w muzeum honorując naszego Patrona.

Chic Lamoree pokazuje mi portret Kościuszki, namalowany na zamówienie muzeum (niestety, nie ma żadnej reprodukcji).

— Policja pruska konfiskowała wszystkie wizerunki Kościuszki, car zabronił ich posiadania. Dostaliśmy reprodukcję portretu z szablą od Biblioteki Jagiellońskiej. Jest tu podpis — „Zbawca ludu polskiego".

Pod nasz portret wybraliśmy te słowa Kościuszki, które napisał podczas pierwszej wojny z Rosją w 1792 roku, gdy w polską rzekę Bug wbijał łańcuch z żelaznymi kolcami, by nie mogły przejść jej rosyjskie wojska. Na pewno wróciły do niego wtedy wspomnienia z West Point. To zdanie skreślił po francusku: „Le titre d'Americain sera toujour sacré pour moi"... „Tytuł Amerykanina będzie zawsze dla mnie święty".

Tak go przezywano na królewskim dworze — Amerykanin.

Amerykańska siostra

— „Żyj! Pracuj! Odpoczywaj!" — to jest motto naszej Warsaw. — Jeff Plank, roześmiany, podrywa się od stołu. Stefana zza sterty papierzysk prawie nie widać!

— Przygotowaliśmy — with Stef — dla ciebie pełną dokumentację wszystkich zagadnień związanych ze współczesnością powiatu i stolicy. Od czego mam zacząć?

— Od siebie.

— Ależ ja — to Warsaw. Tu się urodziłem, tu wzrosłem i nie wyobrażam sobie życia gdzie indziej. Każdy z moich dziesięciu tysięcy mieszkańców to moja rodzina...

— A co uważasz za największe tej rodziny osiągnięcia?

— Nazywają nasze miasto „The Orthopaedic Capitol of the World" — Ortopedyczny Kapitol Świata. Czołowe nasze firmy — DePuy, licząca lat sto, i Zimmer, krzepka siedemdziesięciolatka — produkują najwyższej jakości protezy.

Kosciusko County Medical Society powstało już w 1847 roku, jak mówi statut, „dla promocji nauk medycznych". Warsaw jest centrum lecznictwa Kosciusko County. Nasz szpital, wybudowany w 1976 roku z funduszy powiatu za 10 milionów dolarów, nie ma chyba wielu odpowiedników w miastach Stanów o rozmiarach Warsaw. Mamy wszystkie rodzaje najnowocześniejszej pomocy lekarskiej, włącznie z medycyną nuklearną. Mamy Centrum Służby Człowiekowi — wielki ośrodek specjalizujący się w leczeniu chorób psychicznych i nerwowych służący pięciu powiatom. Mamy Klinikę Oftalmologiczną, która leczy kataraktę najnowocześniejszymi metodami laserowymi przyjmując pacjentów z czterech stanów. Mamy

Warsaw nazywają „Ortopedycznym Kapitolem świata". W firmie Zimmer ci młodzi ludzie konstruują najbardziej skomplikowane protezy.

W amerykańskiej Warszawie – szczęśliwe dzieci, szczęśliwi rodzice z Kosciusko County w obiektywie Boba List, który robi konkurencję naszej najsubtelniejszej mistrzyni portretu rodzinnego – Zofii Nasierowskiej

Tom Zimmerman – muzyk z Warsaw College. W szkołach Kosciusko County jest jeszcze taki przedmiot – muzyka!

Home Health Care — hospicjum opiekujące się przewlekle chorymi w domach. Mamy Well Child — wszelki rodzaj pomocy dla dzieci z rodzin uboższych i samotnych matek.

Drugim osiągnięciem mojej symbolicznej rodziny jest system edukacji. Mamy całą sieć szkół państwowych i prywatnych, w 1990 roku ukończyliśmy za 22 miliony dolarów budowę centrum szkolnictwa średniego, ogólnokształcącego i zawodowego w dziedzinach: rolnictwa, budownictwa, obsługi komputerów, mechaniki samochodowej, gastronomii. Mamy przedsięwzięcie „Partnerzy", zajmujące się kojarzeniem absolwentów wszystkich uczelni z poszukującymi pracowników firmami. Mamy Centrum Akademickie dla młodzieży szczególnie uzdolnionej i specjalne programy dla młodzieży niepełnosprawnej fizycznie i psychicznie, odrębne dla młodzieży trudnej! Chwalę się, że tej mamy stopień nikły, tak jak i jeden z najniższych stopni bezrobocia w USA!

— A czym zajmują się przede wszystkim mieszkańcy Kosciusko County?

— Rolnictwem, leśnictwem, rybołówstwem. Nasze farmy słyną ze swych produktów. Nawet pośród 101 jezior mamy Crystal Lake Egg — na cześć rekordowej produkcji jajek, a nasze miasteczko Mentone nazywają „Kosz Jajek Środkowego Zachodu". Maple Leaf Farm Inc. (Farma Klonowego Liścia) jest największym na świecie producentem kaczek, zaopatrującym 50 stanów i wiele krajów poza naszymi granicami!

Produkujemy też tkaniny, szkło, platery, ekrany kinowe, części samochodowe. Ważną gałęzią jest produkcja książek! Chętnie wydrukujemy twoją po angielsku!

— Trzymam za słowo!

— Możesz do nas przylecieć samolotem. Warsaw ma piękny Port Lotniczy — własność miasta!

Stefan się poruszył niespokojnie: — Ale tym razem chyba wrócisz ze mną samochodem. A w ogóle to kończcie już te pogwarki, bo Barbara chciała jeszcze połazić po mieście, a potem zrobi się ciemno i jak to w Ameryce — nieprzyjemnie!

— Dlaczego? — zadziwił się Jeff — Warsaw jest jednym z najbezpieczniejszych miejsc w United States, o najmniejszym stopniu przestępczości! Nie na darmo policja ma siedzibę w moim City Hall!

— Trzeba by to podszepnąć prezydentowi naszej Warszawy.

— Pisałem do niego z serdecznościami od amerykańskiej siostry. Myślałem, że może przydam się na coś, na przykład z naszymi odkryciami ortopedycznymi.

— I co?

— I nic. Widocznie wtedy sprawował w waszej Warsaw rządy ktoś taki, jak pierwszy szeryf naszego county, Isaac Kirkendall, który w 1836 roku musiał napisać list do brata. Po długim skubaniu pióra powstało arcydzieło stylu epistolarnego: „Dear Brother, I am well and if you are well then by God, all's well!". Byłoby mi miło, gdybym dostał chociaż taki list ze stolicy Polski!

— A inne miasta Kosciusko County jakie mają cechy szczególne? — zmieniłam temat, boć smętno było słuchać.

— W North Webster możesz pożeglować wiosłową łodzią do rezerwatu przyrody z tysiącami ptactwa, w Piercerton i Silver Lake kupić cenne antyki, w Syracuse — zwiedzić ogromną bibliotekę, w Atwood — stare kościoły i szkoły z połowy XIX wieku, w Palestine — starusieńki cmentarzyk, gdzie są epitafia-cytaty z dramatów Shakespeara...

— Jeff — czy jest coś, co wam się nie udało?

— Owszem. Budowa opery, którą planowano już w roku 1873... Ale ja nie kapituluję... Może jeszcze was na *Aidę* do Warsaw National Opera zaproszę. Na razie — zapraszam na koncert Zimmermana.

Zamarliśmy ze Stefanem.

— Boże! Nigdy nie udało mi się go usłyszeć na żywo w Polsce!

— W Polsce? A kiedyż on tam był?

Okazuje się, że w Grace College dziekanem wydziału muzyki jest utalentowany artysta — Tim Zimmerman!

— Chopina zagra wam też! — obiecuje Jeff — Przyjedźcie. Na Festiwal Truskawek, Paradę Domów (możecie wtedy zwiedzić wszystkie), Festiwal Flotylli 4 lipca, gdy tysiące udekorowanych kwiatami łodzi wypływa na jeziora, Święto Jesieni — kiermasz najpiękniejszych owoców i warzyw. I oczywiście — Festiwal Syren z wyborem Królowej Jezior... Nie może nią zostać żadna „Syrena", która nie zna historii Kosciusko County i nie umie opowiedzieć, kim był jego patron oraz jakie miasto na świecie ma w herbie Syrenę...

*

Już zmierzcha, gdy wędrujemy schludnymi ulicami „amerykań-skiej siostry" naszej Warszawy. Klonową, Prerii, Wierzbową, Łąko-wą, Starego Ojca, Lincolna, Jeffersona, Kościuszki...

Truchleję, by mnie Jeff nie zapytał, jak wygląda takowa w War-szawie. Już dość się nasłuchałam złośliwości od Polonusów, w ilu miastach USA ze stolicą włącznie stoją pomniki Naczelnika, a ile ich ma w Ojczyźnie...

Na osiedlu Szepczących Dębów, które mijamy w powrotnej dro-dze, ludzie się modlą i śpiewają na dworze. Autostradę przeskakuje tuż przed nami jeleń...

Biegnące jelenie. Słodkie dni. Złote godziny.

„Parada Domów" miasta Warsaw...

Królową Jezior na Festiwalu Syren, który odbywa się w Kościuszko County latem, najpiękniejsza dziewczyna nie zostanie, jeśli nie będzie wiedziała jakiego miasta herbem jest Syrena.

by J. Plank & T. Kennedy

Dzieci piszą w wypracowaniach: „Kocham moje miasto Warsaw. Mama każe zamknąć oczy i spać. OK bo Tatuś mówi, że Bóg i mój policjant opiekują się mną i moim miastem".

W Warsaw jest oczywiście ulica Kościuszki. W Warszawie – nie ma! Jest za to ulica Karczocha i Rzodkiewki! Wstydź się polska siostro! (Małgosia Radecka informuje pocieszająco że ulica Kościuszki jest przecież w ... Ursusie, a to już Warszawa!)

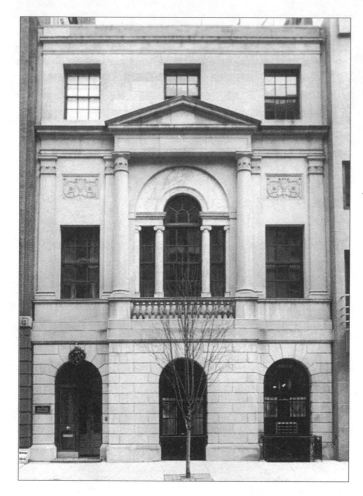

The Kościuszko Foundation

Żywy Pomnik Kościuszki

„Nie ma chyba dzisiaj Polaka, który by nie słyszał o Fundacji Kościuszkowskiej, tym żywym pomniku Tadeusza Kościuszki, <<bohatera dwóch światów>>, który pierwszy rzucił pomost przyjaźni między Ameryką a Polską. Nie ma też chyba takiego Polaka, któryby nie przyznał, że Fundacja ta w postaci wieczystego funduszu naukowego, będzie najwspanialszym i najwznioślejszym pomnikiem, jaki możemy kiedykolwiek wznieść dla uwiecznienia naszej wdzięczności i dla budowania przyszłych pokoleń"

Stefan Mierzwa (w wersji amerykańskiej Stephen P. Mizwa)
— twórca Fundacji Kościuszkowskiej, 1927

„W roku jubileuszu 75 — lecia w uznaniu ogromnych zasług dla pogłębiania związków polsko-amerykańskich" — Medal Uniwersytetu Warszawskiego — dla Fundacji Kościuszkowskiej, 2000

Zaczarowany pałac

Oto dobroczyńcy i darczyńcy wielu, wielu Polaków — Fundacja Kościuszkowska, Amerykańskie Centrum Kultury Polskiej, The Kosciuszko Foundation, An American Center for Polish Culture w wytwornej wschodniej części Manhattanu, przy reprezentacyjnej 15 East 65th Street, o krok od Fifth Avenue... Piękny dom stylizowany na neoklasyczną architekturę Londynu mieści tę najstarszą instytucję łączącą Polskę i USA, jedną z największych fundacji istniejących dziś w Stanach, która przeznaczyć może milion dolarów rocznie na stypendia — a w grudniu roku 2000 obchodzi jubileusz Diamentowych Godów — 75-lecia swej twórczej działalności.

„Wierzę mocno, że jest to najszlachetniejsza sprawa o trwałej wartości, co do której Polacy w Ameryce skłonni byliby uwierzyć w szczodrą pomoc Amerykanów, w dowód wdzięczności za zasługi Kościuszki. A gdy jeszcze w czasie trwania kampanii wykażemy narodowi amerykańskiemu, kim był Kościuszko, co rzeczywiście uczynił, sprawa polska zyska w ogólności, nawet gdybyśmy pominęli stałe korzyści płynące z ustanowienia stypendium. Wierzę i wy musicie przyznać, że jest to wielka sprawa: czy nie warta jest poświęceń?

Lud nasz tutaj w Ameryce kocha Kościuszkę i czci go jak żadnego innego bohatera. Żywy pomnik na pamiątkę Tadeusza Kościuszki trafi do serc naszych rodaków i znajdzie poparcie"...

Tak wierzył, tak pisał w roku 1925 profesor Stefan Mierzwa (w wersji amerykańskiej Stephen P. Mizwa) — twórca Fundacji Kościuszkowskiej, absolwent Harvardu i profesor Uniwersytetu Drake w Desmoites, stan Iowa.

Najstarszy z trzynaściorga dzieci ubogich chłopów spod Łańcuta opowiada w swych wspomnieniach, jak powrócił do ich wsi Rakszawa jeden z wieśniaków-emigrantów, by zabrać swą rodzinę do amerykańskiej ziemi obiecanej. „Człowiek ten był ubrany w miejski garnitur, miał krochmalony kołnierzyk, szary jedwabny krawat; miał nawet zegarek na prawdziwym złotym łańcuszku. Byłem olśniony tym całym przepychem. I kiedy słuchałem jego całkiem nieprawdopodobnych opowiadań o tym, jak ludzie w Ameryce jadają mięso trzy razy

STEFAN MIERZWA (Stephen P. Mizwa). Twórca i jeden z prezesów The Kosciuszko Foundation – Fundacji Kościuszkowskiej (ur. 12 listopada 1892 roku we wsi Rakszawa w Małopolsce, zmarł 16 stycznia 1971 w Houston w stanie Texas).

Syn ubogich chłopów, przeszedł bohaterską drogę „od sochy do katedry", magister Harvardu i profesor ekonomii Drake University w stanie Iowa, za swe ogromne usługi dla Ojczyzny odznaczony Krzyżem Oficerskim Orderu Polonia Restituta i Srebrnym Wawrzynem Polskiej Akademii Literatury. Autor historii Fundacji – „The story of The Kosciuszko Foundation, how it came about".

Zdjęcie z „The Kosciuszko Foundation Newsletter" 1988, nr 5.

„Od pierwszego wejrzenia na Nowy York – błyszczący nad wodami portu – Ameryka urzeczywistniła wszystkie me marzenia o niej. Pokochałem to potężne miasto" – pisał we wspomnieniach Stefan Mierzwa.

dziennie, mają ciastka, kiedy zechcą, pracują osiem lub dziesięć godzin na dobę i chodzą przynajmniej raz na tydzień do teatru, wówczas
i ja postanowiłem jechać do tej krainy z bajki".

Miał osiemnaście lat, gdy zarobiwszy na podróż w fabryce da-
chówek, wylądował o przedwiośniu roku 1910 w Nowym Yorku mając 20 dolarów w kieszeni i nie znając ani słowa po angielsku.

„Od pierwszego mego wejrzenia na Nowy York — błyszczący nad
wodami portu, jak zaczarowany pałac, utkany z drżących świateł — Ameryka urzeczywistniła wszystkie me marzenia o niej. Pokochałem to potężne miasto z jego tłumami i wrzawą, ponad którymi unosił się nimb świetl-
ny, otaczający taką nieprawdopodobną hojnością i nieopisanym pięknem
gród Świata Nowego. Gdzieś po drodze kupiłem sobie pierników — pamiętam dotychczas, jak mi smakowały" — wspominał ze wzruszeniem.
— „Ludzie wszędzie okazywali nam przychylność. Wszyscy, jak gdyby
byli w zmowie, starali się nam w czymkolwiek dopomóc. I tak było zawsze. Nigdy też nie doznałem żadnego rozczarowania w Ameryce, przynajmniej nigdy ze strony rzeczywistych Amerykanów".

W mieście Northampton w stanie Massachusetts, gdzie była garść
Polaków z jego wsi, Stefan Mierzwa zaczął pracę w fabryce koszyków
i naukę w szkole wieczorowej. „Po powrocie do domu brałem się znowu za książki i uczyłem się do drugiej w nocy"… Lampa naftowa była
jedynym źródłem nie tylko światła, lecz i ciepła — „nawet podczas silnych mrozów". Zimą 1912 roku dwudziestolatkowi udało się dostać do
American International College. Zarabiał sprzątaniem — „wytrzepałem
tej zimy tyle dywanów, że można by było nimi wysłać cały stan Massachusetts". Zdobył stypendium na Uniwersytecie Amherst, które wystar-
czało na opłacenie studiów. By zarobić na życie — palił w piecach,
zmywał, zasłynął jako mistrz obierania kartofli i koszenia trawy…

Dyplom otrzymał — cum laude — a w roku 1921 miał już tytuł
magistra ekonomii nadany w Harvardzie. „Żywo przypomniałem sobie ten moment, kiedy zmywając statki, otrzymałem telegram z propozycją objęcia stanowiska wykładowcy Wydziału Ekonomicznego
na Uniwersytecie Drake w stanie Iowa. Prawdopodobnie nie było drugiego takiego wypadku, by podobna propozycja była decydowana nad
miską z pomyjami…" — żartował uradowany.

Z tych doświadczeń i trudów narodziła się myśl, by stworzyć fundusz
stypendialny dla studentów z Polski na uniwersytetach amerykańskich.

427

„Kolebką idei Fundacji Kościuszkowskiej" nazwie Stefan Mierzwa Koło Studentów Polskich w Bostonie, z którymi po raz pierwszy dyskutował o swym marzeniu. W styczniu 1923 w żarliwej odezwie „Do Rodaków w Ameryce" apelował o stworzenie funduszu stypendialnego — dla młodzieży z Polski, zdolnej lecz biednej. Niestrudzonemu w żywiołowości działań i uporze udało się pozyskać cenne poparcie — posła odrodzonej Rzeczypospolitej w Waszyngtonie (występującego także w korespondencji jako ambasador) — doktora Władysława Wróblewskiego oraz znaczących Amerykanów — z rektorem Vassar College — prof. Henry Noble MacCracken na czele. 15 września roku 1924 utworzono Polsko-Amerykański Komitet Stypendialny (Polish-American Scholarship Committee). Pod jego auspicjami przyjechali do USA pierwsi polscy stypendyści i pierwszy amerykański profesor, Eric P. Kelly, wyjechał do Polski... Plonem tego wojażu będzie książka *Hejnalista krakowski* (*The Trumpeter of Krakow*), która przyniesie autorowi w 1928 roku nagrodę American Library Association za najlepszą powieść dla młodzieży. Prof. Kelly — rozkochany w polskości — zainicjował kurs literatury polskiej w Dartmouth College i wydał *Pana Tadeusza* po angielsku... Ale to już uczynił wespół z Fundacją Kościuszkowską!

Wiosną 1925 roku — w gościnnym domostwie Romana Piekarskiego, który od lat suto podejmował studentów Polaków w Bostonie, debatowano, jaki pomnik postawić Tadeuszowi Kościuszce w związku z nadchodzącą 150 rocznicą jego przybycia do walczącej o wolność Ameryki. Cała Polonia już dyskutowała (by nie rzec wykłócała się), czy marmur czyli-też brąz, a Kościuszko siedzący, stojący, czy jadący...

I oto przy bostońsko-polskim stole „pomysł powstał jak uderzenie gromu: a może by stworzyć dla Kościuszki Żywy Pomnik w celu popierania kulturalnych stosunków między dwoma krajami, którym on tak szlachetnie służył, Polską a Ameryką? Fundację Kościuszkowską"? Autor tych słów — Stefan Mierzwa — z właściwą sobie pasją rzucił się do wznoszenia owego żywego pomnika.

„Polonia rozdwojona była orientacjami wojennymi na Lewicę i Prawicę, i co jedna połowica chwaliła — to druga z natury rzeczy ganiła — ubolewa. — Wychodziłem z założenia, że jeżeli dostanę Amerykanów, ich pomoc materialną i moralną, to wzbudzi zaufanie i zainteresowanie wśród Polonii". Od początku swych niezmordowanych działań był pewien, że Fundacja Kościuszkowska ma być symbolem łączności Ameryki i Polski, a jej celem — obok „krzewienia kultu Kościuszkowskiego na ziemi amerykańskiej — byłoby zapoznanie nowego pokolenia Odrodzonej Polski z duchem amerykańskim oraz z tutejszymi metodami pracy, zapoznanie Ameryki przez systematyczną i racjonalną propagandę z nowoczesną Polską oraz jej dorobkiem kulturalnym". By wydrukować swą odezwę „150-ta rocznica przybycia Kościuszki do Ameryki. Co na to Polonia Amerykańska?" — Stefan Mierzwa za zgodą żony (oczekującej właśnie dziecka) sprzedał zapas węgla, którym mieli ogrzewać wynajęte mieszkanie. By poświęcić się bez reszty sprawie utworzenia Fundacji — musiał przerwać pracę uniwersytecką. Podróżuje, apeluje, przemawia, namawia, pisze setki listów (na 900 rozesłanych do duchowieństwa polsko--amerykańskiego otrzymuje odpowiedzi... pięć!).

Nie zawiedli go Amerykanie. Uzyskał poparcie i pomoc wybitnego humanisty, rektora Vassar College — prof. Henry Noble MacCrackena, który powrócił z podróży po uczelniach europejskich, oczarowany poziomem Uniwersytetu Jagiellońskiego! Swój akces zgłosił też prezes fabryki Baldwin Locomotive Works — Samuel M. Vaucline, zwany przez Mierzwę „przemysłowym geniuszem".

To właśnie w filadelfijskim biurze Vaucline'a odbyło się 22 października 1925 roku posiedzenie, na którym zapadła ostateczna decyzja utworzenia Fundacji Kościuszkowskiej.

23 grudnia roku 1925 — w przeddzień wigilii Bożego Narodzenia — oficjalnie zarejestrowano The Kosciuszko Foundation.

Pierwszym jej prezydentem został prof. MacCracken. W skład Board of Trustees (Rady Nadzorczej) weszli przede wszystkim Amerykanie: Samuel M. Vaucline (przez pierwsze pięć lat istnienia ofiarował Fundacji 25 tysięcy dolarów, a drugie tyle zebrał wśród przyjaciół); prof. Robert H. Lord z Harvard University, znawca spraw polskich; prof. Paul Monroe z University Columbia Teachers College, który na zaproszenie rządu polskiego prowadził studia nad szkolnictwem wyższym; Willis H. Booth, bankier, wiceprezes Guaranty Trust Company w Nowym Jorku, opiekujący się finansami Fundacji, były prezes Amerykańskiej i Międzynarodowej Izby Handlowej udekorowany Polonia Restituta za wielkie zasługi dla naszego kraju.

Barwną postacią Rady był pułkownik Cedric E. Fauntleroy z Chicago, lotnik, dowódca legendarnej Eskadry Bojowej im. Kościuszki

"He is as pure a son of Liberty as I have ever known and of that liberty which is to go to all and not to the few or rich alone."

Thomas Jefferson
on Kosciuszko

THE KOSCIUSZKO FOUNDATION
An American Center for Polish Culture

Naczelnik odrodzonego Państwa Polskiego i Naczelny Wódz – Józef Piłsudski – dekoruje orderem Virtuti Militari dowódcę 7 Eskadry im. Kościuszki – pułkownika Cedrica E. Fauntleroy, amerykańskiego lotnika, który wejdzie w skład pierwszej Rady Nadzorczej Fundacji Kościuszkowskiej.

Okładka folderu Fundacji Kościuszkowskiej – Amerykańskiego Centrum Kultury Polskiej z cytatem Thomasa Jeffersona pod portretem Kościuszki: „Był tak czystym synem Wolności jakiego nie znałem i to wolności dla każdego, nie tylko dla kilku lub samych bogaczy".

Pomnik na mogile lotników amerykańskich, którzy polegli za wolność Polski w latach 1919-1920, wzniesiony na Cmentarzu Orląt we Lwowie (stan sprzed 1939 roku).

(The Kosciuszko Squadron) walczącej w Armii Polskiej z bolszewikami w roku 1920. Inicjatorem udziału amerykańskich lotników w boju o wolność Polski był kapitan Merian C. Cooper, pochodzący pono w prostej linii od familii w Południowej Karolinie, która gościła Kościuszkę podczas kampanii w roku 1781.

Klucz eskadry dowodzonej przez Coopera otrzymał miano „Oddział pościgowy im. Pułaskiego polsko-amerykańskiej Eskadry im. Kościuszki".

Godłem eskadry była czapka krakowska i skrzyżowane kosy, obramowane trzynastoma niebieskimi gwiazdami. Tak piloci amerykańscy połączyli symbole — Insurekcji Kościuszkowskiej i trzynastu stanów, które podpisały Deklarację Niepodległości.

W sierpniu roku 1920 Eskadra dokonywała cudów bohaterstwa w obronie Lwowa — miasta tak drogiego polskim sercom.

Dowódca 13 Dywizji Piechoty, osłanianej przez The Kosciuszko Squadron, meldował: „Amerykańscy lotnicy pomimo wycieńczenia walczą jak opętani. Służbę wywiadowczą pełnią świetnie. Ostatnio, podczas ataku na nieprzyjaciela, ich dowódca zaatakował nieprzyjaciela od tyłu i ogniem z kulomiotów prażył we łby bolszewików. Bez pomocy amerykańskich lotników dawnoby nas djabli wzięli". Ci, którzy przeżyli, a wśród nich pułkownik Fauntleroy — zostali udekorowani przez Marszałka Józefa Piłsudskiego najwyższym odznaczeniem wojskowym — krzyżem Virtuti Militari. Ci, którzy polegli — zostali na Cmentarzu Orląt pod pomnikiem Skrzydlatego Lotnika.

Polscy towarzysze broni pisali: „Niewątpliwie kierowały nimi pobudki wyższego rzędu niż strona materialna czy chęć przeżycia lotniczej przygody. Może przyświecała im idea, aby stanąć w szeregach polskich tak, jak ongiś Polacy stanęli w ich szeregach, aby walczyć o wolność gwiaździstego sztandaru".

Umiał zdobywać serca takich niezwykłych Amerykanów kreator Fundacji Kościuszkowskiej, Stefan Mierzwa. Umiał dotrzeć i do wiekuiście skłóconej Polonii rzucając wymowne hasło: „Milion na oświatę w imieniu Kościuszki, ani centa na politykę!".

W marcu 1926 roku Fundacja zaczęła kampanię, by zdobyć ów milion dolarów — fundusz żelazny (Endowment Fund). Amerykanie zaproszeni do Rady Narodowej — organu doradczego dyrekcji Fundacji — odpowiadali entuzjastycznie, jak np. Herschel C. Walker:

„Znam i kocham Polskę. Nie znam społecznie bardziej konstruktywnych poczynań niż kształcenie zagranicznej młodzieży w uczelniach amerykańskich. Utworzenie Fundacji zakończy się sukcesem z tego powodu, że jest ogromnie potrzebna i zrobi bardzo dużo dla rozwijania stosunków Polski z naszym krajem. Chciałbym pogratulować tym, którzy stali się zaczynem tak bardzo dobrej sprawy".

Dla uczczenia 150 rocznicy uchwalenia Deklaracji Niepodległości Fundacja ogłosiła konkurs dla młodzieży: „Udział Kościuszki w rewolucji amerykańskiej". Startowała młodzież z 19 stanów! Dwie pierwsze nagrody zdobyli Amerykanie! A właśnie Departament Stanu Nowy Jork wydał monumentalne dzieło dla szkół poświęcone wojnie o niepodległość. Kościuszki w nim zabrakło!

Stefan Mierzwa zawrzał! W 150 rocznicę zwycięstwa pod Saratogą, do którego tak walnie przyczynił się inżynier Kościuszko — w październiku 1927 Fundacja rozesłała bezpłatnie do szkół 30 tysięcy broszur poświęconych jego życiu i czynom.

„Rodacy!

Nie ma chyba dzisiaj Polaka, który by nie słyszał o Fundacji Kościuszkowskiej, tym żywym pomniku Tadeusza Kościuszki, «bohatera dwóch światów», który pierwszy rzucił pomost przyjaźni między Ameryką a Polską. Nie ma też chyba takiego Polaka, który by nie przyznał, że Fundacja ta w postaci wieczystego funduszu naukowego, będzie najwspanialszym i najwznioślejszym pomnikiem, jaki możemy kiedykolwiek wznieść dla uwiecznienia naszej wdzięczności i dla budowania przyszłych pokoleń" — pisał Mierzwa z uniesieniem w odezwie z 1927 roku i pytał — „Jakie będzie nasze hasło? Jedna jest tylko godna odpowiedź: POSTĄPIMY TAK, JAK NA PRAWYCH POLAKÓW PRZYSTAŁO. Wykażemy światu, że oceniamy naukę, że ród swój wywodzimy od kulturalnego narodu, że umiemy godnie czcić wielkich ludzi w narodzie naszym"!

Sam wygłosił cykl wykładów „The Spirit of Polish Culture" przejechawszy cztery tysiące mil. Wysłał do tysiąca gazet teksty rocznicowe o zwycięstwie pod Wiedniem Jana III Sobieskiego — w 250 rocznicę — jesienią 1933. Wspierał w imieniu Fundacji frapujące Amerykanów widowiska *Noc w Polsce*. Gdy sam zorganizował

THE KOŚCIUSZKO FOUNDATION BALL

A NIGHT IN THE TATRAS

• 1 • 9 • 3 • 9 •

Ostatni bal wydany przez Fundację w roku 1939 nosił tytuł – „Noc w Tatrach" (okładka z "Newsletter").

To przejmujące zdjęcie amerykańskiego fotografika Juliena Bryana było pierwszym dokumentem bestialstwa niemieckich najeźdźców, jaki zobaczył świat.

Zdjęcie Bryan wykonał, gdy niemieccy lotnicy ostrzelali bezbronną ludność na polach Warszawy.

Wśród „dziesięciu przykazań" wydrukowanych w książeczce każdego niemieckiego żołnierza było i takie: „Ludność cywilna jest nietykalna".

Grób samotnego żołnierza polskiego. „Będzie musiało się rozstać z życiem kilka tysięcy Polaków, głównie ze sfer ideowych przywódców polskich... Ludzi podejrzanych należy natychmiast likwidować" – rozkaz Hansa Franka generalnego gubernatora okupowanej Polski z 30 maja 1940 roku.

w New Yorku — *Noc w Krakowie* — cztery tysiące artykułów uczciło Fundację w prasie amerykańskiej.

Profesor Uniwersytetu Jagiellońskiego — Roman Dyboski, pierwszy tej rangi uczony polski zaproszony przez Fundację, po zwycięskim tournée z wykładami na temat literatury i historii Polski, napisał w roku 1928 z głębokim przekonaniem: „Fundację stworzyła i przy życiu utrzymuje wyłącznie niezłomna energia jednej jedynej osoby — prof. Stefana Mierzwy".

„Mierzwa nas wybawił!"

„Naszym głównym celem jest, aby ani jeden uczony Polski nie zginął z głodu — o ile nasza pomoc może do niego dotrzeć"... — to przesłanie Stefana Mierzwy stało się na lata wojny głównym zadaniem Fundacji noszącej imię Kościuszki. Objęła ona opieką naukowców polskich, którzy znaleźli się poza granicami kraju, usiłowała pomóc tym, którzy w nim pod okupacją zostali.

Po aresztowaniu 183 profesorów Uniwersytetu Jagiellońskiego i Akademii Górniczo-Hutniczej przez gestapo pod pozorem wykładu — Stefan Mierzwa zdobył listę wywiezionych do obozów w Oranienburgu i Dachau i próbował ich ratować. Współdziałał z Amerykańskim Czerwonym Krzyżem. Walczył, by dotrzeć do środowisk uniwersyteckich we Lwowie, Poznaniu, Warszawie, Wilnie... Fundacji udało się otoczyć opieką 135 profesorów Uniwersytetu Wileńskiego, dotować studia młodych żołnierzy polskich z Dywizji Strzelców Pieszych gen. Prugara-Ketlinga, internowanych w Szwajcarii, wspomagać Polską Szkołę Medycyny w Edynburgu. Fundacja ocaliła życie gronu profesorów i artystów polskich, których udało się sprowadzić do Stanów.

Jak wielki prestiż zdobyła sobie przez zaledwie lat 14 swych działań, świadczą listy naukowców polskich — dramatyczne apele słane podczas wojny dosłownie z całego świata. Z Węgier i Hiszpanii, Brazylii i Portugalii, Indii i Japonii...

Znamienity nasz historyk z Uniwersytetu Warszawskiego, prof. Oskar Halecki, który był gościem Fundacji na rok przed wybuchem wojny i „zdobył laury dla nauki polskiej" (jak donosił z radością prof. Mierz-

NICOLAO COPERNICO

GRATA PATRIA

Pomnik
Mikołaja Kopernika

Pomnik Mikołaja Kopernika w Warszawie. Gdy w roku 1943 Fundacja Kościuszkowska w Ameryce czciła czterechsetlecie śmierci wielkiego polskiego astronoma –
w Warszawie harcerz Szarych Szeregów, bohater „Kamieni na szaniec" – Alek Dawidowski, strącił z pomnika niemiecką tablicę.

Warszawa – zawsze walcząca – ukuła wierszyk: „Siedzi nasz astronom, w twarzy
jego troska / Chcą, by został Niemcem, mówią że to łaska...".

wa rektorowi UW) — wykładając historię Polski na najbardziej prestiżowych uniwersytetach — został odcięty od ojczyzny we Francji…

„W czerwcu 1940 roku, w tragicznych dniach naszego życia, znaleźliśmy się w najbardziej rozpaczliwej sytuacji, jaką kiedykolwiek przeżyliśmy" — wspominał prof. Halecki moment, gdy Niemcy weszli do Paryża — „i stało się, że Mierzwa nas wybawił!"…

Oskar Halecki i sława w dziedzinie historii literatury polskiej — prof. Manfred Kridl, znaleźli się w bezpiecznym azylum Stanów Zjednoczonych, dzięki niestrudzonemu twórcy, dyrektorowi i sekretarzowi Fundacji Kościuszkowskiej — Stefanowi Mierzwie.

I stało się, że nie zapomniał on w pożodze wojennej o wielkich rocznicach wielkich Polaków. Zasługą Fundacji stały się uroczyste obchody czterechsetlecia śmierci Mikołaja Kopernika 24 maja 1943 roku, w całych Stanach. Sięgnijcie po wydaną w 1945 roku przez Fundację księgę *Nicolas Copernicus. A Tribute of Nation* — a znajdziecie tam imponujące spisy dostojnych ceremonii Kopernikańskich, jakie odbyły się wedle programu Fundacji na dziesiątkach uniwersytetów i we wszystkich planetariach, a ich ukoronowaniem był wieczór w nowojorskim Carnegie Hall, na którym najświetniejsi przedstawiciele świata nauki mieli zaszczyt wysłuchać przemówienia samego Alberta Einsteina! W tymże roku 1943 harcerz Szarych Szeregów, Alek Dawidowski, strącił z pomnika Kopernika w Warszawie tablicę „Der grossen astronomen", którą Niemcy zasłonili napis polski: „Mikołajowi Kopernikowi — Rodacy"…

Ten „wielki astronom niemiecki" gotowiąc w roku 1520 obronę katedry we Fromborku przed napaścią Niemców-Krzyżaków pisał do króla polskiego — Zygmunta I Starego: „Pragniemy czynić to, co przystoi ludziom szlachetnym i uczciwym oraz oddanym Waszemu Majestatowi, nawet jeśli by przyszło nam zginąć"…

Fundacja Kościuszkowska czyniła wszystko, co w jej mocy, by naukowcy polscy nie ginęli. By ich zachować dla wolnej Polski, która nadejdzie — The Poland of Tomorrow — Polski jutra.

W cennej pracy naukowej poświęconej „zarysowi dziejów" Fundacji (1925–1983), a wydanej przez Polską Akademię Nauk w roku 1992, Kazimierz Dopierała pisze, iż pomoc wojenna The Kosciuszko Foundation „była przejawem olbrzymiej więzi między Polakami wspomagającymi tę instytucję, osiadłymi w Stanach Zjednoczonych a ich dawną ojczyzną. Prawie w każdym liście kierowanym do Fundacji i z niej wychodzącym dominowała myśl o wskrzeszeniu niepodległej Polski i możliwości współpracy polsko-amerykańskiej w znacznie szerszym zakresie niż przed wojną".

Strumień trwa!

1 stycznia roku 1946 Fundacja Kościuszkowska objęła w swe posiadanie ów piękny dom przy 15 East 65th Street, w którym rezyduje i działa do dziś.

Przed wojną korzystała z gościnności polskiego konsulatu, w maju 1945 pani Margaret M. Patterson — właścicielka rezydencji — umożliwiła zakup obniżając dla Fundacji cenę budynku z 250 tysięcy dolarów na... 85 tysięcy! Do końca swego długiego żywota (92 lata!) ofiarnie uczestniczyła w działaniach Fundacji. Po jej odejściu w roku 1969 — by pamięć trwała — ufundowano roczne stypendium imienia Margaret M. Patterson.

Dom Fundacji stał się prawdziwym ogniskiem, przy którego blasku skupiali się Polacy. Wygnańcy. Naukowcy. Studenci.

Ze wzruszeniem czytałam opublikowany przez Kazimierza Dopierałę, który przestudiował bogate archiwa Fundacji — list od rektora Politechniki Warszawskiej — prof. Józefa Zawadzkiego — z lipca 1945. Wielka postać tajnego nauczania, członek Rady Wychowawczej Szarych Szeregów, ojciec bohatera *Kamieni na szaniec* — Tadeusza Zawadzkiego — „Zośki", pisze dramatycznie wyliczając nazwiska poległych i zamęczonych naukowców:

„Z rodziny została mi tylko córka i siostra; syn i bratanek, szwagrowie, siostrzeńcy, siostrzenice wszystko poginęło. Tak samo wszystkie rzeczy, meble, ubrania, książki, papiery, pamiątki (...).

Biblioteki poszły wszystkie: obecnie nabyliśmy w najrozmaitszy sposób kilkadziesiąt książek podręcznych i otworzyliśmy czytelnię podręczną dla studentów. Wszystkie dawne prace, materiały, odbitki, przyrządy poszły. Czasopism nie ma wcale. W związku z tym zwracam się z gorącą prośbą..."

W wyniku takich próśb Fundacja Kościuszkowska przekazała w latach 1946–1948 Politechnice Warszawskiej, Bibliotece Narodowej, uniwersytetom polskim ponad 50 tysięcy książek, czasopism, pomocy naukowych za 71 tysięcy dolarów.

Sytuacja w Polskiej Rzeczypospolitej Ludowej ograniczała wydatnie program wymiany studentów i naukowców, ale nieugięty Mierzwa wywalczył w najgorszych latach stalinowskiej nocy (1947–1949) przyjazd do USA 11 studentów i udało się wysłać na Uniwersytet Jagielloński jednego Amerykanina — Jamesa MacCrackena, przybranego syna pierwszego prezesa Fundacji.

W setną rocznicę śmierci Fryderyka Chopina — 17 października 1949 roku pod egidą Fundacji odbyły się setki koncertów w całych Stanach, których cykl zainaugurował Witold Małcużyński w Carnegie Hall i domu Fundacji, a ukoronował Artur Rubinstein występem Chopinowskim w Metropolitan Opera... Fundacja wydała bogato ilustrowaną księgę o życiu i twórczości Chopina oraz ufundowała stypendia dla pianistów i kompozytorów, który to pomysł przekształcił się z czasem w coroczny Konkurs Chopinowski.

Ostatnie wielkie działania czterdziestopięcioletniej pracy Stefana Mierzwy dla Fundacji objęły:

- edycję słownika, który do dziś uważany jest za niezastąpiony i niezrównany;
- ożywienie programu wymiany naukowej. „Wobec pewnej poprawy stosunków w Polsce od października 1956 roku polska młodzież uniwersytecka, która wcale nie została skomunizowana i młodsi uczeni — włączając profesorów uniwersytetów polskich — pragną bliższych kontaktów osobistych z amerykańskim światem naukowym i proszą o stypendia, by się zaznajomić z życiem amerykańskim, z postępem nauki w Ameryce i z ideałami tej największej demokracji w świecie" — pisano w odezwie Fundacji.
- wielki spektakl w Carnegie Hall w grudniu 1966 roku czczący Millenium Polski z udziałem orkiestry Leopolda Stokowskiego, laureata Medal of Recognation The Kosciuszko Foundation (medal uznania Fundacji);
- zbiórkę 1 miliona 300 tysięcy dolarów na działania Fundacji.

Stefan Mierzwa, od roku 1950 sprawujący funkcję prezydenta, chciał ją przekazać 23 grudnia 1970 roku — w 45 rocznicę założenia Fundacji.

W lipcu nieubłagana i po dziś nieuleczalna choroba wytrąciła go z szeregów, w których tak wiernie służył. Odszedł w styczniu roku 1971 do końca zachowując godność prezydenta honorowego.

Na liście członków Board of Trustees (Rady Nadzorczej, zwanej też Powierniczą) Fundacji Kościuszkowskiej odnaleźć można nazwisko — Tad S. Mizwa. To syn założyciela Fundacji. Imiennik Tadeusza Kościuszki.

W ramach Fundacji utworzono stypendium imienia Stefana Mierzwy i powołano The Stephen P. Mizwa Society (Stowarzyszenie imienia Stefana Mierzwy).

Z tysięcy zdań, jakie napisał w walce swego życia o polskość i więź Ojczyzny z „Przybraną Ojczyzną Ojców Naszych" — Ameryką, wybieram te, z ponurego roku 1950, pełne wiary: „Rządy przychodzą i odchodzą, ale naród polski — jak przysłowiowy strumień, trwa zawsze: trwa żyjąc, modląc się, mając nadzieję, a przede wszystkim pracując. Dwie rzeczy należy zapamiętać o Polakach: są najbardziej przyjaźni w stosunku do Amerykanów i najbardziej zainteresowani w czerpaniu wiedzy z Ameryki, by móc służyć pomocą w przebudowie swojego kraju".

Adres Chopina w New Yorku

W Fundacji przyjmuje mnie najpierw opiekuńczy duch podróży — Maryla Janiak. Młoda. Urocza. Serdeczna. Operatywna. Nie dziwota — toż wnuczka rodzona legionisty polskiego, wnuczka stryjeczna pułkownika armii amerykańskiej, córka bohatera Września 1939, który poszedł na ochotnika w wieku lat 19 i jak mówi dziś córka: — Powrócił jako nieuleczalny patriota ze złamanym sercem...

Absolwentka filologii polskiej Uniwersytetu Łódzkiego. Zaczynała tu skromnie — jako recepcjonistka. Potem pięła się coraz wyżej. Teraz żartuje, że następny skok w awansie to już tylko na dach! (Obyło się bez dachu, następny skok był na stanowisko Director of Educational Programs — czyli dyrektora od programu naukowej wymiany).

Jej mąż — świetny inżynier, Leonard Chmielewski, występuje w transkrypcji amerykańskich „Angliczyków" (jakby rzekł nasz Stefański) jako Lenny Szemelusky! Co rok wracają do Polski... Do kraju tego, za którym tak będzie tęsknił Tadeusz Kościuszko w swym ostatnim porcie — Szwajcarii, myśląc „o naszej kochanej Ojczyźnie; żadnej nocy nie opuszczam, aby Ona nie przyszła na pamięć"...

— Ktoś, kto nazwał naszą Fundację Jego imieniem, uczynił Naczelnikowi wspaniały dar! — mówi Maryla oświadczając z dumą, że Fundacja Kościuszkowska jest jedyną tego typu instytucją polsko-amerykańską całkowicie niezależną. Na decyzje stypendialne nie ma wpływu żaden rząd, polityka, religie. Decyduje — dorobek kandydata i cel.

W miesięczniku wydawanym przez Fundację od roku 1946 — „The Kosciuszko Foundation Newsletter" — można prześledzić jej dzieje i przebogatą działalnąść. Czas, by powstała osobna, bogato ilustrowana księga poświęcona Fundacji i jej działaczom ofiarnym, od zarania przez lat 75 tworzącym ów niezwykły most, łączący naukę i kulturę dwóch państw, o wolność których walczył Tadeusz Kościuszko. Każda z postaci kręgu Fundacji godna jest rozdziału osobnego.

Oto patrzę na zdjęcie bramy byłej Huty imienia Lenina w Nowej Hucie. Wielki napis: „Huta im. T. Sendzimira", bo od marca roku 1990 decyzją naszego Ministerstwa Przemysłu huta otrzymała oficjalną nazwę: „Huta im. Tadeusza Sendzimira w Krakowie".

Tadeusz Sendzimir — imiennik Naczelnika — nie doczekał tej chwili. Zmarł w wieku lat 95 — rok przedtem... Sława światowa w dziedzinie produkcji stali, hojny donator Fundacji Kościuszkowskiej, człowiek wielki i dobry...

„26 lipca 1953

Śniadanie u Sędzimira, polskiego wynalazcy — notuje w swym dzienniku nowojorskim Jan Lechoń. — Zawsze to wielka przyjemność, kiedy Polak wśród obcych naprawdę się wybije, a p. Sędzimir, choć żonaty z Francuzką, trzyma z Polakami, ma pełno książek polskich — mówi nie tylko o Mickiewiczu, ale i Mackiewiczu. Wygląda nie tak, jak banalnie sobie wyobrażamy Polaków, ale jakby zszedł z rzadkiego portretu XVII wieku". W dzieje Fundacji wpisała się cała dynastia rodu. Syn — Michael G. Sendzimir — znamienity inżynier jako i ojciec — pełnił od roku 1990 zaszczytną funkcję Przewodniczącego Rady Nadzorczej Fundacji (Chairman of the Board of Trustees). Obecnie jest Przewodniczącym Honorowym. Jego urodziwa córka — Arri Sendzimir, kreatorka wielu inicjatyw Ligi Pro Arte

Tadeusz Sendzimir (1894-1989)- inżynier – uczony światowej sławy, hojny członek i donator Fundacji Kościuszkowskiej. Od roku 1990 była huta im. Lenina w Krakowie nosi jego imię. Syn inż. Sendzimira – Michael – zawsze podkreśla, że jego ojciec urodził się w setną rocznicę zwycięstwa pod Racławicami jego wielkiego imiennika – Tadeusza Kościuszki.

Przedruk z "Newsletter", 1989, nr 4.

Dynastia Sendzimirów w szlachetnej służbie Fundacji. Syn Tadeusza – dr Michael Sendzimir – wiele lat przewodniczył Radzie Nadzorczej (Board of Trustees), 1990. Jego córka Arri jest obecnie wiceprzewodniczącą Rady. Założyła w 1999 roku Young People's Committee of The Kosciuszko Foundation, jest także członkinią Pro Arte Leage działającej w ramach Fundacji.

Przedruk z „Newsletter", 1999-2000 nr 4.

Wielki coroczny Bal Fundacji, na którym są prezentowane piękne debiutantki w atrakcyjnej asyście kadetów z Akademii Wojskowej w West Point.
Na zdjęciach wykonanych przez czołowego fotografika "The Kosciuszko Foundation Newsletter" – Christophera Gore widzimy Joannę Ewę Welenc wiedzioną przez kadetów i Andreę Jennifer Lawn, której towarzyszy Laurence Eugene Lawn.

„Newsletter" 1997, nr 2

(Pro Arte League), działającej przy Fundacji, powołała także do życia w roku 1999 Young People's Committee of the Kosciuszko Foundation (Komitet Młodzieży Fundacji Kościuszkowskiej), razem z Tatianą Sendzimir i Aliną Sendzimir... Arri chce wciągnąć w krąg Fundacji jak największą liczbę młodzieży i czyni to z urzekającym czarem... Świetnie służy tym celom doroczny Wielki Bal Fundacji — na którym pojawiają się w tradycyjnie nieskazitelnej bieli panny-debiutantki, by po uroczystym polonezie zawirować w walcu z szarmanckimi kadetami, przybyłymi z West Point.

Pamiętamy, że powstanie Fundacji poparli przede wszystkim rdzenni Amerykanie. Działa w niej nadal potomek i imiennik jednego z czołowych założycieli — Samuel M. Vauclain III.

Ale wspominając w roku 1995 siedemdziesięcioletnią epopeję Fundacji, która zaczęła się w jednym pokoiku polskiego konsulatu — a teraz pracuje w pięciopiętrowej rezydencji, Fundacji, która przyznała w pierwszym roku istnienia 6 stypendiów, a teraz ofiarowuje rocznie ponad 100, Prezydent Joseph E. Gore wymienił godną litanię zasłużonych Polaków pisząc: „Tak jak nasz Patron, Generał Tadeusz Kościuszko, kochali zwykłego człowieka, mieli szacunek dla wiedzy i pragnienie, by dbać o Przyszłość!".

Teraz — przeglądając długie listy członków Fundacji — widzimy przede wszystkim nazwiska pochodzenia polskiego: Elizabeth Czajkowska, dr Carol J. Markiewicz, gen. lejtnant Leo J. Dulacki, Edward A. Bogdan (może potomek Jana Bogdana — z pierwszej sławnej szóstki budującej Jamestown?), Chester Chmielewski, Francis Dobrowski, Ben Jankowski, Dr John Jaruzelski, Dr William Lavenduski, prof. Allen J. Kucharski, Thad Piszczalko, Leona Skalny, Stanley Borowski, Wladyslaw Brzosko, brygadier generał Walter Jajko, Loretta i Frederick Kogut, Stephanie Mucha, Robert Ogrodnik, Walter Ptak, Marta Ptaszyńska, Mark Szpak, Regina Wrobel, Adam Ziemba, Daniel Wrobleski, Boleslaus Zapolski, Jacek Galazka, Leon Babula, Janina Golab, Zuzanna Bielecka, Andrzej Groch, Wanda Brodzka, Jadwiga Gosławska, John Chmura, Lucille Conrad, Bernadine Kargul, Stephen Kmiec, Helen Kochanek, Boleslaus Watroba, Matthew Wieczorek, Irene Wrubleski, Thaddeus Buczko, Max Chudy, Joseph Czarnecki, George Grochowski, Thaddeus Jankowski, George Kalinowski, prof. Kamil Dziewanowski, Stella Gwozdz, Tessie Haberek, Henry Kolodziej, Elain Moczygemba,

Prezydent Joseph E. Gore wręcza nagrody Stowarzyszenia imienia Stefana Mierzwy (Stephen Mizwa Society) zasłużonym członkom Fundacji.
Od lewej: William J. Nareski II, Dr Irene S. Pyszkowski i Przewodniczący Rady Nadzorczej – Witold S. Sulimirski.

Przedruk z „Newsletter", 1998 nr 2

Krystyna Kusielewicz (która zdobyła sobie w Polsce miłość wszystkich jakich spotkała) i Eugene Kusielewicz – Prezydent Fundacji (1970-1979) witają dostojnego gościa, który przybył do amerykańskiego centrum polskości w wrześniu 1976 roku. Był to kardynał Karol Wojtyła – w dwa lata potem Ojciec Święty Jan Paweł II.
„Newsletter", 1997, nr 2.

Stanley Ziemianski, Thaddeus Marszalek, Walter Murzyn, Henry Palu-szek, John Pulaski, Zygmunt Skowronek, Zigmund Kamiński, Stanley Makowski, Joyce Kwiecinski, Anthony Lis, Camille MacDonald-Pol-ski. To garstka przykładów wybrana spośród ponad dwóch tysięcy członków Fundacji. Należą do niej ludzie wszystkich Stanów i stanów. Są prywatne dary wartości kilkunastu tysięcy dolarów. I dziesięciu. Wszystkie skrupulatnie odnotowane na łamach „Newsletter".

Trafnie i mądrze przewidywał Stefan Mierzwa już w 1929 roku pisząc: „Polonia amerykańska uprości swe nazwiska, będzie mówiła po angielsku i czuła się dumną ze swego amerykańskiego obywatel-stwa; ale w miarę politycznej i społecznej asymilacji będzie wzrastała również i Jej duma ze swego pochodzenia. (…)

Jest nam tutaj dobrze. Do tej «Przybranej Ojczyzny» (która po-woli stanie się «Naszą Ojczyzną» a «Przybraną Ojczyzną Naszych Ojców») wzmacniają nasze przywiązanie wspólne tradycje narodowe i ideały wolności i równości, które znalazły wyraz w naszych wspól-nych bohaterach — Kościuszce i Pułaskim (…) Polonia amerykańska stanie się częścią narodu amerykańskiego, będzie dzielić jego losy, zajmować coraz poważniejsze stanowiska w życiu politycznym, go-spodarczym i społecznym, ale zachowa w swym sercu ciepły kącik dla Ojczyzny przodków swoich, będzie dumną z dawnego pochodze-nia i cieszyć się będzie, jak Polska będzie spełniać powtórnie swe po-słannictwo dziejowe, jako jeden z wielkich potężnych i kulturalnych narodów świata".

Wśród czynnych członków Fundacji z radością odnajduję przyja-ciół. Jest Krystyna Kusielewicz — żona pierwszego Prezydenta Fun-dacji po Mierzwie, dr Eugene Kusielewicza, wychowanka prof. Oska-ra Haleckiego. W latach swej kadencji 1970–1979 bywał częstym gościem w Polsce, poznałam ich oboje w gościnnym domostwie Zofii Nasierowskiej i Janusza Majewskiego. Krysię kochali wszyscy. Sam urok, serce i wdzięk. Eugene przy sarmackości bycia miał żelazną wytrzymałość i konsekwencję działania… Doktor historii, wychowa-nek profesora Oskara Haleckiego, wykładowca St. John University w New Yorku — pasjonował się meandrami naszych dziejów. Jemu zawdzięczam wyjazd do Solury szlakiem ostatnich dni Naczelnika Kościuszki i odkrycie rewelacyjnych ksiąg pamiątkowych z wpisami bohaterów naszych powstań!

Helena Jurkiewicz Scuderi – podczas swego wielkiego triumfu na Festiwalu Muzyki Łańcut 1982, otoczona przyjaciółmi. Od lewej: Barbara Kostrzewska, jedna z najsłynniejszych śpiewaczek polskich, Bogusław Kaczyński – dyrektor Festiwalu, gwiazda i twórca najznakomitszych muzycznych programów Telewizji Polskiej, Helena Scuderi i Barbara Wachowicz.

Wśród wielu sławnych Polaków jakich gościła Fundacja Kościuszkowska był także i znamienity polski reżyser, Krzysztof Zanussi. Jemu autorka zawdzięcza szansę napisania scenariusza do filmu o Kościuszce, który miał powstać w roku 1976 – na dwóchsetlecie niepodległości USA. Może na trzechsetlecie nasi potomni takiego filmu doczekają...

Fot. Zosia Zeleska-Bobrowski, „Newsletter", 1996-97, nr 4.

Autorka książki w otoczeniu nowojorskich sojuszniczek, które okazały ogromną pomoc przy pracy nad dokumentacją do książki o Kościuszce. Od lewej: Bożena Urbanowicz-Gillbride, działaczka Fundacji Kościuszkowskiej, Kongresu Polonii i Muzeum Holocaustu w Waszyngtonie, Helena Jurkiewicz-Scuderi, wice-prezydent Polish-American Museum w Port Washington pod New Yorkiem. (Barbara Wachowicz była dwakroć goszczona przez nią na Long Island, o czym przenosząc się z pokoi Fundacji przy polskim kościele powiedziała: „Tracę nabożeństwa majowe, zyskuję dom z bajki utworzony czarodziejstwem serca".) Ostatnia z prawej – Elżbieta Białecka-Rothman, dziennikarka, autorka pięknego eseju o pracach Barbary Wachowicz – „Ogród na skałach" wydrukowanego przez nowojorski „Nowy Dziennik".

Na liście President's Club Members i Rady Nadzorczej z roku 2000 jest George J. Suski — tenże sam, z którym solidarnie toczyliśmy bój o film poświęcony Kościuszce! A w gronie członków Fundacji jest pan Jan Nowak-Jeziorański. Jest Oleńka Ziółkowska-Boehm, z którą serdecznymi więzy połączyły mnie niezapomniane lata admiracji dla Melchiora Wańkowicza. Jest Bożena Urbanowicz-Gillbride, której pomagałam przy wywiadach, jakie nagrywała dla Muzeum Holocaustu w Waszyngtonie ze wspaniałymi ludźmi-bohaterami ocalającymi życie Żydów podczas okupacji. Jest Danusia Wilk, która okazała mi wiele życzliwej pomocy przy pracy nad kwerendą w New York Historical Society. Jest Kosciusko Heritage Foundation (Fundacja Dziedzictwa miasta Kosciusko).

I jest Helena Jurkiewicz-Scuderi. Widzę ją z jasnym warkoczem i w kontusiku, otwierającą głosem jak sygnaturka srebrzystym moje widowisko o Moniuszce *Pieśnią wieczorną* na Festiwalu w Kudowie. Słyszę owacje, jakie witały ją w Łańcucie po ariach z *Traviaty* czy *Otella*... Była gwiazdą National Grand Opera na Long Island, której działania finansował jej niezwykły mąż — Michael Scuderi, Włoch, mający dwie największe miłości życia — muzykę operową i żonę.

Wielką radością Heleny było kreowanie przez Fundację Konkursu Wokalnego imienia wspaniałej polskiej śpiewaczki — Marceliny Sembrich-Kochańskiej, o której sam Caruso mówił „Moja najwspanialsza Gilda". Konkurs ów wyławia wielu młodych utalentowanych śpiewaków z kręgu amerykańskiej Polonii...

Na koncertach w Fundacji Kościuszkowskiej Helena śpiewała zazwyczaj pieśni Chopina... Dla Polish-American Museum w Port Washington ufundowała wystawę Chopinowską, jakiej nie przygotowano w Polsce nawet w Roku Chopinowskim 1999.

Fundacja uczciła 150 rocznicę śmierci Chopina nie tylko dorocznym Konkursem Pianistycznym (to już od roku 1950 czterdziesty dziewiąty!), lecz także donacją dla Towarzystwa im. Chopina w Warszawie, konkursem dla młodzieży w Polsce i USA na najpiękniejszy esej o życiu i twórczości kompozytora, wycieczką szlakami Chopina — od Żelazowej Woli po Paryż i uroczystą mszą w kościele Świętego Stanisława z Mozartowskim *Requiem*, które żegnało Chopina w 1849 roku...

447

Fundacja uczciła pięknie ROK MICKIE-WICZOWSKI 1998 – dotując Adam Mic-kiewicz Endowment Fund na Columbia University i wspierając uroczystości poświęcone autorowi „Pana Tadeusza" w nowojorskim Hunter College.

W eseju na łamach „Newsletter" Thomas J. Pniewski przypomniał, że młodzieńczy poemacik poety „Kartofla" był poświęcony także Kolumbowi.

Oto zagubionemu na morzu okrętowi sławnego Genueńczyka wiatr przynosi... ziemniaczka.

Na taki widok Kolumb wypogadza czoło / Rumieńcem krasi lica, pogląda wesoło. / Teraz – rzekł – przyjaciele miecz utopcie we mnie / Kolumb przysiągł świat odkryć, nie przysiągł daremnie! / Ten owoc bliskich lądów podał mi nadzieję...

Poza uroczym żartem poety przypomniał także Thomas J. Pniewski piękne słowa z „Pielgrzyma polskiego", jakie Mickiewicz poświęcił porównaniu Kościuszki z Washingtonem.

Okładka pisma Fundacji Kościuszkowskiej, nieocenionego źródła jej dziejów. Lato 1999 – ROK CHOPINOWSKI bardzo uroczyście celebrowany przez Fundację. Na okładce afisz z portretem Chopina projektu Rafała Olbińskiego użyczonego Fundacji przez autora na tę okazję.

Pismo redagowała znakomicie Eugenia Gore. Godnymi kontynuatorami jej pracy są obecnie – Thomas J. Pniewski, dyrektor spraw kulturalnych i kustosz Elizabeth Koszarska-Skrabonja.

Fundację nazywają czasem pięknie „Chopin's New York address" (Adres Chopina w New Yorku).

Możecie spotkać pod tym adresem także admiratorów autora *Pana Tadeusza*. W Roku Mickiewiczowskim — 1998 — Fundacja ofiarowała 26 tysięcy dolarów na „Adam Mickiewicz Endowment Fund" (żelazny fundusz im. Mickiewicza) — dla The School of International and Public Affairs na Columbia University. Przyznała także 2700 dolarów dla Klubu Polskiego młodzieży z nowojorskiego Hunter College na cykl wykładów o poecie, wieczory jego poezji i specjalny program artystyczny poświęcony Mickiewiczowi.

Hunter College — uczelnia, która ma specjalny „Polish language program", w ramach którego młodzież poznaje nie tylko nasz język, ale także historię i kulturę Polski, jest pod pieczołowitą opicką Fundacji, która finansuje wyjazdy studentów na coroczne letnie kursy na Uniwersytecie Jagiellońskim.

Tu należy gwoli porównania wspomnieć, jak kołataliśmy do naszego — odpuść Boże mu winy — Ministerstwa Kultury (co to już chyba się zwało „i Dziedzictwa Narodowego"!) — o szansę realizacji widowiska poświęconego Mickiewiczowi w Roku Mickiewiczowskim. Profesor Andrzej Rottermund ofiarował nam za darmo przepiękną salę koncertową na Zamku Królewskim, ale Ministerstwo dotacji odmówiło! A był tam pono specjalny Rzecznik Roku Mickiewiczowskiego pobierający za tę funkcję sowite apanaże! No i gdybyśmy — gapy — zamiast słać apele żarliwe na Krakowskie Przedmieście w Warszawie, zapukali na 15 East 65 Street w New Yorku — miałby Mickiewicz swoją wielką słowno-muzyczno-poetycko-biograficzną galę i w stolicy — nie tylko w Poznaniu, Krakowie, Zakopanem, Wilnie...

Dla miłośników muzyki Karola Szymanowskiego też mam wieść dobrą. Fundacja ofiarowała ponad 7 tysięcy dolarów na edycję korespondencji kompozytora przygotowanej przez Musica Jagiellonica i 10 tysięcy na edycję *Szymanowski on Music*, wydaną po angielsku w Londynie.

Fundacja opiekuje się nawet Akademią Muzyczną we Wrocławiu i przekazuje fundusze na konserwację instrumentów...

Program działania Fundacji ma zasięg ogromny. W największym niestety skrócie, ale i blasku jej Diamentowych Godów, podaję czołowe zadania:

- Roczne stypendia dla studentów Amerykanów pochodzenia polskiego i rdzennych, lecz zajmujących się tematyką polską (od 1000 do 5000 $).
- Roczne stypendia umożliwiające studia Amerykanów na Uniwersytecie Jagiellońskim w Krakowie.
- Stypendia na rok akademicki lub semestr dla Amerykanów prowadzących badania naukowe z zakresu tematyki polskiej.
- Summer Session dla studentów amerykańskich na czołowych uniwersytetach w Polsce (Kraków, Warszawa, Wrocław, Lublin — KUL) oraz Instytucie Jana Pawła II w Rzymie.

(Warunki stawiane kandydatom na studia do Polski za czasów prezydentury Stefana Mierzwy obejmowały poza znajomością języka polskiego, także wzruszające zastrzeżenie: „kandydat musi posiadać prawy charakter"!).

- Stypendia dla obywateli polskich w celu — studiów, badań lub nauczania na wyższych uczelniach USA (bez ograniczeń pola) — czas od 3–10 miesięcy.
- Program „Teaching English in Poland" — kursy języka, historii i zasad demokracji dla studentów w Polsce prowadzone przez profesorów amerykańskich.

Fundacja współpracuje ściśle z UNESCO, Ministerstwem Edukacji Narodowej w Warszawie oraz Instytutem Polonii na Uniwersytecie Jagiellońskim.

Maryla Janiak — dyrektor programu naukowego podaje na łamach „Newsletter", że w ostatniej dekadzie XX wieku około 600 Polaków otrzymało stypendium Fundacji na naukę i badania w USA, a 250 Amerykanów na studia w Polsce.

W roku akademickim 1999/2000 — 46 Polaków uhonorowano stypendium w USA, a 26 Amerykanów studiowało w Polsce.

Pasjonująca jest różnorodność zainteresowań i sylwetek stypendystów — byłby to świetny temat pracy naukowej — magisterskiej, doktorskiej. Spójrzmy na listę szczęśliwych stypendystów na rok 1999/2000. Wśród humanistów są naukowcy Polskiej Akademii Nauk, z Żydowskiego Instytutu Historycznego, archiwów, Biblioteki Wojskowej, profesorowie, doktorzy i magistrzy Uniwersytetów w Poznaniu, Warszawie, Łodzi, Lublinie, Krakowie. Tematy najróżnorodniejsze — od dziejów elity politycznej w Bizancjum w XIII–XV wieku, przez historię Żydów ocalonych dzięki papierom stwierdzającym ich aryjskość, po biografię Jana Lechonia. Jest także — o radości! — wielka rzadkość — stypendysta The Kosciuszko Foundation podejmujący badania związane z Patronem Fundacji! I to kto! Jego Magnificencja Rektor Uniwersytetu Jagiellońskiego, znamienity polonista i historyk — profesor Franciszek Ziejka, przygotowujący pracę o kształtowaniu się legendy Kościuszki w amerykańskiej historiografii i literaturze pięknej.

Wśród przedstawicieli nauk ścisłych są chemicy, psycholodzy, ekolodzy, entomolodzy i znawcy komputerów m.in. z Wrocławia, Rzeszowa, Gdańska. W dziale medycznym — lekarze wszelkich specjalności — pediatrzy, alergolodzy, radiolodzy, mistrzowie transplantacji, immunolodzy i oczywiście onkolodzy w dominującej liczbie.

Ze Stanów w ramach wymiany naukowej przybyli do nas profesorowie i kandydaci na doktorów z uniwersytetów w San Francisco, North Carolina, Yale, Jamaica, Chicago...

Marka Kwiatkowskiego ucieszy wieść, że Carolyn Guile, przygotowująca doktorat z historii sztuki na Princeton University, wybrała temat „The Ambulant Life: Art And Theory at Lazienki Park in Warsaw, 1683–1795" (co moi angliści po naradach przełożyli jako — „Żywioł życia: Sztuka i teoria w Łazienkowskim parku Warszawy").

Rekordową sumę 337 500 $ może Fundacja w jubileuszowym roku przeznaczyć na 172 stypendia dla Amerykanów pochodzenia polskiego studiujących na różnorakich wydziałach wyższych uczelni w całych Stanach — dzięki hojności swych członków-fundatorów. Wielu spośród nich ofiarowuje tzw. scholarship fund w imię pamięci bliskich...

Podobny, cenny zwyczaj przyjęty jest przy przekazywaniu darów na rzecz Fundacji. „In Memory of Kazimiera and Mikołaj Goroszewski" składają zacną sumę Eugenia i Joseph E. Gore — Prezydent Fundacji z małżonką.

Swą zaszczytną, odpowiedzialną i podwójną funkcję (President and Executive Director) pełni dr Gore od kwietnia roku 1987... U progu swej kadencji wyznawał na łamach „Newsletter": „Minął rok w Fundacji, podczas którego uczyłem się wielu dróg, jak mogę służyć jej członkom, Polonii i Ojczyźnie". To ostatnie słowo Prezydent Gore napisał po polsku!

Tytuł swemu wyznaniu nadał z *Psalmu życia*, którego autorem jest Henry Wadsworth Longfellow, słynny poeta amerykański doby

Prezydent Fundacji Kościuszkowskiej od roku 1987 – Joseph E. Gore, prawnik, absolwent St. John's University i New York University. Od lat młodzieńczych związany z Fundacją. Za jego kadencji uzyskała ona ogromny prestiż i rozkwit. Wielkie uroczystości Diamentowych Godów 75-lecia w Ameryce i Polsce będą ukoronowaniem zasług The Kosciuszko Foundation i jej Prezydenta.

Na ten piękny jubileusz dedykujemy Mu w imieniu wszystkich stypendystów Fundacji, którzy – tak jak autorka tej książki – zawdzięczają Prezydentowi Gore szansę realizacji wymarzonej pracy, słowa pisarza, który jest Mu wyjątkowo bliski – Josepha Conrada: „Artysta przemawia do niezłomnego przekonania o solidarności, która wiąże razem samotność niezliczonych serc, solidarności w marzeniach, radości, smutku, dążeniach, nadziei, która łączy ludzi"...

Zdjęcie z „Newsletter", 1999, nr 3.

Od lewej: Marian Kępiński, Maryla Janiak, Joseph E. Gore w biurze przedstawicielstwa Fundacji w Warszawie.

romantyzmu. Tytuł brzmi: „Learn to labour and to wait" — czyli w dosłownym przekładzie — „Uczyć się pracować i czekać".

Podsumowanie pierwszego roku pracy zakończył Joseph F. Gore zwrotką z *Psalmu* Longfellowa, z której powziął tytuł:

> **Let us, then, be up and doing,**
> **With a heart for any fate;**
> **Still achieving, still pursuing,**
> **Learn to labour and to wait!**

W poetyckim przekładzie lat osiemdziesiątych XIX wieku, pisanym może jeszcze za życia Longfellowa (który urodzony w 1807 znał jeszcze bohaterów wojny o niepodległość, a zmarł w 1882) — zwrotka brzmi:

> **A więc idźmy nie ustając**
> **Z sercem niezdolnym się bać**
> **Byśmy czynem czyn witając**
> **Mogli w pracy mężnie trwać!**

Prezydenta mężnie wspiera we wszystkich pracach Rada Nadzorcza. U progu XXI wieku skład jej jest następujący: — Przewodniczący Honorowy: Michael G. Sendzimir, Przewodniczący: Witold S. Sulimirski, trójka wiceprzewodniczących: Arri Sendzimir, Michael A. Wrotniak, Dr Thaddeus Gromada.

Chairman of the Board of Trustees — Witold S. Sulimirski — jest gigantem w dziedzinie bankowości i finansów. Rodem ze Lwowa, o którym antologie poezji mówią — „Serce wydarte z polskiej piersi", miasta-kolebki tylu niezwykłych Polaków, godnie się wpisał w dziejową sztafetę. W nowym tomie znakomitego, oryginalnego słownika biograficznego *Cały Lwów na mój głów* Jerzy Janicki winien koniecznie pomieścić wśród sławnych Lwowiaków sylwetkę Witolda S. Sulimirskiego.

Absolwent Cambridge University, kawaler maltański, przez kilka lat skarbnik Fundacji, dbający umiejętnie o inwestycje i budżet, reprezentant kilku banków zagranicznych w USA, Prezes American Bank w Polsce, doradca Białego Domu przy American Investment Initiative in Poland — czuwał nad inwestycjami amerykańskimi w Polsce. Członek Zarządów Banku Pekao SA i Banku Gdańskiego. Skarbnik The Polish Institute of Arts and Sciences of America (Polski Instytut Sztuk i Nauk w Ameryce).

Bezinteresowny działacz wielu ważkich instytucji politycznych i kulturalnych, takich jak Centrum Strategii i Studiów Międzynarodowych w Waszyngtonie czy Fundacja Nauki Polskiej w ojczyźnie.

Wraz z żoną, Teresą, dzieli swoje życie między New York i Warszawę...

Nie znam niestety osobiście Witolda S. Sulimirskiego, nie wiem, czy był po wojnie we Lwowie, którego tak dzielnie broniła Eskadra Kościuszkowska.

Dedykuję Chairmanowi Fundacji Kościuszkowskiej tę strofę lwowskiej poetki, którą mówią polscy harcerze w moich *Wigiliach Polskich*:

> **Tam Lwów na nas czeka — posłuchaj**
> **Jak serce miarowo mu bije.**
> **On milczy dla innych, a przecież**
> **Ja słyszę wyraźnie, że żyje...**

Wice-prezydenta, doktora Tomasza Gromadę, rodem z gór, odnalazłam w... *Dziennikach* Jana Lechonia!

„Byłem u górali Gromadów w East Patterson, aby zrobić z nimi rozmowę gwiazdkową do radia. Poza gospodarzami było jeszcze kilkanaście osób z Podhala rodem, część już tutaj urodzonych, ale mówiących, kiedy trzeba, po góralsku, śpiewających góralskie pieśni i tańczących krzesanego (...) Tadzia Gromady, który dziesięć lat temu tańczył lepiej niż Lifar, tym razem nie było, jest teraz w wojsku, a po powrocie będzie nauczycielem historii, którą studiował pod Haleckim w Fordham" — zapisał w *Dzienniku* Lechoń, jesienią 1954.

Profesor Thaddeus V. Gromada, Vice-Chairman of the Board of Trustees Fundacji Kościuszkowskiej, po doktoracie na Fordham University z dziedziny historii Europy Wschodniej, wykładowca Jersey State University, prezes Polish Institute of Arts and Science in America, służył wielekroć bezinteresowną pomocą w Komitecie Fundacji, który decydował o wyborze stypendystów...

Czas powiedzieć, że podobne komitety działają i w Polsce — bo od roku 1991 ma swój adres Kościuszko i w Warszawie! O takim przedstawicielstwie w Polsce marzył Stefan Mierzwa już w 1925 roku. Po wojnie próbował stworzyć Komitet Stypendialny Fundacji Kościuszkowskiej w Polsce z udziałem najwybitniejszych znawców literatury — prof. Juliana Krzyżanowskiego i prof. Wacława Borowego. Na próżno.

Przedstawicielstwo The Kosciuszko Foundation mieści się obecnie na Nowym Świecie pod numerem 4. Zarejestrowano je na podstawie decyzji Ministra Edukacji Narodowej z dnia 9 września 1991 roku: „Zadaniem przedstawicielstwa będzie współpraca z polskimi naukowcami, placówkami naukowymi i organami administracji państwowej w celu usprawnienia realizacji statutowych zadań Fundacji w zakresie wymiany naukowej między Polską i Stanami Zjednoczonymi". Pierwszy kierował działaniami przedstawicielstwa Robert Kirkland (babka Polka, ojciec Szkot) — absolwent Uniwersytetu Columbia (nauki polityczne), dziennikarz i poliglota (francuski, niemiecki, rosyjski, węgierski, polski), współpracownik Radia Wolna Europa, także „Newsweeka" i Komitetu Obrony Solidarności w New Yorku. Były stypendysta Fundacji Kościuszkowskiej na Uniwersytecie Jagiellońskim. Miał przed sobą trudne zadanie. Stworzenie miejsca dla bezpośrednich kontaktów Fundacji z Polską w okresie transformacji ustrojowej, także środowiska naukowego i artystycznego z Fundacją w Stanach. Nic więc dziwnego, że zaczął od urządzania biura na poziomie 15 East 65 Street, a nie modnej wtedy w Warszawie IKEA. Wtedy zjawiła się Agata Prewysz-Kwinto (wnuczka Ottona Laskowskiego, wybitnego polskiego historyka zmarłego na emigracji w Londynie, córka Halszki Laskowskiej, znanej z odwagi redaktorki „Czytelnika", która wydała Marka Hłaskę i była przyjacielem wielu pisarzy nie bardzo lubianych, malarzy nie docenianych i naukowców nie tolerowanych w socjalistycznym realizmie). Agata skończyła ASP w Warszawie (architektura wnętrz) i była autorką wielu projektów wystaw, wnętrz i grafiki reklamowej. A ponieważ czasy nie były łaskawe dla artystów, także wdów z dzieckiem, propozycję urządzenia biura dla Fundacji Kościuszkowskiej (znanej jej ze swojego prestiżu i zasług) przyjęła bez chwili wahania, nie podejrzewając, że spędzi w biurze, które sama urządziła, wiele lat, najpierw na stanowisku sekretarki, a potem Kierownika Biura.

— Kirkland był moim najlepszym zleceniodawcą — opowiada Agata. — Nie pokazywał mi palcem w niemieckich i francuskich katalogach jaką chce mieć kanapę, biurko i lampę, tylko zabierał na targi staroci, gdzie z pełnym zaufaniem pozwalał mi kupować połamane meble, spleśniałe grafiki i brudne dywany, sam je wybierając ze znajomością godną historyka sztuki, konserwatora i stolarza. Ja tylko hamowałam Jego zaufanie do targowych ekspertów, wciskających nam

Agata Kwinto – kierownik polskiego przedstawicielstwa Fundacji w Warszawie gości Marylę Janiak – której autorka książki zawdzięcza serdeczną pomoc .

Robert Kirkland kierował przedstawicielstwem Fundacji w Warszawie. Na zdjęciu przed tablicą poświęconą Kościuszce w Kielcach – mieście Żeromskiego, który tak czcił Naczelnika.

Maryla Janiak – dyrektor programu naukowego Fundacji Kościuszkowskiej w warszawskiej siedzibie Fundacji z gronem naukowców, wspomagających decyzje o wyborze stypendystów.

Od lewej: prof. John Micgiel z Instytutu East Central Europe Columbia University w New Yorku, Maryla, prof. Elżbieta Sarnowska-Temeriusz z Instytutu Badań Literackich Polskiej Akademii Nauk w Warszawie oraz prof. Władysław Miodunka, dyrektor Instytutu Polonii Uniwersytetu Jagiellońskiego w Krakowie.

Zdjęcie z "Newsletter", 1999, nr 3.

wszystko po cenach amerykańskich (ten jego amerykański akcent) i targowałam się po polsku. Potem przy pomocy znajomych konserwatorów, stolarzy, złotych rączek i przyjaciół artystów złożyłam to wszystko w całość, którą do dzisiaj uzupełniam, odkurzam i lubię jakby była moja własna.

Kirkland stworzył krąg środowiska naukowego i artystycznego — grono doradców Komisji Stypendialnej, która pierwszy raz miała przyjechać do Polski, żeby dać kandydatom szansę na osobiste przedstawienie się. Po raz pierwszy polscy naukowcy i artyści zostali zaproszeni do tej komisji, by wyrazili swoją opinię o kandydatach. Lista osób, które uczestniczyły w tych komisjach osiągnęła 150 osób. Jest tam wielu byłych stypendystów Fundacji, autorytetów we wszystkich możliwych dziedzinach naukowych i artystycznych. Ta lista to najlepszy dowód prestiżu Fundacji, a także potrzeby bezpośredniego kontaktu w ocenie kandydata. Przedstawicielstwo zapewnia także stypendystom amerykańskim kontakt z Ministerstwem Edukacji, które przyznaje stypendia proponowanym przez New York i Warszawę kandydatom. Biuro pośredniczy w dostarczaniu ich podań, pomaga także nawiązać naukowe i artystyczne kontakty i stara się ułatwiać „aklimatyzację" w nowych warunkach transformacji ustrojowej. A to nie jest jeszcze wszystko, czym biuro się zajmuje. Zajmuje się wszystkim, co ułatwia pracę w New Yorku, a że NY budzi się 6 godzin później, biuro pracuje na dwie zmiany. Na pierwszej zmianie Agata Kwinto, a na drugiej — Mrs Kwinto. Ta sama, którą Kirkland przekonał, że każda zmiana w życiu jest możliwa i z artystki zrobił urzędnika. Sam też się zmienił. Tak dobrze nauczył się polskiego, że został tłumaczem i nauczycielem akademickim. Wraca często do Polski i wtedy idziemy na targ staroci powiększać Jego kolekcję starych puszek i reklam. On znajduje, a ja się targuję. Taka wymiana polsko-amerykańska. Wymieniamy się też rodzinami. Bo ja bardzo lubię Jego rodziców (moi już nie żyją), a On mojego wnuka (sam nie ma dzieci). Jest to wnuk także Fundacji Kościuszkowskiej, bo mój zięć, były stypendysta, poznał moją córkę w Fundacji. Szymon jest pierwszym obywatelem amerykańskim w naszej rodzinie. Ma 3 lata i mówi wszystkie łatwe słowa po angielsku i trudne po polsku. I wszyscy go rozumieją. Jak dorośnie na pewno zostanie stypendystą jakiejś amerykańskiej lub polskiej fundacji. Jest także Polakiem i nie grozi mu już utrata paszportu polskiego, bo urodził się w Ameryce, gdzie jego rodzice są pierwszym pokoleniem, które nie musiało emigrować, żeby wyjechać na studia do Ameryki. Są też pierwszym pokoleniem, które może wybierać szansę, którą dostaną. Tę amerykańską także.

To Kirkland nauczył mnie innego spojrzenia na życie! — mówi Agata — Wiary w siebie! Nadziei, że wszystko jest możliwe i wszystko można zmienić!

Opanowała angielski, komputery i faxy, nauczyła się procedur amerykańskich, zebrała znakomite, doborowe grono rzeczoznawców — najwybitniejszych naukowców z wszystkich dziedzin, którzy przy wyborze stypendystów stanowią doradcze komitety dla nowojorskiego.

Agata Kwinto, Menager of The Kosciuszko Foundation's Warsaw Office — kierownik biura Fundacji — nie darmo jest utalentowaną plastyczką. Udało jej się zdobyć nie tylko stylowe meble, ale nawet odtworzyć piękną podłogę z dębowej klepki, dobrać zasłony, dywany, obicia w eleganckiej tonacji granatu. Na targu na Woli wypatrzyła podniszczony i naddarty wizerunek rannego Kościuszki z dedykacją „Zacnemu Ziomkowi i Przyjacielowi", na ulicznym straganie dostrzegła litografię nieznanego portretu Naczelnika... Odrestaurowana i oprawiona patronuje dziś Kościuszkowskiemu domostwu, gdzie Agata z dumą pokazała mi liczne nagrody otrzymane przez Fundację, a wśród nich Medal Uniwersytetu Warszawskiego „w roku jubileuszu 75-lecia w uznaniu ogromnych zasług dla pogłębiania związków polsko-amerykańskich", dyplom Ministerstwa Spraw Zagranicznych „za wybitne zasługi dla kultury polskiej w świecie"...

Aura wnętrza w niczym nie przypomina biura. Ludzie czują się tu mile widzianymi gośćmi. Uzyskują pomoc, radę, sugestie, cenne wskazówki. Agata Kwinto marzy, by ktoś napisał książkę o losach Kościuszkowskich stypendystów, fascynujących — jak tyle losów polskich...

— To nie jest biuro — powiedziała mi serdecznie. — Tu się tworzy, buduje więź między ludźmi...

Ofiarowała mi — poza czasem, którego ma tak niewiele i poczuciem tej więzi — dar, dedykowany „To the memory of prof. Stephen Mizwa" — edycję *Polish masters from The Kosciuszko Foundation Collection* — album prezentujący kolekcję zdobiącą wnętrza nowojorskiej Fundacji, dedykowany pamięci pierwszego jej Prezydenta — Stefana Mierzwy.

Portret Tadeusza Kościuszki pędzla Bolesława Jana Czedekowskiego ofiarowany przez artystę Fundacji – stanowi ozdobę bogatej kolekcji malarstwa polskiego.

Widzimy tu generała Kościuszkę w mundurze amerykańskim z orderem Cyncynata – jako twórcę fortecy West Point. W tle – fort Clinton i rzeka Hudson.

Podczas uroczystości odsłonięcia portretu 19 września 1947 roku odczytano przesłanie od generała Maxwella Taylora – dyrektora Akademii Wojskowej w West Point: „Pamięć o tym wielkim człowieku jest na zawsze zachowana w tradycjach West Point”.

Ze zbiorów The Kosciuszko Foundation

Uskrzydlająca gościnność Fundacji Kościuszkowskiej. Pod portretem Naczelnika – Prezydent Joseph E. Gore i Maryla Janiak witają Barbarę Wachowicz.

Patrząc znów na barwistych Huculów Axentowicza, dynamiczny lot Lisowczyków Brandta, niezrównane konie Chełmońskiego i Juliusza Kossaka, Stańczyka wszeptującego jakąś facecję do ucha roześmianego, grubego biskupa Gamrata pędzla samego Matejki, śnieżystą drogę Malczewskiego, złocistość żniw Tetmajera — przypominałam sobie nie bez wzruszenia mój pierwszy dzień w Fundacji. Tremę przed spotkaniem z Prezydentem Gore, a potem urzeczenie jego osobowością, mądrością, życzliwym zaangażowaniem w sprawy Fundacji i Polski... I tę chwilę, kiedy stanęliśmy wszyscy troje — Prezydent Joseph E. Gore, Maryla Janiak, ja — pod portretem Tadeusza Kościuszki z rozwianym gwiaździstym sztandarem.

Ten portret ofiarowany Fundacji w 1947 roku przez autora — Bolesława Jana Czedekowskiego — widnieje na okładce książki.

W lewym rogu artysta umieścił słowa George'a Washingtona — „Kosciuszko is a man of science and merit" („...jest człowiekiem nauki i zasługi").

Pisał Adam Mickiewicz w *Pielgrzymie Polskim*: „Jedno imię popularne w Europie, szanowane powszechnie, opozycji nie znalazło: imię Washingtona (...)

U nas tak wielkim było i jest imię Kościuszki.

Zdaje się, że pierwszym warunkiem przyszłego wielkiego człowieka musi być ta szlachetność charakteru, ta serdeczność, ta dobroduszność, która Kościuszce zjednała miłość współczesnych i szacunek potomnych".

NAJSTARSZA   NAJLEPSZA

SZKOŁA im. T. KOŚCIUSZKI
ZAPRASZA

Kościuszkowska
Pobudka

Szkoło!
Byłaś dla mnie drugim domem,
W którym nauczyłam się mówić
I pisać po polsku,
W którym nauczyłam się być dumnym Polakiem
I nie wstydzić się mojej narodowości.
Uczyłaś mnie od małego,
A teraz ja uczę innych.
Nauczyłaś mnie, że język polski
To jeden z najbogatszych języków na świecie...
Już niedługo opuszczę szkolne mury
I pójdę w świat —
Ale zabiorę ze sobą największy dar,
Który człowiek może mieć —
Język ojczysty.

Renata Ziobro, uczennica Szkoły Polskiej
imienia Tadeusza Kościuszki w Chicago

„Przywieźcie mi z Ojczyzny..."

Gdybym cię chciała słowami wyśpiewać
Moja mowo rodzinna — ty polska —
Musiałabym sto tęcz perlistych przez palce przesiewać,
W sto zbroi przywdziać twej historii wojska.

Ten wiersz Maria Zamora napisała już na obczyźnie...

W ogrodzie kwitną dzikie jabłonie. Jakby to było gdzieś na Podolu pod Buczaczem, a nie w Chicago.

— „Kraj lat dziecinnych, on zawsze zostanie"... miłością, pamięcią, tęsknotą — siwowłosa pani zgarnia płatki jabłoniowe, które sfrunęły na stół, gestem cierpliwym i łagodnym. — Śni mi się Dniestr i Strypa... Twarze przyjaciół, z którymi przeżywaliśmy wspaniałe wakacje roku 1939, nie wiedząc, że będą ostatnimi...

Polegli, wywiezieni, rozstrzelani... Tyle mieliśmy marzeń. Taka miała być nasza Polska mądra, sprawiedliwa, godna tych pokoleń, które za Nią legły na szańcach...

Nigdy już nie zobaczę mego Podola...

Przywieźcie mi z Ojczyzny
Zapach liści na wiosnę,
Kwiat różany spod płotka,
trochę piasku znad Strypy (...)

Niewiele pragnę, niewiele:
Domu białego zwyczaje,
Te bzy pachnące majem
I sygnaturkę w niedzielę.

Kroki na mostach Buczacza,
Trzech Wieszczy ducha z gimnazjum,
Rozgwar młodzieży, gdy razem
W bramy kościoła wkracza.

Wszystko, co było w mieście
Przywieźcie...

Święto Matki. Prawdziwą Matką Szkoły im. Kościuszki w Chicago jest Maria Zamora – legenda Polonii w Chicago. To jej inwokację: „Moja mowo rodzinna – ty polska!” – mówią wszystkie roczniki na wszystkich jubileuszach.

Prawdziwie harcerski krąg, podczas którego przekazuje się iskrę. Twórczyni szkoły i pierwsza nauczycielka – Pani Maria Zamora, i jej godne następczynie: dwie Urszule: Kraśniewska i Gawlik, Bożena Sierant, Danuta Kaczmarczyk.

Już nikt mi stamtąd niczego nie przywiezie... Kiedy po latach nędzy, głodu, wygnania, tułaczki wojennej znaleźliśmy się w Chicago, usłyszałam uwagę zwróconą ostro dziewczynkom rozmawiającym na ulicy po polsku: — Tu się mówi po angielsku!

Uderzyło mnie to prosto w serce. Musimy ratować nasze dzieci. Musimy założyć szkołę. Rok był 1950. Nie miałam obywatelstwa, nie miałam praw.

Należałam jednak już do grupy „Pobudka" Związku Polek i pozyskałam aprobatę i pomoc prezeski — Albiny Damsz.

„Sobotnia Szkółka Języka Polskiego Pobudka" odbyła pierwszą lekcję 20 października 1951 roku. Miałam sześciu uczniów w wieku od 7 do 13 lat, mówiących wyłącznie po angielsku. W roku 1953 już była osiemdziesiątka!

Największy problem stanowił oczywiście dach nad głową... Wynajmujemy kąt pierwej w „Pulaski Park", od listopada 1957 — w „Kosciuszko Park". Wtedy uroczyście przyjmujemy imię — Tadeusza Kościuszki, a ja uzyskuję zgodę Koła Rodzicielskiego, z prezesem Tadeuszem Klizickim — na zatrudnienie drugiego nauczyciela...

— Tu muszę wtrącić, że pani Maria prowadziła nie tylko szkołę sama, ale też pracowała bez żadnego wynagrodzenia. W naszym archiwum mamy pokwitowanie, że pierwszą pensję, w zawrotnej wysokości dolarów dwudziestu, otrzymała dopiero wiosną 1954 roku...

— Urszulko, proszę nie przerywać, bo stracę wątek, zapominacie, że jestem damą pod dziewięćdziesiątkę — skarciła pani Maria Urszulę Kraśniewską, jedną z jej godnych następczyń na stanowisku dyrektora szkoły. — Gdzież to byłyśmy? Aha, nadanie imienia... Decyzja należała do mnie. Wybrałam Kościuszkę, bo wierzę, że służąc krajowi swego osiedlenia, służymy dobrze Polsce i dla imienia Polskiego zyskujemy uznanie. Tak służył nasz skromny inżynier...

Z siedziby noszącej jego imię wyrzucono nas jesienią 1958. Przygarniają szkołę Siostry Franciszkanki. Uczniów mamy dwustu, nauczycieli troje, wspomagają mnie — Ignacy Supel i Wanda Kasprzycka, po prostu skarb. Lwowianka ze wszystkimi najlepszymi cechami mieszkańców tego miasta z lwem i słońcem w herbie, z fantazją, pogodą, wdziękiem i tym, co Wańkowicz nazwał mądrze

Grono Pedagogiczne roku Jubileuszowego 2000.
Od lewej siedzą: Alina Zdankiewicz, Grażyna Ozorowska, Barbara Matłosz, Danuta Gnat, Krystyna Zuwalska. Za nimi: Urszula Kraśniewska, Teresa Kowolik – z-ca dyrektora, Janina Zarycka, Sonia Frączek. W ostatnim rzędzie: Bożena Mroczek, Grażyna Wójtowicz, Ewa Sterniuk, Małgorzata Tylman, Albertina Banasiak, Wojciech Stefan, Helena Zając, Sylwia Duignan.

Z przodu kucają: Renata Dybas, Krystyna Maj, Małgorzata Pawłusiewicz, z-ca dyrektora w Elm School, Danuta Kaczmarczyk-Minta, Dorota Żaba, Jadwiga Myszka, Jadwiga Podlipni. Stoją od lewej: Urszula Gawlik – z-ca dyrektora w Reinberg, Sabina Szalewska – z-ca dyrektora u św. Władysława, Dorota Marszałek, Marianna Szwarc, Bożena Sierant, Władysława Pluskwa, Małgorzata Kapustka, Elżbieta Lis-Szybajło, Małgorzata Krydka, Stanisława Sałapat, Wioletta Borkowska, Beata Zawojska, Barbara Woźniak.

„doludnością". Absolwentka Uniwersytetu imienia Adama Mickiewicza w Poznaniu, dziedzicząca od Wielkopolan — rzetelność, odpowiedzialność, pracowitość.

Nową erę szkoły zaczyna w 1966 roku nowy dyrektor — Kazimierz Lorenc. Zajęcia części klas odbywają się w szkole przy parafii św. Władysława. Jest siedem klas i trzystu uczniów.

Wiosną 1968 tracimy gościnę Sióstr Franciszkanek. Ksiądz Stanisław Rokociński na żarliwe prośby Koła Rodzicielskiego, z prezesem Janem Stokłosem, daje pomieszczenia kilku klasom przy parafii Our Grace Lady. Ale wśród parafian dominują Niemcy i u progu roku szkolnego 1972/1973 nasz „Kościuszko" nie ma znów gdzie się podziać…Delegacja rodziców idzie żebrać pomocy w parafii św. Jakuba. Proboszcz Jan Wodniak daje do dyspozycji budynek przy 2412 North Mango. Rodzice zakasują rękawy i biorą się do remontu…

I do dziś nasza dziatwa uczy się w „Jakubowie" i „Władysławowie".

A ja mogę odejść spokojna o jej los…

Dziś przesuwają się przede mną dobre twarze tych, którym oddałam ster naszej placówki… Dyrektorzy — Jadzia Miskowa, Kazik Lorenc, Wojtek Stefan, Basia Woźniak… Prezesi Koła Rodzicielskiego: Tadeusz Mizeria, Włodzimierz Wierzbicki, Adam Cegielski, Stanisława Kowalik, Kazimierz Wytaniec…

A teraz — Urszula moja wdzięczna i nadzwyczajna. Od 1985 roku kieruje szkołą. Umie wczuć się w psychikę każdego dziecka — bo przecież każde jest inne! Kiedyś mówiło się o pedagogach — to nie zawód, to powołanie. To kształtowanie człowieka. A do tego szlachetnego celu wiedzie bardzo daleka droga! U schyłku dnia patrzę, jak tą drogą podążają moi młodzi koledzy pod dowództwem Urszuli Kraśniewskiej. I mówię sobie — Polska szkoła nie zginęła, póki oni żyją!

Dwa filary Kościuszkowskiej szkoły: kierująca nią Urszula Kraśniewska i Prezes Koła Rodzicielskiego, Włodzimierz Bochenek, rodem z Krakowa, niezwykle oddany uczelni, kreator wielu cennych inicjatyw, twórca rydwanów, na których Kościuszko podczas Parady Trzeciomajowej występował już pod Racławicami, w West Point, a nawet w... NATO! Jaka szkoda, Panie Prezesie, że jest Pan „timidly modest" jak Kościuszko i nie mamy żadnych zdjęć z tej świetnej, pomysłowej prezentacji Patrona!

Patronami Sobotnich Szkół Polskich w Chicago są: Kazimierz Wielki, Kopernik, Pułaski, Chopin, Emilia Plater, Konopnicka, Paderewski, Sienkiewicz, święty Maksymilian Kolbe, generałowie współcześni: Anders i Sikorski, Prymas Tysiąclecia – Stefan Wyszyński (Szkoła Kościuszki wystąpiła dlań o jakże zasłużoną Nagrodę Nobla!) i Ojciec Święty Jan Paweł II. Nauczyciele działają w Polish Teachers Association in America, którego prezesem za mej amerykańskiej „kadencji Kościuszkowskiej" był prof. Janusz Boksa. Razem z Urszulą Kraśniewską (oboje na zdjęciu) poprowadził akcję „Racławice w Ameryce", która umożliwiła kwerendę w archiwach i odnalezienie wielu cimeliów.

Fot. Wojciech Wierzewski

„Jak ratować ojcowiznę..."

O mowo polska, ty ziele rodzime,
niechże cię przyjmę w otwarte ramiona.
Ty będziesz kwieciem tych pól ubarwiona,
ty osłodą żywiczną lasów,
ty zbożnym kłosem na roli,
ty utęsknieniem wszystkich czasów,
pojmująca, czująca co boli...

O polskie dźwięki, tak spójnie związane,
będziecie w lata czytane.
Będą się uczyć z was słów mowy zboru
w was mając skarby wyboru
w was same najsłodsze miody,
kwiat najwonniejszy urody,
co najwybrańszą spuściznę,
jak ratować ojcowiznę...

Wieżowce Chicago uzbrojone w rogi (niby symbol naszego przysłowia, że diabeł stworzył miasto, a Bóg wieś) zostają daleko...

Tu, na przedmieściu Palatine, wierzbowe witki spadają w staw ku gniazdom dzikich gęsi. Urszula Kraśniewska nawet w amerykańskiej metropolii znalazła kąt przypominający Polskę.

Siedzimy na tarasie patrząc na uwijające się gąsięta...

— Jakie ładne gąszcze! — zawołała ujrzawszy je jedna z moich uczenniczek — śmieje się Urszula.

— To są te tajniaki języka polskiego, jak mawiała moja przyjaciółka, Węgierka, Gracja Kerenyi, skarżąc się na trudy obczyzny-polszczyzny.

— Otóż to. Jak ratować tę najwybrańszą ojcowiznę-spuściznę z inwokacji Wyspiańskiego?

Sienkiewicz wędrując kalifornijskimi lasami spotkał starca, który czytywał codziennie Biblię w przekładzie księdza Wujka — „abym nie zapomniał mowy mojej i nie stał się niemym w języku ojców moich"... Jeśli nasze dzieci nie stają się nieme — to przede wszystkim zasługa rodziców! My tylko staramy się ich wspomóc! Dopiero z czasem, dojrzewając, nasza młodzież rozumie, jakim skarbem może być znajomość ojczystego języka, gdy zewsząd osacza żywioł obcej mowy.

Zawsze pasjonowała mnie psychologia dziecka. Ukończyłam Uniwersytet we Wrocławiu, wiedza tam uzyskana to moja zbroja i broń. Wszyscy moi koledzy mają podobną, bo wszyscy są absolwentami uczelni polskich...

— Czy szkoła działa dzięki dotacjom rządu, ministerstwa, jakichkolwiek organizacji polskich?

— Wyłącznie dzięki rodzicom i ich opłatom. To nasze jedyne źródło dochodu, którym opłacamy czynsz za wynajęcie sal lekcyjnych i honoraria pedagogów.

Do naszej szkoły posyłają dzieci Polacy wszystkich środowisk — od najprostszych robotników po wybitnych lekarzy, architektów, profesorów...

— Jaki jest zakres nauki?

— Literatura polska, gramatyka, historia i geografia Polski i świata. Mamy tylko jeden dzień w tygodniu — sobotę, kilka godzin.

Program klas najwyższych jest oparty o wzory polskie. Przez wiele lat były ogromne trudności z podręcznikami. Mieliśmy tylko spróchniałe starocia. Teraz — otworzyły się ogromne horyzonty, dzięki specjalnym opracowaniom dla szkół polskich na obczyźnie.

— A co macie w lekturach, bo u nas szaleją tendencje wyrzucania wszystkiego, co się da. Proszę sobie wyobrazić, co czułam, kiedy ta garsteczka Polaków, jaka się ostała jeszcze w Bohatyrowiczach, pytała mnie, czy to prawda, że w wolnej Polsce nie ma już w programach szkolnych *Nad Niemnem*?

— Mamy w zasadzie cały kanon arcydzieł... Oczywiście, nie zadręczamy *Odprawą posłów greckich*... Ale *Treny* czytają... *Nad Niemnem* znają dzięki świetnemu filmowi, tak jak *Noce i dnie*, czy adaptacje Sienkiewicza... Czasem zaskakuje nas radosna niespodzianka... Oto ci młodzi, z trudem brnący czasem nawet przez Sienkiewicza — nagle znakomicie odbierają Baczyńskiego... Przygotowując program artystyczny na uroczyste wręczenie matur zrobiłam antologię od Bogurodzicy (którą zaśpiewał nasz chór, pod dyrekcją Władysława Stęchły) poprzez poezję Kochanowskiego, Krasickiego, Mickiewicza, Słowackiego, Norwida, Wyspiańskiego — po Krzysia Baczyńskiego.

Dzień czy noc — matko, ojcze — jeszcze ustoję
W trzaskawicach palb, ja żołnierz, poeta, czasu kurz...

Szkoda, że w filmie o nim zabrakło... poezji.

Zabieramy naszą młodzież na występy teatrów polskich. Ale żaden nigdy nie przywiózł, niestety, jakiegoś frapującego widowiska o wielkim Polaku. Żałujemy ogromnie, że ci, którzy decydują o losach kinematografii i telewizji polskiej, nie pojmują siły, jaką mógłby się stać film biograficzny, który w atrakcyjny, prawdziwy, udokumentowany i współczesny sposób, pokazałby sylwetki największych Polaków — w ich życiu, twórczości, walce...

Bardzo rozczarował nas brak takiego filmu o naszym patronie w 1994 roku, brak filmu o Sienkiewiczu w 1996, o Mickiewiczu w 1998... My, Słowianie, lubimy rocznice, więc mieliśmy nadzieję...

— Porzućcie wszelką! Niech lepiej nie powstają takie dzieła jak ten bełkot-knot telewizyjny o Słowackim, z którego wynikło, że był gejem i żył z Krasińskim!

— Apage!

— A jak by się wam podobał film o waszym patronie zrealizowany przez hołubionego autora licznych programów telewizyjnych, który właśnie u progu roku 2000 oświadczył: „Historykom nie wolno powiedzieć, że Kościuszko tak się spił pod Maciejowicami, że zapomniał wziąć mapy i nie mógł dowodzić bitwą, przegrywając ją na własne życzenie"!!! O skandalicznych skłonnościach alkoholowych maciejowickiego pijanicy mówił już przecie Adam Mickiewicz w swych paryskich wykładach z dziejów literatury słowiańskiej. Cytuję: „...człowiek w sukmanie chłopskiej, żyjący wśród ludu tak pełen prostoty, że będąc dyktatorem Rzeczypospolitej, odmawia jeszcze sobie szklanki wina. Lubił on jakieś wino burgundzkie i kiedy jego adiutant Ogiński pytał go, czemu tego wina nie miewa na stole, odpowiedział, że to godziłoby się Ogińskiemu, bo jest pan bogaty, ale on, dyktator, płacąc groszem Rzeczypospolitej, nie może sobie tego pozwalać". Rewelacyjny, atrakcyjny i udokumentowany tekst telewizyjnego znawcy życiorysów wielkich Polaków nosi tytuł: „Pijany jak Kościuszko"!

471

Członkowie Zarządu Koła Rodzicielskiego Polskiej Szkoły im. Tadeusza Kościuszki w Chicago. Rok jubileuszowy 2000: 1. rząd siedzą: Wiesława Bratko, Anna Pacuła, Danuta Lota, Helena Zając; 2. rząd stoją: Urszula Kraśniewska - dyr. szkoły, Alicja Przybyszewska, Barbara Zalewska, Maria Mistarz, Barbara Gołaszewska – wiceprezes, Ryszard Tarnacki – wiceprezes; 3. rząd: Włodzimierz Bochenek – prezes Koła Rodzicielskiego, Beata Kolenda, Małgorzata Grzegórczyk, Halina Klincewicz, Leszek Fraszczyński, Andrzej Sitko – wiceprezes. 4 rząd: Krystyna Jasińska, Beata Gaca, Zbigniew Wojtas, Elżbieta Stankiewicz, Beata Wybraniec, Zbigniew Rzucidło, Krzysztof Maciorowski. Koło, niestety, nie jest zamknięte, na zdjęciu brakuje tak ważnych rodziców jak: Bronisław Łukasik – wiceprezes, Danuta Szadkowska, Elżbieta Stolarczuk, Beata Partyka i Tomasz Supergan.

No, i która to pani profesor Małgosia Tylman, wychowawczyni klasy IV? (rok szkolny 1994/95)

— Słuchać hadko!

— Otóż to. Powróćmy z ulgą do waszych działań. Czym największa i najstarsza polska szkoła w Chicago wieńczy swe półwiecze?

— Mamy 1301 uczniów w 64 klasach podstawowych i 12 gimnazjalnych, 40 nauczycieli-wychowawców i 6 katechetów. Są 4 siedziby wynajmowane, dwie to stare „Jakubowo" (pięknie przez Koło Rodzicielskie odremontowane) i „Władysławowo" oraz budynek o nazwie „Reinberg" wynajmowany od 1992 roku, a od roku szkolnego 1999/2000 filia Szkoły Kościuszki w Elmwood Park (przedmieście Chicago) o nazwie Elm School.

Od roku 1997/1998 Koło Rodzicielskie naszej szkoły (jako jedyna szkoła w Chicago) ustanowiło 5 stypendiów po 1000 $ dla najlepszych maturzystów „idących" na studia. Wprowadzono zajęcia pozalekcyjne wieczorami w ciągu całego tygodnia. Są to: malarstwo, rzeźba, nauka gry na pianinie (nasi uczniowie dają już koncerty Chopinowskie!), zajęcia z logopedą, piłka nożna. Zespołem tanecznym kieruje Elżbieta Ołdak — prosto z „Mazowsza" od Miry Zimińskiej. Akompaniatorem zespołu tanecznego jest Leszek Fraszczyński, którego zasługa to rozśpiewanie młodych tancerzy.

Co roku świętujemy wielkim koncertem Dzień Matki, a w Paradach Trzeciomajowych od 1998 roku, dzięki inicjatywie, pracowitości, pomysłowości i talentom plastycznym naszego wspaniałego Prezesa Koła Rodzicielskiego — Włodzimierza Bochenka, rodowitego Krakusa, pojawia się na rydwanie defiladowym sam Tadeusz Kościuszko.

W 1998 — „Kościuszko pod Racławicami". Kościuszko konno z szablą podniesioną do góry — jak na pomniku — obok kosynierzy, była nawet armata, która strzelała co jakiś czas, a dym unosił się w niebo w takt pieśni „Bartosu, Bartosu...".

W 1999 — „Kościuszko w West Point". Kościuszko w mundurze amerykańskim na koniu, fragmenty drewna i łańcuchów twierdzy w West Point, młodzież w strojach polskich.

W 2000 — „Kościuszko w drodze do NATO". Trzeźwy!

Zabieramy naszą młodzież do Polski na wakacje do Bukowiny Tatrzańskiej. W Krakowie odbywamy solenną pielgrzymkę Kościuszkowską! Powiedział jakże mądrze: „Dusza ludzka nie jest machiną fizyczną, nie może być wzruszoną pchnięciem ręki, ale tylko sposobami moralnymi".

473

Noty jubileuszowe Urszuli Kraśniewskiej:

„Uczący przez wiele lat nauczyciele Kościuszkowskiej szkoły, fenomeny powołania pedagogicznego:

Druhna harcmistrzyni Wanda Kasprzycka, prawa ręka Marii Zamora, pracowała w szkole Kościuszki 17 lat (1959–1976), kochana przez młodzież, wspaniały pedagog, instruktorka harcerska, twórczyni drużyny harcerek „Turnie". Teresa Czarnecka rodem z kresów (Drohobycz), bardzo sumienna, kochająca młodzież, ciesząca się ogromnym autorytetem, absolwentka Uniwersytetu Gdańskiego, pracowała w szkole 17 lat (1978–1995), uczyła przez 6 lat w innych polonijnych szkołach. Zofia Knurowska, ceniona wychowawczyni klas pierwszych i drugich, pracowała w szkole Kościuszki 20 lat (1976–1996).

Nauczyciele o najdłuższym stażu pracujący aktualnie w szkole, wielkie autorytety, szlachetne postawy: Sabina Szalewska — 28 lat nieprzerwanej pracy w Szkole Kościuszki, Wojciech Stefan — 26 lat, Barbara Woźniak — 25 lat, Helena Zając — 24 lata, Władysława Pluskwa — 23 lata, Ryszarda Płużyczka — 21 lat, Sonia Frączek — 20 lat, Małgorzata Pawłusiewicz — 11 lat, Urszula Gawlik — 7 lat, Teresa Kowalik — 5 lat."

Zapis rozmowy z prof. Ryszardą Płużyczka:

— Na obczyźnie uczyć ojczyzny — tak bym określiła, może wzniośle, ale prawdziwie nasze zadanie. Proszę pamiętać, że polski jest to dla naszych dzieci — język drugi i tysiące pojęć jest dla nich zupełną abstrakcją. Jak im wytłumaczyć słowo „pańszczyzna"? Trzeba przenieść na dostępne realia. Niewolnictwo. Ta młodzież uczy się w szkole amerykańskiej, pracuje (wszyscy!), w te jedyne wolne soboty przychodzi do szkoły polskiej. Czasem — bo żądają rodzice. Czasem — to ich wybór, najcenniejszy. Staramy się tu tworzyć grupę przyjaciół, bogacić ich wielką świadomością — że stoi za nimi tysiąc lat historii i kultury!

W listopadzie 1981 roku rocznica odzyskania niepodległości miała u nas charakter niezwykły — było to poświęcenie sztandaru, który nareszcie udało się przywieźć z Polski. O ten sztandar fundatorzy — rodzice i nauczyciele — walczyli cztery lata... Na śnieżnej bieli — twarz Kościuszki, nazwa szkoły i herby miast: Warszawy, Krakowa,

Na sztandarze Kościuszkowskiej szkoły w Chicago – widnieją herby miast – Warszawy, Krakowa, Lwowa, Wilna, i Mickiewiczowskie słowa: „OJCZYZNA – NAUKA –
CNOTA". Rota przysięgi na sztandar przez młodzież składanej brzmi: „Naśladując
godne czyny imiennika szkoły oraz idąc przez życie w myśl jego słów: – Siebie samego zwyciężaj – największe zwycięstwo! – Przyrzekamy gotowość do posłuszeństwa,
poświęceń i wielkich czynów. Przyrzekamy nie splamić nigdy sztandaru, z którego
jesteśmy dumni"...

Lwowa i Wilna. Na purpurze — orzeł i Mickiewiczowskie: Ojczyzna — Nauka — Cnota.

W edycji przygotowanej bardzo pięknie na 35-lecie szkoły jest takie wspomnienie ucznia III klasy, Marka Konopki: „W każdy wieczór mój tata jechał na zebranie w domu pana Kazimierza Lorenca, kierownika szkoły. Na tych zebraniach komitet szkolny omawiał swoje plany o sztandarze szkoły.

Tata zawsze przychodził do domu zamyślony; jak miał sztandar wyglądać, kto będzie mógł zrobić projekt sztandaru, kto będzie mógł sztandar wyhaftować, jak będzie go można przywieźć z Polski.

On nie doczekał tej chwili. Zmarł w roku 1979. Ale w roku 1981 sztandar został przywieziony z Polski i uroczyście poświęcony.

Nareszcie taty marzenia były spełnione".

Tę uroczystość uczniowie nasi nazwali „niezapomnianą lekcją historii"...

„Patrz Kościuszko na nas..."

Sobota. Ów jedyny dzień lekcyjny. Nagrywam rozmowy z młodzieżą, która tłumnie została, dżinsowa, kolorowa, tu i ówdzie wśród naczupirzonego włosiwia łyska staropolski warkocz... Niektórzy mówią czyściutko, inni z mocnym akcentem.

— Nazywam się Bartek Bil, pochodzę z Rabki. Mam 18 lat, od dziesięciu jestem w USA. W szkole uczę się historii mojej ojczyzny. Na przykład o powstaniowcach warszawskich, którzy mieli tyle lat, co ja. To była taka grupa, co się sformowała i Niemcom nie chciała pozwolić, żeby zabrali im wszystko.

— To znaczy, co?

— No, wolność.

— Ja, Delila Ślósarska, urodziłam się w Ameryce. Mnie nie trzeba gonić, żeby mówić po polsku, ale moja młodsza siostra tylko tak pytluje, to tata jej nie odpowiada, aż zapyta po polsku... Mamusia pracuje w telewizji Polvision i robiła z panią wywiad.

Mnie ciągnie do polskiej książki. Wszystkie bajki Mickiewicza znam. Ale jego życia — nie.

„Język polski otworzył dla mnie drugi świat"... – mówi autorce młodzież Kościuszkowska z Chicago.

Druh Piotruś Radliński z drużyny i szkoły imienia Kościuszki był gwiazdą mego wieczoru Kościuszkowskiego...

...A teraz jest już dorosłym absolwentem zaszczyconym godnością sztandarowego swojej sławnej szkoły.

— Jestem Wojtek Pawlusiewicz. Mickiewicz studiował w Wilnie, tam powstała organizacja filomatów — promienistych. Oni wierzyli, że każdy człowiek może wysyłać promienie dobra.

Mickiewicz był w Rzymie i mieszkał w Paryżu, ale zawsze tęsknił.

— Każdy wspomina swój kraj najlepiej... Polska jest dla mnie... Nie, nie umiem tego wytłumaczyć...

Na imię też mam Wojtek, a nazwisko jak te zielone gałązki, co rosną na obcych drzewach — Jemioła.

— Mam 13 lat, nazywam się Gajko Urszula, jak córka tego pisarza Kochanowskiego z Czarnego Lasu. Ona umarła, a on płakał wierszami. Ja umiem też taki polski płacz: „Litwo, ojczyzno moja, ty jesteś jak zdrowie"...

— Ja jestem trzeci w klasie Wojtek. W New Yorku mnie zapytała dziewczyna — co to jest ta twoja Polska? Pokazałem w Central Parku pomnik (niektórzy Polacy nawet go nie znają, a jest najpiękniejszy w całej Ameryce!) — „JAGIEŁŁO, KING OF POLAND". To jest moja Polska!

— A ja mam imię jak polska królowa — Kinga, a nazwisko — Penar. Moi rodzice zawsze do mnie mówili i mówią po polsku. Znam teraz dwa języki płynnie, a w angielskiej szkole uczę się trzeciego. I jestem dumna, że jestem Polką!

— Ja też! I cieszę się, że patronem naszej szkoły jest Tadeusz Kościuszko, o którym słyszałam od dzieciństwa. Nazywam się Aneta Marytowska. To, że kocham ojczysty język i kraj, zawdzięczam moim rodzicom i dziadkom. To oni, gdy tylko zaczęłam mówić, uczyli mnie polskich wierszy, modlitw i piosenek. To oni uporczywie pytali mnie słowami wiersza: Kto ty jesteś?... Do dzisiaj pamiętam ten piękny wiersz i w ciężkich dla mnie chwilach powtarzam go w myślach. Teraz w tym tak dalekim od ojczyzny kraju, gdzie wszystko jest dla mnie nowe, trudne i dziwne, szkoła polska, do której chodzę w soboty, pozwala mi stykać się z tym, co utraciłam wyjeżdżając z Polski.

— A ja tam chcę wrócić na studia! Mogę jedne skończyć w Ameryce, znajomość polskiego dodaje mi wiele dodatkowych punktów w szkole wyższej. W mojej szkole amerykańskiej przebywa 23 Polaków na 700 dzieci i jest bardzo trudno utrzymać swój ojczysty język.

A ja dużo czytam czasopism i książek polskich, z których mogę się dowiedzieć o tym, czego bezskutecznie mogę szukać w opracowaniach anglojęzycznych... Nazywam się Dominika Bralkowska.

Sztafeta harcerska spod znaku lilijki, „braterstwa i służby". Przemek ze szkoły i drużyny im. Kościuszki (pierwszy z lewej) z druhem harcmistrzem Jerzym Bazylewskim – twórcą harcerstwa polskiego w Chicago. „Najwyższe uznanie za wspaniałą pracę nad wychowaniem polskiej młodzieży" przesyłają Kościuszkowskiej szkole: Zarząd Obwodu Związku Harcerstwa Polskiego w Chicago, Hufiec Harcerek „Tatry", Hufiec Harcerzy „Warta", Zespoły „Lechici", „Wichry" i „Orlęta", 21 Krąg Starszoharcerski „Orłów Kresowych", Koło Przyjaciół Harcerstwa.

Fot. Urszula Kraśniewska

Drużyna harcerska im. Kościuszki z Chicago na obozie wodnym w Kanadzie. Wchodzi z ośmioma innymi drużynami w skład hufca „Warta", powstała w 1951 r. Jej kolejni drużynowi (od dnia powstania) to: Henryk Osajda, Stanisław Forc, Czesław Orzeł Orlicz, Jan Kaniewski, Zygmunt Figol, Tomasz Bagiński, Bartek Jabłoński, Piotr Radliński, Jurek Dzierżanowski, Andrzej Chwała.

Jego Ekscelencja Kape-
lan Polonii – ksiądz bi-
skup Szczepan Wesoły
– z Kościuszkowskimi
Krakusami w Chicago.

Jeden z mecenasów Kościuszkowskich badań – Prezes Koła Rodzicielskiego – Kazimierz Wytaniec – z autorką książki i najmłodszymi pannami Kościuszkównymi przed
Paradą Trzeciomajową w 1991 roku.

– Czuwaj! Druhu Naczelniku! Pełnimy naszą harcerską służbę Bogu i Polsce całym życiem! –
Raport harcerzy z drużyny im. Kościuszki pod pomnikiem w Chicago 3 maja 1995 roku składają
druhny – Ewa Wytaniec i Danusia Dzierżanowska
z bratem, druhem Stefanem Dzierżanowskim.

— A ja tak, jak piękne stworzenie, które żyło na mokradłach w Polesiu, gdzie urodził się nasz Kościuszko — Łoś. Monika. Mam nadzieję wyjechać do ojczyzny i tam studiować, poznać ludzi i ich życie. Chciałabym ułożyć sobie życie właśnie w Polsce, bo czuję, że tylko tam będę szczęśliwa, myślę, że tu nie jest moje miejsce. W Polsce poczuję się dopiero człowiekiem, to jest prawdziwą Polką! — wreszcie u siebie.

— Jesteśmy u siebie w naszej polskiej szkole! Bo na obczyźnie szkoła polska to nie tylko mury i oceny, to polskość w sercach. Nazywam się Fred Karwowski. Mam zaszczyt nosić sztandar nasz z Kościuszką i nie czuję się Amerykaninem polskiego pochodzenia, lecz Polakiem.

Z Urszulą Kraśniewską jedziemy do najmłodszych. Tu króluje nieśmiertelny elementarz Falskiego... „Marysia ma małego kogutka..." i „Niezapominajki są to kwiatki z bajki...".

Tu żadne zmurszałe kłody Wisłą-polszczyzną nie płyną... Na pytanie o polskie wiersze ochoczo podnoszą się łapiny. — „Poszliśmy do polskiego lasu z mamą i tatą, i babcią, i dziadziusiem, a potem żeśmy się bawili z małym braciszkiem..." To jest taki wiersz! — A kto go napisał? — Ja! Kasia Guzik — tak się nazywam! I tata mówi, że nigdy nie zmieni na żaden „button", bo nawet pan Pieczychlebek, chociaż bardzo jest bogaty i sławny ze swoich leków — nie zmienił się na żadnego „bakera". Tutaj wisi orzeł nasz. I napisane tak: „Królewski dumny ptak, biały orzeł — to nasz znak. Aby znak ten godnie czcić — trzeba dobrym, dzielnym być!".

Miarą tego, czym jest szkoła, są powroty. (Mnie by butem-knutem nikt do byłego liceum nie zagnał!). We „Władysławowie" spotykam dwie Anie, absolwentki Kościuszkowskiej szkoły. Anię I Drechsler — dziś znakomitą dziennikarkę największej gazety polskiej w Chicago, „Dziennik Związkowy", i Anię II Kowalską — studentkę historii sztuki i czołową recytatorkę na wszystkich jubileuszach. Ania I zadedykowała szkole swój wiersz:

> **To ty mnie nauczyłaś o mowie ojczystej,**
> **O tym jak słowa są silniejsze niż kule.**
> **To ty mi otworzyłaś świat książek i wiedzy,**
> **W twych oczach widziałam szczyty Tatr i Wisłę.**

Byłam wśród rycerzy na bitwie pod Grunwaldem.

Tęskniłam wraz z Mickiewiczem,

Gdy pisał o swej Litwie.

I wraz z Chopinem myślałam

Nad następną nutą.

Gdy brak mi jest Polski

Już umiem zagubić się w książce.

Gdy brak mi słów, sięgam głęboko do serca

I gdy już nie mam siły,

Pamiętam tych, co dla nas walczyli.

Do końca moich lat, aż serce w proch się zamieni,

Będę wiedziała, że Polska to mój dom ojczysty.

Tego mnie szkoło nauczyłaś.

Ania I Drechsler napisze pięknie o mym spotkaniu z młodzieżą tytułując „Wiatr od Polski".

Ania II Kowalska będzie mi wiernie towarzyszyła, pracowała nad moją wystawą i powie: — Wszystko piszemy na komputerach. Wszystko robi maszyna nie człowiek... Więc przychodzę do „Kościuszki", do naszej szkoły, żeby się doludzić i dopolszczyć!

Feliks Konarski — autor *Czerwonych maków* — napisał o niej i o nas:

Patrz Kościuszko na nas z nieba,

I posłuchaj jak w tej szkole,

Chociaż z dala od Krakowa

Brzmi ojczyste polskie słowo

Dźwięczy twoja polska mowa.

Jak zakiełkowało ziarno

Polskie ziarno na ugorach,

Ziarno, które tu zasiała

Wspaniała Maria Zamora.

Spójrz na dziatwę bez kompleksów,

Zakłamania i niższości,

Która tu po polsku myśli

I jest dumna z tej polskości.

Chociaż młoda, lecz rozumie,

Że to zaszczyt być Polakiem.

Że był Wiedeń, że był Grunwald,
Racławice i Rokitny
I że Wisła zawsze szara
I że Niemen wciąż błękitny.
Że Kopernik ruszył ziemię,
Że wieszcz Adam pisał *Dziady*,
Że pachniały rozmarynem
Jedenaste listopady.
Spójrz na naszą polską dziatwę
Wierną starym obyczajom,
Wierną i żołnierskim sierpniom
I — słonecznym Trzecim majom.
Wchodzą w życie z polskim sercem
I podniesionymi czoły.
Patrz Kościuszko na nich z nieba
I bądź dumny ze swej szkoły!

Czy ktoś umie wierszyk zaczynający się od słów: „Kto ty jesteś?"...
– A w co wierzysz? – W Polskę wierzę.

Nasza wystawa z Kościuszkowskich tropów w Polskim Konsulacie Generalnym w Chicago, maj 1991.

Tą trasą dążyliśmy śladami Tadeusza Kościuszki. 15 stanów. 15 tysięcy mil. 20 tysięcy kilometrów. Podsumowanie naszego sztabu:
* najpiękniejsze stany: Georgia i Południowa Karolina,
* najpiękniejsze miasto: Atlanta,
* najwspanialsi ludzie: całe miasto Kosciusko, kapitan Robert Armstrong w Ninety Six. Na spotkane upiory – zapuszczamy story!

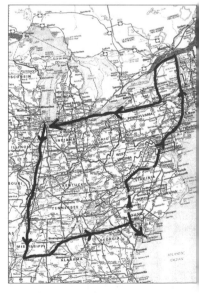

Wszystkie prace plastyczne, artystyczne i fizyczne wykonała w błyskawicznym tempie ekipa pod komendą wicekonsula, Sławomira Wróblewskiego. Od lewej – jego piękna małżonka; absolwentka szkoły im. Kościuszki – Ania Kowalska; dyrektorka tejże szkoły – Urszula Kraśniewska; a na podłodze – uskrzydlona chicagowską wiktorią Kościuszki autorka.

Nasza Polska szkoła
Do nauki woła!
My chcemy dostawać same piątki, czwórki,
Żeby wiedziały o nich nasze przyszłe córki,
Żeby wszystkie dzieci
Też chciały do Polski na wakacje lecieć.

I żeby wiedziały, kto to był Kościuszko,
Co dzielnie walczył w Ameryce,
I o tym, że o swej Ojczyźnie-Polsce
Myślał całe życie!

Magdalena Rolka, klasa III
„W szkole im. Kościuszki"

Mira Puacz – czyli serce, dusza i myśl Księgarni Polonia w Chicago (4738 Milwaukee Ave.) obchodzącej trzydzieści jeden lat działania. Powołana do życia w 1969 przez Edwarda Puacza, absolwenta paryskiej École des Sciences Politiques, „Polonia Bookstore" ma zawsze doborowy zestaw książek polskich, także z wydawnictw Londynu i Paryża, edycje angielskie mówiące o Polsce, tłumaczenia dzieł polskich. Wśród swoich wiernych klientów ma bibliotekarzy, studentów, amerykańskich intelektualistów, rzesze Polaków i Amerykanów wszystkich stanów, zawodów i generacji. Mira Puacz – absolwentka wydziału handlu zagranicznego warszawskiej SGPiS, ostrogi zdobywszy w warszawskiej „Ars Polona", lingwistka i bibliofilka stworzyła w swej księgarni prawdziwe Centrum Książki i Kultury Polskiej. Zaprasza na wieczory autorskie wybitnych pisarzy, tłumaczy, reżyserów. Pierwsza uroczysta promocja naszej książki odbędzie się w USA pod patronatem Księgarni Polonia w święto niepodległości – 11 listopada 2000 roku.

Ellen i Wojciech Wierzewscy. Ona – Szkotka, znakomita tłumaczka z kraju, któremu dane mi było oddać zasłużony hołd w książce „Malwy na lewadach". On – redaktor naczelny najstarszego polskiego pisma w USA – „Zgoda", organu Polskiego Związku Narodowego. Dziennikarz, krytyk i historyk filmu, wykładowca uniwersytetów w Indianie, Illinois i Ohio oraz Uniwersytetu Kultury Polskiej w Rzymie. Prezes oddziału Fundacji Kościuszkowskiej w Chicago i filii Polskiego Instytutu Naukowego w Ameryce. Radiowiec, filmowiec i publicysta telewizji Polvision. Autor cyklu książek o filmie. Zapytany, co uczyniłby wygrawszy milion, odrzekł: - Ufundowałbym nowoczesne centrum kulturalne dla Polonii. Uwielbia: – Gościnność, ludzką dobroć i naturalność Amerykanów „starej daty", których coraz mniej widzę.
– Cieszę się Wojtku, przyjacielu i sojuszniku mej pracy, że na kartach tej książki jeszcze takich zobaczysz!

Radca-minister Ambasady Polskiej w Waszyngtonie – Bogusław Marcin Majewski, z własnej inicjatywy zwrócił się o pomoc przy pracy nad książką do archiwów i bibliotek, z Library of Congress na czele. Jego listy torowały drogę we wszystkich stanach. Wielka radość, że powrócił znów do ambasady, i nadzieja, że z pomocą nowego naszego ambasadora – ekscelencji Przemysława Grudzińskiego, uda nam się pomóc miastu Kosciusko w przygotowaniu stałej wystawy godnej Tadeusza Kościuszki.

Radcy Majewskiemu towarzyszy na zdjęciu urocza progenitura – Patrycja i Michał, a fotografowała urocza żona-mama – Monika. Zdjęcie udzieliła ze zbiorów swych mama-babcia, Alicja Majewska.

Wywiad w chicagowskiej telewizji Polvision prowadzi z autorką książki – Elżbieta Ślósarska. Jej córeczka, Delila, ukończyła szkołę im. Kościuszki. Barbara Wachowicz demonstruje zdjęcia Matuli Polskich Harcerzy – Matki Rudego z „Kamieni na szaniec".

Otrzymałam listów wiele od „potomków" Kościuszki, a nawet jego brata Józefa (bezżenny i bezdzietny). Przypominam, że od sióstr Naczelnika – Anny z Kościuszków Estkowej, Katarzyny z Kościuszków Żółkowskiej – wiodą się Bułhakowie i Narbuttowie. Pojawiają się też w tej genealogii nazwiska: Bychowiec, Butrymowicz i Wańkowicz. W Poznaniu żyje familia Ratomskich – potomkowie rodu Tekli z Ratomskich Kościuszkowej, matki Naczelnika.

Podczas mej audycji w radiostacji polskiej Chicago Stanisława Kędzi, wpadła sekretarka z okrzykiem: – Dzwoni wnuczka Kościuszki!

Oto ona – Anna ze Steckich Arczyńska, potomkini w prostej linii imienniczki ukochanej siostry Naczelnika – Anusi, do której pisał: „Moja ty święta, nierozdzielna Anno, siostrzyczko!". Protoplastą Ani jest siostrzan Naczelnika, Tadeusz Estko, syn Anusi, bohater Insurekcji (o którym Kościuszko powiedział: „Kocha uczciwość i jest człowiekiem honoru!") i Legionów Dąbrowskiego. Anna Arczyńska z małżonkiem, Józefem, mają na Krupówkach najmilszą księgarnię w Zakopanem (o nie najmilszym, co prawda, dla mnie imieniu – Witkacy!), gdzie odbywają się promocje wszystkich moich książek. Tej – także, już w październiku 2000.

Waldemar Kocoń, którego pieśni zdobiły mój serial o Sienkiewiczu w zakopiańskim radio Alex (jedynym tego typu w Sienkiewiczowskim Roku 1996) – i program Radia Retro wielkim Polakom poświęcony (2000). Jedna z najpiękniejszych „Przenieś wietrze nas do Polski, do Warszawy..." okazała się prorocza. Waldek i jego pieśni są już z nami w Ojczyźnie.

Pożegnanie na lotnisku w Chicago. Pierwszy z prawej – inżynier Stefan Magnuszewski, towarzysz podróży do Kosciusko County, (niestety, nie doczeka tej książki). Obok autorki – Urszula Kraśniewska, a od lewej trzy Anny: Kowalska, Rybińska, Arczyńska.

Przyjaciele Podlasiacy – Stella i Stanisław Nazarewscy. Dzięki ich pomocy, inicjatywie i kontaktom udało się odnaleźć rodaków, którzy zorganizowali podróż Kościuszkowską ofiarowując ekipę i samochód.

Powitanie w Warszawie. Z podniesionym bukietem ukochana przyjaciółka i wierny sojusznik – pisarka Wiesława Czapińska-Kalenikowa, Zbyszkowa z Bogdańca, obok prof. Leonard Ratajczyk – autor wielu cennych dzieł o Kościuszce, na planie pierwszym – Stanisław Nazarewski (z kwiatami) i Józef Napiórkowski, scenograf i mąż autorki. Wśród harcerzy Związku Harcerstwa Rzeczypospolitej i Związku Harcerstwa Polskiego – bohater Powstania Warszawskiego z Harcerskiego Batalionu „Zośka", hm. Wiktor Matulewicz – Luxor.

Home, sweet home... Już nigdy takiego powrotu nie będzie.

Wystawa Barbary Wachowicz „Nazwę Cię – Kościuszko", relacjonująca amerykańskie szlaki bitewne Naczelnika, zaczyna swą triumfalną wędrówkę od Krakowa w dwóchsetlecie Insurekcji w marcu 1994 roku wernisażem w Śródmiejskim Ośrodku Kultury pod patronatem dyrektora Janusza Palucha. Obok Kościuszki: harcerz z ZHR, kosynier z zespołu „Krakowiacy" i konsul USA w Krakowie, John Matel, który napisał prezydentowi Fundacji Kościuszkowskiej do New Yorku: „Wystawa jest nie tylko piękna w kształcie artystycznym, lecz bardzo znacząca dla dziejów przyjaźni polsko-amerykańskiej".

Dziewczęta z zespołu „Krakowiacy" Zbigniewa Terleckiego śpiewały pieśń: „Szumne pióra, dzwonne kosy / krople potu, krople krwi / krakowiaka grajcie chłopcy / Polska się w sukmanie śni!". Najmłodsza z nich to Ania, córka bohaterki książki Barbary Wachowicz „Ciebie jedną kocham", dziewczynki ze wsi w Górach Świętokrzyskich, obecnie znakomitego krakowskiego lekarza geriatry, dr Alicji Sokół-Rączki.

Pod pomnikiem Bartosa Głowackiego (dłuta Mariana Koniecznego), znakomitego w swym dynamizmie – racławiccy kosynierzy witają autorkę wystawy, bohatera Szarych Szeregów z Batalionu „Zośka", obecnie znakomitego chirurga dziecięcego – prof. Kazimierza Łodzińskiego – i dyrektora Śródmiejskiego Ośrodka Kultury w Krakowie – Janusza Palucha, któremu wystawa zawdzięcza swe powstanie.

Podlasie, Podlasie... Dyrektor Muzeum Rolnictwa – Kazimierz Uszyński – przy współdziałaniu księdza kanonika Bogusława Kiszko (na zdjęciu w harcerskim kręgu) z parafii św. Trójcy – przygotował piękną ekspozycję wystawy w marcu 1997. Patron Muzeum – pierwszy botanik polski, ks. Krzysztof Kluk, głosił w 1794 roku płomienne kazania nawołujące lud podlaski pod sztandary Kościuszki.

Racławice, kwiecień 1995. Ekspozycja wystawy staraniem Racławickiego Towarzystwa Kulturalnego, którym kieruje Eugeniusz Skoczeń.

Ten pomnik Tadeusza Kościuszki w Krakowie, ufundowany przez rodaków w 1932 roku, wedle projektu Leonarda Marconiego i Antoniego Popiela, zniszczony przez Niemców w styczniu 1940 roku, powrócił na Wawel jesienią 1960.

Kopiec Tadeusza Kościuszki w Krakowie – symboliczna Mogiła Naczelnika, wznoszona przez rodaków od 1820 do 1823 roku. W fundamenty zakopano broń z czasów Insurekcji, w 1926 roku złożono ziemię z pobojowisk amerykańskich.

Straszliwe powodzie roku 1997 spowodowały zniszczenie kopca. Honorowy Komitet Ratowania Kopca Kościuszki apeluje: „Grosik na Kopiec Kościuszki. Kredyt Bank P.B.I. II O/Kraków, ul. Basztowa 20, nr konta: 15001487-420462-121480025081 z dopiskiem <Kopiec Kościuszki>".
Z uchwały Senatu Rzeczypospolitej Krakowskiej o powołaniu Komitetu Kopca Kościuszki, 24 lutego 1820: „Pomnik ten jest narodową własnością, bo każdą bryłkę ziemi na tę mogiłę dłoń polska zaniosła. Sprawiedliwe tedy jest, aby skład tylu uczuć i znoju obywatelskiego, pod strażą obywatelską zostawał".

„O mnie nie trzeba myśleć, ja skończę z Ojczyzną moją. Gdy będzie szczęśliwą, i ja z nią będę; jeśli nie, to i życie moje niepotrzebne. Wdzięczny jestem za Jej łaskę i poniosę je pod kamień, jeżeli kto zechce położyć na moich popiołach."

Tadeusz Kościuszko

Najstarsza szkoła polska nosząca imię Tadeusza Kościuszki (sto osiem lat istnienia, od 1892 roku) – IV Liceum w Krakowie kierowane mądrze i twórczo przez dyrektor Elżbietę Szaban przesłało do „Drogiej Rodziny Kościuszkowców, Polskiej Szkoły w Chicago" jubileuszowy list: „Wiemy, że w Stanach Zjednoczonych znajduje się reduta polskości, polska szkoła pielęgnująca tradycje i kulturę narodową, której imię Tadeusza Kościuszki wytycza powinności w kultywowaniu wiedzy o Patronie i szacunku dla przeszłości, historii tworzonej przez takich jak ON – patriotów walczących o wolność, sprawiedliwość i mądrość.

Łączy nas, Kościuszkowców, szczególne poczucie solidarności, dlatego wyciągamy ręce za ocean ufni, że stanowimy dwie ważne reduty polskości – Wy tam, na amerykańskiej ziemi, i my tu – w Rzeczypospolitej."

Elżbieta Jaworowicz, jedna z jakże nielicznych wybitnych postaci Telewizji Polskiej zmagająca się z trudnymi, bolesnymi sprawami krzywd, występująca w obronie zwykłych, szarych ludzi, apelująca o zachowanie tradycji, o ratunek dla miejsc pamięci, o godność narodową. W swej „Sprawie dla reportera" podjęła dylemat sprawy haniebnej (2000) – zorganizowania dyskoteki w gmachu gestapo w Krakowie, w sąsiedztwie cel, gdzie ginęli Polacy.

Obok posłów, prawników, pisarzy, bohaterów II wojny – Elżbieta (w centrum) i jej prawa ręka, Mariusz Kwaśniewski, zaprosili do dyskusji uczniów IV Liceum im. Kościuszki w Krakowie – Karolinę Tyrańską i Mateusza Gizę (widzimy ich za twórczynią programu), którzy przywołali słowa marszałka Focha: „Narody tracąc pamięć, tracą życie"...

Kalisz, najstarsze miasto polskie ma szkołę noszącą od 1918 roku imię Kościuszki. To II Liceum. U progu roku szkolnego 2000/2001 gromadkę młodzieży z dyrektorem Jarosławem Wujkowskim i polonistką, Beatą Majchrzak fotografowała Stefania Wodzińska – wieloletnia, zasłużona nauczycielka szkoły, której Kalisz zawdzięcza nadanie Zespołowi Szkół Zawodowych imienia Janka Bytnara Rudego i wspaniałą izbę pamięci. Nowy dyrektoriat kaliskiej szkoły rokujący jak najlepsze nadzieje śle Kościuszkowcom Chicagowskim swój salut i zaprasza do współdziałań!

Pomnik Tadeusza Kościuszki w Łodzi wzniesiony w roku 1930. 11 listopada 1939 roku Niemcy ściągnęli czołgiem i rozbili postać Naczelnika. Polacy z narażeniem życia ocalili tablice. Druh harcmistrz Krzysztof Jakubiec z Łódzkiej Chorągwi ZHP im. Aleksandra Kamińskiego (na zdjęciu ze swymi harcerzami – dh. Oleńką Marjańską – córką Adama, wspaniałego odtwórcy roli Jana Bohatyrowicza w „Nad Niemnem" i Mickiewicza w spektaklu „Wigilie Polskie", i dh. Maćkiem Margielskim, studentem historii, sztandarowym 44 Łódzkiej Drużyny Harcerskiej im. Rudego) pisze: „W 1960 roku jako dziecko stałem w nieprzeliczonym tłumie Łodzian na Placu Wolności i przeżywałem powtórne odsłonięcie Pomnika. Byłem z Rodzicami i Dziadami, którzy 30 lat wcześniej uczestniczyli w pierwszej uroczystości, a w 1939 roku ze łzami w oczach obserwowali niszczenie Pomnika"... Anna Pilarska z Muzeum Historii Łodzi wskazała harcerzom jeszcze jeden pomnik Naczelnika – ukryty we wnęce domu przy ulicy Wrześnieńskiej 4, od 1903 roku przetrwał okupację rosyjską i niemiecką.

Łódź. III Liceum Ogólnokształcące im. Tadeusza Kościuszki. I tu ze zmianą dyrektora otworzyły się perspektywy współpracy. Prof. Marek Kaczorowski chce nawiązać nici przyjaźni nie tylko ze szkołą w Chicago, ale nawet z autorką tej książki. Jest to zasługa absolwentki szkoły, Anny Pilarskiej, która – jako kustosz Muzeum Historii Łodzi – była inicjatorką sławnej wystawy Barbary Wachowicz

„Kamyk na szańcu – opowieść o druhu Aleksandrze Kamińskim i jego bohaterach – Harcerzach Szarych Szeregów." Radością napawa fakt działania harcerstwa na terenie szkoły.

Tadeusz Kościuszko.

Ten mało znany wizerunek Naczelnika w aksamitnej krakusce z piórami białej czapli ofiarowała do książki Zofia Dworzańska z Krakowa. Przypomnijmy, że gdy Naczelnik musiał pożegnać cara po wyjściu z więzienia, przywdział mundur amerykański, by podkreślić swą niezależność i nie poniżyć godności polskiego oficera.

Kasia, lat 10, namalowała Naczelnika i dopisała wiersz z wiosny 1794: „Kiedy zbawcę narodu zobaczywszy Kraków / Szczęściem stał się kolebką wolności Polaków"...

Każdego roku Polska Fundacja Kościuszkowska kierowana przez Prezesa Marka Krześniaka i Towarzystwo Miłośników Maciejowic organizują w październikową rocznicę bitwy pod Maciejowicami wielki rajd dla młodzieży, która wędrując polami bitwy, poznaje jej przebieg. Rajd kończy się zapaleniem świateł pod krzyżem, tam gdzie i my paliliśmy z bratem-harcerzem płomyk pamięci w naszym dzieciństwie.

Pomnik Tadeusza Kościuszki na placu przed Białym Domem w Waszyngtonie wzniesiony z inicjatywy Polskiego Związku Narodowego wedle projektu Antoniego Popiela, kierownika katedry rysunku na Politechnice we Lwowie. Odsłonięty 12 maja 1910 roku w obecności prezydenta Stanów Zjednoczonych, Wiliama Howarda Taffta, i tysięcy Polaków, przy dźwiękach hymnów narodowych Ameryki i Polski.

Kościuszko jest w mundurze generała amerykańskiego, lewa dłoń spoczywa na szabli, w prawej trzyma plany fortyfikacji Saratogi.

Na froncie pomnika – orzeł. U stóp – kosynier racławicki podtrzymuje rannego oficera. Gdy zdjęcie tego pomnika pojawiło się na naszej wystawie, prasa krakowska zatytułowała recenzję: „Kosynier strzeże Białego Domu"!

Przesłania Tadeusza Kościuszki:

Dnia 6 września 1792 roku z Warszawy: „Z ochotą przyjmę wszystko i bez narzekania, zlawszy tylko łzami ziemię rodzinną, pójdę do nowego świata, do innej ojczyzny, do której nabyłem prawa, walcząc za jej niepodległość. Tam stanąwszy, prosić będę Opatrzność o stały, wolny i dobry rząd w Polszcze, o niepodległość naszego narodu, o cnotliwych, oświeconych i wolnych jej mieszkańców".

„Dan w Głównej Kwaterze, w Krakowie dnia 24 marca 1794 roku.

Bądźmy jednym ciałem, łączmy się najściślej, łączmy serca, ręce wszystkich naszej ziemi mieszkańców.

Narodowi i Ojczyźnie waszą wierność winniście, Ona Was woła o obronę..."

Podziękowania

Lista Sojuszników, bez których pomocy ta książka by nie powstała, jest jak moja wdzięczność dla Nich — ogromna.

A są to:

W Stanach Zjednoczonych:

Fundacja Kościuszkowska w New Yorku — prezydent Joseph Gore i dyrektor programu naukowego — Maryla Janiak.

Twórcy akcji „Racławice w Ameryce", czyli: Szkoła Polska imienia Tadeusza Kościuszki w Chicago; dyr. Urszula Kraśniewska; Zrzeszenie Nauczycieli Polskich w Ameryce, prezes Janusz Boksa; Koło Rodzicielskie Szkoły im. Kościuszki: prezes Kazimierz Wytaniec, Bolesław Miszczyszyn, Małgorzata Jemioło, Janina Kaczmarczyk, Krystyna Miodyńska, Halina Klincewicz, Barbara Chmurak, Anna Hryniewiecka, John Jabłoński, Janina Kopacz, Adam Kopacz, Anna Kopiczko, Andrzej Popowski, Max Romanowicz, Janina Schultz, Jerzy Szorc, Andrzej Tesarski, Mariola Tomczyk, Stanisław Witek, Elżbieta Włodarska, Adam Cegielski, Stanisław Kowalik, Hanna Kurzatkowska, Jerzy Dobrowolski.

Mira Puacz — Księgarnia Polonia, Chicago.

*

Helena Jurkiewicz-Scuderi — wiceprezydent Polish-American Museum w Port Washington, New York.

Helena Mijal, z Chicago, która udostępniła nam jakże cenne możliwości transportu.

Edward J. Piszek — prezes Copernicus Society of America, Filadelfia.

Barbara i Warren Winiarscy z Napa Valley w Kaliforni.

Antoni Pieczychlebek z Chicago.

Kaya Mirecka-Ploss, prezydent American Council for Polish Culture, Waszyngton.

Blanka Rosenstiel — prezydent The American Institute of Polish, Culture Miami, Floryda.

Wanda Tomczykowska — prezydent Polish Arts and Culture Foundation, San Francisco, Kalifornia.

Prof. Zbigniew Brzeziński i Jan Nowak-Jezierański, którzy negocjowali możliwości stypendium w Departamencie Stanu i Kongresie Polonii.

Dyplomaci: Ambasador Rzeczypospolitej Polskiej w Kanadzie — ekscelencja Alojzy Bartoszek z małżonką, Teresą, i wiceminister spraw zagranicznych — Jan Majewski.

Wicekonsul Konsulatu Generalnego Rzeczypospolitej w Chicago — Sławomir Wróblewski, dzięki któremu tony dokumentacji przyleciały do Polski i udało się zrealizować wystawę w Chicago.

Radca Bogusław Marcin Majewski — jedyny pracownik Ambasady Polskiej w Waszyngtonie, który pospieszył z pomocą i ogromnym zaangażowaniem, operatywnością i pomysłowością uzyskał kontakty i materiały we wszystkich placówkach archiwalnych posiadających materiały Kościuszkowskie.

Organizatorzy moich wieczorów „Głos z Polski" w Chicago: Wojciech Wierzewski i Andrzej Azarjew.

Robert „Bob" Lewandowski i Telewizja Polvision, których gościem wielekroć byłam.

Edward Dusza — poeta i eseista „Gwiazdy Polarnej".

Jeffrey Flannery i Frederick Bauman — Library of Congress, Waszyngton, którzy nie tupali na mnie, że nie umiem poradzić sobie z machinami mikrofilmowymi.

W Ojczyźnie:

Ze wzruszeniem myślę o dwóch Kapłanach, którzy włączyli się w moje boje. Nie ma Ich już wśród nas, zabitych przez tę samą chorobę, która zabrała mego Ziuka. Oto wymiana listów:

Ks. Janusz St. Pasierb do Ks. Józefa Tischnera, listopad 1988.

„Drogi Józku, na pewno nie obce Ci jest nazwisko pani Barbary Wachowicz, autorki wielu książek o Żeromskim, Sienkiewiczu, Chopinie, Kasprowiczu, monografistce wielkich Polaków i działań niepodległościowych. Dużo by pisać o Jej zasługach w kraju i za granicą. Obecnie p. Wachowicz pragnie napisać książkę o Kościuszce i bez Księdza Tischnera nie otworzą się przed nią serca Podhalan i *eo ipso* środowisk amerykańskich, gdzie nasz bohater czas jakiś spędził z pożytkiem dla Sprawy Wolności. Znając Panią Wachowicz najgoręcej Ci Ją polecam, żebyś Ją z kolei polecił komu trzeba w Stanach, aby udało się Jej zebrać materiały do zamierzonej i z pewnością świetnej książki.

Twój forever — Janusz"

Ks. Józef Tischner do Barbary Wachowicz, marzec 1989.

„Droga Pani Barbaro!
Życzę serdecznie szczęścia i owocnej podróży. Mam nadzieję, że cud przełamie serca skąpych rodaków i nie-rodaków, a Duch Św. lub duch obiektywny oświeci ich rozumy.

Szczęść Boże,
Józef Tischner"

O listy polecające Ks. Tischnera dla mnie apelowali też górale z Zakopanego — senator Franciszek Bachleda-Księdzularz i Antoni Marmol.

Patroni wystawy fotograficznej prezentującej fotograficzny plon podróży Kościuszkowskiej: dyrektor Śródmiejskiego Ośrodka Kultury w Krakowie — Janusz Paluch i jego zespół z Ewą Torbus na czele. Wystawę możecie wypożyczyć kontaktując się z nimi pod adresem Ośrodka — 31-027 Kraków, ul. Mikołajska 2, tel. (0-12) 422-08-14, (0-12) 422-19-55.

Kreatorki widowiska o Kościuszce: dyrektor Krajowego Biura Koncertowego, Małgorzata Błoch-Wiśniewska i Barbara Sojta.

Relację z podróży mogłam przekazać telewidzom — dzięki Lucynie Smolińskiej w jej „Skarbcu", radiosłuchaczom — dzięki Andrzejowi Matulowi, Ani Stempniak, Wojtkowi Nowakowi.

Bibliotekarze, najszlachetniejsza mafia świata, nadzwyczajni w miłości i znawstwie książki:

— Biblioteka Narodowa: Anna Szczęsnowicz, geniusz kwerendy i życzliwości, zdobyła nawet m.in. wydanie *Thaddeus of Warsaw*, tudzież polski tekst hymnu narodowego USA, jej zasługą jest też zdobycie wizerunku dwóch kobiet z orłami podających sobie dłonie. Sekundowały jej wszystkie Panie z Informatorium, kierowanego przez p. Wojciecha Pawlaka (ofiarodawcy cennych Kościuszkianów), a wśród nich — Jolanta Kosim.

— Dom Literatury — Ewa Gisges-Zwierzchowska i cały jej znakomity zespół.

— Muzeum Literatury im. Mickiewicza — Grażyna Ryfka.

— Centralna Biblioteka Wojskowa — Hieronim Sieński i Stanisław Derejczyk tropili dzieje Eskadry Kościuszkowskiej.

— Biblioteka im. Stefana Żeromskiego w Zakopanem: Piotr Guguła, Maria Brzeczka, Sylwia Bachleda-Księdzularz, Jolanta Ostapowska.

— American Information Resource Center przy Ambasadzie Amerykańskiej w Warszawie — Blanka Dębska, z którą m.in. musiałam konsultować dwa „błahe" problemy pomijane przez wszystkie dostępne mi historie USA: 1) dzieje godła, 2) precyzyjną datę ratyfikacji traktatu pokojowego przez Kongres w finale wojny o niepodległość!

Wierne — Czuwaj! wszystkim moim harcerzom, którzy pełnili służbę, wspierając mnie w pracy i ratując w smutku, z druhną komendantką Barbarą Szczepańską (Łódź), druhem komendantem Darkiem Ostrowskim (Wrocław), druhem Lesławem Dallem (Zakopane) na czele.

Trud tłumaczeń podjęły: Teresa Olszewska, Halina Rogalińska, Justyna Gołąbek, Magda Wójcicka, Katarzyna Świderek, Barbara Przybyłowska.

Dziękuję wszystkim, którzy przez lata nadsyłali mi różnorakie materiały dotyczące Kościuszki, a szczególnie Dyrektorowi Teatru Wielkiego w Poznaniu — Sławomirowi Pietrasowi za dokumenty z Siechnowicz oraz Pani Karolinie Pająkowej z Krakowa i jej wnukowi, Kubusiowi — autorowi pięknego obrazka „Bitwa pod Racławicami".

Nad książką przyszło mi pracować w najtragiczniejszych dniach życia. Nigdy nie udałoby mi się zdążyć na termin uroczystości jubileuszowych, gdyby nie fenomen harmonijnej współpracy profesjonalistów najwyższej klasy i inteligencji, którymi są: Małgorzata Radecka i Krzysztof Anuszewski.

Całość błyskawicznych prac prowadziła z oddaniem, cierpliwością i czujnością Dorota Świderek, wicedyrektor Oficyny Wydawniczej „Rytm", mego macierzystego wydawnictwa, które z dyrektorem Tadeuszem (imiennikiem Kościuszki) Marianem Kotarskim na czele okazało mi wiele serca, pomocy i zrozumienia.

Dziękuję moim Lekarzom — bezcennemu pogotowiu ratunkowemu: prof. Andrzejowi Polubcowi i prof. Jerzemu Dymeckiemu.

I Wam, Przyjaciele, którzyście mi byli oparciem niezawodnym. To Wasze grono: Wiesia Czapińska-Kalenikowa, Ala Damroszowa, Monika i Andrzej Kopiczyńscy, Agnieszka i Marek Perepeczko, Maria Sienkiewicz, Mira Meysztowicz, harcmistrz Krzysztof Jakubiec, Zdzisława Guca, Wiesia i Janusz Sowadscy, Oleńka Ziółkowska, Ania Seniuk, Lucyna Winnicka, Monika Warneńska, Jerzy Wróblewski, Mieczysław Gajda, Igor Śmiałowski, Andrzej Majewski, Halina i Marian Kołodziejowie, Stenia Wodzińska, Bogusław Kaczyński, Małgosia i Feliks Marty, Zbigniew K. Rogowski, Rafał Olbrychski, Adam Marjański, Basia Petrozolin--Skowrońska i Krzyś Skowroński, Maryla Szymańska, Joasia i Krzysztof Kąkolewscy, Krysia Gucewicz, Basia Młynarska-Ahrens, Gracjanna i Henryk Zielińscy — otoczyło nas oboje opieką i otoczką ochronną wiernej przyjaźni.

Osobne słowa dziękczynienia składam mecenas Barbarze Mancewicz i mecenas Małgorzacie Trzcińskiej-Żyszkiewiczowej, która dźwigając trud wszystkich spraw organizacyjnych mego życia, jeszcze miała czas, by w Archiwum Głównym Akt Dawnych odnaleźć list Franciszka Bukatego, posła polskiego w Londynie z 20 lipca 1784 roku, potwierdzający spotkanie Kościuszki z Węgierskim w Filadelfii w roku 1783.

Dziękuję Joasi Kluczyńskiej, która jest taka jak bohaterka *Ludzi bezdomnych* — czuła jak płomyk i powój.

Domem, do którego powracam jak do portu, jest „Halama" ZAIKSu w Zakopanem. Krystynie Chojnackiej, rodaczce Podlasiance, zawdzięczam szansę na ten azyl, gdzie opiekują się mną w sieroctwie: Marysia Marcisz, Zosia Potok i Halinka Ryż, tak jak w Warszawie pani Marysia Moczulska.

I zawsze jest przy mnie mój kochany Brat — Bogdan Wachowicz, jak wtedy, kiedy w dzieciństwie zapalaliśmy światełko pod maciejowickim krzyżem Tadeusza Kościuszki.

Bibliografia podstawowa

Źródła rękopiśmienne

Tadeusz Kościuszko: Listy do gen. Horatio Gatesa z lat 1777–1781, 1797–1798, Gates Papers, Manuscript Division New York Historical Society, (mikrofilmy), sygnatury: 17.1141, 4.781, 4.966, 4.1159, 6.798, 6.795, 7.1330, 8.96, 8.180, 8.283, 8.281, 8.456, 8.1293, 11.308, 11.330, 11.475, 13.211, 13.535, 16.1286, 16.1292, 16.1310, 17.1, 17.119.

Tadeusz Kościuszko: Listy do gen. Nathanaela Greene'a, 1780–1782, Nathanael Greene Papers, The Rhode Island Historical Society, Rhode Island. Sygnatury: PPAmP 6403; CSmH (GWG) 9615; CSmH 6144; CSmH 6145; Anderson Galleries Cat. (1927) 11142; ICPRCU 2688; ICPRCU 2689; ICPRCU 2690; ICPRCU 2691; ICPRCU 2692; ICPRCU 2693; ICPRCU 2694; DLC 10760; ICPRCU 2695; ICPRCU 2696; ICPRCU 2697; ICPRCU 2698; DLC 9440; CSmH (GWG) 9508; Copley Library 10603; Mr. R. L. McNeil, Jr. Wynddmoor, Pa., 1978 (wishes source to be „private collection"); DLC 9442; DLC 9441; M.A. Benjamin 10379; CSmH (GWG) 9510; Dr. G. Milan, Beverly Hills, CA., 1985 11182; ICPRCU 2699; ICPRCU 2700; DLC 9458; CSmH (GWG) 9511; CSmH (GWG) 9673; DLC 9450; ICPRCU 2701; ICPRCU 2702; ICPRCU 2703; OC1Whi 2634; DLC 9460; Fein.Collect. 6359; CSmH (GWG) 9673; ICPRCU 2704; CSmH 6146.

Nathanael Greene: Listy do Kościuszki, j.w. Sygnatury: DLC 9349, DLC 9363, DLC 9372, CSmH (GWG) 9616.

Zespół listów do i od gen. Nathanaela Greene'a posiada także — Library of Congress w Waszyngtonie (The Papers of Nathanael Greene oraz Letter book of Nathanael Greene [1781], Papers of the Continental Congress, Washington Papers).

Tadeusz Kościuszko: (tytuł nadany przez Otho Williamsa) „Notes by my friend Colo. Kosciuszko, relative the siege of 96" („Notatki sporządzone przez mego przyjaciela, Płk Kościuszko, relacjonujące oblężenie Ninety Six"), Maryland Historical Society, Baltimore, Ms. 908.

Tadeusz Kościuszko: Listy do Otho Williamsa (1782–1784), Maryland Historical Society, Baltimore, Ms. 908. (niektóre listy opublikowane w: Kosciuszko to Gen. Williams, American Historical Record, Philadelphia, vol. I, 1872).

Tadeusz Kościuszko: Listy do gen. Elizabeth Gates, Gates Papers, j.w. Sygnatura: 6.795.

Tadeusz Kościuszko: Listy do George'a Washingtona, Washington Papers, Library of Congress, Waszyngton.

Tadeusz Kościuszko: Listy do gen. Alexandra McDougalla, Manuscript Division, The New York Historical Society.

Największy dotychczas zbiór reprodukcji autografów Kościuszki z lat 1777–1789 i związanych z nim bohaterów wojny o niepodległość wraz z przedrukiem w oryginalnej pisowni zawarł Metchie J.E. Budka w ozdobnej edycji *Autograph Letters of Taddeus Kosciusko in the American Revolution*, Chicago 1977.

Gen. Horatio Gates: Listy do George'a Washingtona, Gates Papers, Manuscript Division, The New York Historical Society.

Robert Gates: List do ojca, Horatio Gatesa, Gates Papers, Sygn: 4.1226, j.w.

George Washington: Listy do Horatio Gatesa, Gates Papers, j.w.

Źródła i opracowania drukowane

Prace zawierające najcenniejsze materiały do historii amerykańskich lat
Tadeusza Kościuszki

Bratkowski Stefan, *Z czym do nieśmiertelności*, **Katowice 1977.**

Haiman Miecislaus, *Kosciuszko in the American Revolution*, **The Kosciuszko Foundation and The Polish Institute of Arts and Sciences, New York 1975.**

Haiman Miecislaus, *Kosciuszko, Leader and Exile*, **Polish Institute of Arts and Sciences, New York 1977.**

Kościuszko Tadeusz, Jefferson Thomas, *Korespondencja (1798–1817)*, **przeł. Agnieszka Glinczanka i Józef Paszkowski, wstęp Izabela Rusinowa, Warszawa 1976.**

Kozłowski Władysław M., *Pierwszy rok służby amerykańskiej Kościuszki (18 październik 1776–17 październik 1777), według dokumentów nie wydanych,* „Przegląd Historyczny" **1907, t. IV, s. 310–335.**

Kozłowski Władysław M., *Kościuszko w West Point,* „Przegląd Historyczny" **1910, t. X, s. 66–87, 221–258, 372–398.**

Kozłowski Władysław M., *Ostatnie lata amerykańskiej służby Kościuszki (1781–1784),* „Przegląd Historyczny" **1911, t. XIII, s. 67–91, 215–231, 362–377.**

Malski Wiktor, *Amerykańska wojna pułkownika Kościuszki*, **Warszawa 1977.**

Malski Wiktor, *Wyścig do rzeki Dan*, **Warszawa 1974.**

Sułek Zdzisław, *Polacy w wojnie o niepodległość Stanów Zjednoczonych 1775–1783*, **Warszawa 1976.**

Abodaher Dawid J., Piszek Edward J., *Son of liberty Thaddeus Kosciuszko*, Philadelphia 1968.

Autograph Letters of Thaddeus Kosciuszko in the American Revolution, ed. by Metchie J.E. Budka, Chicago 1977. (Autografy listów Tadeusza Kościuszki 1778–1794 ze zbiorów Muzeum Polskiego w Chicago).

Baraniecki Leszek, *Stany Zjednoczone*, Warszawa 1980.

Bartnicki Andrzej, Michałek Krzysztof, Rusinowa Izabela, *Encyklopedia historii Stanów Zjednoczonych Ameryki*, Warszawa 1992.

Bass Robert D., *Ninety Six. The Struggle for the South Carolina Back Country*, Orangeburg 1978.

Boatner III Mark Mayo, *Encyklopedia of the American Revolution*, New York 1966.

Bogdanowski Janusz, *Sztuka obronna Kościuszki*, [w:] *Kościuszko w oczach artystów i historyków*. Materiały sesji zorganizowanej z okazji dwóchsetlecia Insurekcji Kościuszkowskiej przez Oddział Warszawski Stowarzyszenia Historyków Sztuki, 19 kwietnia 1994 roku, Warszawa 1995.

Boynton Edward C., *History of West Point*, New York 1863.

Buszczyński Konstanty, *Wrażenia z Ameryki*, Kraków 1916.

Caldwell Erskine, *Dom na wzgórzu*, przeł. Kazimierz Piotrowski, Warszawa 1995.

Chodźko Leonard, *Tadeusz Kościuszko*, Warszawa 1906.

Collins Varnum Lansing, *The Continental Congress at Princeton*, New York 1908.

Cullen Joseph P., *Declaration of Independence*, The National Historical Society, Harrisburg 1972.

Cuneo Ernest L., *General Thaddeus Kosciuszko. Master Military Mind of the American Revolution*, „Officer Review", July 1928.

Cuneo Ernest, *Kosciuszko at Saratoga. American Revolution Bicentennial 1776–1976*, Polish National Alliance, Chicago 1975.

Cuneo John R., *The Battles of Saratoga. The Turning of the Tide*, New York 1967.

Dernałowicz Maria, *Portret Familii*, Warszawa 1990.

Dihm Jan, *Kościuszko nieznany*, Wrocław 1969.

Dopierała Kazimierz, *Fundacja Kościuszkowska — zarys dziejów*, Poznań 1992.

Drozdowski Marian Marek, *Rewolucja amerykańska w polskiej myśli historycznej, w historiografii i publicystyce 1776–1976*, Warszawa 1976.

Drozdowski Marian Marek, *Tradycja kościuszkowska w życiu i twórczości Ignacego Jana Paderewskiego*, [w:] *Powstanie 1794 roku. Dzieje i tradycja. Studia i szkice w dwustulecie*, red. Hanna Szwankowska, Warszawa 1996.

505

Dzwonkowski Włodzimierz, *Młode lata Kościuszki*, „Biblioteka Warszawska" 1911, t. IV.

Edwards Anne, *Nie przeminęło z wiatrem*, przeł. Anna Soszyńska, Pruszków 1995.

Faulkner William, *Niepokonane*, przeł. Ewa Życieńska, Warszawa 1961.

Faulkner William, *Azyl*, przeł. Zofia Kierszys, Warszawa 1992.

Fijałkowski Wiesław, *Polacy i ich potomkowie w historii Stanów Zjednoczonych Ameryki*, Warszawa 1978.

Fleming Thomas, *Kosciuszko — Hero of Two Worlds*, Pleasantville–New York 1976.

Flexner James T., *Washington, człowiek niezastąpiony*, Warszawa 1990.

Furneaux Rupert, *The battle of Saratoga*, New York 1971.

Gajl Tadeusz, *Polskie rody szlacheckie i ich herby*, Białystok (brak roku wyd. — niestety!).

Garden Alexander, *Anecdotes of the American Revolution*, New York 1865.

Gerlach Don R., *The fall of Ticonderoga in 1777: who was responsible?*, „The bulletin of the Fort Ticonderoga Museum" 1982, nr 3.

Greene George Washington, *The life of Nathanael Greene*, New York 1871.

Greene Nathanael, *Letters to General Greene and others*, [w:] *The South Carolina Historical and Genealogical Magazine*, vol. XVI, ed. by Joseph W. Barnwell, Charleston 1915.

Grzeloński Bogdan, *Ameryka w pamiętnikach Polaków*, Warszawa 1975.

Grzeloński Bogdan, *Jak powstała Fundacja Kościuszkowska*, [w:] *Almanach Polonii 1985*, Warszawa 1984, s. 100–104.

Grzeloński Bogdan, *Polacy w Stanach Zjednoczonych Ameryki. 1776–1865*, Warszawa 1976.

Grzeloński Bogdan, Rusinowa Izabela, *Polacy w wojnach amerykańskich. 1775–1783, 1861–1865*, Warszawa 1973.

Haiman Miecislaus, *Poland and the American Revolutionary War*, Chicago 1932.

Haver Ronald, *David O. Selznick's Gone with the wind*, New York 1986.

Headspeth Carroll, Compton Spurgeon, *The retreat to the Dan*, South Boston 1976.

Herbst Stanisław, *Powstanie Kościuszkowskie a przełom sztuki wojennej u schyłku XVIII w.*, „Biuletyn Wojskowej Akademii Politycznej" 1958 (seria historyczna), nr 2(12), s. 35–41.

Herbst Stanisław, *Kościuszko Andrzej Tadeusz Bonawentura*, [w:] PSB, t. XIV, s. 430–440, Wrocław 1968–1969.

Heroes of the American Revolution, Santa Barbara 1987.

Historia Stanów Zjednoczonych Ameryki, red. nauk. Andrzej Bartnicki — Uniwersytet Warszawski, Donald T. Critchlow — Saint Louis University, t. 1–5, Warszawa 1995.

Hoskins Janina W., *Tadeusz Kosciuszko 1746–1817. A selective List of Reading Materials in English*, Washintgton 1980.

Hutchins Chris, Thompson Peter, *Elvis i Lennon. Dzieje nienawiści*, Warszawa 1999.

Independence, A Guide to Independence National Historical Park Philadelphia, Pennsylvania, Washington 1982.

Jakes John, *Miłość i wojna*, przeł. Mieczysław Dutkiewicz, Katowice 1992.

Jakes John, *Północ i Południe*, przeł. Mieczysław Dutkiewicz, Katowice 1991.

Jefferson Thomas, *The writings of Thomas Jefferson*, Washington 1903–1905.

The Jefferson Papers of the University of Virginia, Charlottesville 1973.

Jefferson Thomas, *The Life and Selected Writings*, New York 1972.

Katz Henryk, *Historia Stanów Zjednoczonych Ameryki*, Wrocław 1971.

Knapp Samuel L., *Tales of the garden of Kosciuszko*, New York 1834.

Knot Antoni, *Finis Poloniae! Legenda maciejowicka*, Lwów 1938.

Knothe Bronisław, *Tadeusz Kościuszko — człowiek i czyny*, Łódź 1917.

Koneczny Feliks, *Tadeusz Kościuszko. Życie, czyny, duch*, wyd. 2, Poznań 1922.

Konopczyński Władysław, *Kazimierz Pułaski. Życiorys*, Kraków 1931.

Kopczewski Jan Stanisław (oprac.), *Tadeusz Kościuszko w historii i tradycji*, Warszawa 1968.

Kopczewski Jan Stanisław, *Kościuszko–Pułaski*, Warszawa 1976.

Korzon Tadeusz, *Kościuszko. Biografia z dokumentów wysnuta*, Kraków 1894.

Kościuszce w hołdzie, red. Mieczysław Rokosz, Kraków 1994.

Kościuszko — powstanie 1794 r. — tradycja. Materiały z sesji naukowej w 200-lecie Powstania Kościuszkowskiego, 15–16 kwietnia 1994 r., pod red. Jerzego Koweckiego, Warszawa 1997.

The Kosciuszko Foundation. Monthly News Letter, New York 1949–2000.

Kozak Zygmunt, *7 Eskadra bojowa im. Kościuszki*, „Przegląd Wojsk Lotniczych i Obrony Powietrznej” 1995, nr 7–8.

Kozłowski Władysław M., *Kościuszko, Kołłątaj i rewolucja francuska*, „Kwartalnik Historyczny” 1898, R. XII, s. 818–842.

Kozłowski Władysław M., *Pobyt Kościuszki i Niemcewicza w Ameryce.*

Krasiński Zygmunt, *Listy do Konstantego Gaszyńskiego*, Warszawa 1971.

Kraszewski Kajetan, *Sosnowica i wspomnienia o Kościuszce*, [w:] „Kłosy” 1884, t. XXXVIII, s. 38–39.

Kucharzewski Feliks, *Kościuszko inżynier i artylerzysta wojskowy*, Warszawa 1917.

Kahanowicz Aleksander, *Thaddeus Kosciuszko revered polish and american hero, his patriotism, vision and real revealed in a collection of autograph letters by him*, New York (ok. 1920).

Kurchanowicz J., *Miejsce urodzenia Kościuszki*, „Tygodnik Ilustrowany", IV 1861.

Kwast Wiktor, *Kościuszko w Ameryce*, „Tygodnik Powszechny" 1976, nr 27.

Kwast Wiktor, *Kościuszko patronem amerykańskiej artylerii*, „Tygodnik Powszechny" 1976, nr 14.

Kwast Wiktor, *Czy to Kościuszko sprawił Saratogę?*, „Tygodnik Powszechny" 1977, nr 42.

Lee Henry, *The campaign of 1781 in the Carolinas*, Chicago 1962.

Lechoń Jan, *Dziennik*, t. 1–3, Warszawa 1993.

Libiszowska Zofia, *Opinia polska wobec rewolucji amerykańskiej w XVIII wieku*, Łódź 1962.

Libiszowska Zofia, *Żołnierz Wolności La Fayette*, Łódź 1978.

Libiszowska Zofia, *Tomasz Jefferson*, Wrocław 1984.

Lipscomb Terry W., *South Carolina Revolutionary Battles*, Columbia 1980, 1981.

Listy Tadeusza Kościuszki do przyjaciół amerykańskich i in., oprac. Adam Skałkowski, „Przegląd Historyczny" 1926, t. XXIV, z. 1.

Lodge Henry Cabot, *The story of the revolution*, New York 1903.

Longfellow Henry Wadsworth, *Wybór poezji*, Warszawa 1975.

Lisowski Witold, *Polskie Korpusy Kadetów 1765–1956. Z dziejów wychowania*, Warszawa 1982.

Lubicz-Pachoński Jan, *Kościuszko po Insurekcji*, Lublin 1986.

Malone Dumas, *Dictionary of American Biography*, New York.

McDowell Bart, *The revolutionary war*, Washington 1983.

McNally Rand, *Carolinas Road Atlas and Recreation Directory*, Chicago–New York–San Francisco 1990.

Marsh John R., *Margaret Mitchell and the Wide, Wide World*, „The Atlanta Historical Journal" 1986, vol. 29, nr 4.

Mazewski Aloysius A., *Kościuszko's American Roots. American Revolution Bicentennial 1776–1976*, Polish National Alliance, Chicago 1975.

Michelet Jules, *Kościuszko. Legenda demokratyczna*, Paryż 1851.

Mickiewicz Adam, *Księgi narodu polskiego i pielgrzymstwa polskiego*, Warszawa 1955.

Mierzwa Stefan P., *Fundacja Kościuszkowska jako symbol łączności Ameryki i Polski*, Kraków 1930.

Mierzwa Stefan, [w:] *Pamiętniki emigrantów. Stany Zjednoczone*, t. 2, Aneks, Warszawa 1977, s. 609–618.

Mitchell Margaret, *Przeminęło z wiatrem*, przeł. Celina Wieniewska, Warszawa 1986.

Mizwa Stephen P., *The Story of the Kosciuszko Foundation how it came about*, New York 1972.

Mrozowska Kamilla, *Szkoła Rycerska Stanisława Augusta Poniatowskiego 1765–1794*, Wrocław 1961.

Nichols Frederick D., Bear Jr James A., *A guidebook*, Monticello 1982.

Niemcewicz Julian Ursyn, *Pamiętniki czasów moich*, Warszawa 1957.

Niemcewicz Julian Ursyn, *Podróże po Ameryce*, Wrocław 1959.

Nowicka Ewa, Rusinowa Izabella (oprac.), *Indianie Stanów Zjednoczonych. Antologia tekstów źródłowych*, Warszawa 1991.

Pachoński Jan, *Kościuszko's Links with America*, [w:] *Military technique Policy and Strategy in History*, Warsaw 1976.

Pastusiak Longin, *Pierwsi polscy podróżnicy w Stanach Zjednoczonych*, Warszawa 1980.

Pastusiak Longin, *Kościuszko, Pułaski i inni*, Warszawa 1977.

Paszkowski Franciszek, *Dzieje Tadeusza Kościuszki pierwszego naczelnika Polaków*, Kraków 1872.

Patterson Samuel White, *Horatio Gates defender of American Liberties*, New York 1941.

Petigru Charles, *An oration prepared for delivery on the occasion of laying the corner stone, of monument, erected to the memory of Kościuszko at West Point by the Corps of Cadet*, Newburgh 1828.

Photographing America, New York 1984.

Polish masters from the Kosciuszko Foundation Collection, introduction by Elizabeth Koszarski-Skrabonja, biographies and bibliographies compiled by dr Władysława Jaworska, New York 1995.

Porter Jane, *Thaddeus of Warsaw*, London 1831.

Powstanie 1794 roku. Dzieje i tradycja, red. Hanna Szwankowska, Warszawa 1996.

Poźniak Włodzimierz, *Cyrulik Sewilski Joachima Rossiniego*, Kraków 1955.

Poźniak Włodzimierz, *Wesele Figara W.A. Mozarta*, Kraków 1956.

Puacz Edward, *Polonia w USA. Dziś i jutro*, Wydawnictwo „Polonia", Biblioteka „Nowe Drogi" (Chicago) [b.d.w.], nr 1.

Puget Wanda, *Pomnik Tadeusza Kościuszki w Waszyngtonie i jego konserwacja*, [w:] *Kościuszko w oczach artystów i historyków*. Materiały sesji zorganizowanej z okazji dwóchsetlecia insurekcji kościuszkowskiej przez Oddział Warszawski Stowarzyszenia Historyków Sztuki, 19 kwietnia 1994 roku, Warszawa 1995.

Pyron Darden Asbury, *Making History: Gone with the Wind. A Bibliographical Essay*, „The Atlanta Historical Journal" 1986, vol. 29, nr 4.

Ratajczyk Leonard, *Tadeusz Kościuszko and Kazimierz Pułaski champions of the revolutionary military thought and military art*, Warsaw 1975.

Ratajczyk Leonard, *Wojsko i obronność Rzeczypospolitej 1788–1792*, Warszawa 1975.

Ratajczyk Leonard, Teodorczyk Jerzy, *Wojsko powstania kościuszkowskiego*, Warszawa 1987.

Ratajczyk Leonard, *Kalendarium życia i działalności Tadeusza Kościuszki*, Maciejowice 1990.

Ratajczyk Leonard, *Udział Tadeusza Kościuszki w wojnie Stanów Zjednoczonych Ameryki, 1776–1784*, Polska Fundacja Kościuszkowska, Warszawa 1991.

Baroness von Riedesel and the American Revolution: Journal and Correspondence of a Tour of Duty, 1776–1783, The University of North Carolina Press 1975.

Riley Edward M., *Starting America: The Story of Independance Hall*, Gettysburg 1990.

Rozbicki Michał J., *Narodziny narodu. Historia Stanów Zjednoczonych do 1861 roku*, Warszawa 1991.

Russocki Stanisław, Kuczyński Stefan K., Willaume Juliusz, *Godło, barwy i hymn Rzeczypospolitej*, Warszawa 1970.

Ruszczyk Grażyna, Engelking Anna (współpraca), *Polesie — Fotografie z lat dwudziestych i trzydziestych*, Warszawa 1997.

Sienkiewicz Henryk, *Listy z podróży do Ameryki*, [w:] *Dzieła*, t. 41, Warszawa 1950.

Sobieski Wacław, *Młode lata Kościuszki (Kościuszko a Rousseau)*, Warszawa 1917.

Stegeman John F., Stegeman Janet A., *Caty. A Biography of Catharine Littefield Greene*, Athens 1985.

Stevenson Robert Louis, *Ticonderoga. A legend of the West highlands*, New York 1947.

Strzeszewski Leszek C., *Elvis*, Polskie Wydawnictwo Muzyczne 1986.

Szyndler Bartłomiej, *Tadeusz Kościuszko 1746–1817*, Warszawa 1991.

Szyszkowski Wacław, *Twórcy Stanów Zjednoczonych. Waszyngton, Jefferson, Hamilton*, Warszawa 1980.

Śliziński Jerzy, *Tadeusz Kościuszko w literaturze narodów Europy i Stanów Zjednoczonych Ameryki Północnej*, Warszawa 1981.

Tatarkiewicz Władysław, *Łazienki Warszawskie*, Warszawa 1957.

Teplicki Zbigniew, *Wielcy Indianie Ameryki Północnej*, Warszawa 1994.

Thane Elswyth, *The fighting quaker. Nathanael Greene*, New York 1977.

Thomson Ronald Bruce, *Independence. The park in pictures*, Easter National Park and Monuments Association 1984.

Tretiak Jerzy, *Finis Poloniae! Historia legendy maciejowickiej i jej rozwiązanie*, Kraków 1921.

Twain Mark, *Życie na Mississipi*, Warszawa 1967.

The Uncommon Soldier of the revolution. Women and Young People Who Fought for American Independence, Harrisburg 1986.

Waldo Artur L., *Czar miasta Kościuszko*, „Dziennik Zjednoczenie" (Chicago) 1936.

Waldo Arthur L., *True heroes of Jamestown*, Miami 1977.

Wałek Janusz, *Dzieje Polski w malarstwie i poezji*, Warszawa 1987.

Wańkowicz Melchior, *W ślady Kolumba*: I. *Królik i oceany*, Warszawa 1968; II. *W pępku Ameryki*, Warszawa 1969; III. *Atlantyk–Pacyfik*, Kraków 1975.

Ward Bill, *The battles of Saratoga. People, places and facts* (mps), Saratoga 1989.

Ward Christopher, *The War of the Revolution*, New York 1952.

West Point United States Military Academy, Catalog 1990–1991.

Węgierski Tomasz Kajetan, *Pamiętniki i listy*, oprac. Stanisław Kossowski, „Przewodnik Naukowy i Literacki" 1908, R. 36.

Widacka Hanna, *Portrety Tadeusza Kościuszki w grafice XVIII wieku*, Warszawa 1994.

William Heath, *Memoirs of the American War*, New York 1904.

Wilson Robert H., *Thaddeus Kościuszko and his home in Philadelphia*, Philadelphia 1976.

Woltanowski Andrzej, *Bitwa pod Maciejowicami 10 X 1794 r. Żale pomaciejowickie*, Białystok 1994.

W stronę Połańca. Z dziejów insurekcji 1794 roku. Materiały sesji naukowej, red. Maciej A. Zarębski i Lech Stępkowski, Staszów 1994.

Zakrzewski Jan, *Ameryka z pasją*, Warszawa 1981.

Zawieyski Jerzy, *Pomiędzy plewą a manną*, Warszawa 1971.

Zins Henryk, *Historia Anglii*, Wrocław 1995.

Żuraw Józef, *Tadeusz Kościuszko — humanista i pedagog (w 250 rocznicę urodzin)*, Częstochowa 1996.

Opracowały:
Anna Rybińska, Stefania Wodzińska

Lista ofiarodawców

książki *Nazwę Cię Kościuszko*
dla uczniów Szkoły imienia Naczelnika w Chicago
w darze jubileuszowym

$ 250 Związek Narodowy Polski — Teresa Abick — wiceprezes
$ 250 General K. Pulaski Polish School
$ 250 Remodelers Supply Center

$ 150 Polish-American Club
$ 150 Interclub Inc. Education Center
$ 150 Polish Club 37 Rockingham St.
$ 150 Zrzeszenie Nauczycieli Polskich w Ameryce
$ 150 Maria Lorenc
$ 150 Barbara Truszkowski DDS
$ 150 Danuta Plussa
$ 150 Eugenia Grochowska
$ 150 Księgarnia D and Z
$ 150 Księgarnia Polonia — Mira Puacz
$ 150 Polamer Chicago–New York–Warszawa

$ 100 Związek Klubów Polskich — Adam Ocypko
$ 100 Związek Klubów Polskich — Zdzisława Lipińska
$ 100 Money Express
$ 100 Mirosława i Maciej Braunstein
$ 100 Maria Konopnicka Polish School
$ 100 St. Ferdynand Polish Cath. School
$ 100 Polish Highlanders Alliance of America
$ 100 Wesołe Minutki
$ 100 PACBA
$ 100 Barbara i Krzysztof Zalewski
$ 100 Wanda Kasprzycka
$ 100 Głos Nauczyciela (Redakcja)
$ 100 Helena i Roman Ziółkowscy
$ 100 General W. Anders Polish School
$ 100 Fundacja Kościuszkowska w Chicago
$ 100 Urszula Kraśniewska
$ 100 Małgorzata i Andrzej Pawłusiewicz
$ 100 Agnieszka K. Nowak z rodziną

$ 50 Codwell Banker — Maria Jaske
$ 50 Montrose Deli
$ 50 Filip Duszczyk
$ 50 Ignacy J. Paderewski Polish School
$ 50 Henryk Sienkiewicz West Suborbon Polish School
$ 50 Polish Eagle Society Lodge 523 PNA
$ 50 Malec and Son — Funeral Home
$ 50 A.C. Coll Spring Manufacturing Company Inc.
$ 50 Kolbe School of Polish Language
$ 50 Krystyna Miodyńska
$ 50 Danuta i Leonard Lota
$ 50 Związek Harcerstwa Polskiego
$ 50 Polska Szkoła im. Mikołaja Kopernika
$ 50 Stanisław Bogobowicz

$ 25 Emilia Plater Polish School
$ 25 Maria E. Serafin
$ 25 Maria i Christopher Czyżewski
$ 25 Renata Carey, Marek Plussa

$ 20 Hanna i Józef Kurzatowski
$ 20 Janina Kojak
$ 20 Janina Kopacz
$ 20 Maria Żurczak

Spis treści

Barbara Wachowicz

„Ty jesteś jak zdrowie.”
Z Mickiewiczem nad Wilią, Niemnem i Świtezią.
Ze Słowackim w Krzemieńcu.
Z Orzeszkową nad Niemnem

Wspaniałe, bogato ilustrowane dzieło o najsłynniejszych Polakach.
Książka prowadzi tropami
Adama Mickiewicza, Juliusza Słowackiego i Elizy Orzeszkowej
do kraju ich lat dziecinnych i młodzieńczych.

stron 464
oprawa twarda, foliowana, ilustracje
cena detaliczna 36,00 zł

Barbara Wachowicz

Druhno Oleńko! Druhu Andrzeju!
Gawęda o twórcach Harcerstwa Polskiego,
Oldze i Andrzeju Małkowskich

Niezwykłe biografie Olgi Drahonowskiej
i Andrzeja Małkowskiego w świetle nowych dokumentów,
odkryć, relacji, listów, zdjęć.
Idziemy tropem Druhny Oleńki i Druha Andrzeja
od dzieciństwa po dni ostatnie,
od pierwszych drużyn skautowych we Lwowie
po twórcze działania naszych harcerzy dziś.
Jest to pierwsza książka z cyklu
Wierna rzeka harcerstwa.

stron 280
oprawa twarda, foliowana, ilustracje
cena detaliczna 32,00 zł

Barbara Wachowicz

Dom Sienkiewicza

Opowieść o losach „daru narodowego",
jakim był ofiarowany Sienkiewiczowi majątek Oblęgorek na Kielecczyźnie,
a także o losach najbliższych autora „Trylogii" –
dzieci, wnuków, prawnuków, tych którzy są wśród nas.
Dom Sienkiewicza to także relacja
o związkach autora „Krzyżaków" z Wielkopolską
i dziejach pięknego Muzeum Sienkiewicza
w Poznaniu fundacji Ignacego Mosia.
W życie autora *Bez dogmatu* wpisał się także
znacząco świetny ród Krasińskich z Radziejowic na Mazowszu.
Barbara Wachowicz jest odkrywczynią rewelacyjnej
– przytoczonej w książce –
korespondencji Sienkiewicza z tym domem,
który miał dewizę: „Miłość ojczyzny naszym prawem".

stron 217
oprawa twarda, foliowana, ilustracje
cena detaliczna 26,00 zł

Uzupełniam doskonałą pracę Barbary Wachowicz faktem, że w Teksasie istnieje osiedle Kościuszko z parafią polską. W Houston przygotowaliśmy wystawę „Kościuszko, son of Liberty", która będzie kolportowana przez Fundację Kościuszkowską.

Stanisław Garczyński, Houston

W Ansonia, Connecticut powołaliśmy w 1980 roku Kosciuszko Historical Society i stworzyliśmy „Kosciuszko Room" w Domu-Muzeum gen. Davida Humphreys, który przyjaźnił się z Kościuszką i był pierwszym ambasadorem USA w Portugalii.

Joseph Wardzala, Ansonia

Któż tak przybliżyłby nam Kościuszkę, jak ta jedyna pisarka polska, która wskrzesza dawnych bohaterów, wyprowadza ich z grobowców i muzeów, i przedstawia jak żywych ludzi. Trudno sobie wyobrazić wiele lekcji polskiego i historii bez biograficznych kontekstów, jakie znajdujemy w książkach Barbary Wachowicz.

Dr Henryk Obcowski,
Liceum im. Tadeusza Kościuszki
w Busku-Zdroju

Rolę ambasadora wiedzy o naszym Patronie pełni mistrzowsko Barbara Wachowicz, której jesteśmy wiernymi przyjaciółmi.

IV Liceum im. Tadeusza Kościuszki w Krakowie,
dyr. Elżbieta Szaban, Rada Pedagogiczna
i wszyscy uczniowie

KANADA, GŁOSY PO WIECZORZE PRZYGOTOWANYM Z INICJATYWY AMBASADORA ALOJZEGO BARTOSZKA:

Czytając książki Barbary Wachowicz i słuchając ją odkryłem, że strofy wieszcza układają się i sumują w nowym szyku i treści: KOBIETO, puchu marny / TY jesteś jak ZDROWIE! Ona pomogła nam uwierzyć w nieprzemijającą wartość uczuć wyższego rzędu i patriotyzmu, tutaj na kontynencie cywilizowanego, chłodnego materializmu.

Piotr Szukszta, Toronto
i jego żona Elżbieta
Zosia z „Pana Tadeusza"
w polskiej telewizji